Gabriele Gast

Kundschafterin des Friedens

Gabriele Gast

Kundschafterin

17 Jahre Topspionin der DDR
beim BND

des Friedens

Eichborn.

Die Namen der in diesem Buch vorkommenden Personen sind aus Gründen des Persönlichkeitsschutzes frei erfunden, soweit es sich nicht um Personen der Zeitgeschichte handelt.

Umschlaggestaltung: Christina Hucke unter Verwendung
eines Fotos von Nelly Rau-Häring
Lektorat: Palma Müller-Scherf
Satz: Fuldaer Verlagsanstalt GmbH, Fulda
Druck und Bindung: Wiener Verlag, Himberg
ISBN 3-8218-0522-6

Verlagsverzeichnis schickt gern:
Eichborn Verlag, Kaiserstraße 66, D-60329 Frankfurt am Main
http://www.eichborn.de

Inhalt

Meiner Mutter

1 Festnahme

Das plötzliche Verstummen des monotonen Motorenlaufs, das leise Surren sich aufrollender Gurte, das dumpfe Schlagen von Autotüren zerriß den Schleier bleierner Müdigkeit, der sich während der Fahrt auf mich gesenkt hatte und den Aufruhr meiner Gedanken für kurze Zeit in dämmerndem Halbschlaf vergrub. Es war schon fast Mitternacht, als der Wagen zum Stillstand kam.

Ich öffnete die Augen erst, als die Tür des Fonds von außen aufgemacht wurde. Zwar befand sich auch im Wageninneren, dicht neben meinem Arm, ein Türhebel. Ich hätte die Hand nur ein wenig ausstrecken müssen. Aber ich hatte es nicht getan, weil ich wußte, daß ich die Tür von innen nicht öffnen konnte, weil eine Sicherung das Schloß sperrte. Diese Erfahrung war neu für mich, nicht einmal zwei Tage alt. Dennoch war sie mir schon so sehr ins Unterbewußtsein gedrungen, daß selbst ein reflexhafter Griff zum Türhebel unterblieb.

Der Wagen, in dessen Fond ich saß, war ein Polizeifahrzeug, dessen gewöhnliches Aussehen nicht darauf schließen ließ. Ich entstieg ihm langsam, gleichsam beiläufig bemerkte ich bei den beiden Männern, die mich den ganzen Tag über begleitet hatten, eine unwillkürlich gespannte Haltung, die eine Bereitschaft verriet, sich jeden Moment auf mich zu stürzen, sollten meine zögernden Bewegungen unvermittelt in hektische Eile umschlagen. Ich war nicht gefesselt und hätte darin eine Chance sehen können. Die schmale Straße war menschenleer. Gegenüber dem Haus, vor dem der Wagen stand, erstreckte sich ein baumbestandener Hang. Nur wenige Schritte trennten mich davon. Ich hätte hinaufhasten können, in die Dunkelheit der Bäume eintauchen und rennen, rennen – weg von dem Auto, den Männern und dem Haus, das in einen hellen Lichtkegel eingehüllt lag. Aber ich bewegte mich nicht, stand starr neben dem Wagen, wie ich zuvor darin gesessen hatte, wartete ab, was nun geschah, was mit mir geschah. Ich wollte nicht davonlaufen, weil ich keinen Sinn darin sah. Schon im allerersten Moment, als das Unvorstellbare passierte, als jemand zu mir sagte »Es liegt ein Haftbefehl gegen Sie vor«, hatte ich gewußt, daß es kein Davonrennen gab, nur ein Mit-mir-geschehen-Lassen.

Ich erkannte eine mächtige, langgezogene Fassade, die auf eine länger zurückliegende Entstehungszeit des Gebäudes hindeutete. Eigentlich nicht unfreundlich, dachte ich, denn ich mochte Bauten, deren Patina die nüchterne Sachlichkeit moderner Gebäude kontrastierte. Der Gedanke befremdete mich; es haftete ihm etwas Verzerrtes an, wußte ich doch, daß sich hinter dieser alten Fassade ein Gefängnis verbarg. »Justizvollzugsanstalt München / Frauenabteilung« besagte eine Schnörkelschrift über der Pforte. Aber trotz des Lichtstrahls, den eine schmiedeeiserne Laterne darauf warf, nahm ich sie in diesem Augenblick nicht wahr. Erst ein halbes Jahr später, als ich erneut die Pforte passierte, fiel mir die Schrifttafel auf. Doch auch ohne diesen Hinweis wußte ich, wo ich mich befand: in Neudeck, dem Frauengefängnis von München. Beim Ermittlungsrichter in Karlsruhe hatten die Polizeibeamten gesagt, man würde mich nun dorthin bringen – zur Untersuchungshaft.

Das war am Nachmittag gewesen. Ich war dem Ermittlungsrichter beim Bundesgerichtshof vorgeführt worden, damit er über die Haftfrage entscheide. Es war nicht gut für mich gelaufen, aber das hatte ich vorhergesehen. Was hätte ich auch zu meiner Entlastung vorbringen sollen, da es gegen die Beweise, auf die der Bundesanwalt seine Beschuldigungen stützte, keine überzeugende Einrede gab?

So hatte ich es vorgezogen, von meinem Recht auf Aussageverweigerung Gebrauch zu machen. »Ich möchte einen Anwalt sprechen«, hatte ich nur kurz gesagt und die Ausführungen des Richters reglos zur Kenntnis genommen. Als er jedoch den Erlaß eines Haftbefehls mit dem Verdacht auf Fluchtgefahr begründete, hatte ich aufbegehrt: »Nein, keine Fluchtgefahr, das ist Unsinn. Mein Sohn und meine Mutter leben hier, die würde ich nie und nimmer im Stich lassen. Sie meinen, ich könnte vom Ausland her für mein Kind sorgen? Wie stellen Sie sich das praktisch vor? Mit Geld kann man sicher viel machen, aber kein Kind erziehen und ihm ein Zuhause und Zuwendung geben. Außerdem muß mein Sohn ständig krankengymnastisch betreut werden, er ist behindert.« Aber meine Einwendungen hatten den Richter nicht beeindruckt, und so unterschrieb er den Haftbefehl.

Dieses Papier, das so unvermittelt und radikal in mein Leben einschnitt, es in eine Zeit davor und eine danach schied, lag auch neben mir, als die Kripobeamten vor der Rückfahrt nach München und ins Gefängnis zum Abendessen ein Restaurant ansteuerten. »Auf eine Stunde früher oder später kommt es uns nicht an«, meinten sie gelassen, »und

Ihnen wird es wohl erst recht nichts ausmachen. Genießen Sie das Essen! In nächster Zeit wird es nicht mehr so angenehm sein, obwohl die Verpflegung in Neudeck gar nicht so schlecht sein soll.« Ich hatte darauf verzichtet, dies zum Anlaß für Fragen zu nehmen. Ich würde schon noch schnell genug Genaueres über das Münchner Frauengefängnis erfahren, und in meinem Kopf hämmerten ohnehin ganz andere Fragen, auf die ich brennend eine Antwort herbeisehnte.

Wer war dieser »Gewährsmann des Bundesnachrichtendienstes«, auf dessen Aussagen der Haftbefehl zurückging? Aussagen, die keinen Zweifel aufwerfen konnten, daß ich mit der »MfS-Innenquelle im Bundesnachrichtendienst« gemeint war und daß irgend jemand in der Hauptverwaltung Aufklärung des Ministeriums für Staatssicherheit (HVA) schon seit langem von mir wie auch von anderen Kundschaftern gewußt und mich nun, wenige Tage vor dem Untergang der DDR, dem Geheimdienst der heraufziehenden neuen Staatsmacht preisgegeben hatte. Beim Ermittlungsrichter hatte der Bundesanwalt seine Beschuldigung, ich sei für die HVA nachrichtendienstlich tätig gewesen, auf ein Fernschreiben des BND gestützt. Darin war ich derart kenntnisreich und detailliert beschrieben, daß ich insgeheim meinte, ich würde mich aufgrund dieser Aussagen gleich selber verhaften: »Alter ca. 40 – 45 Jahre, ledig, Brillenträgerin, promovierte Akademikerin, etwas zickig, überdreht und mit einem sozialen Tick, hat ein körperbehindertes Kind adoptiert, arbeitet in der Abteilung Auswertung des BND, hat Zugang zu Material aus dem Bereich der Ost-West-Politik und der Drittweltpolitik.« Weitere Angaben betrafen meine Kontakte zur HVA und die Dauer meiner Kundschaftertätigkeit.

Um die Stichhaltigkeit seiner Beschuldigung zu untermauern, hatte der Bundesanwalt jenen Judas aus den Reihen der HVA, der angesichts der veränderten politischen Situation in die zwielichtige Rolle eines »Gewährsmannes« des BND geschlüpft war, soweit geoutet, daß dessen Identifizierung nur eine Frage der Zeit war. Er sei ein hochrangiger Mitarbeiter der Abteilung IX A der HVA gewesen, jener Organisationseinheit, die den Bundesnachrichtendienst aufgeklärt hat. Er kenne deshalb die Quellen der HVA in den westdeutschen Geheimdiensten. Er habe auch in der Sache Alfred Spuhler ausgesagt und bestätigende sowie zahlreiche neue Informationen gegeben. Seine Angaben zu mir seien mithin glaubwürdig.

Dann folgte, wie das in solchen Fällen bei Geheimdiensten üblich ist, die dramatisierende Forderung nach Schutz des neuen »Gewährsmannes«: Die Quelle gehöre zu einem Kreis elitärer ehemaliger MfS-Offiziere, die sich als Gemeinschaft verschworen hätten und jeden Verräter mit Liquidierung bedrohten. Da größtes operatives Interesse an ihm bestehe, sei ein äußerstes Maß an Geheimschutz erforderlich.

Wer war dieser Verantwortliche der HVA, rotierte es in mir, wer war es, der die Kaltschnäuzigkeit besaß, mich wenige Tage vor dem Ende seines Staates zu verraten, zugleich aber so töricht gewesen war, den Zusicherungen des BND zu vertrauen, man werde seinen Verrat schon geheimzuhalten und seine Anonymität zu wahren wissen? Ein leitender Mitarbeiter, Offizier; zweifellos hatte er sich in früheren Jahren stets als Vorbild gewissenhafter Pflichterfüllung, als Inbegriff von Treue und Ehre ausgegeben. Gegenüber wie vielen Quellen, die er als Angehöriger des Auslandsnachrichtendienstes der DDR angeworben hat, mag er sich für deren Sicherheit verbürgt haben, so wie jetzt der BND ihm gegenüber? Und welche Belohnung hat ihm dieser Verrat eingebracht? Wieviel Kopfgeld hat der BND für meine Preisgabe gezahlt?

Dabei muß ihm klargewesen sein, daß nicht nur ich, sondern auch meine Familie und vor allem Harry, mein Sohn, den Preis für seinen Verrat zu entrichten hätten. Doch das schien diesem »Gewährsmann« gleichgültig zu sein. Hatte er nicht meinen Entschluß, ein behindertes Kind anzunehmen, als »sozialen Tick« bezeichnet? Eine humanitäre Spinnerei sozusagen. Wollte er damit der heraufziehenden Renaissance des materiellen Egoismus seine Reverenz erweisen oder hatte er nur versucht, die Schäbigkeit seines Tuns schönzureden?

Und warum in aller Welt hatte er, statt sich dem BND anzudienen, nicht versucht, mich um Geld anzugehen? Keinen Moment hätte ich gezögert, mir sein Schweigen zu erkaufen, wenn es mir und meinem Kind Sicherheit gebracht hätte. Warum die Zusicherungen mit Füßen treten, die man mir in all den Jahren, die ich für die HVA tätig gewesen war, den Kopf hingehalten hatte, um interessierende politische Informationen zu beschaffen, immer wieder gegeben hatte?

Meine Familie! durchzuckte es mich. Sie wird es so wenig fassen können wie ich selbst. Ein Irrtum, wird sie sagen, das Ganze ist ein furchtbarer Irrtum. Das hatte auch ich erwidert, als die Polizeibeamten mir sehr wohlmeinend nahelegten, ein Geständnis abzulegen. Dabei hatte ich gewußt, daß es kein Irrtum war. Doch meine Familie wußte das nicht. Sie hatte nicht die geringste Ahnung, daß es neben meinem geheimen Tun für den BND auch eines für die HVA gab.

Mittlerweile hatte der Kellner das Essen aufgetischt. Es war ausgezeichnet, doch ich verspürte keinen Appetit und brachte es nur mit Mühe hinunter. Die Erstarrung, die mich in jenem Moment befallen hatte, als man sagte »Es liegt ein Haftbefehl gegen Sie vor«, hielt mich in eisernem Griff. Ich empfand weder Panik noch heulendes Elend. Ein lähmendes Entsetzen lag auf mir wie eine tonnenschwere Last, schnürte jede Gemütsregung ab und versetzte mich, einer mechanischen Puppe gleich, in eine noch nie zuvor erlebte Verhaltensautomatik.

Mechanisch war ich am Vortag den Kripobeamten zur Wohnungsdurchsuchung gefolgt. Mechanisch hatte ich einige persönliche Sachen für die Nacht im Polizeigewahrsam zusammengepackt, mich am nächsten Mittag dort abholen und dem Haftrichter vorführen lassen. Mechanisch war ich in den Wagen gestiegen, der mich ins Gefängnis bringen sollte. Nur das Hämmern im Kopf, das jener eine Satz »Es liegt ein Haftbefehl gegen Sie vor« ausgelöst hatte, folgte seinem eigenen Takt. Wer hatte mich verraten? Warum hatte er mir das angetan? übertönte es die Fragen der Polizeibeamten, die Vorhaltungen des Bundesanwalts und die Ausführungen des Richters.

*

Dabei hatte jener Tag so gut begonnen. Nichts deutete auf die Katastrophe hin, in die ich geradewegs hineinsteuern würde. Es war ein strahlend schöner Herbsttag, keine Wolke trübte den azurblauen Himmel. Ein ideales Bergwetter, und nur zu gerne hätte ich, wie schon am Vortag, meinen Rucksack gepackt, um zu felsigen Gipfeln aufzusteigen. Dafür blieb heute keine Zeit. Aber man könnte mit der Seilbahn aufs Hafelekar fahren und von dort oben die herbstliche Bergwelt genießen.

Am Vorabend hatte Karl-Heinz, mein langjähriger Freund und einstiger Verlobter aus der HVA-Bezirksverwaltung Karl-Marx-Stadt, aus Innsbruck angerufen, gleichermaßen vorwurfsvoll wie besorgt. Er habe stundenlang auf mich gewartet, warum ich nicht gekommen wäre, ob etwas passiert sei? Nein, es war nichts, was hätte auch passieren sollen. Zum Bergsteigen sei ich gewesen, mit einem Jugendlichen aus meiner

Klettergruppe, dem ich noch eine Führungstour schuldete. Hätte ich mich heute mit ihm in Innsbruck treffen sollen? Jein! Das hatten wir zwar ins Auge gefaßt, doch du wolltest mir diesen Termin bestätigen. Das hast du nicht getan, und deshalb nahm ich an, daß dir etwas dazwischen gekommen ist, und habe nun andere Pläne. Ob wir uns morgen sehen können? Ist mir nicht so recht, weil ich dann Harry wieder allein lassen muß. Aber wenn ich bis zum Nachmittag zurück bin, läßt es sich einrichten. Treffen wir uns also gleich morgen früh.

Als ich an diesem klaren Herbstmorgen nach Innsbruck startete, bemerkte ich nicht den Wagen, der mir folgte. Ich hätte ihn bemerken können, wenn ich mich, wie früher, gegen eine mögliche Observation abgesichert hätte. Doch seitdem die nachrichtendienstliche Zusammenarbeit mit der DDR eingestellt, die HVA aufgelöst war, seitdem ich meine geheimdienstliche Ausrüstung vernichtet hatte, wäre es merkwürdig erschienen, wenn ich mich dennoch nach den Regeln der Konspiration verhalten hätte.

So traf mich meine Festnahme gleichsam aus heiterem Himmel. Doch wann immer ich später den Ablauf der Ereignisse rekonstruierte, war ich heilfroh, völlig überrascht worden zu sein. Was wäre gewesen, wenn ich die Observation bemerkt hätte? Ich wäre vermutlich in Panik geraten, weil ich keinen Ausweg aus der Situation gefunden hätte. Zu versuchen, mich in die DDR abzusetzen? Diesen Weg gab es seit dem Fall der Berliner Mauer nicht mehr, und jetzt, wenige Tage vor der Vereinigung beider deutscher Staaten, wäre er mir schon gar nicht in den Sinn gekommen. Nach Österreich fliehen? An diese Möglichkeit hatte ich bislang nie gedacht, weil ich in Deutschland meine Heimat sah. Ich hätte im Ernstfall kein Problem damit gehabt, östlich der Elbe ein neues Heim für mich und mein Kind aufzubauen. Ich wußte, daß ich dabei auf umfassende staatliche Hilfe zählen könnte. Doch in Österreich? Zwar mochte ich dieses Land, hatte dort häufig meinen Urlaub verbracht. Aber dort hätte ich ganz aus eigener Kraft ein neues Leben beginnen und noch einmal von vorne anfangen müssen. Ich hätte nicht den Mut gehabt, eine solche Entscheidung meinem Sohn gegenüber zu verantworten.

Es wundert nicht, daß sich in den vielen Presseberichten über meinen »Fall« kein einziges Wort zu meinen Vorbehalten fand. Denn dann hätten die Medien – und ebenso der BND – einräumen müssen, wie weit die sensationellen Berichte über meine Verhaftung von der Wahrheit entfernt waren. Aus dem Umstand, daß ich am Grenzübergang Mittenwald-Scharnitz festgenommen wurde, hatte man nämlich messerscharf geschlossen, ich hätte von meinen Partnern in der HVA im letzten Moment eine Warnung erhalten und mich ins Ausland absetzen wollen.[1] Schon einen Tag zuvor hatte der BND gemeint, Anzeichen für eine derartige Absicht festzustellen. War doch seiner Observationsgruppe am Nachmittag mein »sehr unruhiges Verhalten« aufgefallen. Peinlich nur, daß die Observanten weder meine Abwesenheit noch meine späte Heimkehr von der Bergtour bemerkten, obwohl das Entladen der Kletterausrüstung aus meinem Wagen schwerlich zu übersehen war. So bleibt unerfindlich, wen und was der BND an jenem Nachmittag, während ich im Wettersteingebirge auf dem dem Großen Waxenstein benachbarten Gipfel des Zwölfers die Rast genoß, beobachtete und ihn behaupten ließ, ich würde in nervöser Eile Fluchtvorbereitungen treffen.

Situationsbedingt war mir nicht im entferntesten zum Lachen zumute, und dennoch war diese abenteuerliche Unterstellung einfach zu komisch. Welche Phantasielosigkeit! Wäre ich tatsächlich wie Richard Kimble auf der Flucht gewesen, hätte ich doch niemals im eigenen Wagen und mit meinen Ausweisen in der Handtasche einen Grenzübergang angesteuert. Vielmehr wäre ich – ganz unverfänglich – als Bergsteigerin über die grüne Grenze marschiert. Ich kenne schließlich manchen Steig, auf dem man völlig unbehelligt zwischen Bayern und Österreich wechseln kann. Das nenne ich einen Fluchtweg und nicht die Durchfahrt am offiziellen Grenzübergang!

Während ich also unterwegs war, um pünktlich um 9 Uhr Karl-Heinz in Innsbruck zu treffen, folgte mir mit kurzem Abstand die Observationsgruppe des BND, erfaßt von zunehmender Nervosität, als sie erkennen mußte, daß mein Weg schnurstracks aus dem deutschen Hoheitsgebiet herausführte. Was tun? Die Situation verlangte nach einer Entscheidung. Man entschied, den Grenzposten anzurufen und ihn zu bitten, den goldfarbenen Ascona mit dem amtlichen Kennzeichen M – ZS 89 anzuhalten. Ein dringender Fall von Amtshilfe!

---

[1] Es entbehrt nicht der Tragik, daß keiner der westdeutschen Kundschafter von den (ehemaligen) Mitarbeitern der DDR-Auslandsnachrichtendienste über die Gefahr eines Verrats und der Verhaftung gewarnt worden ist. Eine Warnung hätte immerhin etwas zeitlichen Vorlauf verschafft, um die eigenen Reaktionsmöglichkeiten zu überdenken und sich vor allem eines vertrauenswürdigen anwaltlichen Beistands zu versichern.

Unterdessen hatte ich den Mittenwalder Grenzposten erreicht. Noch herrschte wenig Verkehr, die paar Autos vor mir waren rasch abgefertigt. Wie gewohnt hielt ich in langsamer Weiterfahrt meinen Ausweis hin, bereit, bis zum nächsten Stopp im österreichischen Grenzort Scharnitz zu beschleunigen. Doch plötzlich war nichts mehr wie gewohnt.

»Ihren Führerschein, bitte«, sagte der Grenzbeamte. Wieso das, fragte ich mich. Sollte ich zu schnell gefahren sein, eine Radarkontrolle übersehen haben? Unmöglich wäre das nicht, ich hatte mich beeilt, war recht zügig gefahren. Höchst ärgerlich, wenn nun ein »Schnellzugzuschlag« abkassiert würde. Aber was soll's, irgendwann erwischt es einen eben. Der Beamte ließ sich Zeit, meinen Führerschein zu prüfen. »Parken Sie bitte dort drüben«, gebot er mir nun, »und kommen Sie dann bitte mit.« Aha, dachte ich, jetzt wird kassiert. Ich folgte dem Beamten in die Grenzstation.

»Was gibt es denn?« fragte ich leicht ungehalten.

»Das weiß ich nicht. Warten Sie hier einen Augenblick.«

Der Grenzpolizist bedeutete mir, im Vorraum zu warten. Dann entfernte er sich. Ich blickte auf die Uhr. Es war 8.15 Uhr. Wenn das hier nicht zu lange dauerte, könnte ich immer noch pünktlich in Innsbruck sein. Ich wollte Karl-Heinz nicht erneut warten lassen. Von meinen unzähligen Treffen mit ihm wußte ich, daß selbst schon eine geringfügige Verspätung nervös machte und die besorgte Frage aufkommen ließ, ob dem anderen etwas passiert sei.

Hier scheint etwas passiert zu sein, registrierte ich instinktiv, denn ich war plötzlich von irritierender Unruhe umgeben. Beamte eilten an mir vorbei. Ich wurde ungeduldig und sprach einen an. »Jetzt möchte ich bitte endlich wissen, was los ist!«

»Kommen Sie bitte mit.« Er führte mich durch jene Tür, hinter der zuvor der Grenzkontrolleur verschwunden war. Dahinter befand sich die Einsatzzentrale. Noch einmal verlangte ich nach einer Erklärung. »Es liegt ein Haftbefehl gegen Sie vor. Er ist aber noch nicht ausgestellt. Genaueres wissen wir auch nicht. Sie müssen warten, bis wir Antwort aus München haben.«

»Was soll denn dieser Unsinn! Ein Haftbefehl!?« empörte ich mich.

»Das werden Sie selbst sicher am besten wissen«, beschied mich der Beamte. »Ansonsten können Sie sich über mich beschweren.«

Ein Haftbefehl! Ich wußte, daß es einen einzigen, freilich gravierenden Grund gab, mich zu verhaften. Trotzdem schien es mir absurd, daß ich jetzt, wo meine geheime Zusammenarbeit mit der HVA beendet war, wo auch der BND seine Spionage gegen die DDR eingestellt hatte und überhaupt in Deutschland nichts mehr so war wie früher, daß ich ausgerechnet jetzt, wo eine völlig neue Zeit anbrach, verhaftet werden sollte. Ich konnte nicht daran glauben, so sehr ich auch instinktiv begriff, daß das, was sich hier anbahnte, der Ernstfall war.

Wiederholt hatte ich darüber mit meinen Führungsleuten von der HVA und deren langjährigem Chef, Markus Wolf, gesprochen. »Dazu darf es nie kommen«, hatte er mit großem Ernst gesagt, »und wir werden stets alles uns Mögliche tun, daß er auch nie eintritt.« So waren unsere Beratungen zum Ernstfall eher hypothetisch gewesen. »Auf keinen Fall gibst du die Zusammenarbeit mit uns zu«, hatte Wolf mich gewarnt. »Das war, wie du weißt, der größte Fehler, den Günter Guillaume gemacht hat. Wenn die erst einmal ein Schuldeingeständnis von dir haben, wird es äußerst schwierig, etwas für dich zu tun. Du mußt auch wissen, daß du die Situation zunächst einmal alleine zu bestehen hast. Wir könnten zwar unsere Ständige Vertretung bitten, sich um dich zu kümmern, doch käme das einem Schuldeingeständnis gleich, es wäre nicht gut für dich. Du mußt vor allem sehen, daß du einen guten Anwalt findest und mit dessen Hilfe die Situation bewältigst. Erst nach einem rechtskräftigen Urteil können wir tätig werden.«[2]

Nun war also »die Situation« eingetreten. Unerbittlich rückte der Zeiger der Wanduhr über dem großen Bildschirm, auf dem die polizeilichen Meldungen einliefen, auf neun Uhr. Karl-Heinz würde auch heute wieder vergebens auf mich warten. Nach unserem gestrigen Telefonat würde er sich mein Fernbleiben nicht erklären können. Er würde sauer sein.

[2] Entgegen dieser Darstellung Wolfs hat sich die HVA im Falle der Verhaftung eines ihrer Kundschafter in der BRD in aller Regel sofort um ihn gekümmert. Vor der Aufnahme diplomatischer Beziehungen zwischen Bonn und Ost-Berlin 1974 war es üblich, über Rechtsanwälte in der DDR bundesdeutsche Strafverteidiger mit der Vertretung zu beauftragen. Seit der Errichtung der Ständigen Vertretung der DDR in Bonn übernahmen es die in der dortigen Konsularabteilung tätigen Mitarbeiter der HVA, den Kontakt zu inhaftierten Kundschaftern herzustellen und deren Strafverteidigung zu organisieren. Möglicherweise hielt Wolf es aus psychologischen Gründen für ratsam, mich nicht im einzelnen über diese rasche und umfassende Hilfeleistung der DDR zu informieren, mir vielmehr die Situation einer Inhaftierung besonders drastisch darzustellen, um meine Wachsamkeit zu schärfen.

Doch den Grund würde er schon noch erfahren. Entsetzt wird er sein, wenn er hört, was hier passiert ist. Und er wird versuchen, Kontakt zu mir aufzunehmen, über meine Familie oder über den Anwalt, den ich nun mit der Wahrnehmung meiner Interessen beauftragen muß.

Sie werden mir Fragen stellen, ging es mir weiter durch den Kopf. Sie werden wissen wollen, warum ich hierhergefahren bin. Wenn ich ihnen sage, daß ich mit Karl-Heinz in Innsbruck verabredet bin, kann ich auch gleich alles zugeben. Ich muß mir einen anderen Grund für meine Fahrt nach Österreich überlegen. Einen plausiblen, den sie nicht gleich widerlegen können. Wo also wollte ich hin und warum? Nun, es ist bekannt, daß ich Bergsteigerin bin und für meine Alpenvereinssektion Touren führe. Also ist es am unverfänglichsten, wenn ich sage, daß ich unterwegs bin, eine Bergtour zu erkunden. Mist, daß ich außer einem festen Schuh keine Ausrüstung dabei habe. Das hätte meine Behauptung glaubwürdiger gemacht. Hilft nichts, dann mußt du es um so nachdrücklicher behaupten.

Plötzlich durchfuhr mich ein fürchterlicher Gedanke. Der Zettel in meiner Handtasche, auf dem ich die Verabredung mit Karl-Heinz notiert hatte! Und schlimmer noch: sein Kurzbrief vom August, als er schon einmal ein geplantes Treffen wegen unklarer Absprachen vermasselt hatte. Natürlich würde die Polizei meine Handtasche durchsuchen und die Notizen finden. Sie waren zwar in unverfänglichen Kürzeln verfaßt. Aber wenn man einen Verdacht hegte, würde man in allem einen Beweis wittern. Die Zettel mußten verschwinden, ich mußte mir eine Gelegenheit verschaffen, sie zu vernichten.

»Kann ich bitte mal zur Toilette gehen«, fragte ich einen Grenzpolizisten.

»Ja, einen Moment bitte, ich rufe eine Kollegin.«

Eine Beamtin erschien im Zimmer. Ich griff nach meiner Handtasche, die bisher unbeachtet neben meinem Stuhl gestanden hatte. »Lassen Sie bitte Ihre Tasche hier«, gebot mir der Polizist.

Der Trick funktionierte nicht. Es war wohl auch vermessen anzunehmen, damit durchzukommen. Er war zu simpel. Stünde ich an Stelle der Polizeibeamten, wäre ich auch nicht auf dieses Ansinnen eingegangen. Es würde wohl keine Chance geben, die Notizen zu vernichten. Ich müßte mir also auch dazu eine Erklärung einfallen lassen.

»9 Uhr Adam« stand auf dem Zettel. Es stand kaum zu befürchten, daß man in »Adam« den Treffort mit Karl-Heinz in Innsbruck ausmachen würde. Eher hatte ich mit der Frage zu rechnen, wer »Adam« sei. Ich mußte also einen »Adam« erfinden, möglichst einen, der sich schwerlich nachprüfen ließe.

Gefährlicher verhielt es sich hingegen mit dem Kurzbrief von Karl-Heinz. Darin war nicht nur einer unserer letzten Treffpunkte genannt. Auch mein langjähriger Kurier Leo war erwähnt, zwar nur in Form des Anfangsbuchstabens seines Vornamens, dennoch war klar erkennbar, daß hier von einer dritten Person die Rede war. Wen um alles in der Welt könnte ich namhaft machen, wenn man mich mit der Frage nach jenem ominösen »L« konfrontierte? Mir wollte auf Anhieb nichts einfallen, ohne mich sogleich absolut unglaubwürdig zu machen. Ich würde darüber nachdenken müssen, bis eine halbwegs brauchbare Ausrede gefunden wäre.

Inzwischen war es halb zehn geworden. Zwei Männer in Zivil betraten den Raum, einer von ihnen untersetzt und mit hochrotem Kopf. Ich kannte die beiden vom Sehen, Kollegen vom BND, aus der Sicherheitsabteilung. Der rot Angelaufene hielt mir seinen Dienstausweis vors Gesicht. Den gleichen Ausweis besaß auch ich, nur mit anderen Eintragungen. »Ich verhafte Sie wegen Landesverrats und geheimdienstlicher Tätigkeit für eine fremde Macht«, schnarrte mein Kollege. Am liebsten würde er mir an die Gurgel gehen, schien es. Er kochte vor Zorn. Mit einigem Erstaunen stellte ich fest, daß seine kaum beherrschte Wut mich nicht beeindruckte. Eigentlich empfand ich gar nichts. Nur in meinem Kopf arbeitete es unaufhörlich. Was hatte mein Kollege in seiner Erregung gesagt: Ich verhafte Sie! Er muß den Verstand verloren haben, dachte ich. Er kann keine Verhaftung vornehmen, er ist doch kein Richter. Er kann nicht einmal eine Festnahme verfügen, wenn es rundum von Polizei wimmelt. Das ist Amtsanmaßung, er hat keine exekutive Funktion. Und wie kommt er dazu, mich des Landesverrats zu beschuldigen? Der ist doch nicht ganz dicht!

»Wir bringen Sie jetzt nach München zum Bayerischen Landeskriminalamt«, redete der rot Angelaufene weiter. »Ihren Wagen nehmen wir dorthin mit zur Untersuchung. Geben Sie mir bitte die Schlüssel.« Wortlos händigte ich den Fahrzeugschlüssel aus und folgte den BND-Kollegen zu deren Auto. Dort wartete eine weitere Kollegin, sie setzte sich zu mir in den Fond. Vorschrift, dachte ich.

Die Fahrt nach München verlief wortlos. Ich beachtete keinen meiner Kollegen. Unentwegt blickte ich zum Fenster hinaus, sah die Felsen des

Karwendel steil emporragen, Felsen, in denen ich oft geklettert war, Steige und Gipfel, die ich noch halbblind erkannt hätte. Ich sah die Farbenpracht des Bergwaldes, das leuchtende Gelb der Lärchen und des Ahorns und den Feuerschein der Buchen und Eichen, sah die schmucken Häuser im weiten Talgrund mit ihrer überquellenden Blumenpracht. Doch im Unterschied zu meiner Fahrt am frühen Morgen nahm ich all das Schöne, das mich stets aufs neue begeistern konnte, nur mehr wie durch einen Schleier wahr, wie das Trugbild einer Oase inmitten der Wüste. Auch in mir war Wüste: Ich fühlte mich unendlich leer und unendlich allein. Was war bloß passiert, daß ich nun in diesem Auto saß und einem ungewissen, auf jeden Fall bösen Schicksal entgegenfuhr?

Hatte nicht mein Verbindungsführer vor einigen Monaten noch gesagt, ich hätte nichts zu befürchten, alle Unterlagen über meine Zusammenarbeit mit der HVA seien vernichtet? Entsprach dies der Wahrheit oder hatten seine Worte nur dazu gedient, mich zu beruhigen? Dann aber hätte er mich angelogen. Ich verwarf den Gedanken wieder. Wir kannten uns schon zu lange und waren einander freundschaftlich verbunden. Eher hätte er mich gewarnt, angesichts der politischen Situation sei meine Sicherheit zweifelhaft, statt mich wider besseres Wissen glauben zu machen, mir drohe keine Gefahr. Könnte jemand, der von mir wußte, mich bei den westdeutschen Geheimdiensten hingehängt haben? Angestrengt dachte ich nach, mit welchen Mitarbeitern der HVA ich zusammengetroffen war. Es waren nicht viele, einige von ihnen schon verstorben. Auch erschien mir der Gedanke absurd, ein Kontaktmann könnte mich verraten haben. Keinen von denen, die ich kannte, hielt ich dazu fähig. Waren nicht in den Jahren der Zusammenarbeit enge persönliche Bindungen entstanden? Die waren doch nicht bloß vorgegaukelt, sondern logische Folge der Konspiration, unter der wir alle zu leben hatten und tätig gewesen waren. Im BND war das nicht anders. Auch dort schmiedete ein Gefühl der Solidarität, das oftmals bis zur uneingeschränkten Identifizierung reichte, die Führungsleute mit ihren Quellen zusammen. Hatte ich nicht wiederholt Ärger mit dem einem oder anderen Führungsoffizier bekommen, wenn ich eine Quellenmeldung als untauglich verworfen hatte und er diese Bewertung als persönlichen Angriff auf »seine« Quelle interpretierte? Nein, es war unvorstellbar, daß einer meiner Führungsleute nun, da die Zusammenarbeit eingestellt war, mich auf den Müllhaufen der Geschichte geworfen haben könnte.

Wie aber sonst konnte der BND von meiner heimlichen Verbindung zur HVA erfahren haben? Irgendeiner, den ich nicht kannte, der aber von mir wußte, mußte geredet haben. Schon kurz nach der Wende hatte es Fälle von gravierendem Verrat gegeben. Einige Verräter waren beim BND untergekommen, von diesem nicht nur abgeschöpft und ausgequetscht, sondern auch mit allerlei nützlich scheinenden Arbeiten beschäftigt worden. Um solchem Verrat aus den Reihen ehemaliger HVA-Mitarbeiter beizukommen, bedurfte es dringend der ins Auge gefaßten Amnestieregelung für die jahrzehntelange deutsch-deutsche Spionage. Seitens der Regierungskoalition gab es bereits vernünftige Ansätze hierfür. Doch im Kampf um die politische Macht im vereinigten Deutschland drohten sie zwischen den Fronten von Regierungs- und Oppositionsparteien zerrieben zu werden.[3]

Der Wagen hatte mittlerweile das Bayerische Landeskriminalamt in München erreicht. Ich wurde von einem Beamten der Staatsschutzabteilung in Empfang genommen und in dessen Diensträume gebracht. Ich sah noch, wie sich ein anderer über mein Fahrzeug hermachte, das im Hof abgestellt worden war. Man hatte den Kofferraum geöffnet und begann ihn zu durchsuchen. Ihr könnt euch die Mühe sparen, dachte ich. Wer ist denn schon so verrückt, in einer Zeit, wo jeder Grenzpolizist darauf gedrillt ist, Verstecke in Autos aufzuspüren, seinen Wagen für geheime Transporte von nachrichtendienstlichem Material zu präparieren. Nur ein einziges Mal hatten meine Führungsleute einen solchen Gedanken aufgebracht. Doch ich hatte gleich abgewinkt. Das

---

[3] Im Vorfeld der deutschen Vereinigung hatten die Koalitionsfraktionen von CDU/CSU und FDP am 2.9.1990 einen Amnestiegesetzentwurf im Deutschen Bundestag eingebracht (Bundestags-Drucksache 11/7762 <neu>), der am 13.9.1990 von der Bundesregierung übernommen wurde (BTDrucks. 11/7871). Die Bundesregierung und die sie stützenden Parteien trugen damit den Erwägungen während der Verhandlungen über den Einigungsvertrag Rechnung, in diesen Vertrag eine Straffreiheitsbestimmung für die gegen die (alte) Bundesrepublik gerichtete Spionagetätigkeit der DDR aufzunehmen (vgl. Kinkel, Klaus, »Wiedervereinigung und Strafrecht«, JZ 1992, S. 485 f.; Schäuble, Wolfgang, »Der Vertrag«, Stuttgart 1991, S. 268 ff.). Dadurch sollten die diskriminierenden Folgen einer Ausdehnung des westdeutschen Strafrechts auf die neuen Bundesländer behoben werden. Es war der Vorsitzende der SPD-Fraktion im Deutschen Bundestag, Hans-Jochen Vogel, der mit seiner wahlkampforientierten Polemik gegen die angebliche »Stasi-Amnestie« den Gesetzentwurf zu Fall brachte und damit ein beispielloses Kesseltreiben der bundesdeutschen Justiz gegen die hauptamtlichen Mitarbeiter der DDR-Auslandsnachrichtendienste sowie die westdeutschen Kundschafter auslöste.

sei mir zu riskant, weil ich häufig nach Österreich und Italien fahre, da könne ich durchaus auch einmal in eine gezielte Kontrolle geraten. Würde man jemals ein solches Versteck finden, gäbe es kein Herausreden mehr. Sollten sie also meinen Wagen durchsuchen, ich hatte nichts zu befürchten.

Der LKA-Beamte war von freundlicher Sachlichkeit und kontrastierte damit wohltuend den cholerischen Kollegen von der BND-Sicherheit. Er eröffnete mir, welche Beschuldigungen der BND aufgrund bestimmter Informationen gegen mich vorbrachte, und forderte mich auf, mich hierzu zu äußern. Ich lehnte ab. Das sei eine Provokation, erwiderte ich. Ich wolle mit einem Anwalt sprechen. »Da werden Sie heute kein Glück haben«, entgegnete der Beamte, »es ist Sonntagmittag und schönstes Wetter, wen wollte man da erreichen.« So beschränkte er sich darauf, meine Personalien aufzunehmen. Anschließend mußte ich mich von einer Beamtin durchsuchen lassen. Auch meine Handtasche wurde einer Inspektion unterzogen. Den Terminplaner, in dem sich meine Notiz zur heutigen Verabredung mit Karl-Heinz befand, legte die Beamtin auf den Schreibtisch ihres Kollegen. Er blätterte darin, entdeckte den Zettel, las ihn, dachte nach und stellte schließlich die zu erwartende Frage: »Wer ist Adam?«

»Ein Bergkamerad«, erwiderte ich ruhig.

»Warum sind Sie nach Österreich gefahren?«

»Ich wollte eine Bergtour erkunden«, gab ich ohne Zögern zur Antwort.

Der Beamte fragte nicht weiter. Er hatte wohl eingesehen, daß er nichts Sachdienliches aus mir herausholen könnte. Jedenfalls jetzt nicht.

»Wir fahren zu Ihrer Wohnung«, sagte er. »Wir müssen sie durchsuchen. Ihren Wagen nehmen wir mit. Wenn Sie eine Garage haben, können wir ihn dort abstellen.« Erst jetzt fiel mir mit Schrecken ein, daß mein Sohn daheim auf mich wartete. Wie würde er reagieren, wenn ich in Begleitung der Kriminalpolizei käme? Ich müßte es ihm erklären. Doch was sollte ich sagen? Die Wahrheit war unmöglich, dann hätte ich auch gleich der Aufforderung des Beamten nachkommen können, mich zu den Beschuldigungen zu äußern. Ich war ratlos.

Harry war zu Hause. Ich bat, mit ihm in sein Zimmer gehen zu dürfen. Die Beamtin folgte uns. Ich sagte meinem Sohn, daß etwas Furchtbares passiert sei, daß ich einer Straftat beschuldigt werde und die Leute hier von der Kriminalpolizei seien. Ich müsse wieder mit ihnen gehen, man habe mich festgenommen. Ich würde versuchen, jemanden zu finden, der sich um ihn kümmert. Harry schien den Ernst der Situation zu begreifen, ja er schien schon eine Katastrophe geahnt zu haben, als ich in Begleitung der vielen Leute heimgekommen war. Er war ungemein ernst, doch er blieb ruhig und gefaßt. Im Gegensatz zu seinen sonst lautstark vorgetragenen weitschweifigen Ausführungen sprach er nun leise und nur das Notwendigste. »Ich werde schon auf mich aufpassen. Mach dir keine Sorgen um mich. Aber paß auf dich auf. Ich hab dich lieb.«

Ich war in die Küche gegangen. Ich hatte gefragt, ob ich einen Kaffee kochen könne und ob die Herren ebenfalls Kaffee wollten. Ich war froh, etwas tun zu können. Und ich war es gewohnt, immer etwas zu tun zu haben.

Die Kripobeamten hatten inzwischen mit der Durchsuchung des Hauses begonnen. Einen richterlichen Durchsuchungsbefehl hatten sie mir nicht präsentiert. Doch es wäre mir absurd erschienen, mich dagegen zu verwahren, daß sie nun meine Schränke und Schubladen öffneten, meine persönlichsten Sachen in Augenschein nahmen, meine Kontoauszüge begutachteten, meine Post lasen. Auch damit verschwendet ihr nur eure Zeit, dachte ich. Ihr solltet doch wissen, daß das, wonach ihr sucht, längst vernichtet ist. Trotzdem untersuchten die Beamten jede meiner Handtaschen und Aktentaschen, ob sie einen Container enthielten, ein eingebautes Geheimfach, das üblicherweise alle Agenten haben, damit sie vertrauliche Unterlagen darin verbergen können. Ich hatte stets in einer Handtasche mit eingebautem Container mein Chiffriermaterial aufbewahrt, mit dem ich die Mitteilungen entschlüsseln konnte, die mir die HVA über Funk zukommen ließ, und eigene Mitteilungen an meine Verbindungsleute bei Bedarf verschlüsselte. In den ersten Jahren meiner Tätigkeit für die HVA hielt ich dort außerdem einen gefälschten bundesdeutschen Paß versteckt, den ich für meine Reisen in die DDR benutzte. Aber seitdem ich beim BND arbeitete, war ich nur noch selten in die DDR gereist, und dann hatte Karl-Heinz mir einen Ausweis mitgebracht, in dem nur mein Foto echt war.

Auch eine meiner Aktentaschen war mit einem Geheimfach versehen. Ich hatte darin Berichte des BND mitgenommen, um sie daheim unbeobachtet zu fotografieren. Doch diese Aktentasche war, wie jene präparierte Handtasche, längst in Hunderte Einzelteile zerlegt und im Müll gelandet.

Allerdings hatte ich nach der Wende nur jene nachrichtendienstliche Hilfsmittel vernichtet, die mir ohnehin stets bedenklich erschienen waren, weil es sie bei so gut wie allen Geheimdiensten gab, auch beim BND: mit Containern ausgerüstete Taschen und Mappen sowie Spraydosen aller Art. Leo, mein späterer Kurier, hatte einmal den Führungsleuten der HVA voller Entrüstung bedeutet, sich doch endlich etwas Neues einfallen zu lassen und diese »Antiquitäten aus der Ming-Dynastie« einzumotten. Das hatte Wirkung gezeigt, und kurz darauf waren wir mit neuen Containern ausgerüstet worden, die Einfallsreichtum und die Fähigkeit zu technischer Tüftelei verrieten.

Einiges davon hatte ich aufgehoben in dem sicheren Gefühl, daß sie inmitten vieler ähnlicher Dinge für einen nachrichtendienstlichen Profi nicht herauszufinden waren. Und ich behielt recht. Die erfolglose Suche der Staatsschutzbeamten erinnerte mich an ein beliebtes Kinderspiel. Kalt, kälter, eisekalt – warm, wärmer, heiß, noch heißer, brennend heiß. Es reizte mich, die Suche der Beamten mit diesen Hinweisen zu begleiten. Einer hatte damit begonnen, hinter den Bildern nachzuschauen. Kalt, ganz kalt, flüsterte eine Stimme in mir. Ein anderer war damit beschäftigt, einen Schrank zu durchstöbern. Ebenfalls kalt. Doch immer wieder passierten sie eine brandheiße Stelle. Mir schien, sie könnten noch eine Ewigkeit suchen und würden doch nicht fündig. Ich war sicher, daß ich von der Durchsuchung meiner Wohnung nichts zu befürchten hätte.

Irgendwann wurde die Sache abgebrochen. »Wir werden heute nicht fertig«, erklärte der Kripobeamte. »Wir müssen in den nächsten Tagen weitermachen. Das Haus wird versiegelt, Ihr Sohn kann hier nicht bleiben. Sie müssen ihn woanders unterbringen. Und Sie kommen mit uns in die Ettstraße. Bis morgen.«

Harry kann nicht zu Hause bleiben? Mir lief es heiß und kalt zugleich den Rücken hinunter. Hatte ich nicht schon genug Probleme?

Ich hatte Freunde, die soweit möglich für mich da waren, wenn ich Unterstützung bei der Betreuung meines Sohnes brauchte. Bei ihnen konnte Harry bleiben, wenn ich auf Dienstreise war. Allerdings waren diese Freunde wie ich Mitarbeiter des BND. Sie standen nun, da man mich verhaftet hatte, auf der anderen Seite. Es lag nicht in ihrer Macht zu entscheiden, welche Haltung sie mir gegenüber einnehmen wollten. Die Vorschriften der Sicherheitsabteilung ließen ihnen keine andere Wahl, als sich gegen mich zu stellen.

Doch auch ich hatte keine Wahl. Ich mußte, um Harry nicht auf der Straße stehen zu lassen, auf ihre Hilfe zurückgreifen. Mir war klar, daß am nächsten Morgen die Nachricht meiner Festnahme wie ein Lauffeuer die Runde machen würde, durch alle Gebäude im Camp und über alle Flure. »Haben Sie schon gehört? Die Frau Dr. Leinfelder! Nein, so was. Wer hätte das von ihr gedacht. Ich bin schockiert.« »Dr. Leinfelder« war mein Arbeitsname im Bundesnachrichtendienst, und alle würden sich nun über mich das Maul zerreißen. Nichts funktionierte im BND so gut wie der interne Nachrichtendienst. Wie in jedem anderen Betrieb waren auch in ihm Klatsch und Tratsch an der Tagesordnung. Nichts bewegte die Gemüter heftiger und interessierte mehr als das Tun und Lassen von Vorgesetzten und Kollegen, vor allem wenn es anrüchig schien. Selbst die Abschottungsmaßnahmen im BND, das Prinzip des »need to know«, können dem heimlichen Informationsfluß zwischen den Abteilungen und unter den Mitarbeitern nichts entgegensetzen.

Was wäre wohl losgewesen im Camp, wenn man mich nicht heute, sondern erst morgen früh, am Arbeitsplatz, festgenommen hätte? So war es doch wohl geplant, als die Sicherheitsabteilung mir ein Observationsteam an die Fersen heftete. Überwachung des Feindes, Beobachtung seiner Bewegungen, aber kein Zugriff – noch nicht. Es wäre zumindest ein kleiner Triumph für den BND gewesen, die Spionin am Tatort dingfest zu machen. Doch nun war ich unvorhergesehenerweise nach Österreich gefahren. Ich war froh, daß die Dinge so und nicht anders gelaufen waren.

Alles Zögern und Zaudern half nichts, ich mußte handeln, jetzt handeln für Harry. Ich entschloß mich, Gutmann, meinen Chef im BND, anzurufen, mit dessen Familie mich eine jahrelange Freundschaft verband. Am nächsten Tag würde er ohnehin alles erfahren, wenn er nicht sogar bereits informiert war. Ich hatte Glück, ihn an diesem Sonntagnachmittag zu erreichen. »Es ist etwas Schlimmes passiert, ich bin unter dem Vorwurf der nachrichtendienstlichen Tätigkeit für die DDR festgenommen worden«, sagte ich leise. »Harry kann nicht im Haus bleiben. Sie wollen es versiegeln, wegen der Durchsuchung. Ist es möglich, daß er solange bei euch bleibt?«

Nach einem Augenblick ungläubigen, erschrockenen Schweigens erhielt ich die Antwort: »Ich komme sofort.« Dann wurde der Hörer eingehängt.

Ich begann, für Harry und für mich einige Sachen einzupacken. Nur das Notwendigste, was man für ein paar Tage braucht. Ich hätte mich auf den Koffer für Harry beschränken können. Meinen Koffer bekam ich erst nach über zwei Jahren wieder zu Gesicht, als ich zu Hause seinen Inhalt wie nutzlos auspackte und forträumte. Doch in diesen Minuten, als ich mein Waschzeug und etwas Kleidung verstaute, lag es außerhalb meines Vorstellungsvermögens, daß ich bald selbst nur noch eine Sache sein würde, die nach einem starren Reglement verwaltet wird.

Gutmann war prompt zur Stelle. Wir sprachen nicht viel miteinander. Eine Provokation – auch sein erster Gedanke. Naheliegend für einen Geheimdienstler. Die meisten fühlen sich in irgendeiner Weise vom »nachrichtendienstlichen Gegner« verfolgt. Das wird ihnen bei den Sicherheitsbelehrungen eingebleut. Vorsicht, der Feind lauert überall! Zwar sind die Fallbeispiele, die das Sicherheitsbewußtsein schärfen sollen, derart konstruiert, daß sie bestenfalls ein müdes Lächeln hervorrufen. Dennoch hinterläßt die alljährliche Pflichtübung ihre Wirkung, und sei es auch nur, um das Selbstwertgefühl zu heben.

Abschied von Harry. Ein Abschied ohne Wiederkehr. Doch ich ahnte es nicht. Ich hätte es mir auch nicht vorstellen können. Ein letzter Blick auf mein Heim. Der Polizeibeamte verschloß die Tür, als sei er der Hausherr. Von weitem sah ich noch, wie er Tür und Schloß mit einem Siegel sicherte. »Amtlich verschlossen! Zutritt verboten!« Wenn ich mich früher gegen ein unbefugtes Betreten meiner Räume sichern wollte, klemmte ich einen winzigen Papierschnitzel an einer bestimmten Stelle zwischen Tür und Rahmen ein. Beim Öffnen der Tür würde er herunterfallen. Falls der Eindringling es überhaupt bemerken würde, hätte er so gut wie keine Chance, ihn wieder an gleicher Stelle anzubringen. Dieses System war ebensogut wie ein Siegel, jedoch bei weitem unauffälliger.

Die Kripobeamten fuhren mich zurück in die Stadt, ins Polizeipräsidium Ettstraße. Dort, im zweiten Stockwerk, wurde ich samt Koffer dem Gewahrsam übergeben. »Wir holen Sie morgen gegen Mittag ab«, sagten sie.

*

Zunächst hatte ich nicht glauben können, daß dies das Polizeigewahrsam sei. Der zimmerhohe Drahtzaun, die breite Theke, das große, mit Kisten und Koffern vollgestopfte Regal im Hintergrund glichen eher einem Postamt als einem Arrest. Wie ein Gepäckstück war ich mir vorgekommen, zur Aufbewahrung abgegeben bis zur weiteren Beförderung.

Ich brauchte nichts zu sagen und nichts zu tun. Schweigend sah ich zu, wie der Frau hinter der Theke Papiere gereicht wurden, mein Koffer, meine Handtasche, mein Anorak; »nein, bitte nicht den Anorak, den möchte ich behalten, mir ist kalt«, hatte ich spontan gerufen, und man hatte ihn mir gelassen, nachdem die Bindeschnur herausgezogen und die Taschen – zum wievielten Mal? – kontrolliert waren. Kann ich nicht etwas Wäsche aus meinem Koffer haben? fragten meine Augen noch, doch da steckte er schon in einem großen Plastiksack, die Handtasche wurde dazugestopft, der Sack mit einem Stück Schnur zusammengebunden, verplombt und ins Regal geschoben.

Die Frau gebot mir noch, die Schnürriemen aus meinen Schuhen zu entfernen und ihr zu geben. Dann forderte sie mich auf mitzukommen, den Gang entlang, der von der Theke aus in einen endlosen, düsteren Schlund führte. An der Wand stand eine Kanne, daneben große Plastikbecher und ein Stapel Brote. Die Frau füllte einen Becher, legte ein Brot darauf und reichte es mir. Dann ging sie entschlossenen Schrittes weiter, hielt an irgendeiner der vielen Eisentüren an, sperrte sie auf, bedeutete mir mit einer kurzen Kopfbewegung einzutreten und verriegelte hinter mir die Tür.

In dem kargen Raum brannte ein schwaches Licht – Notbeleuchtung oder Nachtlampe oder was immer es sein sollte. Es reichte aus, um sich in der fremden Umgebung zurechtzufinden, und war doch trübe genug, auch Schlaf zuzulassen. Ich verspürte keine Müdigkeit, da der rasende Lauf meiner Gedanken meinen Körper in nicht nachlassender Spannung hielt. Ich konnte nicht schlafen, ich wollte es auch nicht. Ebensowenig konnte ich essen, obwohl ich seit dem Frühstück nichts mehr zu mir genommen hatte. Nur durstig war ich, meine Kehle brannte, und ich fror. Dankbar fühlte ich die Wärme aus dem Plastikbecher in meinen Händen.

Als ich trinken wollte, merkte ich, daß der Dampf des heißen Getränks das darüberliegende Brot durchweicht hatte. Es machte mir nichts aus, da ich es ohnehin nicht essen würde. Aber es verwunderte mich, warum es nicht selbstverständlich sei zu wissen, daß Dampf ein Brot durchweicht und man es deshalb nicht auf einen Becher voll heißen Tees legt.

Ich stellte den Becher auf dem Boden ab. In dem Raum gab es keinen Tisch. Es gab auch keinen Stuhl, keinen Schrank oder Kleiderhaken. Und kein Waschbecken. Nur eine Liege, an der Wand befestigt und mit einem Plastikbezug versehen, so grün wie das Tuch der Polizeiuniform. Eine Wolldecke lag darauf, eine von jener abstoßend kratzigen Sorte, wie man sie früher in Jugendherbergen vorfand. Die Vorstellung ekelte mich, daß schon viele Betrunkene und Herumtreiber darin gelegen hatten. Wie gerne wäre ich jetzt unter eine Decke geschlüpft, die verschwitzten Bergsteigern nach anstrengender Tour im steilen Fels nächtens Wärme gespendet hatte. Mich ekelte es auch vor der Kloschlüssel, deren weit geöffnetes, stinkendes Maul mir aus der Ecke neben der Zellentür entgegenstarrte. Mich ekelte vor der Zelle und vor den grölenden, lallenden Stimmen, die von ferne in mein Verlies drangen. Zögernd setzte ich mich auf die Pritschenkante. An Schlaf war in dieser Umgebung, die mich gleich einer Fratze hämisch angrinste, durch tausend Ritze anbrüllte, nicht zu denken.

Zugleich überschlugen sich meine Gedanken, suchten fieberhaft danach, wie es zu meiner Festnahme gekommen war. Verzweifelt rangen sie um Erklärungen für die Notizen, die die Kripobeamten in meiner Handtasche gefunden hatten, und gingen alles durch, ob die Hausdurchsuchung nicht doch etwas Verfängliches zutage fördern könnte. Vor allem aber kreisten sie um jenen Brief von Karl-Heinz, der nun im LKA lag. Wie hatte ich nur so leichtsinnig sein können, ihn aufzubewahren, statt ihn, wie gewohnt, sofort zu vernichten. Wie Feuer brannten die Selbstvorwürfe in mir, bis eine vage Hoffnung, eine halbwegs vertretbare Begründung den beißenden Schmerz für einen kurzen Augenblick betäubte.

Wieder und wieder zermarterte ich mir auch den Kopf, wie Harry das Geschehene verkraften würde, das instinktive Wissen um die Bedrohung seines Zuhauses hatte ich in seinen ernsten Zügen gesehen. Ich müßte einen Weg finden, unser Heim zu erhalten, jemanden finden, der für ihn sorgen würde, solange man mich in Haft hielt. Das war das Wichtigste von allem, womit ich nun fertig zu werden hatte. Was immer mit mir geschehen sollte, es wäre zu ertragen, wenn ich Harrys Welt in

Ordnung wüßte. Doch was war seit dem heutigen Tag überhaupt noch in Ordnung? Noch ahnten meine Angehörigen nichts von den furchtbaren Ereignissen. Doch unaufhaltsam kamen sie auf sie zu, würden sie packen, überrollen.

Noch immer saß ich grübelnd auf der Pritschenkante, als die Zellentür wieder geöffnet wurde. Ein matter Lichtschein fiel durch die Fensterluke. Ich schaute auf meine Uhr, es war kurz nach 6 Uhr. Die Frau im Türrahmen, eine andere als am Vorabend, hielt mir ein Handtuch hin. »Kommen Sie mit, Sie können sich waschen.«

Ich erhob mich aus meiner kauernden Position und folgte der Frau quer über den dunklen Flur in einen hellerleuchteten Raum. An einer Wandseite hingen mehrere Waschbecken. Einige Frauen standen davor und schöpften mit hohler Hand Wasser ins Gesicht. Ausgebrannte Gesichter, übernächtigt, verlebt. Ich trat an ein Becken und begann mich notdürftig zu reinigen. Ich hatte weder Zahnbürste noch Seife, und so blieb ein unangenehmes Gefühl der Unsauberkeit. Ich dachte an mein Waschzeug, das unweit, am Ende des Gangs, in meinem Koffer lag. Es war so nah und doch unerreichbar fern.

Die Frau führte mich zurück in die Zelle, reichte mir einen neuen Plastikbecher und, darauf gestapelt, ein frisches Brot. Aus dem Becher schlug mir ein milchig-süßer Geruch entgegen, der sich dämpfend auf das unbestimmte Gefühl von Hunger legte, das ich nun verspürte. Der Malzkaffee schmeckte abscheulich wässerig und widerlich süß, aber er war heiß und belebte ein wenig.

Ich ließ mich wieder auf der Pritschenkante nieder und folgte erneut dem monotonen Kreislauf meiner Gedanken. Ich saß noch so, als die Frau mir einige Stunden später ein einfaches, warmes Essen brachte und als sie mich hernach mitkommen hieß, den langen Gang zurück an den Paketschalter, wo die Plombe am Plastiksack aufgebrochen und mein Koffer herausgenommen und an die beiden Kripobeamten übergeben wurde, die dort auf meine Aushändigung warteten. Sie nahmen auch die Begleitpapiere wieder mit, führten mich das breite Treppenhaus des Polizeipräsidiums hinunter, hinaus auf die Straße und zu einem Auto.

»Wir bringen Sie nun nach Karlsruhe zum Ermittlungsrichter beim Bundesgerichtshof«, sagte einer von ihnen.

*

Einige Stunden später stand ich mit den LKA-Beamten Am Neudeck, vor der Pforte des Münchner Frauengefängnisses. Die Beamten drückten den Klingelknopf, und nach einer Weile surrte der Türöffner. Wir betraten einen schmalen Vorraum, in dem sich, direkt gegenüber der Eingangstür, ein Schalter befand. Einer der Polizisten trat an die Trennscheibe:

»Eine Einlieferung«, sagte er, »wir hatten bereits angerufen. Gast, Gabriele.«

»Einen Augenblick bitte«, tönte es verschwommen zurück, während eine Hand zum Telefon griff.

Ich schaute mich um. In dem Vorraum war es sehr eng, ein kurzer Flur, dann eine verglaste Gittertür. Dahinter setzte sich der Flur fort bis zu einer weiteren Gittertür. Durch die kleinen drahtdurchwirkten Glasscheiben konnte ich sie nur unscharf erkennen. So sieht also ein Gefängnis aus, konstatierte ich. Ich hatte es mir anders vorgestellt. Eisenstäbe und mächtige Panzertüren mit großen Riegelschlössern. So, wie man es aus dem Kino kennt. Das hier wirkt eher wie ein heruntergekommenes Verwaltungsgebäude.

Durch das Glas der Gittertür zeichneten sich die Umrisse einer weißbekittelten Frau ab. Aber sie schloß die Tür nicht auf, wie ich es erwartete, sondern verharrte dahinter, bis eine Automatik die Verriegelung löste. Die ist wohl nur von der Pforte her zu öffnen, registrierte ich unwillkürlich. Jemand muß dir aufdrücken, damit du hier wieder raus kannst.

Der Kripobeamte reichte der Bediensteten einige Papiere. Die Begleitscheine, dachte ich, wie bei Frachtgut. Aufgeben, einliefern! Der Mensch als Ware, als Objekt fremden Handelns. Genau so fühlte ich mich seit dem gestrigen Vormittag, und entsprechend verhielt ich mich seitdem. Innerlich erstarrt und nach außen hin fügsam.

»Kommen Sie bitte mit«, forderte die Bedienstete mich auf.

Ich nahm meinen Koffer, den die Polizeibeamten im Vorraum abgestellt hatten, und folgte ihr durch die Gittertür, wartete artig, bis sie sie geschlossen hatte, bog hinter ihr in einen Seitenflur ein und betrat schließlich das Zimmer, in das sie vorausgegangen war. Das Zimmer wirkte unfreundlich, von kalter Nüchternheit. Mitten im Raum stand ein ältlicher Schreibtisch, an den Wänden abgestoßene Regale und Schränke, auf die sich das kalte Licht der Neonröhren ergoß.

»Ihre Handtasche bitte«, sagte die Beamtin, die inzwischen hinter dem Schreibtisch saß.

Ich reichte sie ihr. Regungslos schaute ich zu, wie zwei fremde Hände den Inhalt herausgriffen und auf der Tischplatte ausbreiteten. Ich haßte es, wenn sich ein anderer an meinen Sachen zu schaffen machte. Meine Handtasche barg so viel Persönliches, das mir wertvoller war als die Geldscheine, die gewohnheitsmäßig in einem Seitenfach und nicht im Portemonnaie steckten. Um das Geld in meiner Handtasche war ich nie besorgt gewesen. Nur der Gedanke, daß fremde Hände in meinen Papieren und dem Notizbuch stöbern könnten, widerte mich an. Meine Notizen und Ausweise – das war ich. Darin herumzuwühlen bedeutete für mich, mich selbst aufzublättern und bloßzulegen.

Seit dem Vortag hatte ich diese amtliche Neugier wiederholt ertragen müssen. Drei- oder viermal war meine Handtasche schon umgestülpt worden. Jedesmal hatte es mich wie ein Messerstich getroffen, auch dann noch, als die Tasche nichts mehr preisgab, was ich lieber verborgen gehalten hätte.

Die Beamtin leerte sorgfältig die Brieftasche, notierte jeden Ausweis in einem Formblatt, zählte das Geld und erstellte einen Beleg, steckte Ausweise und Geld in Umschläge. Dann reichte sie mir das Foto meines Sohnes und die zwanzig Briefmarken, die sie dem Portemonnaie entnommen hatte, außerdem den Kugelschreiber und die Zigaretten aus meiner Handtasche. »Das können Sie behalten. Eigentlich dürfen Sie nur vierzehn Briefmarken haben, aber andererseits dauert es auch noch etwas bis zum nächsten Einkauf.«

Dann überprüfte sie den Koffer. Ich wartete darauf, daß sie mir meine Handtücher und Wäsche aushändigte. Aber sie tat es nicht.

»Das behalten wir hier«, befand die Beamtin routiniert. »Sie bekommen alles Nötige von uns.«

Nun öffnete sie meinen Waschbeutel, den sie zuvor neben den Koffer gestellt hatte, und kontrollierte jedes der Utensilien einzeln, um dann alle wieder in die Tasche zu legen. Nur eine halbleere Cremedose, den Lippenpflegestift und den Lidstift gab sie mir.

»Was ist mit meiner Zahnbürste und der Zahnpasta, mit Haarbürste und Nagelreiniger?« begehrte ich auf. »Ich brauche sie zur Körperpflege. Seit gestern morgen habe ich mich nicht mehr richtig waschen können.«

»Tut mir leid. Das kann ich Ihnen nicht geben. Es läßt sich nicht genau kontrollieren. Waschzeug bekommen Sie auch von uns. Außerdem gibt es den Einkauf.« Damit verschloß sie die Kulturtasche, legte sie in den Koffer zurück und verriegelte ihn.

»Ziehen Sie sich bitte aus und nehmen Sie dann diese Sachen«, gebot sie mir anschließend, wobei sie an das Regal trat und nach einem kurzen Blick auf mich aus den Stapeln von Kleidung und Wäsche einige Stücke herauszog. Ich schluckte. Zwar war ich keineswegs prüde, empfand es vielmehr stets als angenehm, wenn ich mich bei Badeurlauben am Strand nackt bewegen konnte. Aber das hier war etwas anderes. Hier legte ich meine Kleidung nicht freiwillig ab, sondern unter Zwang. Nicht Scham erfaßte mich, sondern ein tief verletzendes Gefühl der Erniedrigung. Das ist würdelos, revoltierte es in mir, während ich mich auszukleiden begann, noch mechanischer, als ich mich ohnehin schon bewegte.

Ich streifte die Wäsche über, die mir gereicht wurde. Sie war abgetragen und klamm. Ein kalter Schauer lief mir den Rücken hinunter: Wer mag wohl vor mir darin gesteckt haben? Ich hüllte mich in den kurzen Bademantel aus billigem, ausgefranstem Frotté, den mir die Beamtin als letztes gab.

Ich fühlte mich entsetzlich fremd – fremd in diesem kahlen Raum hinter der langgestreckten, mächtigen Fassade, und fremd vor mir selbst, wie ich dastand in dieser Wäsche aus dem Regal, während ich regungslos zuschaute, wie meine eigene Kleidung in einem großen Sack aus festem grünem Stoff verschwand, dann meine Handtasche, zuletzt meine Schuhe, wie der Sack verschnürt wurde und verplombt, auch mein Koffer wurde mit einer Kordel verschnürt. Ich war nicht mehr ich selbst. Nur noch ein Körper gleich vielen anderen. Ich fühlte mich gefangen.

Barfuß stand ich auf einem kalten, häßlichen Boden. Man gab mir Hausschuhe, riesige braune Filzlatschen, die wie kleine Boote meine Füße umschlossen. Ich bekam rauhe blaukarierte Handtücher und eine knisternde Zellophantüte, die eine Zahnbürste, eine Zahnpastatube, Seife und Kamm enthielt, dazu grobe, dickmaschige Wollsocken, eine rotkarierte Bluse und einen weiten Wickelrock aus steifem Jeansstoff, schließlich eine Plastiktasse und ein Eßbesteck, dessen verbogenes Messer auf vielfältigen Gebrauch hindeutete.

»Nehmen Sie das und kommen Sie bitte mit!«

Ich hatte Mühe, alle Sachen zu greifen, ohne etwas fallen zu lassen. Zum Glück hatte der Bademantel zwei große Taschen, in die ich das Besteck, die Zigaretten, Briefmarken und das Foto stecken konnte, während ich die Tasse an einen Finger hängte. Der Weg führte zurück über den Flur in Richtung Pforte, bog dann jedoch in einen rechtwinklig verlaufenden Gang und durch eine weitere Gittertür, hinter der sich Zellentür an Zellentür reihte. Fast am Ende des Ganges schloß die Beamtin eine Tür auf, hieß mich eintreten, murmelte »Gute Nacht!« und warf die Tür hinter mir krachend ins Schloß, ratschend fuhr ein Schlüssel hinein, knallte den Riegel in die Aussparung. Schnell verloren sich die Schritte draußen im Flur. Dann herrschte Stille.

In der Zelle brannte kein Licht. Aber es war nicht völlig dunkel. Durch ein kleines Fenster direkt unter der Decke fiel ein schwacher Lichtschein hinein. Allmählich gewöhnten sich meine Augen an den fahlen Schimmer, und meine Umgebung gewann deutlichere Konturen. An der einen Seitenwand konnte ich eine Tischplatte erkennen. Ich trat heran und legte die Sachen darauf ab. An der gegenüberliegenden Wand nahm ich eine Liege und einen schmalen Schrank wahr und, als ich mich langsam umdrehte, ein kleines Waschbecken und einen Vorhang gleich neben der versperrten Tür. Dahinter schien das WC zu sein.

Ich war todmüde, zu erschöpft und innerlich zu erstarrt, um überhaupt noch einen Gedanken fassen zu können. Ich schlüpfte unter die Decke und fiel in einen tiefen, traumlosen Schlaf.

*

Am nächsten Morgen brachte mich eine Bedienstete zur Geschäftsstelle der Vollzugsanstalt. Wegen der Anmeldung. Ich war irritiert. Nie wäre ich auf die Idee gekommen, daß man sich im Gefängnis anzumelden hat wie in einem Hotel. Schließlich lagen der Anstalt mit dem richterlichen Haftbefehl meine Personalien vor. Außerdem hatten sie meine Ausweise an sich genommen. Doch das schien nichts zur Sache zu tun. Der Beamte füllte ein Formular aus: Name, Vorname, Geburtsdatum, Geburtsort, Wohnort. Dann zog er eine Sofortbild-Kamera aus einer Schublade, legte bedächtig einen Filmträger ein und fertigte ein Foto von mir. Ein ganz normales Bild und nicht eines jener typischen Polizeifotos mit Meßlatte, deren schlechte Qualität dem Abgelichteten nolens volens das Aussehen eines Verbrechers verleiht. Der Beamte nahm mir auch keine Fingerabdrücke ab, was ich als nächstes erwartet hatte. Wenigstens das blieb mir erspart.

Später hieß mich die Bedienstete, die paar Habseligkeiten, die ihre Kollegin mir in der Nacht zuvor ausgehändigt hatte, zusammenzupacken. Ich könnte in dieser Zelle nicht bleiben, würde auf dem 3. Stock untergebracht, »bei den nicht arbeitenden Frauen«. »Aber ich möchte arbeiten«, erwiderte ich. »Ich kann doch nicht einfach nur hier herumsitzen und nichts tun. Ich werde wahnsinnig ohne eine Beschäftigung.« Aber die Bedienstete winkte nur ab. »Sie dürfen nicht arbeiten. Das einzige, was ich Ihnen zur Beschäftigung geben kann, sind einige Bücher. Und in zwei Wochen können Sie Wolle für eine Handarbeit bestellen.«

Die Zelle unter dem Dachgeschoß, in die sie mich brachte, war ebenso karg ausgestattet wie jene, in der ich die vorherige Nacht zugebracht hatte, aber noch kleiner. In der Länge maß sie kaum sechs Schritte und in der Breite gerade zwei, doch das nur in dem kleinen Zwischenraum zwischen Waschbecken und Schrank; Bett und Tisch trennte lediglich ein schmaler Durchgang, gerade breit genug für einen Stuhl. Dafür war sie viel heller als jene im Erdgeschoß mit ihrer kleinen, unter der Decke angebrachten Fensterluke. Diese hier hatte ein Fenster von fast normaler Größe. Es setzte zwar auch unüblich hoch an. Doch stehend konnte ich zumindest das steile Dach des gegenüberliegenden Gebäudetraktes sehen und den Himmel, ein großes Stück blauen Himmels.

Die Zellentür blieb ständig verschlossen. Ich empfand das als völlig normal in einem Gefängnis. Erst einige Tage später erfuhr ich von der Sozialpädagogin der Anstalt, daß das keineswegs normal war, sondern Folge einer gegen mich verhängten »Einzelhaft«. Dieser Begriff umschreibt beschönigend den Sachverhalt der Isolationshaft, die es – bis auf ganz wenige, gesetzlich festgelegte Ausnahmen – in der BRD theoretisch nicht gibt, weil sie gegen das in allen Menschenrechtsbestimmungen enthaltene Verbot der Folter oder unmenschlichen Behandlung verstößt. »Es wird schwer für Sie werden, verdammt schwer«, sagte Frau Petri unvermittelt und schaute mich dabei prüfend an. »Wie ich sehe, haben Sie besondere Haftauflagen.« »Haftauflagen? Davon weiß ich nichts. Man hat mir nichts gesagt.« »So?« Frau Petri zog das »o« vielsagend in die Länge. »Für Sie ist strenge Einzelhaft angeordnet. Das heißt dauernde Trennung von den Mitgefangenen. Sie können an keiner Gemeinschaftsveranstaltung teilnehmen, kein Fernsehen, keine Gruppenstunden, kein Gottesdienst. Auch den Hofgang müssen Sie alleine machen. Kein Gespräch mit den anderen Frauen. Sie werden immer allein sein, immer in Ihrer Zelle eingesperrt sein.« »Das macht mir nichts aus«, gab ich ihr entschlossen zur Antwort. »Ich bin froh, wenn man mich in Ruhe läßt. Ich will niemanden sehen.« »Sagen Sie das nicht! Im Moment mag das zwar so sein. Doch im Knast können die Tage sehr lang werden, besonders wenn man allein ist.« »Das werde ich schon durchstehen. Ich brauche nur eine vernünftige Beschäftigung.« In einer vagen Hoffnung, Frau Petri könnte mir eine einigermaßen sinnvolle Arbeit verschaffen, sah ich sie erwartungsvoll an. Doch ihr Blick machte alle Hoffnungen zunichte. »Gerade das ist ein riesiges Problem hier. Die Arbeit im Knast können Sie vergessen. Gerade mal ein bißchen Nähen, Putzen oder Verpacken. Eben das, wovon man meint, es sei einer Frau angemessen. Für Sie ist das überhaupt nichts, und die paar Pfennige, die dafür bezahlt werden, sind auch nicht der Rede wert. Sie müssen sich selbst ein Arbeitsprogramm einfallen lassen, eine anspruchsvolle Beschäftigung, damit Sie sich geistig fit halten und das ständige Alleinsein überstehen. Eine Sprachausbildung vielleicht oder ein Fernstudium. Sie müssen sich unbedingt Gedanken darüber machen. Sie ahnen ja nicht, wie sehr die Haft, und noch dazu eine Einzelhaft, innerlich lähmt und zersetzt.«

Erst Wochen später fand ich in den ersten Ermittlungsakten, die mir Bertram, mein Anwalt, zur Kenntnis gab, eine Kopie der richterlichen Anordnung der strengen Einzelhaft. Sie war mit dem »Gegenstand des Verfahrens« begründet worden. Mit diesem Argument hätten natürlich alle Kundschafter, die nach der Wende strafrechtlich verfolgt wurden, in Isolationshaft genommen werden können. Doch das war nicht der Fall. Nicht einmal gegen meinen früheren BND-Kollegen Alfred Spuhler, der Ende 1988 verhaftet worden war, hatte man derartige Sondermaßnahmen verhängt. Die Anordnung solcher Hafterschwerung, die im übrigen auch nicht von den Vorschriften der Untersuchungshaftvollzugsordnung gedeckt war, blieb allein auf mich beschränkt.[4] Aber eingedenk des wü-

[4] Als einzigen Grund für eine Anordnung strenger Einzelhaft nennt die Untersuchungshaftvollzugsordnung (Nr. 60 Abs. 1) eine »besondere Verdunkelungsgefahr«. Diese hatte der Richter in meinem Fall aber ausdrücklich verneint, übrigens auch eine besondere Fluchtgefahr, obschon Fluchtverdacht als Haftgrund herhalten mußte; aber das ist bei Haftbefehlen ohnehin die Regel.

tenden Blickes meines Kollegen von der Sicherheitsabteilung, der mir am Grenzübergang Mittenwald in Anmaßung richterlicher Kompetenzen meine Verhaftung erklärt hatte, beschlich mich eine dumpfe Ahnung, daß die Anordnung der Einzelhaft ein Racheakt des BND sein könnte.[5] Das wies ihn zwar als schlechten Verlierer aus. Aber als Triumphator war er bei meiner Festnahme ohnehin nicht erschienen.

Auch im Verlauf der strafrechtlichen Ermittlungen sollte der BND eine unrühmliche Rolle spielen. Wenige Wochen vor Prozeßbeginn beschuldigte er mich in einem Schreiben an den Generalbundesanwalt, eine Reihe seiner Quellen aus dem Raum Leipzig und Dresden unter detaillierter Preisgabe ihrer persönlichen Daten an die HVA verraten zu haben. Obwohl er genau wußte, daß ich zu keinem Zeitpunkt Zugang zu Quellendaten gehabt hatte, sprach er seiner Behauptung in abenteuerlichen Konstruktionen Faktizität und Beweiskraft zu und forderte die Anklagebehörde auf, diesen »Verrat« in ihrem Strafantrag angemessen zu berücksichtigen. Das war ein starkes Stück. Doch es sollte noch übler kommen. Pullach bot auch einen Zeugen an, einen ehemaligen Mitarbeiter der HVA; der sei allerdings nur »nach entsprechender Vorbereitung« durch den BND zu einer Aussage vor der Bundesanwaltschaft bereit.[6] Das roch nach Zeugenbeeinflussung, und selbst einem juristischen Laien wie mir war bekannt, daß dies gegen grundlegende rechtsstaatliche Prinzipien verstößt.

Das »Beweismittel« des BND wurde später als Zeuge der Anklage präsentiert. Fast mußte man Mitleid mit ihm haben, wie er da, unsicher und schlotternd vor Angst, sich mühte, eine dem BND gefällige Aussage abzuliefern, ohne sich zugleich der vorsätzlichen Falschaussage schuldig zu machen. Sein Auftritt nahm immer groteskere Züge an, je mehr die gesamte Aufklärungstätigkeit der MfS-Bezirksverwaltung Karl-Marx-Stadt, über die meine operative Führung lief, in seiner Aussage auf die Quelle »Gisela« zusammenschmolz. Welche nachrichtendienst-

---

[5] Nach einer späteren Aussage von Bundesanwalt Wache ging die Anordnung strenger Einzelhaft auf den Antrag der Bundesanwaltschaft zurück. Mit dieser als der ermittlungsführenden Behörde stand der BND in enger Verbindung.

[6] Bundesnachrichtendienst, 07.10.1991, Az. 52DA – 0227/91 VS-NfD. Nach Aussage des Bayerischen Landeskriminalamtes erbrachte die nachfolgende Vernehmung dieses Zeugen »in den wesentlichen Punkten keine Bestätigung des vom BND dargelegten Sachverhalts«; vgl. Bayerisches Landeskriminalamt, 11. 11. 1991, Az 724 – A 32/90 – VS-NFD.

lichen Informationen auch immer dort eintrafen – sie schienen von »Gisela« zu stammen. Welche Anweisung auch immer einer Quelle erteilt wurde – sie schien »Gisela« zu gelten. »Gisela«, »Gisela«, »Gisela«. »Wie lange hat der BND vor Ihrem Auftritt hier mit Ihnen gesprochen«, fragte anschließend mein Verteidiger den Zeugen. »Zwölf Stunden«, gab er leise zur Antwort. »Danke, das genügt. Keine weiteren Fragen.«

Die Wut des BND richtete sich aber nicht nur gegen mich. Sie schloß kurzerhand auch einen Kollegen ein, dem ich über viele Jahre verbunden gewesen war. Er befand sich mittlerweile im Ruhestand und rang seit längerem mit einer tödlichen Krankheit. Gleichwohl kreisten die Gedanken der Sicherheitler um die Frage, wie sie auch ihn strafrechtlich belangen könnten. Ohne Rücksicht darauf, daß ihm meine Zusammenarbeit mit der HVA stets verborgen geblieben war, schlugen sie der Bundesanwaltschaft vor, man solle versuchen, mich unter dem Eindruck der Aussagen ihres Zeugen, jenes früheren HVA-Mitarbeiters, zu einem Geständnis zu bewegen: nämlich zu bestätigen, daß ich von meinem befreundeten Kollegen bis zu seiner Pensionierung Informationen erhalten und an die HVA verraten hätte. Denn dann würde für ihn die Verfolgungsverjährung nicht mehr greifen.[7]

Mir drängte sich der fatale Eindruck auf, daß der BND hier nichts anderes im Schilde führte, als mich zu einer Straftat zu veranlassen, nämlich der der falschen Verdächtigung (§ 164 StGB). Doch das schien ihn nicht zu stören. Oder er bemerkte es nicht einmal. Seine hauseigenen Juristen galten nicht gerade als Koryphäen. Aber man konnte annehmen, daß sie zumindest die wichtigsten strafrechtlichen Vorschriften kannten. Wenigstens verschloß sich die Bundesanwaltschaft in diesem Punkt dem Ansinnen Pullachs. Sie hätte damit bei mir ohnehin kein Glück gehabt. Allerdings blieb das ungute Gefühl, vom BND mit geradezu blindwütigem Haß verfolgt zu werden.

*

Die ersten Hafttage vergingen mit ungeduldigem Warten auf Bertram, dem ich meine Verteidigung übertragen wollte. In der Geschäftsstelle der Anstalt hatte ich noch einmal mein Anliegen vorgebracht, schnell-

---

[7] ebd.

stens einen Anwalt sprechen zu wollen, und man hatte mich geheißen, eine vorgedruckte Postkarte auszufüllen: »Sehr geehrter Herr Rechtsanwalt! Ich bitte um Ihren umgehenden Besuch in einer Strafsache. Das Verfahren ist anhängig bei ... unter Aktenzeichen ... Hochachtungsvoll!« Doch die Tage kamen und gingen, ohne daß irgend etwas von Bertram zu hören oder zu sehen war.

Nach zehn Tagen kam Bertram endlich. »Tut mir leid, daß Sie so lange auf meinen Besuch warten mußten«, entschuldigte er sich. »Ich habe erst gestern die Sprecherlaubnis erhalten.« Ich war perplex. Bislang hatte ich geglaubt, ein Beschuldigter habe das Recht auf unverzüglichen anwaltlichen Beistand. Doch das schien nur graue Theorie zu sein. »Wenn Sie wollen, daß ich Sie verteidige«, riß Bertram mich aus meinen Gedanken, »muß ich wissen, wie es sich mit der gegen Sie erhobenen Beschuldigung verhält, woran wir beide sind.« Schneller als gedacht, wenngleich keineswegs unvorbereitet, stand die entscheidende Frage im Raum. In den vielen Stunden des Wartens hatte ich immer wieder darüber nachgedacht, wie sie zu beantworten wäre. Nur ja nichts zugeben, hatte mir die HVA jahrelang als oberste Maxime eingebleut, alle Vorwürfe bestreiten und ansonsten eisern schweigen. Auch gegenüber dem Anwalt. Doch die politische Situation, für die diese Verhaltensregeln aufgestellt waren, gab es nicht mehr; es gab auch nicht mehr die HVA und die DDR, und einen Agentenaustausch würde es schon gar nicht mehr geben. Meine einzige Chance lag jetzt nur noch bei einem tüchtigen Anwalt. Er mußte seine Sache gut machen, verdammt gut. Deshalb durfte es kein Verstecken vor ihm geben. Er mußte die ganze Wahrheit erfahren, wollte ich ihm seine Aufgabe nicht unnötig erschweren.

Ich berichtete Bertram anhand seiner Fragen den Sachverhalt. Warum ich für die HVA gearbeitet habe, wollte er schließlich wissen. »Aus politischen Gründen.« »Das mag ja sein«, erwiderte er. »Doch erfahrungsgemäß ist zumeist ein Mann im Spiel, wenn eine Frau spioniert.« »Anfangs schon, da war ich mit einem Mitarbeiter der HVA liiert. Aber die Beziehung war nicht von Dauer.« Bertram behagte die Antwort ganz und gar nicht. Es sei nicht gut, dem Strafsenat, mit dem ich es zu tun bekäme, mit politischen Motiven zu kommen. Die Richter seien alle konservativ, zum Teil CSU-Mitglieder. Für sozialistische Ideen hätten sie kein Verständnis. Er verspreche sich mehr davon, die Verteidigung auf einem Handlungsmotiv Liebe aufzubauen. Damit könnten die Richter weit besser umgehen. »Aber das wird nicht gutgehen«, gab ich Bertram zu bedenken. »Sie können mich dem Gericht doch nicht als ein Lieschen Müller präsentieren, die blindlings für ihren Liebsten alles tut und klaglos alle Widrigkeiten erträgt. Das nimmt mir doch keiner ab. Außerdem ist eine solche Darstellung leicht zu widerlegen. Ich war jahrelang mit einem BND-Kollegen liiert. Das ist im Dienst bekannt und wird dem Gericht nicht verborgen bleiben.«

Ungeachtet solcher Bedenken blieb es bei der ins Auge gefaßten Verteidigungsstrategie einer »Spionin aus Liebe«. Vor allem die Medien nahmen sie dankbar auf; sie suchten bereits zielstrebig nach dem vermeintlichen HVA-»Romeo« in meinem Leben. Das Gericht hingegen konnte mit dieser Strategie im Grunde nicht umgehen und wußte mich darin nicht einzuordnen. Trotz des großen Medieninteresses erwies sie sich schließlich als erfolglos.

2 Im Visier der HVA

Wohl niemand hätte an meiner Wiege vorauszusagen gewagt, daß ich einmal im Knast landen würde. Nur eine Mitgefangene, Angehörige rumänischer Sinti, meinte, aus den Linien meiner Hand dieses Schicksal herauszulesen. Weissagungen dieser Art sind jedoch im Gefängnis an der Tagesordnung.

Bis zu meiner Verhaftung war mein Lebensweg geradlinig verlaufen. Ich hatte zwar nicht Karriere gemacht, auch nicht im BND, wie in zahllosen Publikationen ohne jedwede Sachkenntnis behauptet wurde. Doch hatte ich mich stetig emporgearbeitet und eine geachtete berufliche Position und sichere Lebensgrundlage erreicht. Nichts deutete auf einen Absturz hin, obwohl ich, als es schließlich passierte, fast mein halbes Leben mit einem Bein im Gefängnis gestanden hatte.

In den letzten Kriegsjahren geboren, hatte ich trotz der wirtschaftlich schwierigen Verhältnisse im Nachkriegsdeutschland eine weitgehend unbeschwerte Kindheit verlebt. Der Krieg hatte auch in meiner Heimatstadt tiefe Wunden hinterlassen. Doch war ich noch zu jung gewesen, um das ganze Ausmaß des Grauens und dessen Ursachen zu begreifen. Die Trümmergrundstücke, in denen ich mit meinen Freundinnen spielte, waren mir abenteuerlich und weniger gespenstisch erschienen. Schon frühzeitig mußte ich häusliche Arbeitspflichten übernehmen. Den meisten meiner Freundinnen erging es nicht anders. In einer Zeit, die ganz dem Wiederaufbau des zerstörten Landes und der Schaffung neuer Lebensgrundlagen gewidmet war, galt es als selbstverständlich, daß auch die Kinder ihren Teil zur Bewältigung der alltäglichen Aufgaben beitrugen. Manchmal lehnte ich mich auf, daß meine Schwester und ich, allerdings nicht mein Bruder zur Mithilfe bei der Hausarbeit herangezogen wurden. Das erschien mir ungerecht.

Die familiäre Situation, in der ich aufwuchs, war patriarchalisch, geprägt von der starken Persönlichkeit meines Vaters. Er war um einiges älter als die Mutter und als Teilnehmer beider Weltkriege, zwischen denen er eine selbständige berufliche Existenz aufgebaut hatte, lebenserfahrener und ernster. Die Strenge des Vaters glich die Mutter mit ihrer Unbeschwertheit und ihrem Frohsinn aus. Ihre Rolle als dienende Ehefrau, die für die damaligen restaurativen Verhältnisse typisch war, ertrug sie mit nur gelegentlichem Murren und der wehmütig scheinenden Erinnerung an die Kriegsjahre, in denen sie die Sorge für Heim und Kinder aus eigener Kraft bewältigt hatte.

Schulische Probleme kannte ich nicht. Das Lernen fiel mir leicht, und ich ging gerne zur Schule. Da ich auch Freude und einiges Geschick für Handarbeiten und Kochen hatte, schickten die Eltern mich auf eine Frauenoberschule, wo ich Anfang der sechziger Jahre das Abitur ablegte. Schon früh war ich fest entschlossen, später eine Berufstätigkeit auszuüben, in die ich meine Talente einbringen könnte und die es mir erlauben würde, selbst für meinen Lebensunterhalt zu sorgen. Auf keinen Fall wollte ich in einer Ehe vom Mann finanziell abhängig sein, so wie es das Schicksal der Frauengeneration meiner Mutter war, die aufgrund der althergebrachten, längst verfassungswidrigen Familiengesetzgebung in der Adenauer-Zeit in einer fatalen Abhängigkeit vom Ehemann und Unterordnung unter dessen Bestimmungsgewalt stand.

Mit dem Abitur der Frauenoberschule befand ich mich jedoch in einer Sackgasse. Ich wollte Berufsschullehrerin werden, doch der erlangte Schulabschluß ließ nur eine Ausbildung zur Volksschullehrerin zu. Deshalb mußte ich noch einmal büffeln und eine Zusatzprüfung ablegen, um die Zulassung zum angestrebten Studium zu erhalten. Nach einer einjährigen fachpraktischen Ausbildung schrieb ich mich bei der Rheinisch-Westfälischen Technischen Hochschule in Aachen ein.

Auch das Studium absolvierte ich mühelos. Sicher wäre ich nach Ablegung des Staatsexamens unverzüglich in das Referendariat und damit in den Schuldienst gegangen, hätte nicht eine Begebenheit während meines Studiums eine einschneidende Wende gebracht. Meinem schon zur Schulzeit starken Interesse am politischen Geschehen folgend, hatte ich als eines der Studienfächer Politische Wissenschaft gewählt. Das führte mich in die Vorlesungen und Seminare des Ostexperten Klaus Mehnert, der damals an der TH Aachen lehrte. Seine Vorlesungen gehörten zu den interessantesten Veranstaltungen, die die Hochschule zu bieten hatte. Aufgrund seiner langjährigen journalistischen Tätigkeit, seiner vielfältigen Kontakte zu führenden Persönlichkeiten des politischen Lebens und seiner auf zahlreichen Reisen gewonnenen Detailkenntnis unzähliger Länder wußte er die theoretische Lehre durch eine Fülle praktischer Erfahrungen zu ergänzen und zu vertiefen. Darüber hinaus beherrschte er die Kunst der freien Rede ebenso wie die der vergleichenden Analyse.

Ältere Kommilitonen hatten mir berichtet, welch atemberaubendes Ereignis die Antrittsvorlesung Mehnerts für den damaligen, zum Dozieren neigenden Studienbetrieb gewesen war. Jeder schwärmte von dem frischgebackenen Professor, der mit der »Prawda«, der »New York Times« und der »Neuen Zürcher Zeitung» als einzigen Unterlagen ans Pult getreten war, daraus die jeweilige Darstellung eines politischen Ereignisses vorgelesen hatte und dann die Gründe für konträre Sichtweisen und die dahinter stehenden politischen Ziele ausgeleuchtet hatte. Eine Darstellung, spannend wie ein Kriminalroman, dazu flüssig vorgetragen und klar gegliedert, wie in einem ausgefeilten Manuskript – doch dies alles in freier Rede und nur mit einigen wenigen Notizen zur Gedächtnisstütze.

So hatte auch ich die Vorlesungen von Mehnert erlebt und mich angespornt gefühlt, politische Vorgänge nicht eindimensional zu betrachten, sondern aus den unterschiedlichsten Blickwinkeln zu beleuchten und Motive und Zielsetzungen der Akteure zu hinterfragen. Ein derart differenziertes Herangehen an politische Probleme war mir keineswegs fremd. Schon die Diskussionen mit meinem Vater, seine kritische Reflexion über die Kriegserlebnisse an der Ostfront, die seine im Grunde national-konservative Gesinnung vergessen machte, hatten meinen Blick geöffnet für die politischen Anschauungen und Interessen anderer Menschen und Staaten und deren geographisch-kulturelle und sozio-ökonomische Wurzeln. Der Vater hatte zwar nur widerstrebend über die Kriegsereignisse gesprochen. Doch immer hatten seine Worte ein tiefes Mitgefühl für die Menschen in der Sowjetunion enthüllt, über die der deutsche Aggressor ein so unsägliches Leid gebracht hatte, und Abscheu vor der menschenverachtenden Arroganz, mit der der deutsche Militarismus in einem blutigen Fanal andere Völker dem Wahn vom »Herrenmenschentum« unterworfen hatte. Mit tiefem Ernst und großer Sorge, die sich in eigentümlicher Weise auf mich übertrugen, hatte der Vater deshalb die hitzigen Bundestagsdebatten über die deutsche Wiederbewaffnung verfolgt, die wundersame Wandlung von Nazis in Ur-Demokraten und deren unaufhaltsame Rückkehr in staatliche Ämter und Würden.

In jenen Jahren hatte ich intuitiv erfahren, daß die Politik – wie jedes Ding – zwei Seiten hat und daß die Wahrheit meist irgendwo in der Mitte liegt und sich nicht im Besitz nur der einen oder der anderen Seite befindet. Die Deutschlandpolitik der politischen Akteure damals bot dafür reichlich Anschauungsunterricht. War denn die Teilung Deutschlands, wie Bonn nicht müde wurde zu behaupten, allein von Moskau und Ost-Berlin verursacht und nicht auch der Preis für Adenauers machtpolitischen Rückzug auf die westdeutschen Bastionen des politischen Katholizismus und die vorbehaltlose Parteinahme für die Amerikaner im nunmehr ideologisch entbrannten Kampf mit der Sowjetunion um die Weltherrschaft? Hatte man sich nicht auch im Interesse eigener wirtschaftlicher Wiedererstarkung von den angeblichen »Brüdern und Schwestern in der Zone« losgekoppelt, sie ihren horrenden Reparationspflichten gegenüber der Sowjetunion überlassen und die dennoch erzielten Aufbauleistungen geflissentlich verschwiegen bzw. verworfen? Und war nicht mit dem Slogan von der »politischen Abstimmung mit den Füßen« die kritische Lage in der DDR weiter angeheizt worden, um dann, als das – wie man inzwischen weiß – Absehbare, der Bau der Berliner Mauer, geschah, die Menschen ihrem Schicksal zu überlassen?

Ich hatte insgesamt den Eindruck – und dies befremdete mich sehr –, daß die neuentstandene Bonner Republik, die so vehement die alleinige Nachfolge des nationalsozialistischen Vorgängerstaates für sich beanspruchte, allerdings unter Ausklammerung der desaströsen Kriegszeit, sich damals mehr mit dem Leid beschäftigte, das dieser Krieg und dessen Folgen über ihre eigenen Bürger gebracht hatte, als mit dem Leid, das die brutale Aggression Hitler-Deutschlands so vielen Staaten und Menschen innerhalb und außerhalb Europas zugefügt hatte. Oft schien es mir, als würden die Rollen von Tätern und Opfern auf makabre Weise vertauscht. Sosehr mich auch der Verlust der Heimat und allen Hab und Guts berührte, den unzählige Deutsche erlitten hatten, berührte es mich nicht minder, daß so vielen Menschen anderer Nationalität dieselben Verluste zugefügt worden waren. Wer hatte schon nach deren Recht auf Heimat und Eigentum gefragt, als sich die deutsche Nation, ungeachtet ihres riesigen Staatsgebiets, zum »Volk ohne Raum« erklärte und meinte, sich mit Gewalt nehmen zu können, was anderen gehörte? Statt Beschlagnahmungen, Zwangsarbeit und Deportationen zu geißeln, beklagten die Vertriebenenfunktionäre Sonntag für Sonntag das Unrecht, mit dem – menschlich verständlich – das eigene vergolten worden war, als sei es eine schreiende Ungerechtigkeit des Himmels, daß die Deutschen den selbst angezettelten Krieg verloren hatten.

Nur mit Schaudern dachte ich daran, wie jetzt wohl mein politisch-soziales Lebensumfeld beschaffen wäre, hätten die Deutschen den Krieg gewonnen. In solchen Augenblicken erschien es mir nicht als ungerecht, sondern als unvermeidlich, daß die Siegermächte dieses große, reiche und so bevölkerungsstarke Land im Herzen Europas unter sich geteilt hatten, um ihm die Fähigkeit zu neuerlichen Angriffshandlungen zu nehmen. Lag darin nicht, jenseits des tobenden Ost-West-Konflikts, auch eine Friedenschance für die Deutschen selbst? Freilich müßten sie bereit sein, die Chancen zur gegenseitigen Verständigung und zur Milderung der Teilungsfolgen auszuloten und zu nutzen. Doch Bonn beanspruchte die alleinige Vertretung aller Deutschen, ob sie nun in seinem Hoheitsgebiet lebten oder nicht, und sparte weder Mühe noch Kosten, diesen unseligen Anspruch durchzusetzen. War es nicht schiere Heuchelei, wenn man afrikanische Potentaten und lateinamerikanische Militärdiktatoren, die in ihren Ländern die Menschenrechte mit Füßen traten, an die Berliner Mauer karrte, damit sie als Gegenleistung für millionenschwere Schecks die »Unfreiheit und Unmenschlichkeit in der DDR« brandmarkten? Es trug weder zur Sicherung der Freiheit im sogenannten »freien Teil Deutschlands« noch zu politischer Nachgiebigkeit der DDR bei. Im Gegenteil: Es waren Nadelstiche im Fell des russischen Bären, die auf ihre Akteure einen ähnlichen Reiz auszuüben schienen wie gehässige Hänseleien auf streitsüchtige Kinder. Wäre es nicht konstruktiver gewesen, spätestens nach dem Bau der Berliner Mauer die DDR anzuerkennen und vor allem auch – für die Gegenleistung einer allgemeinen Reiseregelung – deren Staatsangehörigkeit? Einer Vereinigung der beiden deutschen Staaten hätte es, wie man heute weiß, nicht im Wege gestanden. Vielleicht wäre aber durch eine flexiblere Politik Bonns das rigide Grenzregime an Mauer und Stacheldraht vermeidbar gewesen und die vielen Opfer, die die innerdeutsche Grenze forderte.[1]

Ich hatte auch keineswegs das Gefühl, in einem Staat aufzuwachsen,

[1] Bemerkenswerterweise vertritt auch der Ostexperte der SPD und Mitinitiator der neuen Ostpolitik Brandts, Egon Bahr, diese Auffassung, wenngleich er sich der Problematik von einer anderen Seite nähert. Seiner Meinung nach hätte im Grunde jede Bundesregierung Gespräche mit der DDR von der Abschaffung des Schießbefehls abhängig machen müssen. »Wir haben uns also, wenn Sie so wollen, der Unterlassung schuldig gemacht.« (Zitiert nach: »Süddeutsche Zeitung«, 26.8.1997)

der nach der nationalen Katastrophe nun kompromißlos den demokratischen Tugenden verschrieben war. Nicht nur rekrutierten sich die neuen Eliten weitgehend aus jenen, die schon im Dritten Reich an verantwortlicher Stelle standen. Auch das Feindbild Hitlerdeutschlands, »der Bolschewismus«, hatte ungebrochen überlebt und richtete sich erneut gegen jene Bürger, die schon unter dem Nationalsozialismus rigoros verfolgt worden waren: die Kommunisten. Statt die politische Auseinandersetzung mit ihnen zu suchen, wurde ihre Partei verboten und deren Mitglieder strafrechtlich belangt – ein Unrecht, das bis heute nicht getilgt worden ist.[2] Während die neofaschistischen Kräfte politisch wiedererstarkten, mußten sich regierungskritische Kulturschaffende von einem Bundeskanzler als »Pinscher« diffamieren lassen. Ein Verteidigungsminister hatte keinerlei Bedenken, ernsthaft darüber zu sinnieren, wie der den Deutschen abverlangte Verzicht auf Atomwaffen unterlaufen werden könnte, oder einen unliebsamen Pressebericht als »Abgrund von Landesverrat« zu kriminalisieren und kurzerhand die verantwortlichen Journalisten inhaftieren zu lassen. Ein Innenminister wiederum rechtfertigte eine illegale Abhöraktion mit der Bemerkung, seine Beamten könnten nicht dauernd »mit dem Grundgesetz unter dem Arm herumlaufen«, womit er die zunehmende Obrigkeitsmentalität im CDU-Staat unfreiwillig auf den Punkt brachte. Zunächst noch vielfach unbewußt, gleichwohl kontinuierlich ging ich gegenüber diesem Staat, in den ich hineingeboren worden war, und seinem konservativ-klerikalen Weltbild auf Distanz. Als schließlich an jenem denkwürdigen Tag im Juni 1967 in Berlin massive Polizeikräfte die Studenten niederknüppelten, die gegen das feudalistische, auf Terror und Folter gestützte Schah-Regime im Iran demonstrierten und damit in den Augen einer monarchieseligen Nation das glanzvolle Bild vom Besuch des persischen Kaisers und seiner Schahbanuh störten, als schließlich ein Toter auf dem Pflaster zurückblieb, begann auch ich an der Werteordnung zu zweifeln, die diese von Macht, Reichtum und Schönheit geblendete Jubelgesellschaft bestimmte.

[2] Statt dieses Unrecht endlich aus der Welt zu schaffen, hat ihm die Bundesregierung inzwischen ein weiteres hinzugefügt: Die ebenso peinlich wie bezeichnend späte Regelung einer Entschädigung von Wehrmachtsdeserteuren sieht vor, daß Kommunisten, selbst wenn sie aktive Widerstandskämpfer gegen Hitler waren, keine Leistungen erhalten sollen.

Auch mein Bild vom politischen »Übervater« Amerika, das seit den Kindheitstagen der »Care-Pakete« und Schulspeisung in den leuchtendsten Farben strahlte, hatte längst dunkle Flecken bekommen, als ich mein Studium bei Klaus Mehnert begann. Gewiß, die Vereinigten Staaten hatten mit der Menschenrechtserklärung eines der wichtigsten Fundamente freiheitlich-demokratischer Verfassung von Gesellschaft und Staat gelegt. Doch klafften – wie so oft – auch in den USA Theorie und Praxis weit auseinander. Nach dem Völkermord an den Indianern, dem Sklavenhandel und der jahrhundertelangen Rassendiskriminierung nahm scheinbar niemand Anstoß an dem ungeheuren Wohlstandsgefälle in einer Gesellschaft, in der doch angeblich alle frei geboren waren und gleiche Rechte besaßen.

Es schien, als könnte mit John F. Kennedy endlich eine neue Politik beginnen, die die gesellschaftliche Realität den postulierten Idealen näher bringen würde. Doch der Schein trog. Es hatte lediglich ein neues Medienzeitalter begonnen, in dem Präsidenten »gemacht« werden und Politik in blendender Verpackung verkauft wird. Gewiß, dem inneramerikanischen Rassenhaß wurde zum erstenmal ernsthaft der Kampf angesagt. Doch außenpolitisch war er vom neuerlichen Anheizen eines militanten Antikommunismus begleitet. Nach der vom amerikanischen Geheimdienst CIA initiierten, freilich jämmerlich gescheiterten Invasion Kubas in der Schweinebucht begann der Vietnam-Krieg zu eskalieren und machte die Frage nach der Moral der Macht virulent: Was für eine Freiheit und für wen verteidigte sie Washington mit Napalm-Bomben und Entlaubungsmitteln im korrupten, diktatorischen Süd-Vietnam? Konnte das strategische Ziel, die dortigen amerikanischen Marinestützpunkte zu erhalten, das sich schamhaft hinter der Behauptung verbarg, den Vormarsch des Kommunismus stoppen zu wollen, die ungeheuren Menschenopfer, die gigantische Zerstörung eines Landes je rechtfertigen? Für meine Generation, die die Menschenverachtung der Strategen des Krieges bis dahin nur vom Hörensagen kannte, hat die Arroganz der Macht seither einen unauslöschlichen Namen: Vietnam.

Trotz aller Zweifel und Vorbehalte war ich Mitte der 60er Jahre in Aachen der CDU beigetreten, womit ich gleichzeitig Mitglied der Frauenvereinigung und des RCDS, der Studentenorganisation der Partei, wurde. Angesichts meiner fortschreitenden politischen Umorientierung mag es unverständlich erscheinen, daß ich mich ausgerechnet den Christdemokraten und nicht den Sozialdemokraten anschloß. Doch stand ich damals noch stark unter dem Einfluß der politischen Grundeinstellung meiner Eltern, und deren sozialer Status als Selbständige verbot schlechterdings eine Sympathie für die Partei der Arbeiterklasse, als die sich die Sozialdemokratie in jenen Jahren noch verstand; damals hatten die Parteien – wie die gesellschaftlichen Gruppierungen – noch ein klares soziales und ideologisches Profil und waren weit davon entfernt, sich in Richtung irgendeiner diffusen »Mitte« zu nivellieren. Um so mehr geriet meine baldige Abkehr von der Christdemokratie zur politischen Emanzipation von meinem Elternhaus.

Hingegen gab es einen nüchternen Grund, bis zu meiner Verhaftung 1990 Mitglied der CDU zu bleiben. Natürlich war ich entschlossen, mich von einer Partei zu trennen, die mir im Grunde nie eine politische Heimat war und deren Programm immer mehr meinen Widerspruch herausforderte. Doch meine Partner von der HVA hatten mich beschworen, dies nicht zu tun und mich auch mit kritischen politischen Auffassungen zurückzuhalten. Es sei erheblich sicherer für mich, keinen Anlaß zu geben, an meiner politischen Konformität zu zweifeln. Zudem wäre es nicht ratsam, womögliche berufliche Chancen zu vertun, die sich aufgrund der Parteizugehörigkeit erschließen könnten. So blieb ich also Mitglied der CDU, ein lediglich zahlendes Mitglied, eine sogenannte Karteileiche. Daran änderte auch mein späterer Umzug nach München nichts, weil ich einen Wechsel in die erzkonservative Schwesterpartei CSU strikt ablehnte. Allerdings konnte ich damals, Anfang der 70er Jahre, noch nicht ahnen, daß deren Vorsitzender, Franz Josef Strauß, einmal besonders enge und nützliche Verbindungen zur DDR entwickeln würde. Sonst hätte ich es als gar nicht so unpassend empfunden, mein Parteibuch der SED neben das der CSU statt dem der CDU zu legen.

Mit großem Eifer hatte ich mich anfangs in die Parteiarbeit gestürzt und hätte wohl auch rasch Karriere in der CDU machen können. Damals gab es noch keine Quotenfrauen. Aber es gab schon die Alibifrau, die das gravierende Mißverhältnis zwischen männlicher und weiblicher Repräsentanz in den Parteigremien vergessen machen sollte. Selbst die Parteiführungen, in der die Männer weitgehend unter sich waren, empfanden darüber Unbehagen. Wohl nicht aus der Sorge, dies werfe ein bezeichnendes Licht auf das innerparteiliche Demokratieverständnis, sondern allein aus der Furcht, man könnte unter den Wählerinnen an Stimmen verlieren; immerhin hatte der Einfluß von Kanzelworten auf das Wahlverhalten von Frauen bereits spürbar nachgelassen.

Je mehr ich mich aber in der Parteiarbeit engagierte, um so schwerer fiel es mir, meine unterschwellige Kritik am Weltbild der Christdemokraten und meine wachsenden Vorbehalte gegenüber dem »Kanzler-Wahlverein« zu zügeln und mich mit dessen Parteiprogramm zu identifizieren. Die wirtschaftliche Rezession Mitte der 60er Jahre hatte nicht nur eine überraschende Unfähigkeit der CDU zur Krisenbewältigung auf einem Gebiet offenbart, für das sie eine besondere Kompetenz beanspruchte; nun zeigte sich, daß sich hinter dem Wahlslogan »keine Experimente« ein beträchtlicher Mangel an Innovationsbereitschaft angesichts sich wandelnder ökonomischer und sozialer Bedingungen verbarg. Unter dem Motto »Freiheit statt Sozialismus« bewegte sich weniger die Deutschlandpolitik als die Innenpolitik, wo der konstante Ruf nach »law and order« die verfassungsmäßigen Grundrechte auszuhöhlen begann. Ich empfand es schlicht als Verdummung, wenn vielschichtige Probleme auf eine simple Schwarz-Weiß-Malerei reduziert wurden und die Auffassung der Opposition bloß deshalb verteufelt wurde, weil sie vom politischen Konkurrenten stammte. Schon gar nicht konnte ich eine Parteistrategie akzeptieren, die auf die Schürung dumpfer Ängste setzte statt auf Argumente und bessere Konzepte und die den politischen Gegner persönlich diffamierte, um seinen Einzug ins Bundeskanzleramt zu verhindern.

Am meisten mißfiel mir das frauenpolitische Konzept der CDU, zumal ich mich davon betroffen fühlte. Zwar hatte sich die Partei in einem ungeheuren Kraftakt von dem traditionellen Frauenbild gelöst, das durch die bekannten drei »K« – Küche, Kinder, Kirche – bestimmt war, und der Realität geöffnet, daß immer mehr Frauen in eine Berufstätigkeit strebten. Doch sie war weit davon entfernt, angemessene gesellschaftspolitische Konsequenzen zu ziehen. Statt sich auf die Lösung der Frage zu konzentrieren, wie berufstätigen Frauen geholfen werden konnte, ein berufliches Engagement mit den familiären Pflichten zu vereinbaren, galt es als Gipfel der Fortschrittlichkeit, ihnen eine Wahl zwischen Familie und Beruf als neue »Freiheit« zu offerieren. Ich empfand es als ungeheuerlich, nur weil ich eine Frau war, zwischen den beiden fundamentalen Lebensinhalten wählen zu müssen, die in aller Selbstverständlichkeit Dasein und Lebenssinn eines Mannes bestimmen. Was hier als Freiheit präsentiert wurde, war in Wirklichkeit Zwang, geboren aus dem Unwillen und Unvermögen, das Verfassungsgebot der Gleichberechtigung der Frau konsequent zu verwirklichen. Dabei hatten sich Politik und Gesellschaft nie gescheut, Frauen zur Arbeitsleistung heranzuziehen, wenn man ihrer Arbeitskraft bedurfte, in der Kriegswirtschaft zum Beispiel und bei der späteren Beseitigung der Trümmerberge, ganz zu schweigen von der Landwirtschaft.

Schließlich konnte ich auch dem innerparteilichen Leben immer weniger abgewinnen, wurde es doch mehr von persönlichen Profilneurosen und Machtambitionen einzelner Mitglieder bestimmt als von einem sachlichen Ringen um effiziente, am Gemeinwohl orientierte Problemlösungen. Besonders ernüchternd waren die innerparteilichen Wahlverfahren, die Kandidatenkür fand zumeist im Hinterzimmer des Kreisparteivorsitzenden statt und nicht in der dazu berufenen Mitgliederversammlung. Dieser kam in der Regel nur die Aufgabe zu, den personellen Vorgaben der Parteileitung zuzustimmen.

Aufgrund meiner Mitgliedschaft in der CDU fand ich mich bei den Studentenunruhen der ausgehenden 60er Jahre unfreiwillig auf seiten des RCDS. Ich hing keineswegs den radikalen Parolen an, mit denen der Sozialistische Hochschulbund und der MSB Spartakus damals den Campus beherrschten. Die halbherzige Kritik des RCDS am autoritären Zustand der Universitäten ging mir jedoch nicht weit genug. Zu nachhaltig hatte ich als Fachschaftsleiterin und als Mitglied des Studentenparlaments die Grenzen erlebt, die das Professorat der studentischen Selbstverwaltung (und der Assistentenschaft) zog. Die Meinung der Jugend war damals so wenig gefragt wie heute; befangen in der Tradition Adenauers, setzte man allein auf die Erfahrung des gestandenen Alters. Der Bundestag glich eher einer Honoratiorenversammlung als der Bevölkerung, die zu repräsentieren er vorgab.

Vor diesem Hintergrund wurde mir Mitte der 60er Jahre jenes Angebot unterbreitet, das meiner Lebensplanung die entscheidende Wende gab: Auf der Suche nach personellem Ersatz für einen studentischen Mitarbeiter war Mehnerts Assistent auf mich aufmerksam geworden. Er bat mich zu einem Gespräch, schilderte mir die Tätigkeit, die ich im Institut verrichten sollte, und schlug schließlich einen weiten Bogen in die Zukunft: »Wenn Sie wollen, können Sie später auch bei Mehnert promovieren, so wie die anderen Mitarbeiter hier.«

Die Bedeutung dieser Worte wurde mir schon bald bewußt. Je weiter ich im Studium voranschritt und je näher der geplante Eintritt in den Schuldienst rückte, um so mehr schreckte mich der Gedanke, vierzig Jahre lang womöglich lernunwilligen Halbwüchsigen den immer gleichen Unterrichtsstoff zu vermitteln. Um wie vieles reizvoller wäre es, das Studium fortzusetzen, noch dazu auf einem Fachgebiet, das mich mehr denn je interessierte? Und gab es mit der Promotion nicht ein neues Ziel, das ganz andere Perspektiven eröffnete?

Der Gedanke ließ mich nicht mehr los. Ich war mir des Einverständnisses meiner Mutter, die nach dem frühen Tod des Vaters für mein Studium aufkam, sicher. Die größere Hürde bildete meine unzulängliche Matura der Frauenoberschule, sie ließ ohne nachgewiesene Kenntnis des großen Latinums ein Promotionsstudium in Politischer Wissenschaft damals noch nicht zu. Mit einem ausgezeichneten Staatsexamen könnte ich zwar die Latte auf die Höhe des kleinen Latinums absenken. Aber das wäre in einer Prüfung nachzuweisen. Ich war bereit, des neuen Zieles wegen dies auf mich zu nehmen.

*

Ende 1967 legte ich weisungsgemäß meinem Doktorvater verschiedene Themenvorschläge für meine Dissertation vor. Alle Themen ordneten sich zwei Projektreihen zu, die von Mehnerts Doktoranden bearbeitet wurden. Die eine Reihe hatte die Sowjetunion bzw. das geteilte Deutschland zum Forschungsgegenstand. Die andere befaßte sich mit der Intelligenzija in sich entwickelnden Staaten, ein Forschungsgebiet, auf das Mehnert durch seinen im indischen Rourkela tätig gewesenen ersten Doktoranden gestoßen war.

Aufgrund meiner mißlichen Erfahrungen in der CDU war ein Themenvorschlag der vergleichenden Analyse der politischen Rolle der Frau in den beiden deutschen Staaten gewidmet. Ich hatte recherchiert, daß es bis auf eine längst überholte Monographie aus den frühen fünfziger Jahren über die frauenpolitische Situation in der Bundesrepublik keine einschlägigen und schon gar keine vergleichenden Untersuchungen gab, daß ich mithin wissenschaftliches Neuland betreten würde.[3] Mehnert war begeistert: »Dieses Thema und nichts anderes müssen Sie bearbeiten.«

Mehnert war auch der Meinung gewesen, es sei für die Themenbearbeitung unerläßlich, daß ich mich vor Ort über die frauenpolitische Lage informiere und nach einschlägigem Material suche. Ob ich eine Reise in die DDR wagen könne, wollte er wissen, oder ob ich mich dadurch womöglich einer persönlichen Gefährdung aussetzen würde. Letzteres war nicht zu befürchten. Bereits im Jahr zuvor hatte ich Verwandte in Karl-Marx-Stadt, dem früheren und nach der Wende wieder zurückbenannten Chemnitz, besucht, ohne daß es irgendwelche Schwierigkeiten gegeben hatte.

Ich hatte an der Jugendweihe meines Großvetters teilgenommen und war mit einer Fülle von Eindrücken zurückgekehrt, die das in der Bundesrepublik propagierte DDR-Bild konterkarierten. Obwohl ich bei der Grenzkontrolle die über viele Jahre hinweg genährte Angst, nun der Willkür einer quasi despotischen Macht ausgeliefert zu sein, nicht hatte überwinden können, mußte ich doch eingestehen, daß die Grenzposten höflich und korrekt ihren Kontrollaufgaben nachgegangen waren. Bei meinen Verwandten hatte ich mich frei bewegen können, und ich hatte auch nicht das Gefühl, einer heimlich-unheimlichen Überwachung zu unterliegen. Die Jugendweihe, im Westen Deutschlands als ideologische Vereinnahmung der jungen Generation verteufelt, war mir politisch überraschend moderat erschienen. Und als man schließlich bei Tisch saß, empfand ich das westliche Gerede von der darbenden DDR-Bevölkerung als ebenso absurd wie peinlich. Natürlich war mir klar, daß man für diesen einen Tag lange gespart, organisiert und gehamstert hatte. Schließlich waren die Menschenschlangen vor den Geschäften nicht zu übersehen gewesen. Doch schienen sie mir kein Beleg für die im Westen Deutschlands verbreitete Behauptung, wonach es den Menschen in der DDR materiell denkbar schlecht ginge. Vielmehr erfuhr ich nun zu mei-

[3] Die spätere Reduzierung der Themenbearbeitung auf die DDR geht auf den Umstand zurück, daß einerseits eine neue Untersuchung über die Bundesrepublik in Vorbereitung war, auf die Bezug genommen werden konnte, und daß andererseits die Fülle des Materials über die Situation in der DDR eine um so eingehendere Analyse geboten erscheinen ließ.

ner Überraschung, daß sich längst ein »Selbstversorgungssystem« herausgebildet hatte, über das sich die Bevölkerung mit jenen Gütern eindeckte, die nur selten in den Handel gelangten. Fast schien es mir, als wären die Versorgungsengpässe zu einem Gutteil die Folge eines exzessiven Hamsterns von Waren aller Art, auch wenn man sie allenfalls als Tauschobjekt und nicht für den Eigenbedarf benötigte.

Mit Mehnert kam ich nun überein, meine verwandtschaftlichen Kontakte nach Karl-Marx-Stadt zu nutzen. Da traf es sich gut, daß ich wenig später aus dem Kreis der Verwandtschaft die Einladung zu einer Taufe erhielt. Ich sagte umgehend zu und bat, eine einwöchige Aufenthaltserlaubnis für mich einzuholen, damit mir genügend Zeit bliebe, mich vor Ort auch über die mich nun brennend interessierenden frauenpolitischen Fragen zu informieren.

*

Im Mai 1968 reiste ich nach Karl-Marx-Stadt. Ich war einigermaßen erstaunt, bei meiner Ankunft von meinen Verwandten zu hören, daß sie einen Gesprächstermin bei der Bezirksvorsitzenden des Demokratischen Frauenbundes Deutschlands (DFD) für mich arrangiert hatten. »Du willst dich doch über die Lage der Frauen in der DDR informieren. Da haben wir gedacht, wir fragen mal beim DFD an. Die wissen am besten Bescheid. Frau Windisch ist bereit, mit dir zu sprechen und deine Fragen zu beantworten.«

Die Eigeninitiative meiner Verwandten befremdete mich. Ich hatte eigentlich nicht die Absicht, Kontakt zum DFD zu suchen. Als Massenorganisation war der Frauenbund nur der verlängerte Arm der SED, dazu berufen, deren Entscheidungen umzusetzen, aber nicht, diese mitzugestalten oder gar eigenständig Frauenpolitik zu machen. Mir schien es ergiebiger, mit Funktionärinnen der SED zu sprechen, sofern es mir gelänge, Zugang zu finden. Aber vielleicht ließe sich das über den DFD bewerkstelligen.

Erst fast dreißig Jahre später erfuhr ich, daß das Gesprächsangebot des DFD auf eine ganz andere Weise zustande gekommen war. Im Vorfeld meiner Reise hatte ein Mann, der vorgab, Müller zu heißen und im »Institut für Auslandsbetreuung« zu arbeiten, meine Verwandten aufgesucht und sich ausgiebig nach mir und den Gründen meines Besuchs erkundigt. Dabei erfuhr er von meinem Promotionsstudium in Aachen und meinem Interesse an frauenpolitischen Informationen. Er bot sogleich seine Unterstützung an und – bei einem weiteren Besuch – den Gesprächstermin beim DFD. Er vergaß auch nicht, meine Verwandten anzuweisen, mir gegenüber diese Offerte als das Ergebnis ihrer eigenen Aktivitäten auszugeben. Schließlich sollte nicht mein Mißtrauen geweckt werden gegenüber soviel scheinbar uneigennütziger Hilfsbereitschaft.

Für Kenner des nachrichtendienstlichen Milieus ist es kein Geheimnis, daß sich hinter einer Bezeichnung wie »Institut für Auslandsbetreuung« in aller Regel ein Geheimdienst verbirgt. Auch der BND hat sich in seiner Kontaktarbeit ähnlich lautender Tarnbezeichnungen bedient. Sie gelten als unverdächtig. Die Auslandsaufklärung des MfS nutzte diese Legende in großem Stil, um Westbesucher zu kontaktieren. Dabei ging es letztlich um eine Prüfung der Frage, ob sie aufgrund ihrer beruflichen Stellung und ihres Zugangs zu Informationen von nachrichtendienstlichem Interesse sein könnten, ob also eine Anbahnungs- und gegebenenfalls Werbeoperation lohnen würde.

Deshalb erhielten die Bezirksverwaltungen bzw. Kreisdienststellen des MfS alle Einreiseanträge zur nachrichtendienstlichen Auswertung. Auch der Einreiseantrag, den meine Verwandten für mich gestellt hatten, war auf irgendeinem Schreibtisch in der Auslandsaufklärung gelandet. Als Studentin bei Klaus Mehnert war ich in zweierlei Hinsicht für das MfS interessant: zum einen aufgrund meiner Nähe zu dem bekannten Publizisten, dem von verschiedenen Seiten nachgesagt wurde, schon im Dritten Reich für die Spionageabwehr von Admiral Canaris tätig gewesen zu sein und nunmehr zum BND nachrichtendienstliche Kontakte zu unterhalten[4], und zum anderen als potentielle Perspektivagentin, von der mit einiger Sicherheit anzunehmen war, daß sie eines Tages in eine berufliche Stellung gelangen würde, durch die sie Zugang zu nachrichtendienstlich interessanten Informationen erhielte.

Mein Besuch in Karl-Marx-Stadt neigte sich bereits dem Ende zu, als ich mich an einem späten Vormittag zu dem Gespräch beim DFD einfand. Frau Windisch, die damalige Bezirksvorsitzende, empfing mich in

[4] Siehe z.B. Schmidt-Eenboom, Erich, »Schnüffler ohne Nase: Der BND – die unheimliche Macht im Staate«. Düsseldorf, Wien, New York, Moskau 1993, S. 322

ihrem Arbeitszimmer. Als ich eintrat, erhob sie sich von ihrem Schreibtisch und kam mir mit einer Geste herzlicher Begrüßung entgegen. »Ich freue mich, daß Sie sich für die Frauenpolitik der DDR interessieren. Ich hoffe, daß ich alle Ihre Fragen beantworten kann. Wenn nicht, dann kann sicher Herr Müller weiterhelfen. Er ist vom FDGB und dort mit frauenpolitischen Fragen befaßt.« Frau Windisch deutete auf einen Mann, der vor ihrem Schreibtisch gesessen und sich bei meinem Eintreten ebenfalls erhoben hatte. Ich war irritiert. Ich hatte nicht damit gerechnet, bei Frau Windisch weitere Gesprächspartner anzutreffen, schon gar nicht einen männlichen, der sich mit Frauenfragen befaßt. Es schien ratsam, sich zurückzuhalten und auf der Hut zu sein.

»Darf ich Sie noch mit Herrn Schmidt bekannt machen«, fuhr Frau Windisch fort, »er ist beim Rat des Bezirks tätig.« Erst jetzt bemerkte ich, daß an der Sitzgruppe neben dem Schreibtisch ein weiterer Besucher Platz genommen hatte. »Ich bin nur hier, weil ich Herrn Müller versprochen habe, ihn nach Ihrer Unterredung nach Dresden mitzunehmen. Er kann leider nicht Auto fahren«, sagte der Mann entschuldigend. »Lassen Sie sich durch mich nicht stören.« Damit ließ er sich wieder in seinem Sessel nieder, während Herr Müller und ich am Schreibtisch von Frau Windisch Platz nahmen.

Wir unterhielten uns zunächst über allgemeine Themen. Das gab mir Zeit, meine Gesprächspartner zu taxieren. Frau Windisch machte einen sympathischen Eindruck. Sie mochte Mitte Vierzig sein, wirkte gepflegt, für DDR-Verhältnisse sogar elegant, erschien keineswegs wie eine verknöcherte Funktionärin, sondern war erkennbar eine moderne, im Leben stehende Frau. Die beiden Herren mochten Mitte Dreißig sein, der eine, Müller, schmal, blaß und dunkelhaarig, der andere, Schmidt, untersetzt und mit blondem Bürstenhaar, wirkte wie ein Verwaltungsangestellter. Was hatte Frau Windisch zu seiner Tätigkeit gesagt? Rat des Bezirks! Das könnte angehen. Ich sollte mich mit politischen Meinungsäußerungen zurückhalten. Irgendeiner von den dreien würde schon den Aufpasser machen. Der Gedanke, mir eventuell Unannehmlichkeiten einzuhandeln, verunsicherte mich ein wenig.

Inzwischen hatten sich meine Gesprächspartner der frauenpolitischen Thematik zugewandt. Ich berichtete ihnen kurz über die konzeptionelle Gestaltung meiner Dissertation, über meine Literaturrecherchen und mein Interesse an Informationen über die Gegebenheiten in der DDR.

Ich hatte eine Reihe von Fragen vorbereitet. Schon bald waren wir in eine intensive Diskussion verwickelt, wobei Müller sich als ebenso sachkundig erwies wie Frau Windisch. Insbesondere über die Probleme der Frauenarbeit wußte er so detailliert zu berichten, daß mein anfängliches Mißtrauen schwand, er wäre womöglich von der Staatssicherheit und die Behauptung, beim FDGB tätig zu sein, nur vorgeschoben. Je lebhafter wir uns austauschten, um so mehr entkrampfte sich die Atmosphäre und ermutigte mich, auch kritische politische Fragen anzuschneiden.

Fast zwei Stunden mochten vergangen sein, als Schmidt sich plötzlich vernehmlich räusperte und Müller ermahnte, zum Ende zu kommen. Es sei Zeit, nach Dresden aufzubrechen. Bis zu diesem Augenblick hatte er teilnahmslos und offensichtlich gelangweilt in seinem Sessel gesessen, so daß ich seine Anwesenheit fast vergessen hatte. »Schade«, meinte Frau Windisch. »Das Thema ist derart komplex, daß man Stunden darüber reden kann. Ich mache Ihnen einen Vorschlag«, wandte sie sich nun direkt an mich. »Falls Sie noch eine Weile in Karl-Marx-Stadt sind, könnte ich eine Gesprächsrunde organisieren mit Frauen, die in verschiedenen gesellschaftlichen Bereichen politisch aktiv sind. Ganz tüchtige Frauen sind das, Abgeordnete, Parteiarbeiterinnen, Richterinnen, LPG-Vorsitzende. Da können Sie das ganze Spektrum der politischen Arbeit von Frauen kennenlernen mit all den Problemen, die sich in der Praxis ergeben. Und viel eingehender, als ich es Ihnen zu schildern vermag. Wie lange sind Sie noch hier?« »Leider nur noch einen Tag«, erwiderte ich. »Übermorgen fahre ich heim. Schade, Ihr Angebot klingt sehr verlockend.« Ich dachte einen Augenblick nach. »Könnte man eine solche Gesprächsrunde zu einem späteren Zeitpunkt organisieren? Es wäre ohnehin sinnvoll, wenn ich im Laufe des Jahres noch einmal nach Karl-Marx-Stadt käme. Ich habe es jetzt nicht geschafft, alle Bibliotheken aufzusuchen.« »Natürlich läßt sich das machen. Jederzeit. Lassen Sie mich nur rechtzeitig wissen, wann Sie kommen.« »In Ordnung«, sagte ich, »ich werde Ihnen so bald wie möglich Bescheid geben.«

»Hier habe ich noch etwas für Sie.« Frau Windisch zeigte auf einen Stapel Bücher, der auf ihrem Schreibtisch lag. »Ich habe Ihnen eine kleine Literaturauswahl zu Ihrem Thema zusammenstellen lassen. Ich hoffe, es ist Ihnen von Nutzen. Im übrigen wird Ihnen Herr Müller gern bei der Beschaffung von Literatur behilflich sein. Scheuen Sie sich nicht, ihm

Ihre Wünsche mitzuteilen.« Ich war beeindruckt von soviel Hilfsbereitschaft und Unterstützung. »Danke«, sagte ich, »ganz herzlichen Dank für alles.«

»Wie ist es, können wir nun fahren?« drängte Schmidt ein weiteres Mal und erhob sich. In mir begann es zu arbeiten. Nach Dresden wollen sie fahren. Dresden! Wie lange schon hatte ich mir gewünscht, jenes »Elbflorenz« einmal zu sehen, den Zwinger, die Brühlschen Terrassen, das »Grüne Gewölbe« und Rafaels »Sixtinische Madonna«. Es war nicht weit bis dorthin, für mich dennoch unerreichbar, da meine Aufenthaltsgenehmigung nur für den Bezirk Karl-Marx-Stadt galt. Deshalb hatte ich es nicht gewagt, einfach in den Zug zu steigen und nach Dresden zu fahren. Doch mit dem Auto wäre es etwas anderes. Kein Schaffner, keine Kontrolle. Das Risiko schien geringer.

»Fahren Sie heute abend wieder zurück nach Karl-Marx-Stadt?« fragte ich zögernd. »Ja.« »Ob es wohl möglich wäre, daß ich mitfahre? Ich würde nämlich für mein Leben gern einmal Dresden sehen.« Schmidt schien irritiert. Er zögerte. »Nun, ja«, sagte er schließlich, »warum nicht.« Ich war überglücklich. »Ich müßte allerdings meinen Verwandten Bescheid geben«, sagte ich. »Hoffentlich macht es keine Umstände, dort vorbeizufahren.« »Nicht der Rede wert«, erwiderte Schmidt.

Überrascht stellte ich auf dem Parkplatz vor dem Haus fest, daß Schmidt nicht, wie ich es erwartet hatte, einen Wagen aus DDR-Produktion fuhr, sondern einen VW Käfer. Das Auto war zwar schon in die Jahre gekommen, aber immerhin war es ein West-Fabrikat. »Ich fahre auch einen Käfer«, sagte ich. »Aber wie kommen Sie dazu? Ist es nicht furchtbar schwer, hier einen solchen Wagen zu bekommen?« »Eigentlich schon«, antwortete Schmidt. »Aber ich habe Verwandte in Bayern. Da war das machbar.« Ich zweifelte nicht daran.

Auf der Fahrt nach Dresden setzte ich die frauenpolitische Diskussion mit Müller fort. Aber auch Schmidt gab sich nun ein wenig gesprächiger und wirkte nicht mehr so abweisend wie im Büro von Frau Windisch. Er sei Kraftfahrzeug-Meister, hatte er auf eine Frage von mir geantwortet, und er hatte noch gesagt, daß sein Vater Fahrlehrer gewesen sei. Auch mein Vater war Fahrlehrer und Kfz-Meister gewesen. Wir hatten damit reichlich Gesprächsstoff, und die Fahrt verlief wie im Flug.

In Dresden angekommen, setzte Schmidt Müller an irgendeiner Straßenecke ab und brachte mich anschließend zum Zwinger. »Ich hole

Sie um 18 Uhr im Café an den Brühlschen Terrassen wieder ab«, sagte er und erklärte mir den Weg dorthin. Dann fuhr er weiter.

Ich betrat den Zwinger. Die Harmonie des Bauwerks, der Reichtum seiner Formen und Verzierungen, die Grazie der Skulpturen und deren zum Teil launenhafte Verspieltheit übertrafen meine Erwartungen. Von Fotos wußte ich von den verheerenden Zerstörungen, die dieses Bauwerk bei dem infernalischen Luftangriff auf Dresden im Februar 1945 erlitten hatte. Ich empfand Hochachtung für die Wiederaufbauleistung. Sie mußte einem Land, in dem es an allen Ecken und Enden erkennbar mangelte, finanziell sehr schwergefallen sein. In der Gemäldegalerie gegenüber dem berühmten Kronentor des Zwingers betrachtete ich die von Kurfürst August begründete Sammlung herausragender Meisterwerke der Weltkunst, vor allem Rafaels »Sixtinische Madonna«. Später ging ich zu den Elbterrassen und ins »Grüne Gewölbe«, war begeistert vom Glanz und Reichtum der Kleinodiensammlung, die von dem berühmtesten aller sächsischen Herrscher, August dem Starken, begründet worden war.

Die Zeit, die mir zur Besichtigung blieb, reichte bei weitem nicht. Ich konnte nur einen ersten Eindruck von Dresdens früherem Glanz gewinnen.

Pünktlich um 18 Uhr war Schmidt wieder zur Stelle. »Bei Herrn Müller wird es leider etwas später«, sagte er. »Wenn Sie wollen, kann ich Ihnen noch ein wenig von Dresden zeigen.« Ich stimmte erfreut zu. Schmidt fuhr zum Altmarkt, zeigte mir die berühmte Kreuzkirche, das Rathaus, erklärte die immensen Zerstörungen durch die britisch-amerikanischen Bomberangriffe – »das war nackter Terror gegen die Zivilbevölkerung und zugleich ein Affront gegen die Sowjetarmee, die sich anschickte, Dresden zu besetzen, denn die mußte nun mit der für die Einwohner katastrophalen Situation fertig werden; die Rüstungsbetriebe im Elbtal und die Eisenbahnlinie wurden hingegen von keiner einzigen Bombe getroffen« – und hielt schließlich an der Ruine der Frauenkirche, die in mir Erinnerungen an meine Kindheit wachrief.

»Ich zeige Ihnen jetzt den schönsten Blick auf Dresden«, sagte Schmidt. »Oben, am ›Weißen Hirsch‹, hat man das ganze Elbtal vor sich liegen.« Er fuhr eine schmale, kurvenreiche Straße bergan, die von schönen, alten Villen gesäumt war. »Hier haben schon immer die besser betuchten Bürger Dresdens gewohnt«, erklärte er. Bei einem der Häuser erwähnte er im Vorbeifahren, das sei das Institut des berühmten Manfred von Ardenne. Dann hielt er an einer Stelle, wo die Bäume den Blick auf Dresden und das nördliche Elbtal freigaben.

Wir stiegen aus. Schmidt trat an ein Geländer, das den schmalen Gehweg gegen den steil abfallenden Hang sicherte, um sich lässig darüber zu lehnen. »Vorsicht«, rief ich erschrocken und deutete auf ein kleines, versteckt angebrachtes Schild »Frisch gestrichen«, doch da war es schon zu spät: Als Schmidt die Arme vom Geländer zurückzog, liefen zwei graue Streifen über die Ärmel seines Jacketts. »So ein Mist«, entfuhr es ihm. Er begann, die Farbkleckse mit einem Taschentuch zu bearbeiten. »Lassen Sie das, damit machen Sie es nur schlimmer«, warnte ich ihn. »Aber so kann ich mich doch nicht blicken lassen«, widersprach er. Ich hatte eine Idee. »Sie haben doch Benzin im Tank. Wir müßten nur einen Lappen hineintauchen. Haben Sie ein altes Tuch?« Schmidt kramte aus dem Kofferraum einen Putzlumpen. Dann öffnete er den Tankdeckel. Vorsichtig führte ich den Lappen durch die Öffnung, bis er in das Benzin eintauchte. Mit dem benzingetränkten Tuch tupfte ich behutsam die Flecken von Schmidts Jackett, bis nur noch ein penetranter Geruch an sein Mißgeschick erinnerte. Er war so froh über meinen rettenden Einfall, daß er leutselig wurde. Schon begannen wir, über das Malheur zu lachen. In angeregter Unterhaltung fuhren wir schließlich in die Stadt zurück, um Müller zu treffen.

Die Rückfahrt nach Karl-Marx-Stadt verlief in gelöster Stimmung. Schmidt schlug vor, noch einen Abstecher nach Moritzburg zu machen, um mir das berühmte Jagdschloß zu zeigen. Es war bereits dunkel, als wir dort eintrafen, doch ein leuchtender Vollmond, der sich im Schloßteich spiegelte, tauchte das mächtige Gebäude mit seinen runden Ecktürmen in silbriges Licht. »Haben Sie Lust, in Karl-Marx-Stadt noch auf ein Glas Sekt mitzukommen?« fragte Schmidt. »Der Chemnitzer Hof hat eine hübsche Bar.« Ich willigte ein. »Aber Sie müssen mir erlauben, Sie einzuladen. Dann kann ich mich ein wenig für die Mitnahme nach Dresden revanchieren.«

Die Bar machte einen gediegenen Eindruck, sie hätte ebensogut in irgendeiner westdeutschen Stadt sein können. Nichts erinnerte an die lieblose, ungemütliche Ausstattung der HO-Gaststätten. Es herrschte reger Betrieb, nur mit Mühe fanden wir Platz. Auf der Tanzfläche drehten sich Paare zu den schwungvollen Rhythmen einer kleinen Kappelle. Schmidt bestellte Krim-Sekt, der selbst in diesem Etablissement der gehobenen Klasse im Vergleich zu den westlichen Preisen spottbillig war. »Deshalb ist es hier auch so voll«, meinte er. »Die Leute können es sich leisten.« Wir unterhielten uns angeregt. Hin und wieder tanzte ich mit Schmidt. »Hoffentlich geht der Müller bald nach Hause«, flüsterte er. »Ich finde es schöner, mit Ihnen alleine zu sein. Sonst verträgt der Müller keinen Alkohol. Aber heute hält er sich am Sekt fest.«

Mitternacht war längst vorbei, als Müller sich endlich verabschiedete. Schmidt und ich blieben noch die halbe Nacht in der Bar, wir redeten, tanzten, tranken Krim-Sekt. Im Morgengrauen brachte er mich nach Hause. »Es war ein schöner Abend«, sagte ich. »Nochmals vielen Dank für alles.« Schmidt zog mich an sich und küßte mich. »Es war schön mit dir«, erwiderte er. »Schade, daß du morgen schon abreist. Ich möchte dich wiedersehen. Kannst du nicht wiederkommen? Die Windisch sagte doch, daß du auch noch mit anderen Frauen sprechen kannst. Und der Müller will dir bei der Beschaffung von Literatur helfen.« Ich zögerte einen Moment, überlegte, ob ich ablehnen oder zusagen sollte. »Ja, ich komme wieder«, sagte ich schließlich. »Im Sommer. Falls ich eine Einreiseerlaubnis erhalte.« »Dabei kann ich dir behilflich sein«, bot Schmidt an. »Ich bin doch beim Rat des Bezirks tätig, da ist das eine Kleinigkeit für mich. Schreib mir nur rechtzeitig, wann du kommen willst, und ich besorge dir dann die Genehmigung.« Wir tauschten unsere Adressen aus. Mit einem Kuß verabschiedeten wir uns in der Gewißheit, uns in einigen Monaten wiederzusehen. In Karl-Marx-Stadt.

*

Fast drei Jahrzehnte später, im Ermittlungsverfahren gegen mich, sollte Schmidt die Umstände unseres Kennenlernens in einer Weise schildern, daß ich meinte, ich müsse damals geträumt haben. Er habe mich, so behauptete er nun, erst durch Müller kennengelernt, der bereits wiederholt mit mir zusammengetroffen sei. Müller sei wie er Mitarbeiter des MfS gewesen, hätte sich mir gegenüber jedoch als Mitarbeiter des Rates des Bezirkes Karl-Marx-Stadt ausgegeben. Müller sei es auch gewesen, der die gemeinsame Fahrt nach Dresden organisiert habe. Er, Schmidt, habe daran nur teilgenommen, weil Müller nicht Auto fahren konnte.

Vor Gericht kam Schmidt der Wahrheit zwar ein wenig näher, als er einräumte, daß Müller vor seinem Wechsel zum MfS im FDGB tätig gewesen war und dem MfS auch nur kurzfristig angehört habe, daß er mithin ein nachrichtendienstlicher Neuling war, der noch der operativen Anleitung bedurfte. Trotzdem wollte Schmidt nicht das geringste mit meiner Kontaktierung zu tun gehabt haben. Weitschweifig berichtete er, wie er zur HVA gekommen war, daß er zunächst Kurierdienste und Schleusungen über die Grenze nach Bayern durchgeführt habe und daß er seine gesamte aktive Zeit in einer Außendienststelle der Bezirksverwaltung des MfS zugebracht habe, die Schulungsaufgaben wahrnahm. Das klang bieder, seriös und weit entfernt vom eigentlichen nachrichtendienstlichen Geschäft. In seinem Wortschwall blieb seine konkrete Tätigkeit merkwürdig unklar.

Tatsächlich war die Außendienststelle der MfS-Bezirksverwaltung, in der Schmidt im Status eines »Offiziers in besonderem Einsatz« (OibE) arbeitete, nicht lediglich eine Art Geheimdienstschule, wo angehende Mitarbeiter der HVA auf ihre künftigen Aufgaben praktisch vorbereitet wurden. Vielmehr handelte es sich um eine operative Führungsstelle, der die nachrichtendienstliche Anbahnung und Anwerbung von Mitarbeitern und Agenten oblag, wobei die HVA-Aspiranten zu Schulungszwecken in die Operationen einbezogen wurden. Man hatte somit zwei Schwerpunkte: Der eine galt der Gewinnung hauptamtlicher und inoffizieller Mitarbeiter der HVA aus dem Kreis der DDR-Bürger, der andere der Kontaktierung von Westbesuchern. Schmidt war schon längst nicht mehr als Schleuser und Kurier tätig. Er arbeitete inzwischen als Anbahner, also im Kernbereich der operativen nachrichtendienstlichen Tätigkeit.

Seine Anwesenheit bei meinem Gespräch im DFD war deshalb keineswegs zufällig gewesen, wie er die Richter glauben machte. Sie entsprach einer minutiösen Planung. Noch immer widerstrebte es Schmidt einzuräumen, daß er damals einer bestimmten operativen Aufgabe nachgegangen ist: Als nachrichtendienstlicher Profi sollte er das Agieren des Greenhorn Müller überwachen und gegebenenfalls unterstützen, vor allem aber sollte er sich direkt in die Aktion einbringen und einen eigenen, nutzbaren Kontakt zu mir herstellen. Schließlich war die Mehnert-Doktorandin nicht so uninteressant für die HVA, wie er vor Gericht treuherzig behauptete. Vielmehr erachtete die DDR-Auslandsaufklärung westdeutsche Studenten als Perspektivkandidaten und war deshalb stets um

Kontakte bemüht. Die HVA hatte einen langen Atem, Entwicklungen abzuwarten. Das war eine ihrer besonderen Stärken.

Die operative Planung hatte allerdings einen Haken: Müller, der langjährige FDGB-Mitarbeiter, war sachkundig in frauenpolitischen Fragen. Schmidt hingegen konnte auf einen solchen »natürlichen« Ansatzpunkt nicht zurückgreifen. Um seine Gegenwart halbwegs glaubhaft begründen und einen eigenen Kontakt zu mir aufbauen zu können, bedurfte es einer Legende: der Geschichte von der Autofahrt nach Dresden, zu der er Müller mitnehmen wolle, weil dieser nicht fahren könne. Eine Geschichte voller Ungereimtheiten! Warum in aller Welt wohnt jemand zwei Stunden einer Unterredung seines Beifahrers bei, die ihn angeblich weder etwas angeht noch interessiert? Warum holt er ihn nicht erst gegen Ende des Gesprächstermins ab, statt gelangweilt zu warten?

Müller durfte auf keinen Fall Auto fahren können, damit Schmidt in die Rolle des wartenden Chauffeurs schlüpfen konnte. »Darf ich Sie nach Hause bringen?« hätte er mich beim Verlassen des DFD gefragt, wäre ich nicht mit meiner Selbsteinladung seiner taktischen Planung unwissentlich zuvorgekommen. »Darf ich Ihnen einige unserer Sehenswürdigkeiten zeigen?« hätte er, bei meinen Verwandten angekommen, nachgefaßt, um den Kontakt zu mir weiterzuspinnen und dabei nicht länger auf den unerfahrenen Müller angewiesen zu sein. Bekanntlich war es eine beliebte Anbahnungsmethode der HVA, Westbesuchern Ausflüge zu den Sehenswürdigkeiten in der DDR anzubieten, die sie wegen der restriktiven Aufenthaltserlaubnis in aller Regel nicht aufsuchen konnten. Das machte ein entsprechendes Angebot verlockend. Es war aber auch psychologisch geschickt, weil es in der entspannten Atmosphäre eines gemeinsamen Ausflugs erheblich leichter fällt, der »Zielperson« menschlich näher zu kommen. Wie ein Geschenk des Himmels muß es Schmidt deshalb vorgekommen sein, als ich ihn mit meiner arglosen Bitte, ob ich nicht nach Dresden mitfahren könne, aller Verlegenheit enthob. Damit eröffnete ich ihm die schönsten Möglichkeiten, in Kontakt zu kommen – direkt und ohne seinen Kollegen Müller. Der Operationsplan »griff« geradezu perfekt.

Doch das alles wußte ich damals nicht. Damals lag die Welt der Geheimdienste für mich noch in jenem grauen Nebel, mit dem sich diese Organisationen so sorgsam umhüllen.

Noch einmal glaubte ich zu träumen, als ich später im Urteil las, welchen Sachverhalt das Gericht für »wahr« befunden hatte. Mein Gesprächstermin beim DFD: beileibe keine Operativmaßnahme des MfS, sondern eine private Initiative meiner Verwandten. Meine Kontaktierung durch die DDR-Aufklärung: allein Müllers Aufgabe und nicht auch die von Schmidt. Dessen Anwesenheit bei der Unterredung im DFD: rein zufällig, man mußte nach Dresden fahren, und er war eben der Chauffeur. Seine Aufgabe bei der HVA: Ausbilder und – völlig unerfindlich, wie die Richter dazu kamen – Techniker, weiterhin auch Kurier, wie in seiner Anfangszeit; bei so vielen Verpflichtungen mochte der Gedanke an eine Anbahnertätigkeit Schmidts gar nicht erst aufgekommen sein. Wie sollte er auch, hatte doch Schmidt in seiner beredten Einlassung alles getan, dies zu verhindern, und hatten die Ermittlungsbehörden gar nicht erst den Versuch unternommen, Müller ausfindig zu machen und dessen Sicht der Vorgänge zu hören. Schmidt war aus dem Schneider.

3 Anwerbung durch die HVA

Zurückgekehrt nach Aachen, hatte ich meinem Doktorvater ausführlich von den Ergebnissen der Reise nach Karl-Marx-Stadt berichtet. Mehnert war angetan von dem Vorschlag der Bezirksvorsitzenden des Demokratischen Frauenbundes, mich mit einem breiteren Kreis politisch aktiver Frauen zusammenzubringen. »Das sollten Sie sich nicht entgehen lassen«, meinte er. »Ja«, sagte ich. »Ich habe beschlossen, im Sommer noch einmal in die DDR zu fahren.« Das vereinbarte Wiedersehen mit Schmidt erwähnte ich nicht. Das war meine private Angelegenheit.

Schon bald teilte ich Schmidt brieflich mit, daß ich Ende August kommen wollte, und bat ihn, wie versprochen, die Einreisegenehmigung zu besorgen. Während ich noch auf seine Antwort wartete, spitzte sich die politische Lage in der Tschechoslowakei zu. KP-Chef Dubček geriet mit seinem Reformkurs, der unter der Bezeichnung »Prager Frühling« in die Geschichte eingegangen ist, unter immer stärkeren Druck der sozialistischen »Bruderstaaten«, insbesondere der Sowjetunion und der benachbarten DDR. Erneut schrieb ich an Schmidt: Aufgrund der politischen Lage sei es wohl ratsam, meine Reise zu verschieben. Kurz darauf, am 21. August, besetzten die Truppen von fünf Warschauer-Pakt-Staaten die Tschechoslowakei. Ich erachtete mein Reisevorhaben als gestorben. Doch dann kam mit einem Brief von Schmidt meine Einreiseerlaubnis. Wenig später bestieg ich den Zug nach Karl-Marx-Stadt.

Zwei Jahre später, im Zusammenhang mit meiner Bewerbung beim Auswärtigen Amt, sollte ich von Schmidt erfahren, daß meine Einreisegenehmigung eine der wenigen Ausnahmen bildete, die zu jener kritischen Zeit im August 1968 von den DDR-Behörden gegenüber West-Besuchern gemacht wurden, und daß es folglich einer einflußreichen Position wie der des MfS bedurft hatte, um diese zu erwirken. Vor dem Hintergrund der militärischen Intervention des Warschauer Paktes in der Tschechoslowakei war über die südlichen Bezirke der DDR eine Einreisesperre verhängt worden. »Wenn bei der Überprüfung deiner Reisen durch den Verfassungsschutz herauskäme, daß du genau in jener Zeit hier gewesen bist, wärest du geliefert«, hatte Schmidt gesagt, als ich mit ihm die Bewerbungsunterlagen durchgegangen war. »Ein Glück, daß ich das noch mal nachgeprüft habe. Du mußt unbedingt das Datum dieser Reise ändern, in den Herbst 1968 verlegen, als man wieder nach Karl-Marx-Stadt und Dresden fahren durfte.« Zudem hatte er mir geraten, meinen alten, inzwischen abgelaufenen Reisepaß zu vernichten, um die verräterischen Spuren der damaligen Ein- und Ausreisevermerke zu tilgen.

Obwohl ich so erfuhr, daß Schmidt bei meiner zweiten Reise eine stille Regie im Hintergrund geführt hatte, nahm ich dies nicht zum Anlaß, seine Rolle im gesamten Geschehen kritischer zu durchleuchten. Ich stand mittlerweile in einer so engen persönlichen Beziehung zu ihm, daß mir der Gedanke, auf welche Weise sich diese Beziehung angebahnt hatte, letztlich unwesentlich erschien. War nicht das Leben voll von Zufällen und entwickelten sich Dinge nicht oftmals anders als ursprünglich geplant? Ich vertraute Schmidt und hielt es für überzogen, dieses Vertrauen einiger Ungereimtheiten wegen aufzukündigen.

Eine andere Ungereimtheit hingegen, die an einer soliden Kenntnis der nachrichtendienstlichen Arbeitsweise zweifeln läßt, vermag ich nicht nachzuvollziehen: die Behauptung des Tatgerichts, Schmidt habe sich mir nicht im Auftrag des MfS genähert. Zwar hatte ich aus der Sorge, Schmidt könnte mir im Interesse seiner eigenen Entlastung noch mehr schaden, als es ohnehin schon der Fall war, in meiner Einlassung verschwiegen, welchen maßgeblichen Anteil er am Zustandekommen meiner zweiten Reise nach Karl-Marx-Stadt hatte. Doch fand sich in der Zeugenaussage meiner Verwandten ein unmißverständlicher Hinweis auf seine verdeckten Aktivitäten: daß er es war, der mir die Reisegenehmigung beschafft hatte und noch dazu zu einem Zeitpunkt, als die südlichen Bezirke der DDR für West-Besucher gesperrt waren. Allerdings blieb dies nicht der einzige Sachverhalt, den das Gericht zugunsten einer eigenwilligen Sichtweise ignorieren sollte.

Als ich Ende August 1968 zum zweitenmal nach Karl-Marx-Stadt reiste, ahnte ich jedenfalls nicht, unter welchen Umständen meine Besuchserlaubnis zustande gekommen war. Rückblickend fällt mir zwar auf, damals keinen West-Besuchern begegnet zu sein. Doch hatte mich das nicht stutzig gemacht. Meine Sorgen beschränkten sich zunächst darauf, ich könnte womöglich zwischen die Mühlsteine der wieder zunehmenden Ost-West-Spannungen geraten, wenn ich in dieser Situation in die DDR einreisen würde. Aber Schmidt hatte mir geschrieben, daß es keinen Grund zu Befürchtungen gäbe.

Diesmal blieb ich drei Wochen in Karl-Marx-Stadt. Auf der Suche nach interessantem Material für meine Dissertation durchstreifte ich sämtliche Bibliotheken. Zwei- oder dreimal traf ich Müller, der mir bestimmte Unterlagen besorgte, die ich nicht hatte auftreiben können. Frau Windisch organisierte, wie versprochen, einen ausgedehnten Diskussionsnachmittag mit einer größeren Gruppe von Frauen, die öffentliche Ämter bekleideten. In beeindruckender Offenheit berichteten sie mir über die praktischen Probleme ihres Alltags: daß trotz der offiziellen Frauenförderung die Sorge für Haushalt und Kinder im großen und ganzen an ihnen hängenblieb, was ihre Karriere behinderte.

Häufig traf ich mit Schmidt zusammen, den ich, seit wir uns duzten, mit Karl-Heinz anredete. Erst später, nach meiner Anwerbung durch das MfS, übernahm ich von seinen Freunden den Spitznamen »Karlicek«. Karl-Heinz behauptete, Urlaub und deshalb Zeit für Ausflüge in die Umgebung zu haben. Das war natürlich gelogen, wie mir später klar wurde, als ich erfuhr, daß er nicht beim Rat des Bezirks arbeitete, sondern in der Bezirksverwaltung des MfS. Wir fuhren nach Augustusburg, ins Erzgebirge, ins Vogtland. Häufig passierten wir auch den Grenzraum zur Tschechoslowakei, wo die sowjetischen Panzer zahlreiche Spuren hinterlassen hatten: beschädigte Zäune und Häuserecken, die von den Tanks gestreift worden waren, tiefe rillenförmige Einkerbungen der Ketten im Straßenbelag und niedergewalzte Bankette. Bisweilen beobachtete ich auch Militärkolonnen der DDR; sie schienen in einer Hab-Acht-Stellung zu verharren, einfach nur präsent zu sein und sich zurückzuhalten.

Stundenlang diskutierte ich mit Karl-Heinz über die politische Großwetterlage, insbesondere über die Vorgänge in der Tschechoslowakei und über die Situation in der DDR. Manche seiner Berichte bestätigten eine Reihe positiver Eindrücke, die ich vor Ort gewonnen hatte. Anderes wiederum sah ich erheblich kritischer, zum Beispiel die brutale Niederwalzung der Reformen Dubčeks und überhaupt die Unfähigkeit der sozialistischen Staaten, mit abweichenden Meinungen umzugehen. Ich widersprach auch heftig, wenn mir seine Antworten bloß dogmatisch erschienen. Das waren Augenblicke, in denen ich feststellte, daß uns Welten trennten. Gleichwohl standen wir uns zu keinem Zeitpunkt unversöhnlich gegenüber. Vielmehr beließen wir es dabei, daß unsere Auffassungen aus diesem oder jenem Grund auseinandergingen. Deshalb konnten unsere Meinungsverschiedenheiten auch nicht die Sympathie trüben, die ich für Karl-Heinz empfand und die ich meinte seinerseits zu verspüren.

Am Abend gingen wir häufig in die »Kosmos-Bar«, die, am Rosenhof im Zentrum von Karl-Marx-Stadt gelegen, sich großer Beliebtheit erfreute. Eine tschechische Band spielte mit größter Selbstverständlichkeit auch jene Rhythmen und Songs, die in der DDR damals als westlich-dekadent galten. Karl-Heinz kannte sie alle und machte keinen Hehl daraus, daß er sie gut fand. Bis tief in die Nacht hinein tanzten und flirteten wir, und es schien, als könne nichts unsere Zweisamkeit stören.

Wiederholt besuchte ich Karl-Heinz auch in seiner Wohnung. Er hatte mir erzählt, daß er in Plauen lebe, wegen seiner Berufstätigkeit in Karl-Marx-Stadt aber ein Appartement habe. Daß dieses Appartement nicht sein eigenes war, sondern eine konspirative Wohnung des MfS, wurde mir erst einige Zeit später bewußt, als ich die nachrichtendienstliche Vorgehensweise kennenlernte. Da verwunderte es mich nicht mehr, daß meine Fragen nach seinem Zuhause ihn immer in größte Verlegenheit gestürzt hatten und er ihnen auszuweichen suchte. Es war die typische Reaktion eines Geheimdienstlers, der sich in seiner eigenen Legende verfangen hat.

Der tatsächliche Name von Karl-Heinz blieb mir bis zu meiner Verhaftung unbekannt. Darauf hatte ich selber bestanden, nachdem mir klargeworden war, daß er mir gegenüber einen Decknamen benutzte. Die Frage, wie er nun wirklich hieß und wo genau und wie er lebte, war in dem Maße für mich unerheblich geworden, wie ich um die Sicherheitsbelange wußte, die es in der nachrichtendienstlichen Zusammenarbeit zu beachten gilt. Mit meinem Eintritt in den BND hatte ich erfahren, daß der »nachrichtendienstliche Gegner« aus eben diesen Gründen nach den gleichen Prinzipien verfährt und daß diese dem einzelnen Mitarbeiter einen gewissen Schutz vor Enttarnung bieten. Ich wollte deshalb nicht mit bestimmten Kenntnissen belastet werden, auf die sich im Fall meiner Verhaftung die polizeilichen Vernehmungen konzentrieren würden und die ich dann, in die Enge getrieben, womöglich preisgeben könnte.

Betroffen machte mich jedoch die Unkenntnis des tatsächlichen Geburtstags von Karl-Heinz, was mir als eine übertriebene Geheimniskrämerei und persönliche Mißtrauensbekundung erschien. Ich empfand es als schlechten Stil, gerade unter Freunden und Genossen, daß niemand von ihnen, Markus Wolf eingeschlossen, sich je gescheut hatte, einen fiktiven Geburtstag mit mir zu feiern. Ich hätte es passender gefunden, grundsätzlich darauf zu verzichten. In Anbetracht der Umstände, unter denen wir uns sehen konnten, wäre das auch ohne weiteres akzeptabel gewesen.

Unerbittlich kam der Tag des Abschieds. Ich hatte mich mittlerweile in Karl-Heinz verliebt. Auch zweifelte ich nicht an seinen Gefühlen für mich. Inzwischen hatte er mir gestanden, daß es, bevor wir uns kennenlernten, eine andere Frau in seinem Leben gegeben hatte, doch daß er längst entschlossen war, diese Beziehung zu beenden. Daß er aus dieser Verbindung auch einen Sohn hatte, sagte er mir damals nicht. Das erfuhr ich erst ein gutes Jahrzehnt später, als ich ihm meinen Entschluß mitteilte, ein Kind in Adoptionspflege zu nehmen.

»Ich möchte, daß wir uns bald wiedersehen«, drängte Karl-Heinz. »Hier in Karl-Marx-Stadt wird das zwar nicht möglich sein, weil du so schnell nicht wieder eine Einreisegenehmigung bekommst. Aber wir können uns in Berlin sehen. Du kommst einfach mit einer Tagesaufenthaltserlaubnis herüber, und wir treffen uns dann irgendwo. Viele Leute machen das so. Kennst du das ›Hotel unter den Linden‹? Das ist nicht weit vom Bahnhof Friedrichstraße. Im Erdgeschoß ist ein Café, dort warte ich auf dich.«

Nach einigen Zweifeln, ob ein Wiedersehen tatsächlich so problemlos möglich wäre, war ich einverstanden. Zwar würden wir nur sehr begrenzt zusammensein können, weil ich abends wieder zurückfahren müßte nach West-Berlin. Aber immerhin wäre es eine Chance, sich zu sehen. Wir verabredeten uns für ein Wochenende im November, Treffpunkt »Lindencafé«, um 10 Uhr vormittags.

Karl-Heinz hatte mich zum Zug gebracht. »Schreibe mir bitte, sooft du kannst«, bat ich ihn, als wir uns auf dem Bahnsteig verabschiedeten. Er versprach es. »Und du wirst nach Berlin kommen?« vergewisserte er sich. »Ja, versprochen.« Tränen schossen mir in die Augen, als sich der Zug in Bewegung setzte. Ich ahnte nicht, daß diesem wehmütigen Abschied noch viele folgen würden.

*

Karl-Heinz hielt Wort und schrieb regelmäßig. Bald schon war der Spätsommer dem Herbst gewichen, und der Winter kündigte sich an. Mittlerweile war es November geworden, und unaufhaltsam rückte der Tag näher, an dem wir uns in Berlin treffen wollten. Meinen Angehörigen mochte ich davon nichts erzählen, so wie ich auch mit keinem Wort meinen neuen Freund erwähnte. Sie hätten ohnehin nur einzuwenden gehabt, was ich selbst nur zu gut wußte: daß eine Liebesbeziehung im geteilten Deutschland zu nichts führt und ich besser daran täte, meinen Freund rasch zu vergessen. Doch so schnell wollte ich weder Karl-Heinz noch die gemeinsamen Tage in der DDR vergessen. Deshalb würde ich nach Berlin fahren. Seinetwegen.

Später, im Prozeß, würde ich allerdings sagen, ich hätte ohnehin vorgehabt, nach Berlin zu fahren, um im Gesamtdeutschen Institut für meine Dissertation zu recherchieren, und ich hätte bei dieser Gelegenheit Karl-Heinz wiedergesehen. Doch das war gelogen. Es war eine für den Ernstfall eingeübte »Legende«, die – wie auch andere Aussagen – inzwischen tief saß und sogar in der so völlig anders gearteten Situation, als man sie sich je hätte vorstellen können, nicht einfach abzustreifen war, obwohl ich mich damit zugunsten von Karl-Heinz selber belastete. Sooft ich später auch noch nach Berlin fuhr: Nie bin ich wegen meiner Promotion dorthin gefahren und nie habe ich das Gesamtdeutsche Institut aufgesucht. Meine gesamten Literaturrecherchen habe ich in dessen Bonner Archiv durchgeführt. Dieses verfügte über so umfangreiches Material, daß es mir unvertretbar erschien, neben den Kosten meiner unzähligen Fahrten nach Bonn auch noch die eines Berlin-Aufenthalts auf mich zu nehmen. Meine Fahrt nach Berlin im November 1968 galt einzig dem Wiedersehen mit Karl-Heinz.

Allerdings war mir unwohl bei dem Gedanken, niemandem von meiner Absicht zu sagen. Ich hatte zwar durch meine Aufenthalte in Karl-Marx-Stadt ein zunehmend positives Bild von der DDR gewonnen. Dennoch war das Mißtrauen gegen »die Machthaber in Pankow«, das eine jahrzehntelange christdemokratische Meinungsbildung verfestigt hatte, nicht restlos überwunden. Wenn ich nun irgendwelchen Ärger bekäme und man mich festhielte? Niemand wüßte, wo man suchen müßte, falls ich vermißt würde. Es wäre besser, irgendeinen Hinweis zu hinterlassen. Also schrieb ich eine kurze Notiz: »Bin nach Ost-Berlin gefahren, um dort Karl-Heinz Schmidt zu treffen. Bin dann und dann wieder zurück.« Den Zettel schob ich unter die Schreibunterlage in meiner Studentenbude. Man würde ihn im schlimmsten Fall schon finden, zweifellos würde man dann die ganze Kammer auf den Kopf stellen.

Der Zettel lag noch an seinem Platz, als ich einige Tage später aus Ost-Berlin bzw. aus der DDR zurückkehrte. Ich vernichtete ihn umgehend, denn eine Rückversicherung dieser Art schien mir nun nicht mehr vonnöten. Dafür war in den zurückliegenden Tagen zu Gravierendes geschehen, das meinem Leben eine Wendung gegeben hatte, die mich gleichermaßen ängstigte wie reizte.

Ich hatte Karl-Heinz, wie vereinbart, im »Lindencafé« in Ost-Berlin getroffen. In der Nacht zuvor war ich mit dem Paris-Moskau-Express nach West-Berlin gefahren und dann mit der S-Bahn zur Friedrichstraße. Der Grenzübertritt war problemlos und zügig verlaufen, so daß ich schon etwas vor der vereinbarten Zeit am Treffpunkt war. Karl-Heinz war pünktlich, und es hatte ein freudiges Wiedersehen gegeben. Den Tag verbrachten wir mit Besichtigungen. Immerhin lag mein letzter Aufenthalt in Berlin schon Jahre zurück. Zudem gab es viel zu erzählen.

Irgendwann sagte Karl-Heinz, er habe mit seinem besten Freund über unsere Beziehung gesprochen und über die Schwierigkeit ihrer Fortsetzung angesichts der widrigen Umstände. Sein Freund arbeite im Innenministerium und wolle mich gerne kennenlernen. Vielleicht wisse er eine Lösung. Wenn ich einverstanden sei, könnte man sich zum Abendessen im »Lindenhotel« treffen. Für mich sei es dann nicht weit bis zur Friedrichstraße, wenn ich später nach West-Berlin zurückfahren müsse.

Der Mann, den Karl-Heinz mir kurz darauf als Gotthard Schiefer vorstellte, machte einen sympathischen Eindruck. Er war hochgewachsen und schlank, mittellanges blondes Haar umgab weiche Gesichtszüge, aus denen dunkle, warme Augen mich prüfend anblickten. »Sie also sind Gaby«, sagte er. »Karl-Heinz hat mir schon viel von Ihnen erzählt.« Ich antwortete nicht. Schweigend und mit gesenktem Kopf musterte ich Schiefer über den Rand meiner Brille. »Es war, als ob du ihn hättest fressen wollen«, sollte Schmidt mir viel später amüsiert vorhalten, worauf ich mit gespielter Entrüstung antwortete: »Hatte ich nicht auch allen Grund, mißtrauisch zu sein?« Aber zu diesem Zeitpunkt war meine anfängliche Skepsis gegenüber jenem Unbekannten, mit dem ich so unversehens konfrontiert worden war, längst dem Vertrauen zu einem ungemein warmherzigen und einfühlsamen Menschen gewichen, der durch einen Zufall in die Dienste der HVA getreten und zum stellvertretenden

Aufklärungschef der Bezirksverwaltung Karl-Marx-Stadt aufgestiegen war.

Schiefer zog das Gespräch an sich. »Ich verstehe, wie schwierig es ist, unter den gegebenen Umständen mit Karl-Heinz zusammenzutreffen. Unser Land ist nun mal geteilt, und es liegt nicht in unserer Macht, dies zu ändern. Aber es gibt durchaus Möglichkeiten, die euch ein Wiedersehen erleichtern. Wir sollten uns in Ruhe darüber unterhalten. Nicht hier. Ich schlage vor, daß Sie morgen früh wieder nach Ost-Berlin kommen und mit Karl-Heinz nach Karl-Marx-Stadt fahren. Abends treffen wir uns dann bei ihm und überlegen, was wir tun können. Ich gebe Karl-Heinz eine Reiseerlaubnis des Innenministeriums für Sie«, fügte er hinzu, als er in meinem Gesicht den Ausdruck größter Bedenken sah.

Schiefers letzte Worte hatten in mir tiefe Beunruhigung ausgelöst. Ich wußte, daß der Tagespassierschein nur für einen Aufenthalt in Ost-Berlin berechtigte und daß er nur für 24 Stunden galt. Jeweils um Mitternacht mußte man wieder nach West-Berlin ausgereist sein. Bei Mißachtung dieser Bestimmungen gab es erfahrungsgemäß die größten Unannehmlichkeiten mit den Behörden der DDR. Nur bestimmte Organe waren in der Lage, Ausnahmen von dieser Regel zu erwirken. Ich bezweifelte nicht, daß es dem Innenministerium möglich wäre. Aber auch dem Staatssicherheitsministerium! Wer ist dieser Schiefer und was will er von dir, zerbrach ich mir den Kopf. Vorsicht schien angebracht. Ob es besser wäre, den Vorschlag abzulehnen? Nun, ich war kein Angsthase. Ich würde schon auf mich aufpassen können. Kein Grund also, das reizvolle Angebot auszuschlagen, auf außergewöhnlichem Weg nach Karl-Marx-Stadt zu reisen. Dort würde ich schon erfahren, was Schiefer vorhatte. Sollte er nur seine Karten auf den Tisch legen! Dann wüßte ich, woran ich bin, und könnte begründet nein sagen. Natürlich würde ich »Nein« sagen, in aller Entschiedenheit und Entrüstung, wenn sich herausstellen sollte, daß er vom MfS wäre und mich für ein schäbiges Ansinnen gewinnen wollte.

Ich willigte ein, mit nach Karl-Marx-Stadt zu kommen. Es wurden noch kurz die organisatorischen Dinge für den nächsten Tag besprochen. Dann verabschiedete sich Schiefer. »Bis morgen abend. Und gute Fahrt.« Später brachte mich Karl-Heinz zum Bahnhof Friedrichstraße. Diesmal fiel der Abschied nicht schwer. »Bis morgen! Mach's gut! Ich freue mich.«

Am nächsten Vormittag trafen wir uns wieder im »Lindencafé«. Karl-Heinz ließ sich meinen Tagespassierschein geben und verschwand für einen kurzen Augenblick. »Gotthard braucht die Tagesgenehmigung, damit sie in eine Einreiseerlaubnis für die DDR umgeschrieben wird«, erklärte er mir. Dann schlug er vor, Getränke für das abendliche Treffen mit seinem Freund zu besorgen.

Wir verließen schließlich Ost-Berlin über Schönefeld und benutzten den Berliner Autobahnring westwärts bis zum Abzweig Leipzig. Am Abzweig Drewitz passierten wir die Kontrollstelle. Beklemmung überfiel mich, als wir uns den Posten näherten. Doch Karl-Heinz zeigte einen kleinen Ausweis vor, den ich vom Beifahrersitz aus nicht erkennen konnte, und der Grenzer bedeutete ihm weiterzufahren. Ohne Zwischenfälle erreichten wir Karl-Marx-Stadt.

Wie vereinbart, fand sich Schiefer am Abend in dem kleinen Appartement ein. Wir unterhielten uns zunächst über alle möglichen Themen, wobei den alkoholischen Getränken zugesprochen wurde. Schiefer und Schmidt erzählten von gemeinsamen Unternehmungen. Sie schienen nicht nur gute Freunde zu sein, sondern auch wahre Draufgänger. Beide stammten aus dem Vogtland und hielten mit ihrem Lokalpatriotismus nicht hinter dem Berg, vor allem wenn sie damit ihre Vorbehalte gegen »die in Berlin« hervorheben konnten. Sie erzählten politische Witze, in denen die DDR Zielscheibe des Spotts war. Wir scherzten und lachten. Die Atmosphäre wurde gelöster.

Irgendwann kam Schiefer auf die Frage zu sprechen, derentwegen ich mit nach Karl-Marx-Stadt gekommen war. »Es gibt eine Möglichkeit, wie Sie öfters mit Karl-Heinz zusammensein können. Das geht aber nur, wenn Sie uns ein bißchen entgegenkommen.« »Wie soll ich das verstehen?« fragte ich. »Nun, Sie studieren doch in Aachen. Sie könnten uns zum Beispiel Genaueres über Ihr Studium erzählen und über die Hochschule. Welche Studiengänge man dort machen kann und welche Professoren dort lehren. Das ist durchaus interessant.« Ich schaute Schiefer durchdringend an. »Seid ihr vom MfS?« »Ja«, antwortete er.

Das also ist es, dachte ich. Meine dumpfe Ahnung hatte sich bestätigt. Aber was tun? Meine Selbstsicherheit war mit einemmal verflogen. Plötzlich fühlte ich mich nur noch hilflos gegenüber diesen beiden Männern, mit denen ich eben noch gescherzt und gelacht hatte, von denen ich einen sogar liebte und die nun zugaben, Angehörige eines Staatsorgans der DDR zu sein, das in meinem Land einen denkbar schlechten Ruf hatte.

Schiefer ließ mir keine Zeit. »Sehen Sie mal, Sie lieben doch Karl-Heinz, und er liebt Sie. Ihr wollt doch beide, daß ihr zusammensein könnt. Das geht eben nur, wenn Sie mit uns zusammenarbeiten. Nicht viel. Nur ab und zu mal. Dann ist es uns möglich, euer Zusammentreffen zu begründen. Wenn Sie das jedoch nicht wollen, können Sie Karl-Heinz nicht wiedersehen. Das ginge einfach nicht, es würde ihm verboten. Was ist nun? Wollen Sie ihn wiedersehen oder wollt ihr euch trennen?« forderte er mich zu einer Antwort heraus. »Natürlich möchte ich ihn wiedersehen«, erwiderte ich zaghaft. »Aber ...« »Was gibt es denn da für ein Aber«, widersprach Schiefer energisch. »Sie sollen doch nichts Gottbewegendes tun. Uns nur etwas über Ihre Hochschule und Ihr Studium erzählen. Das ist doch nicht verboten. Und schon gar nicht geheim. Sie haben doch auch Karl-Heinz schon von Ihrem Studium berichtet. Was soll es also? Kommen Sie, geben Sie sich einen Ruck und sagen Sie ja. Ihr könnt dann auch in einem unserer Häuser wohnen, wenn Sie kommen, und müßt nicht in diesem kleinen Appartement bleiben. Das ist doch ungemütlich eng hier«, lockte er weiter.

Ich blickte Karl-Heinz an, der mir schweigend gegenüber saß. »Was meinst du?« fragte ich ihn. »Du hast doch gehört, was Gotthard gesagt hat. Es stimmt, wir können uns nicht mehr sehen, wenn du nicht bereit bist mitzumachen. Du hast es in der Hand, wie es mit uns weitergeht. Ich hoffe, du sagst ja. Denn ich möchte mit dir zusammensein. Du weißt, wie sehr ich dich liebe.«

»Da haben Sie es gehört«, faßte Schiefer nach. »Denken Sie doch auch an Karl-Heinz. Es wäre bitter für ihn, wenn Sie sich von ihm trennten. Er will das doch nicht. Und ich habe auch nicht den Eindruck, daß Sie das wollen. Kommen Sie, sagen Sie ja. Ihnen kann nichts passieren. Niemand wird von unserer Zusammenarbeit erfahren, und wir werden auf Sie achtgeben. Sie können sich darauf verlassen.«

»Nun, gut«, murmelte ich zögernd, »aber nur über mein Studium und die Hochschule. Mehr kommt nicht in Frage.« »Ist ja auch nicht nötig«, strahlte Schiefer. »Gratuliere. Sie sollen sehen, Sie werden es nicht bereuen.« Er schlug Karl-Heinz auf die Schulter: »Mensch Junge, das ist prima. Darauf müssen wir anstoßen.« Die beiden prosteten mir zu. Karl-Heinz stand auf und zog mich an sich. »Danke, meine Liebste, das ist großartig. In Zukunft wird es für uns leichter sein, uns zu sehen. Ich liebe dich. Das darfst du nie vergessen.«

*

Fast ein Vierteljahrhundert später, als ich in meinem Haftraum las, wie das Gericht meine Anbahnung und Anwerbung durch Schmidt und unterstützt von seinem Freund Schiefer rechtlich beurteilt hatte, meinte ich, Karl-Heinz vor mir zu sehen, wie er sich angesichts des juristischen Persilscheins lauthals lachend auf die Schenkel klopfte. Hatte doch der Senat seiner Behauptung Glauben geschenkt, er hätte sich seinerzeit »ohne Auftrag« mit mir angefreundet und sich deshalb von seinen Vorgesetzten im MfS harsche Vorwürfe zugezogen. Nur Schiefer wußte nach Auffassung der Richter Schmidts angeblich regelwidrigem Verhalten etwas abzugewinnen. »Mal sehen«, soll er dem Urteil zufolge gesagt haben, »ob man (sie) nicht nachrichtendienstlich ›fest einbinden‹ könne.«

Nicht nur die ungeheure Realitätsferne dieser gerichtlichen Darstellung machte mich fassungslos. Vor allem verschlug es mir die Sprache, welche aberwitzigen rechtlichen Erwägungen daraus gezogen worden waren. Jeder Geheimdienstprofi würde sich an den Kopf greifen, was erfahrene Staatsschutzrechtler, die stolz auf ihr nachrichtendienstliches Wissen waren, für Recht befunden hatten: daß es »auf keinen Fall nachteilig« zu werten sei, daß Schmidt mich dem MfS zugeführt habe, nachdem er mit mir eine Liebesbeziehung begonnen hatte. Denn er habe diese Beziehung »nicht im Auftrag des MfS« aufgenommen und sie »dem MfS auch nur gemeldet«, weil er sich »dienstlich dazu verpflichtet fühlte«. Zudem habe es »seinerseits keiner besonderen Mühe« bedurft, mich zur Verratstätigkeit anzuhalten.

Ich hatte zwar nie verstehen, geschweige denn billigen können, daß die westdeutsche Justiz nach der Vereinigung Deutschlands die hauptamtlichen Mitarbeiter der DDR-Auslandsnachrichtendienste strafrechtlich belangte. Hatten sie doch nur getan, was die Geheimdienste in jedem anderen Staat ebenfalls taten, im Auftrag ihres Staates und gemäß den nationalen Gesetzen. Daß aber die Justiz bei deren Strafverfolgung einen derartigen Spagat aufführen würde, um sie nicht mit der ganzen Härte des Gesetzes zu treffen, sondern lediglich mit einer zur Bewährung ausgesetzten Vorstrafe zu diskreditieren, weil sie Staatsbedienstete der DDR gewesen waren, wurde mir erst bewußt, als ich dieses »Im Namen des Volkes« gesprochene Urteil las. Es verzeichnete die nachrichtendienstliche Arbeitsweise so sehr, daß ich mich hätte ausschütten können vor Lachen. Doch blieb mir das Lachen im Halse stecken, weil nicht zu übersehen war, daß die krampfhafte Entlastung Schmidts, die zur Rechtfertigung einer Bewährungsstrafe unumgänglich war, auf meine Kosten ging.

Schien nicht das Gericht der Meinung zu sein, ich hätte mich Schmidt an den Hals geworfen, um für das MfS spionieren zu »dürfen«? Nicht einmal eine Anstandsfrist hätte ich gegenüber den Werbeversuchen von Schiefer gewahrt! Wie sollte auch ein Gericht aus über zwanzigjähriger Distanz das schicksalhafte Geschehen einer einzigen Stunde nachvollziehen können, in dem Vernunft und Gefühl, Gewissen und politische Orientierung, Verunsicherung und Selbstvertrauen in fundamentalem Widerstreit lagen. Welcher meiner Richter, überdies allesamt Männer, hatte je eine solche Situation durchlebt? Gewiß, sie urteilten nach Maßgabe der Gesetze. Doch über welchen Sachverhalt urteilten sie?

Es war eine egoistische Liebe, hatte der Bundesanwalt in seinem Plädoyer meine damaligen Empfindungen verworfen. Woher der Jurist diese psychologische Erkenntnis bezog, sagte er allerdings nicht. Es war eine ehrenwerte Pflichtauffassung, würdigten die Richter Schmidts Handeln.

Schmidt habe seine persönliche Beziehung zu mir erst zu einem sehr späten Zeitpunkt und auch nur aufgrund dienstlichen Pflichtgefühls seinen Vorgesetzten im MfS offenbart. Ein Witz! Er hatte doch selbst in der Verhandlung eingeräumt, wenngleich nach einigem Hin und Her, seine Vorgesetzten bereits während meines ersten Besuchs in Karl-Marx-Stadt über seine Kontaktaufnahme zu mir informiert zu haben. Das kam auch der Wahrheit ziemlich nahe, wonach er sich aufgrund eines Operativplans, der, wie in der nachrichtendienstlichen Arbeit üblich, in allen Einzelheiten mit seinen Vorgesetzten abgestimmt und von diesen genehmigt war, an mich herangemacht hatte. Vor allem unsere gemeinsame Fahrt nach Dresden war mit Billigung seiner Vorgesetzten erfolgt; anderenfalls hätte er gegen dienstinterne Regeln verstoßen. Die Einreisegenehmigung für meinen zweiten Besuch in Karl-Marx-Stadt, zumal während der Einreisesperre, war auf seinen Antrag von der MfS-

Bezirksverwaltung ausgestellt worden. Ebenfalls mit deren Wissen und Genehmigung hatte er mich in die konspirative Wohnung des MfS eingeladen. Ja, es war sogar unumgänglich, daß er seinen Vorgesetzten die Benutzung dieser Wohnung jeweils meldete, damit sie nicht für anderweitige Operativmaßnahmen eingeplant wurde. Schließlich waren Schmidts Ausflüge und abendlichen Barbesuche mit mir alles andere als sein privates Urlaubsvergnügen, wie er behauptet hatte. Sie waren schlicht operative Einsätze und vom MfS finanziert: Jeder Drink, jedes Essen, zu denen er mich einlud, jede Tankfüllung Benzin, die wir verfuhren, rechnete er gegenüber seiner Dienststelle ab. Es bleibt unerfindlich, wie die Richter zu der Meinung kamen, erst seine späteren Zusammentreffen mit mir seien »vom MfS bewilligte und genau festgelegte Dienstreise(n) mit Kostenerstattung« gewesen.

So waren auch die beträchtlichen Geldausgaben, die Schmidt in jenem Sommer 1968 hatte und nicht sein angeblich heimlicher Flirt mit mir der Grund, warum er Ärger mit seinen Vorgesetzten bekam und Schiefer sich in die Operation einschaltete. Schiefer war damals innerhalb der MfS-Bezirksverwaltung zuständig für die Außengruppe bzw. Führungsstelle, der Schmidt angehörte. Nach Rücksprache mit seinem Vorgesetzten Fritsch, dem Chef der Karl-Marx-Städter Aufklärungsabteilung, erhielt Schiefer den Auftrag, sich einen persönlichen Eindruck von dem »Operativvorgang« zu verschaffen und festzustellen, ob die Ausgaben tatsächlich lohnten. Deshalb war er nach Berlin gekommen. Erst dort und nicht schon Wochen zuvor, wie das Gericht meinte, entschied er, meine Anwerbung zu versuchen.

Jeder Schritt, den Schmidt tat, war also seinen Vorgesetzten bekannt, jede Maßnahme, mit Ausnahme seiner überdurchschnittlichen finanziellen Aufwendungen, war von ihnen abgesegnet. Auch die Aufnahme einer Liebesbeziehung. Schmidt war deshalb kein »Romeo«-Agent im klassischen Sinn. Weder seine Persönlichkeit noch sein Verhalten entsprach diesem Typ. Nichtsdestoweniger hatte er keine Skrupel, meine Gefühle zum Zweck nachrichtendienstlicher Anwerbung auszunutzen.

Bekanntlich hat kein Nachrichtendienst, auch die HVA und der BND nicht, es je abgelehnt, Liebesbeziehungen als ein Mittel der Anbahnung und Anwerbung von Quellen zu nutzen. Doch ungeachtet der Perfektion, mit der »der Geheimagent Seiner Majestät, James Bond«, dies beherrscht und in allen seinen Aktionen virtuos einzusetzen versteht, gilt die sogenannte »Romeo-Methode« nach landläufiger Meinung als eine Erfindung der HVA und wird deren langjährigem Chef, Markus Wolf, zugeschrieben. Das ist natürlich genauso unsinnig wie die Auffassung, Liebesbeziehungen im Rahmen einer Agententätigkeit seien per se unaufrichtig, vorgetäuscht und bloßes Mittel zum Zweck.

In nicht wenigen nachrichtendienstlichen Verbindungen der HVA, die sich auf solche Weise entwickelt haben, war die Zuneigung zwischen den Partnern aufrichtig und deshalb zumeist von Dauer. Sie unter das »Romeo«-Klischee zu subsumieren und als »Agententätigkeit aus Liebe« zu inkriminieren, geht an der Sache vorbei. Selbst wenn die eine oder andere Beziehung irgendwann zerbrochen ist, weil man sich eben im Laufe der Zeit auseinandergelebt hat, ist das noch keineswegs ein Indiz, daß von vornherein Unehrlichkeit und Berechnung im Spiel waren.

In der operativen Arbeit der HVA gab es aber auch die echten »Romeo«-Fälle, die gezielte Kontaktsuche einiger Mitarbeiter zu Bundesbürgerinnen, vornehmlich zu unverheirateten Sekretärinnen im Bonner Raum, um sie unter Vortäuschung persönlicher Gefühle für eine nachrichtendienstliche Tätigkeit anzuwerben. In der Engstirnigkeit der damaligen Verhältnisse, wo eine alleinstehende Frau nichts galt und bestenfalls männlichem Spott anheim fiel, waren sie in ihrer Vereinsamung eine leichte Beute der Annäherungskünste solcher »Romeos«. Auch wenn die HVA mit dieser Methode eine Reihe von nachrichtendienstlichen Erfolgen erzielen konnte, stellt sie kein Ruhmesblatt in ihrer operativen Arbeit dar. Denn sie kostete menschliche Opfer: Immer waren es die Frauen, die, meist psychisch gebrochen, in ihren Gefühlen zutiefst verletzt und obendrein noch einer Haftstrafe unterworfen, auf der Strecke blieben. Der »Romeo« machte sich im Fall einer Enttarnung rasch aus dem Staub, um sich neuen operativen Aufgaben und mitunter auch neuen Opfern zuzuwenden.

Wie man es auch dreht und wendet: Die »Romeo-Methode« ist ein besonders schäbiges Täuschungsmanöver und durch nichts zu rechtfertigen, auch nicht durch den politischen Zweck. Man sollte meinen, sie hätte sich für den Nachrichtendienst eines sozialistischen Staates, der – wie seinerzeit die DDR – sich der Humanität verpflichtet fühlt, verbieten müssen. Doch weit gefehlt. Noch heute rechtfertigt Markus Wolf diese Methode als ein – zumindest in der damaligen politischen Situation – unverzichtbares operatives Mittel.

Inzwischen kursiert unter ehemaligen HVA-Mitarbeitern eine These, die nicht der Pikanterie entbehrt: Gegen Ende seiner Amtszeit als Chef der HVA sei Wolf nämlich selbst der »Romeo-Methode« fast – oder indirekt tatsächlich – zum Opfer gefallen, und ausgerechnet sein nachrichtendienstlicher Hauptgegner, der BND, habe mit diesem Coup brilliert. Wolfs neuerliche Eheprobleme seien in Pullach nicht unbemerkt geblieben, und während der HVA-Chef mit seiner künftigen dritten Frau in Urlaub weilte, habe der BND einen »Vertrauensmann« an die verlassene zweite Gattin herangespielt.[1] Welch ein Triumph wäre es für den westdeutschen Geheimdienst gewesen, hätte Frau Wolf den Lockungen ihres vorgeblichen Freundes nachgegeben und wäre ihm nach Pullach gefolgt! Vielleicht ist es Wolfs ungenierter, wiewohl unprofessioneller Plauderei im häuslichen Kreis über nachrichtendienstliche Interna zu danken, daß sie dem bundesdeutschen »Romeo« mißtraute und sein Ansinnen, sie in den Westen auszuschleusen, zurückwies. Was allerdings blieb, war ein beispielloser Sicherheitsfall in der HVA, zu dem ihr langjähriger Chef selbst beigetragen hatte.

Vielleicht sind es diese unerquicklichen Erfahrungen, weshalb es Wolf so schwerfällt, sich den moralischen Fragen zu stellen, die die »Romeo-Methode« aufwirft. Er mag dieses Thema nicht, weder in öffentlichen Diskussionen noch im privaten Gespräch, ist allenfalls bemüht, es mit einer provokativen Replik zurückzuweisen, indem er sich beispielsweise auf jene Fälle hinausredet, in denen aus einer nachrichtendienstlichen Operation eine aufrichtige Beziehung und Lebensgemeinschaft wurde[2], oder wenn er in der geschmacklosen Bemerkung Zuflucht sucht, er könne nicht verstehen, was jene Bonner Sekretärinnen an den »Romeos« gefunden haben, die die HVA auf sie angesetzt hatte.[3]

Wie es scheint, ist die Sorge Wolfs um sein Ansehen größer als der Mut, sich auch heiklen Fragen seiner Tätigkeit als Geheimdienstchef der DDR zu stellen, und läßt sein ausgeprägtes Selbstwertgefühl es nicht zu, ein Wort des Bedauerns für jene Frauen zu finden, deren Leben von

---

[1] Vgl. z. B. Bohnsack, Günter, »Hauptverwaltung Aufklärung. Die Legende stirbt: Das Ende von Wolfs Geheimdienst«, Berlin 1997, S. 56.

[2] In dieser Weise argumentiert Wolf auch in seiner Autobiographie; vgl. Wolf, Markus, »Geheimdienstchef im kalten Krieg«, München 1997, S. 149 ff.

[3] So in dem Filmbericht »Spying for Love« des britischen Fernsehsenders »Channel Four« am 21.7.1997.

HVA-»Romeos« in ein Desaster manövriert wurde. Es überrascht, in welchem Maße er damit Schwäche offenbart, wo er Stärke zu demonstrieren meint. Es überrascht, wie sehr ihm in dieser Hinsicht Souveränität und Gelassenheit abgehen, die er für gewöhnlich nicht verbirgt und mittels deren er sich Gesprächspartnern gegenüber mit einer Aura der Unanfechtbarkeit umgibt.

Vielleicht ist ihm aber auch in den langen Jahren seiner geheimdienstlichen Tätigkeit eine für sachlich notwendig gehaltene Unaufrichtigkeit im Umgang mit Menschen – und geheimdienstliche Tätigkeit ist zuallererst eine Arbeit mit Menschen – so sehr zur zweiten Natur geworden, daß er sie überhaupt nicht mehr wahrnimmt. Auch nicht mir gegenüber, obwohl uns im Laufe der Zeit eine freundschaftliche Beziehung verband; da meine nachrichtendienstliche Führung viele Jahre unmittelbar in seinen Händen lag – was ich aus gutem Grund den Strafverfolgungsbehörden gegenüber verschwieg –, waren wir wiederholt zusammengetroffen und uns persönlich nahegekommen. Doch nie hat Wolf Anstalten gemacht, die Täuschung und Lügen, die am Anfang meiner Beziehung zur HVA standen – Lügen über die tatsächliche nachrichtendienstliche Aufgabenstellung Schmidts und Täuschung über die Umstände meiner Begegnung mit ihm –, durch ein klärendes Gespräch aus der Welt zu schaffen. Nicht einmal der späteren Genossin gegenüber. Dieser Umstand bildet einen dunklen Fleck in meiner langjährigen Beziehung zur HVA, zu meinen Partnern und zu Wolf persönlich. Denn er ließ es zu, daß sich unsere Freundschaft auf dem Boden einer Lüge entwickelte.

*

Karl-Heinz und ich saßen an jenem schicksalhaften Abend noch lange mit Schiefer zusammen. Längst war die schneidende Spannung des vorherigen Gesprächs einer fast fröhlichen Stimmung gewichen. Das nächste Wiedersehen wurde geplant, in Karl-Marx-Stadt, in einem Gästehaus des MfS, wie Schiefer vorgeschlagen hatte. »Darf ich Sie dort besuchen?« fragte er mich. »Ich möchte Sie gerne wiedersehen, wenn Sie gestatten.« Ich willigte ein. Später trennten wir uns in der Gewißheit, zu Beginn des neuen Jahres wieder zusammenzutreffen.

Am nächsten Tag brachte mich Karl-Heinz zurück nach Ost-Berlin.

Wieder zeigte er am Kontrollpunkt beim Abzweig Drewitz einen Ausweis vor, der uns wie eine Art »Sesam-öffne-dich« vor jeglicher Überprüfung bewahrte. In Ost-Berlin gab er mir einen neuen Tagespassierschein, mit dem ich abends in den Westteil der Stadt zurückkehrte. Mit dem Nachtzug fuhr ich zurück nach Aachen. In meinem Zimmer fand ich die Notiz »Bin nach Ost-Berlin gefahren« an jener Stelle vor, wo ich sie vorsorglich deponiert hatte. Ich zerriß den Zettel. Bei meiner nächsten Fahrt nach Berlin in einigen Wochen würde ich einen solchen Hinweis nicht mehr benötigen. Karl-Heinz und sein Freund Gotthard Schiefer gehörten, wie ich nun wußte, dem MfS an. Deshalb würde mir in der DDR keine Gefahr drohen, auf welche Weise ich auch in den anderen deutschen Staat gelangte. Gefährlich war es hingegen, wenn meine heimlichen Reisen in meiner Heimat bekannt würden. Es war strafbar, Kontakt zum MfS zu haben, selbst wenn man keine geheimen Informationen preisgab. Geheimnisse konnte ich ohnehin nicht verraten. Ich war Studentin und nichts von dem, womit ich zu tun hatte, war geheim. Aber was tat das schon zur Sache? Es war besser, niemandem von meinen Beziehungen in die DDR zu erzählen.

4 Konspirative Treffen in der DDR

Anfang 1969 reiste ich, wie vereinbart, wieder nach Ost-Berlin. Wie schon im vorangegangenen November traf ich Karl-Heinz im »Lindencafé«. Ich gab ihm meinen Tagespassierschein und wartete, bis er die notwendigen Formalitäten für meine Weiterreise nach Karl-Marx-Stadt erledigt hatte: Das Duplikat meiner Aufenthaltserlaubnis mußte aus den Unterlagen der Grenzbeamten am Bahnhof Friedrichstraße entfernt werden, damit ich nicht nach Mitternacht als »abgängig« auffallen und zur Fahndung ausgeschrieben würde. Anschließend brachen wir in die sächsische Industriemetropole auf.

Wieder führte unser Weg über Schönefeld zur Transitautobahn, durch den Kontrollpunkt am Abzweig Drewitz weiter in Richtung Potsdam und dann südwärts nach Karl-Marx-Stadt. Die Strecke war eintönig, schier endlos zog sich das graue, holprige Band durch eine weite, flache Landschaft, in der Felder mit Hainen und Haine mit Feldern wechselten. Es herrschte wenig Verkehr, und bei der vorgeschriebenen Höchstgeschwindigkeit von 100 km/h blieben stets die gleichen Fahrzeuge in Sichtweite. Trotzdem wagte Karl-Heinz nicht zu beschleunigen. »Du glaubst nicht, wie scharf die Vopos sind«, hatte er mir die polizeiliche Verkehrsüberwachung in der DDR geschildert. »Hinter jeder zweiten Brücke lauern sie mit ihren Radarfallen. Und wehe, wenn sie dich erwischen. Da gibt es gleich einen Stempel in den Führerschein. Wenn du drei solcher Stempel hast, ist der Führerschein weg. Was meinst du wohl, welchen Ärger ich in solchem Fall in meiner Dienststelle bekäme! Du mußt nicht glauben, die könnten dann irgend etwas tun. Die Vopos lassen nicht mit sich handeln.« Zum Glück hatten wir uns so viel zu erzählen, daß uns keine Langeweile überkam. Das blieb auch in den folgenden Jahren so, wenn wir auf den Autobahnen der DDR unterwegs waren.

Als wir Karl-Marx-Stadt erreichten, sagte Karl-Heinz, daß wir in einem am Stadtrand gelegenen Gästehaus der MfS-Bezirksverwaltung wohnen würden. »Das Haus wird von einem Ehepaar bewirtschaftet, Renate und Ottmar. Sie gehören auch zur ›Firma‹.« Diese Bezeichnung hatte sich unter den Mitarbeitern für den Auslandsnachrichtendienst der DDR eingebürgert. Im BND hingegen war, wie ich später feststellte, die

Kurzform »der Dienst« allgemein gebräuchlich. »Die beiden wissen, daß sie den Gästen keine Fragen zu stellen haben«, fuhr Karl-Heinz fort. »Du brauchst also nichts zu erklären. So ist die Regel, und jeder hält sich daran. Ansonsten kannst du jeden Wunsch äußern. Die beiden sind froh, wenn sie es dir so angenehm wie möglich machen können.« Ich nickte. »Wie soll ich mich den Wirtsleuten vorstellen? Ich muß mich ihnen doch wenigstens bekannt machen.« »Deinen Namen sagst du ihnen natürlich nicht.« »Aber was sage ich ihnen dann?« »Sag einfach, daß du Gisela heißt oder meinetwegen Gerhild oder Gerlinde. Irgend etwas wird dir doch einfallen.« »Gut, dann sage ich Gisela«, befand ich, ohne zu ahnen, daß ich bereits unter diesem Decknamen in der Quellenkartei der HVA registriert war.

Inzwischen war Karl-Heinz in eine kleine Seitenstraße am Ortseingang von Sigmar eingebogen. Das Ortsschild hatte mich aufmerken lassen. »Mein Vater ist hier geboren. Aber ich weiß nicht, wo sein Elternhaus steht. Ich weiß eigentlich herzlich wenig über seine Familie. Ich kenne nur seine Verwandten in Karl-Marx-Stadt und in Limbach-Oberfrohna.« »Das ist schon mehr als genug«, erwiderte Karl-Heinz. »Stell dir vor, die würden dich jetzt hier sehen. Wie sollten wir ihnen das erklären? Auf keinen Fall darfst du ihnen über den Weg laufen. Da müssen wir gewaltig aufpassen.«

Der Wagen hielt vor einem geräumigen Einfamilienhaus, das inmitten eines großen Gartens lag. Das Haus mochte aus der Vorkriegszeit stammen. Doch es war auffallend gepflegt und hob sich dadurch von den benachbarten Häusern ab. »Materialprobleme scheint ihr wohl nicht zu kennen«, bemerkte ich spitz.

»Hallo, Karl-Heinz. Schön, daß ihr da seid. Hattest du eine gute Fahrt?« Ich stand hinter meinem Freund auf der Eingangstreppe und konnte die Frau nicht sehen, die uns nun herzlich und im breitesten Sächsisch begrüßte. »Ja, danke. Alles in Ordnung. Einen schönen guten Tag auch, Renate«, erwiderte Karl-Heinz, trat ins Haus und gab mir den Weg frei. »Herzlich willkommen«, strahlte die Frau mich an. »Ich bin Renate, und das ist Ottmar«, sagte sie und deutete auf den Mann, der neben Karl-Heinz im Türrahmen aufgetaucht war. »Guten Tag«, erwiderte ich und fügte zögernd hinzu: »Ich heiße Gisela.« Der Name mochte mir gar nicht über die Lippen gehen. Es mißfiel mir, mich als jemand auszugeben, der ich nicht war. »Kommen Sie herein, Gisa«, hieß die Frau mich eintreten. »Kommen Sie, ich darf Ihnen das Haus zeigen.« Sie zog mich in die Diele, nahm mir den Mantel ab und schob mich sanft durch die gegenüberliegende Tür in ein großes Wohnzimmer. »Hier können Sie es sich bequem machen und erst mal ausruhen. Darf ich Ihnen etwas zu trinken bringen? Kaffee, Tee oder Saft?«

Renate war eine Gastgeberin, der man schwerlich etwas abschlagen konnte. Sie hätte es als persönlichen Affront betrachtet. Küche und Haus waren ersichtlich ihre Domäne, und sie schätzte zweifellos auch selbst ein gutes Essen. Gleichwohl war sie äußerst flink und legte ihren ganzen Stolz darein, ihren Gästen den Aufenthalt so angenehm wie möglich zu machen. Dazu gehörte für sie auch eine große Leutseligkeit, was allerdings mehr an ihrer persönlichen Neigung lag als an einer bewußten Mißachtung der sicherheitlichen Auflagen. Ihr Mann Ottmar war das genaue Gegenteil: klein und schmächtig, verschlossen und gemächlich. Ein Paar, das ungleicher nicht sein konnte und deshalb wohl so gut harmonierte.

Das Haus war im Stil jener Zeit eingerichtet: gutbürgerlich, aber weit entfernt von jedem Luxus. Die Möbel stammten ebenso aus DDR-Produktion wie der Fernseher und die Phonogeräte. Die große Schrankwand, die kunstlederbezogene Sitzgruppe und die Eßecke mochten sicher zu Dutzenden in den Wohnstuben der DDR-Bürger stehen. Es gefiel mir, daß dieses Haus insoweit keine Ausnahme machte, obwohl der Hausherr, die MfS-Bezirksverwaltung, zweifellos über genügend Möglichkeiten verfügte, besondere Ausstattungswünsche zu berücksichtigen.

Am nächsten Tag kam Gotthard Schiefer. Er kam in einem Dienstwagen mit Chauffeur, ein untrügliches Zeichen, daß er eine höhere Position in der Bezirksverwaltung des MfS bekleidete.

Diesmal begegnete ich ihm um einiges offener als noch vor zwei Monaten in Ost-Berlin. Die beiden Freunde begrüßten sich in rauher Herzlichkeit. Wir verbrachten den Tag in gemütlicher Runde, erzählten uns dies und das, diskutierten alle möglichen Fragen, die den einen oder anderen interessierten, scherzten und lachten. Der Alkohol hob überdies die Stimmung. Schon bald sorgte Karl-Heinz dafür, daß Schiefer und ich vom »Sie« zum »Du« wechselten. »Mein Freund ist auch dein Freund«, meinte er und fügte noch hinzu: »Einen besseren Freund als ihn kannst du nicht haben.«

Tags darauf kam Schiefer wieder. »Ich möchte noch eine wichtige

Sache mit dir besprechen«, sagte er zu mir. »Wenn du jetzt öfter zu uns kommst, ist es nicht gut für dich, die Grenzkontrollen immer mit deinem Ausweis zu passieren. Ich spreche nicht von den Kontrollen auf unserer Seite, sondern von den Kontrollen durch den Bundesgrenzschutz. Die Bundesregierung behauptet zwar immer, die Grenze zur DDR sei keine Staatsgrenze. Aber tatsächlich handelt sie ganz anders. An keiner der westdeutschen Grenzen erfolgt eine so eingehende Personenkontrolle wie an der sogenannten innerdeutschen Grenze. Da wird genau registriert, wer hinüber und herüber fährt. Die eigenen Bürger nimmt man viel gründlicher unter die Lupe als die DDR-Bürger. Das ist«, wiederholte er mit ernster Miene, »überhaupt nicht gut für dich. Wir möchten, daß du in Zukunft einen anderen Ausweis benutzt, einen, den wir dir geben. Nein, nein, keine Sorge«, fügte er rasch hinzu, als er mein sorgenvolles Gesicht sah, »der Ausweis ist echt. Ein originaler westdeutscher Reisepaß. Nichts manipuliert und so. Da kommt auch ganz korrekt dein Foto rein. Aber mit einem anderen Namen. Weil das eben sicherer für dich ist. Traust du dir zu, damit zu reisen? Den Namen mußt du dir natürlich einprägen und die Unterschrift ein wenig üben, damit du gegebenenfalls nicht ins Stocken gerätst. Wie ist es? Bist du bereit, damit zu reisen?«

Ich fühlte mich verunsichert. Der Gedanke, unter einem falschen Namen die Grenzkontrollen zu passieren, behagte mir ganz und gar nicht. Ich fürchtete, jeder würde es mir sofort ansehen. Ich konnte nicht gut lügen. Schon als Kind hatte ich damit keinen Erfolg gehabt. Wie sehr hatte ich damals meine Spielgefährten beneidet, die sich mit Notlügen aus brenzligen Situationen herausstehlen konnten. Mir war das nie gelungen, und so hatte ich es auch gar nicht weiter probiert. Und nun sollte ich Polizeibeamten gegenüber behaupten, jemand anderer zu sein, als ich tatsächlich war? »Das wird nicht gutgehen«, sagte ich, »ich glaube, das kann ich nicht.«

»Ach was«, entgegnete Schiefer, »das ist nur am Anfang so. Du wirst sehen, man gewöhnt sich daran, und dann ist es gar nicht mehr schwer. Wir werden vorher mit dir üben. Den Namen und die Unterschrift. Wenn du ein paarmal mit dem anderen Namen unterschrieben hast, wird es dir nicht mehr so komisch vorkommen. Also, was ist: Bist du bereit? Es ist wirklich besser für dich, nur zu deiner eigenen Sicherheit.« »Nun gut, ich kann es ja mal versuchen«, lenkte ich ein. »Dann muß der Fotograf kommen«, befand Schiefer. »Wir brauchen Paßbilder von dir. Wenn du das nächste Mal kommst, ist der Ausweis fertig.« Schon kurze Zeit später kam ein Fotograf und machte eine Reihe von Aufnahmen. »Dann haben wir gleich eine Reserve«, meinte er.

Als ich etwa zwei Monate später erneut nach Karl-Marx-Stadt reiste, auf dem nun schon gewohnten Weg über Ost-Berlin, war mein neuer Paß fertig – ein »echter« bundesdeutscher Reisepaß, hergestellt und ausgehändigt von einer Behörde der DDR. Eine »Totalfälschung«, hätten die westdeutschen Behörden befunden, wenn sie es je bemerkt hätten.

»Hier mußt du noch unterschreiben«, sagte Schiefer, als er mir den Paß gab. »Mach das bitte sofort, damit es nicht vergessen wird. Man hat ja schon die unglaublichsten Sachen erlebt.« Ich studierte zunächst sorgfältig die Personalangaben und versuchte, sie mir einzuprägen. Sie müßten mir so geläufig werden, daß ich bei einer Ausweiskontrolle nicht ins Stottern geriete bzw. mich auch angesprochen fühlte, wenn jemand mich mit »Frau Gehlert« anreden würde. Dann übte ich die Unterschrift für meinen neuen Namen. »Gisela Gehlert«, schrieb ich auf ein Blatt Papier. Wieder und wieder, bis das Gefühl der Fremdheit allmählich wich. Schließlich gab ich mir einen Ruck und setzte meinen falschen neuen Namen in den neuen falschen Paß.

»Hier habe ich noch etwas für dich.« Schiefer hielt eine schwarze Damenhandtasche hoch und drehte sie nach allen Seiten. »Wie gefällt sie dir? Würdest du sie benutzen oder findest du sie unmöglich?« Die Tasche, mittelgroß, war von klassisch-strenger Linie. Nichts Aufregendes, aber auch nicht abgrundhäßlich, fand ich. »Warum fragst du?« entgegnete ich. »Weil du die Tasche für deinen neuen Paß brauchst! Du kannst doch nicht mit zwei Pässen, in denen dein Bild klebt, aber jeweils ein anderer Name steht, durch die Weltgeschichte fahren! Einer der Pässe muß stets von der Bildfläche verschwinden. In dieser Tasche nämlich. Sie enthält ein Geheimfach, einen Container.«

Schiefer kramte eine Sicherheitsnadel hervor, öffnete sie und machte sich mit der Spitze an einer der oberen Kanten der Tasche zu schaffen. Ein paarmal stach er in die Naht zwischen Lederbezug und Futterstoff, bis er auf einen Widerstand stieß. Dann drückte er etwas fester gegen die Nadel, man hörte ein leises Knacken, und plötzlich öffnete sich die Kante einen Spalt breit. Nun konnte man sehen, daß auf einer Seite eine Drahtleiste eingearbeitet war, in die zahlreiche Metallknöpfe auf der gegenüberliegenden Seite beim Schließen einrasteten. Schiefer zog die Kante ein wenig auseinander und fuhr mit der Hand in die Öffnung. »Siehst du, das ist ein Container. Darin kannst du den Paß verstecken. Du mußt aber immer darauf achten, daß du nicht zuviel hineintust und nichts beult. Die Tasche muß sich von außen wie von innen ganz glatt anfühlen. Falls jemand mal bei einer Kontrolle sich die Tasche genauer anschauen sollte, darf nichts Auffälliges daran sein. So, steck den Paß hinein und drück die Kante fest zu. Dann probierst du, den Container zu öffnen.«

Ich tat, wie geheißen. Schiefer zeigte mir die Stelle an der Naht, wo ich mit der Nadel hineinfahren mußte. Ich spürte den Widerstand, drückte noch etwas fester gegen die Nadel, und mit einem leisen Knacken sprang der Container auf. »Nun, das geht ja prima«, lobte Schiefer. »Ich sehe schon, ihr Frauen kommt mit diesen Sachen besser zurecht, ihr habt geschicktere Hände.« Dann sagte er mir noch, wie ich bei meinen Reisen in die DDR mit den Pässen zu verfahren hätte, daß ich sie rechtzeitig vor den Grenzkontrollen heimlich auswechseln sollte, am besten auf der Zugtoilette.

Bei einem unserer nächsten Treffen meinte Schiefer, daß der Briefwechsel zwischen Karl-Heinz und mir ein zu großes Sicherheitsrisiko bergen würde. »Was glaubst du wohl, warum die Post so lange unterwegs ist. Sie wird ja in der Regel zweimal gelesen, ehe sie beim Empfänger eintrifft. Erst nehmen wir sie unter die Lupe und dann der Bundesnachrichtendienst und umgekehrt. Der BND sitzt überall in den zentralen Postämtern mit drin. Außerdem ist es nicht gut, wenn deine Nachbarn mitbekommen, daß du Briefkontakt in die DDR unterhältst. Wir haben einen sichereren Weg, mit dir Verbindung zu halten. Über Funk. Technisch ist das kein Problem. Du brauchst nur ein Radio mit einem gespreizten Kurzwellenband, damit du die Frequenz, auf der wir senden, empfangen kannst.«

Er nannte verschiedene westdeutsche Fabrikate, die zum Empfang geheimer Mitteilungen geeignet waren. »An den Geräten muß nichts gedreht, verstellt oder sonstwie manipuliert werden. Das ist die große Sicherheit dabei. Nur der starke Kurzwellenteil ist im allgemeinen unüblich. Aber als Studentin der Politikwissenschaft hast du eine naheliegende Begründung dafür. Du bist eben an ausländischen Nachrichtensendungen interessiert.« Damals, Ende der 60er Jahre, war es in der Tat nicht üblich, Rundfunkgeräte mit einem starken Kurzwellenteil zu kaufen. Solche Geräte waren teuer und für den Normalgebrauch nicht erforderlich, weil die deutschen Programme auf Mittel- und Ultrakurzwelle ausgestrahlt wurden. Man fiel damit auf, wenn man nicht Amateurfunker, Elektroniker oder sonstwie ein Tüftler war. Damals wurden von einigen Kommilitonen die gerade auf den Markt gekommenen Weltempfänger bevorzugt gekauft. »Das Radio bezahlen wir dir natürlich«, sagte Schiefer. »Und was du über den Funkempfang wissen mußt, wird dir einer unserer Techniker erklären.«

Der Techniker brachte mehrere Rundfunkgeräte aus westdeutscher Produktion mit, deren Kurzwellenbereiche unter anderem auf das 75-m- und das 90-m-Band ausgelegt waren. Zunächst stellte er die Frequenz ein, auf der die HVA ihre Informationen an die geheimen Mitarbeiter ausstrahlte. Aus dem Lautsprecher ertönte ein gebrochener Akkord, der unentwegt wiederholt wurde. »Das ist unsere Erkennungsmelodie«, sagte der Techniker. »Sie wird zwischen den stündlichen Funksendungen ausgestrahlt.« Er blickte auf seine Uhr. »Bis zur nächsten Sendung haben wir noch etwas Zeit. Sie beginnt genau zur vollen Stunde.« Als es soweit war, erklang eine merkwürdig metallene weibliche Stimme, die in monotonem Rhythmus fortwährend Zahlen aufsagte, zu Fünfergruppen gebündelt, die ein ums andere Mal wiederholt wurden. »Sie müssen die Frequenz ganz genau einstellen«, bemerkte der Techniker. »Wenn Sie sie nur geringfügig verändern, geraten Sie schon in den Agentenfunk eines anderen Nachrichtendienstes.« Er drehte ein wenig am Sendersuchknopf und wieder hörte ich nichts als Zahlen, die in einer gleichförmigen und abgehackten Sprechweise aufgesagt wurden, mitunter auch in einer Sprache, die ich nicht verstand. »Wie ich schon sagte, arbeiten alle Nachrichtendienste nach der gleichen Methode«, wiederholte der Techniker. »Auch der Bundesnachrichtendienst. Und jeder läßt den anderen gewähren, weil es keinen Sinn hat, dessen Funk zu stören. Natürlich hat man das mal versucht. Aber dann wird auch der eigene Funk gestört. Es bringt also nichts.«

»Aber man wird sich doch gegenseitig abhören«, warf ich ein. »Wie sicher ist denn diese Übermittlungsart?« »Absolut sicher. Die Zahlen, die Sie hören, stellen einen verschlüsselten Text dar. Den kann aber nur derjenige entziffern, der den Schlüssel besitzt. Auch das sind Zahlen. Aber sie wurden absolut willkürlich zusammengestellt. Da ist also nicht die Spur einer Systematik, so daß man mit mathematischen Wahrscheinlichkeitsrechnungen nichts ausrichten kann. Sehen Sie, das hier ist so ein Zahlenschlüssel, um eine Nachricht zu chiffrieren.«

Der Techniker reichte mir eine kleine Plastikhülle von gerade mal drei mal zwei Zentimetern, in die ein Papier eingeschweißt war. »Schneiden Sie die Hülle auf!« Ich tat es und zog aus der Hülle einen hauchdünnen, zickzackförmig gefalteten Papierstreifen, der mit endlosen Zahlenkolonnen bedruckt war, jeweils fünf Gruppen von fünf Ziffern nebeneinander und zehn Reihen untereinander. »Um eine Nachricht mit Hilfe dieser Zahlen zu verschlüsseln, muß sie zunächst ebenfalls in Ziffern übertragen werden«, fuhr der Techniker fort. »Dafür haben wir diesen Code.« Er zeigte mir eine Tabelle, in der alle Buchstaben des Alphabets fortlaufend mit Zahlen ausgewiesen waren. »Nach dieser Tabelle wird der zu übermittelnde Text in Ziffern umgesetzt. Anschließend addiert man die Zahlen des Schlüssels dazu und zwar dergestalt, daß man immer im Bereich der Einerstellen bleibt. Wenn Sie zum Beispiel acht und sieben zu addieren haben, dann ist das Ergebnis nicht fünfzehn, sondern fünf. Die Zahlenreihen, die Sie dabei erhalten, ergeben den verschlüsselten Text. Beim Dechiffrieren verfährt man genau umgekehrt. Von den Zahlenreihen des verschlüsselten Textes zieht man die Ziffern des Schlüssels ab und erhält so die Ziffern des Klartextes. Auch dabei verwendet man immer nur die Einerstellen. Drei minus sieben ergibt danach sechs. Probieren Sie es einmal aus, Sie werden sehen, das ist nicht einmal halb so kompliziert, wie es sich anhört.«

Ich nahm ein Blatt Papier und schrieb darauf: »Ich versuche zu chiffrieren. Gisela.« Den Text schrieb ich in Druckbuchstaben, zwischen denen ich etwas Abstand ließ, damit Platz für die entsprechenden Codezahlen blieb. Die schrieb ich in die nächste Zeile, genau unter die Buchstaben:

I C H	V E R S	U C	H E Z	U C H
27276	95145	87727	61998	77276
I F F	R I E R E	N . G	I S E L	A .
27474	42141	39075	25179	09090

Unter die Codezahlen schrieb ich nun noch die Ziffern des Schlüssels und addierte die jeweiligen Zahlen. Damit war der Text verschlüsselt.

I C H	V E R S	U C	H E Z	U C H
27276	95145	87727	61998	77276
47290	00317	22865	39288	44002
64466	95452	09582	90176	11278

I F F	R I E R E	N . G	I S E L	A . .
27474	42141	39075	25179	09090
23956	31187	97959	37584	22601
40320	73228	26924	52653	21691

Der Techniker erklärte mir nun einige Besonderheiten, die beim Verschlüsseln einer Nachricht bzw. beim Dechiffrieren zu beachten waren. So durfte die erste fünfziffrige Zahl der Schlüsselrolle nicht zum Chiffrieren verwendet werden. Sie diente als Rufnummer, mit der zu Beginn einer Funkübermittlung der Empfänger der Botschaft aufgerufen wurde. Dadurch war sichergestellt, daß die rund zwanzig Funksprüche, die während einer solchen, etwa halbstündigen Sendung übermittelt wurden, jeweils zum richtigen Empfänger gelangten.

Außerdem gehörte zum Verschlüsselungscode noch eine Liste von häufig verwendeten Begriffen. Sie waren mit dreistelligen Ziffern belegt, deren Quersumme stets zehn oder zwanzig ergab. Der Zugriff auf diese Codebegriffe, die eine beträchtliche Verkürzung des Funkspruchs erlaubten, erfolgte mittels der Ziffer 6. Zu verschlüsselnde Zahlen waren jeweils dreimal zu schreiben, also nicht einfach nur 12, sondern 111222, und mit der Codezahl 89 einzuleiten und zu beenden. Das klang verwirrender, als es tatsächlich war. Im Grunde erschien mir die Verschlüsselungstechnik als eine recht simple Angelegenheit, obwohl das System ausgeklügelt war.

Nach all den Erklärungen sollte ich zur Probe einen Funkspruch aufnehmen, der eigens für diesen Zweck übermittelt wurde. Es war nicht schwer, aus den Rufnummern, die zu Beginn des Funks angesagt wurden, meine herauszufinden. Mehr Konzentration erforderte hingegen das spätere Mitschreiben der Zahlenkolonnen, auch wenn sie jeweils wiederholt wurden und damit die Möglichkeit blieb, die notierten Ziffern zu überprüfen und etwaige Lücken zu schließen. Später, mit etwas mehr Übung, bereitete aber auch das Notieren der Zahlen keine Schwierigkeiten mehr.

In all den Jahren, die ich mit der HVA zusammenarbeitete, blieb die Verschlüsselungsmethode unverändert, ein Zeichen, daß sie absolut sicher war.[1] Es nützte einem gegnerischen Nachrichtendienst herzlich wenig, den Code zu kennen. Ohne die spezielle Schlüsselrolle, mit der eine Nachricht chiffriert worden war, war diese nicht zu knacken. Die jeweilige Schlüsselrolle aber besaßen nur die Spezialisten in der Chiffrierstelle der HVA und der jeweilige Kundschafter vor Ort. Ich hätte deshalb auch niemals die Nachrichten, die anderen Kundschaftern galten und die ich in der verschlüsselten Form stets mithören konnte, dechiffrieren können.

Im Laufe der Zeit wurde ich auch mit einem Geheimschreibmittel ausgestattet, damit ich meinen Führungsleuten in der HVA, von den west- (und auch ost-)deutschen Postkontrolleuren unbemerkt, Nachrichten übermitteln konnte. Anfangs bestand das »G-Mittel« aus einem dünnen Seidenhalstuch, das mit einer speziellen Flüssigkeit präpariert war. Das Tuch mußte wie ein Durchschreibpapier zwischen zwei Blätter gelegt werden. Auf das obere schrieb ich meine Nachricht, und das G-Mittel übertrug sie auf das untere Blatt. Mit einem Kontrastmittel konnten die Techniker der HVA sie später sichtbar machen. Damit keine verräterischen Druckspuren auf dem unteren Papier zurückblieben, hielt ich es über Wasserdampf, wodurch die Papierfasern aufquollen und sich wieder glätteten. Sobald das Blatt getrocknet war, konnte es mit normaler Tinte beschrieben werden. Ich schrieb dann einen belanglosen Brief an »Tante Erna« oder »Onkel Max«, der jeden der nachrichtendienstlichen Postkontrolleure in West- und Ostdeutschland langweilen mußte. Als Adressaten hatte ich eine sogenannte Deckadresse erhalten, die Anschrift eines DDR-Bürgers, der sich bereit gefunden hatte, solche Post für die HVA entgegenzunehmen und unverzüglich an sie weiterzuleiten. Als Absender meiner Briefe ließ ich mir irgendwelche Namen und Adressen aus entfernteren Bezirken meines Wohnortes einfallen, vorzugsweise aus größeren Wohnanlagen, weil das eine eventuelle Nachprüfung erschwert hätte.

Wiederholt wurden die von mir benutzten Geheimschreibmittel tech-

[1] Bekanntlich hatte die HVA diese Chiffriermethode erst nach einer folgenschweren Panne Anfang der 60er Jahre eingeführt, anstelle des früher genutzten sowjetischen Verschlüsselungssystems, das Günther Guillaume zum Verhängnis werden sollte.

nisch verbessert und ausgewechselt. Da die gegnerischen Nachrichtendienste ihrerseits bemüht waren, Geheimschriften festzustellen und zu enttarnen, arbeiteten die Techniker der HVA kontinuierlich an der Entwicklung neuer G-Verfahren. So wurde ich später mit Geheimschreibmitteln ausgestattet, die nach dem Kontaktprinzip funktionierten. Hierbei schrieb ich meine Nachricht mit einer präparierten Bleistiftmine bzw. Spezialtinte auf ein Blatt Papier. Darauf legte ich anschließend einen Briefbogen und beschwerte die Blätter mit dicken Büchern. Durch den Druck übertrug sich das G-Mittel auf den Briefbogen. Danach wurde er in der üblichen Weise beschrieben.

Wann immer ich meinen Führungsleuten eine geheime Nachricht schickte, achtete ich peinlich darauf, keine verräterischen Spuren zu hinterlassen. Deshalb benutzte ich nie meinen Schreibblock als Unterlage, damit sich die Schrift nicht in die nachfolgenden Blätter eindrückte. Im Rahmen der polizeilichen Ermittlungen wurden auch meine Briefblocks vom Bundeskriminalamt eingehend untersucht, doch fand sich nichts darauf, was man mir hätte zur Last legen können.

Alles in allem entsprachen die nachrichtendienstlichen Hilfsmittel, die ich während meiner Kundschaftertätigkeit für die DDR benutzte, jener Mindestausstattung, die ein Geheimdienst üblicherweise seinen Agenten an die Hand gibt, um die Konspiration und damit die Sicherheit der Verbindung zu gewährleisten. Ich verfügte weder über umfangreiches Gerät noch über nachrichtendienstliche Spitzentechnik. In den ersten Jahren meiner Verbindung zur HVA, als ich noch studierte und keinen Zugang zu interessierenden Informationen hatte, war eine entsprechende Ausstattung nicht nötig. Und später, nach meinem Eintritt in den Bundesnachrichtendienst, hätte es mich hochgradig gefährden können und wäre unverantwortlich von der HVA gewesen.[2]

*

Seit meinem ersten Treffen mit Karl-Heinz Schmidt und Gotthard Schiefer in jenem Gästehaus des MfS in Karl-Marx-Stadt Anfang 1969

---

[2] Die Vielfalt nachrichtendienstlicher Technik, die im Laufe dieses Jahrhunderts zum Einsatz gekommen ist, wird in dem Bildband von H. Keith Melton, »Der perfekte Spion. Die Welt der Geheimdienste«, München 1996, anschaulich dargestellt.

reiste ich etwa alle zwei Monate für eine Woche in die DDR. Einige Male noch waren wir bei Renate am Stadtrand von Karl-Marx-Stadt zu Gast. Doch fühlte ich mich dort zunehmend wie in einem goldenen Käfig. Aus Sorge, ich könnte bei einem Spaziergang zufällig einem meiner Verwandten über den Weg laufen, blieben wir die meiste Zeit im Haus. Ich rebellierte. Schiefer schlug deshalb ein Gästehaus in einem kleinen Dorf bei Plauen als künftigen Treffort vor. »Das ist allerdings sehr einfach«, meinte er entschuldigend. »Aber es ist wunderhübsch gelegen, und die Wirtsfrau ist eine ausgezeichnete Köchin. Allerdings führt sie ein strenges Regiment. Was glaubst du, wie sie mit uns umspringt! Je großkopfeter jemand ist, um so mehr geht sie ihm ans Zeug. Du mußt nicht meinen, du könntest deinem Fahrer jederzeit das Zeichen zum Aufbruch geben. ›Der will auch in Ruhe fressen, so wie du‹, bekommst du unter Umständen zu hören. Eine Frau, ganz aus dem Volk und das Herz auf dem rechten Fleck. Schau, ob du dich dort wohler fühlst als in Karl-Marx-Stadt.«

Und ob ich mich bei Linda wohlfühlte! Schon bald sollte mir das kleine, einfache Haus in Jößnitz zur zweiten Heimat werden. Es lag ein wenig abseits vom Dorf, oberhalb der Bahnlinie von Plauen nach Reichenbach, nicht weit entfernt von der mächtigen zweistöckigen Elstertalbrücke, die Jößnitz mit Jocketa verbindet. Von der Anhöhe erschloß sich ein herrlicher Blick über den Talgrund weit hinein ins Vogtland, über bewaldete Berge und enge, tiefe Täler. Die Landschaft glich meiner Heimat im Bergischen Land, und so war es ein leichtes, sich dort wie daheim zu fühlen.

Was Schiefer über Linda erzählt hatte, traf haargenau zu. Sie nahm kein Blatt vor den Mund. Wer sie nicht näher kannte, mochte sie für einen Drachen halten. Aber das war ein ebenso oberflächlicher wie falscher Eindruck. Linda war sehr tüchtig. Ganz allein bewirtschaftete sie das Anwesen, hielt Haus und Hof in Ordnung, kochte für ihre Gäste, pflegte den großen Garten und hielt nebenbei noch einige Stallhasen, damit sie bei entsprechendem Anlaß einen besonderen Leckerbissen servieren konnte. Welche Arbeit sie auch anpackte, sie verrichtete sie in größter Eile. Wann immer sie mit ihrem kleinen Handwagen ins Dorf zum Einkaufen ging, geschah es im Laufschritt. Linda rackerte für drei, und sie hatte wenig Geduld mit Helfern, die ihr Arbeitstempo nicht mithalten konnten. »Was meint ihr wohl, wie wir früher gejagt worden wären, wenn wir so getrödelt hätten wie ihr«, sagte sie dann mit verächtlicher Stimme. Und erzählte von ihrer harten Kindheit und Jugend im ausgehenden Kaiserreich und der Weimarer Republik, die sie als Hausmädchen in den Diensten reicher Leute verbracht hatte. Für mich war das ein Stück sozialpolitischer Geschichte Deutschlands zum Anfassen, so anschaulich, wie es kein Geschichtsunterricht mir je vermittelt hatte.

Ich mochte Linda auf Anhieb und – zu meinem Glück – mochte sie mich auch. »Wehe, wenn dem Kindl etwas passiert«, bekamen Karl-Heinz und Schiefer regelmäßig zu hören. Mit der Zeit vertraute sie mir ihre Lebensgeschichte an, die als härtesten Schicksalsschlag den Unfalltod ihres einzigen Sohnes enthielt. Er war ein Schulkamerad und enger Freund von Karl-Heinz gewesen und hatte wie dieser für die HVA gearbeitet. Auf einer Dienstfahrt nach Berlin, die er übermüdet angetreten hatte, war er unter einen Lkw gerast. Jede Hilfe kam zu spät. Karl-Heinz mußte damals Linda die furchtbare Nachricht überbringen. Seitdem war er eine Art Ersatzsohn für sie.

Auch Lindas Mann, mittlerweile ebenfalls verstorben, war für die HVA tätig gewesen. Als gelernter Kellner, der in den renommiertesten Hotels, darunter das berühmte »Adlon« in Berlin, gearbeitet hatte, war er in dem Gästehaus für die Bedienung der Besucher zuständig gewesen, stets korrekt im Smoking und ganz das Gegenteil seiner Frau, die man immer in Kittel und Schürze sah. Mit diebischer Freude berichtete Linda, wie ihr Mann einmal ein mißlungenes Essen als fernöstliches Festmahl serviert hatte und einen ganz gewöhnlichen Wein als Spitzenerzeugnis der Winzerkunst kredenzte, so daß ihre Gäste, »diese aufgeblasenen Affen«, sich blenden ließen, weil sie nichts von Küche und Keller verstanden.

Wie oft ich bei Linda war, vermag ich nicht mehr zu sagen. Ich habe es nicht gezählt. Doch wenn ich die Reisen, die ich in den Jahren von 1969 bis Mitte 1973 in die DDR unternahm, hochrechne, müßte es rund zwei dutzendmal gewesen sein.

Die ungemein familiäre Atmosphäre in Lindas Gästehaus und die schöne Umgebung trugen wesentlich dazu bei, daß ich mich dort nicht bloß als wohlgelittene Besucherin fühlte, sondern bald heimisch wurde. Mit Karl-Heinz verband mich die Liebe zur Natur und die Freude am Wandern. Häufig durchstreiften wir die Wälder diesseits und jenseits des Elstertals und wanderten über die weiten Bergrücken zu abseits gelegenen Ortschaften. Nur das benachbarte Plauen, die Heimatstadt von Karl-Heinz, mieden wir in der Regel, weil dort für ihn – so wie für mich in Karl-Marx-Stadt – das Risiko bestand, mit mir zusammen von Bekannten gesehen zu werden und sich dadurch womöglich neugierigen Fragen auszusetzen.

Lediglich im brandenburgischen Altenhof, einem verschlafenen Dorf am Ostufer des Werbellinsees nördlich von Berlin, wo die Karl-Marx-Städter Bezirksverwaltung des MfS um 1970 ein weiteres Gästehaus eingerichtet hatte, mußten wir Risiken nicht fürchten. Niemand dort kannte uns.

Jenes Gästehaus, ein neugebauter Bungalow, lag ebenfalls abseits vom Dorf am Rand eines ausgedehnten Waldgebiets, das den gesamten Werbellinsee umgibt. Seitlich vom Haus erstreckte sich ein großes Feld, auf dem zur Erntezeit die Kolonnen riesiger Mähdrescher wie urzeitliche Ungetüme auftauchten, um binnen weniger Stunden das Getreide einzubringen. Ich war fasziniert von der Weite dieser Landschaft, von der Ruhe und Einsamkeit, nicht einmal eine Autostunde von Berlin entfernt, wie von den alten, schmalen Alleen und dem holprigen Pflaster der engen Dorfstraßen, über die die Zeit spurlos hinweggestrichen zu sein schien.

Karl-Heinz schätzte am Gästehaus in Altenhof vor allem das Motorboot, das, am Ufer des Werbellinsees vertäut, den Besuchern zur Verfügung stand. Wie ich mit der Zeit feststellte, kultivierten die Mitarbeiter der HVA, wahrscheinlich durch die Vorlieben ihres Chefs Markus Wolf bedingt, zwei besondere und durchaus privilegierende Hobbys: den Saunabesuch und das Bootsfahren. Fast alle Gästehäuser, die ich kennenlernen sollte, waren mit einer Sauna ausgestattet oder wurden nachträglich damit ausgerüstet. Und wo immer ein See in der Nähe war, wurden keine Anstrengungen gescheut, um ein Motorboot für gemeinsame Ausflugsfahrten aufzutreiben, wenn es nicht bereits zur Ausstattung des Hauses gehörte.

Sooft ich bei Karl-Heinz in der DDR war, stieß auch Gotthard Schiefer für einige Tage zu uns, trotz seiner dienstlichen Beanspruchung. Schon bald war ich in die enge Freundschaft der beiden Männer einbezogen und zwischen Schiefer und mir entwickelte sich eine tiefe Sympathie und Wertschätzung. Schiefer besaß ein großes Einfühlungsvermögen und menschliches Verständnis und war insofern für das nachrichtendienstliche Geschäft prädestiniert. Allerdings fehlten ihm jene Nervenstärke und Kaltblütigkeit, die bei operativen Einsätzen unabdingbar sind, will man nicht über die eigenen Füße stolpern. Bei unseren späteren Treffen im westlichen Ausland führte das mitunter zu unangenehmen Begleiterscheinungen, weil er hinter jedem Busch und Baum einen gegnerischen Agenten zu wittern meinte und die irrwitzigsten Umwege nahm, um sich gegen eine eventuelle Observation abzusichern. Aber auch bei unseren Treffen in der DDR brachten seine Besuche häufig eine gewisse Unruhe mit sich, weil das Telefon nicht stillstand. Seine Position als stellvertretender Aufklärungschef von Karl-Marx-Stadt erforderte es, daß er für seine Mitarbeiter erreichbar blieb. Wußte er sie in einer nachrichtendienstlichen Operation, wartete er, erfaßt von innerer Anspannung, ungeduldig auf die erlösende Mitteilung, daß alles gut verlaufen sei.

So ausgelassen Karl-Heinz und Schiefer die gemeinsamen Stunden mit mir zu verbringen wußten, mitunter zum Mißvergnügen ihres Vorgesetzten Fritsch, dem langjährigen Leiter der Aufklärung in Karl-Marx-Stadt, so ernsthaft und intensiv waren unsere Diskussionen über Fragen der Tagespolitik. Wir redeten stundenlang und längst nicht mehr so kontrovers wie in der ersten Zeit unserer Bekanntschaft. Das lag nicht nur an meinen sich wandelnden politischen Auffassungen, meiner zunehmenden Ablehnung der kapitalistischen Wirtschafts- und Gesellschaftsordnung und Hinwendung zu sozialistischen Vorstellungen. Meine Gesprächspartner waren auch weit davon entfernt, das Weltgeschehen durch die ideologisch-dogmatische Brille zu sehen, die die öffentliche Sichtweise Ost-Berlins kennzeichnete und häufig unerträglich machte. Nicht, daß sie nicht entschlossen und leidenschaftlich hinter ihrem Staat gestanden hätten. Aber der Zugang zu einer Fülle von Informationen, die dem Bürger normalerweise verschlossen bleiben, verbot es ihnen, sich auf eine simple Schwarz-Weiß-Malerei zurückzuziehen. Die Welt war nicht so einfach nach den Kategorien von »gut« und »böse«, von »richtig« und »falsch«, von »progressiv« und »reaktionär« oder von »kriegstreibend« und »friedliebend« in zwei Lager zu teilen. Die Welt war erheblich komplizierter, und nicht alles, was der eigene Staat, die DDR, tat, war gutzuheißen, und was der Kontrahent, die Bundesrepublik, tat, als schlecht zu verwerfen.

Bei diesen Diskussionen erfuhr ich erheblich mehr über die Sichtweise, Sorgen und Ziele der politisch Verantwortlichen in der DDR und insbesondere der HVA, als es sich mir je durch eine noch so intensive Zeitungslektüre oder durch die mir später zugängliche Berichterstattung des BND hätte erschließen können. Zu meiner Überraschung offenbarten die Auffassungen meiner Gesprächspartner keine klassenkämpferische Siegesgewißheit, sondern ein erhebliches Maß an Angst und ein beträchtliches Unterlegenheitsgefühl gegenüber der territorial größeren und wohlhabenderen Bundesrepublik. Nicht deren Niederringung im Interesse einer hehreren Sache, sondern die Selbstbehauptung und Weiterentwicklung ihres eigenen Staates galt ihnen als Ziel ihrer Tätigkeit. Das betraf vor allem den Verteidigungsbereich. Nicht ein einziges Mal bekam ich von meinen Gesprächspartnern zu hören, daß die Nationale Volksarmee (NVA) es der Bundeswehr schon zeigen würde. Vielmehr waren sie besorgt über einen als fatal empfundenen Verteidigungsauftrag, der der NVA von den verbündeten Armeen des Warschauer Pakts überantwortet war: im Fall eines Angriffs seitens der NATO die Stellungen an der Grenze zu halten. Daß diese Sorgen einen handfesten Hintergrund hatten, wurde nach der Vereinigung der beiden deutschen Staaten offenkundig, als der Großteil der NVA-Rüstung von der Bundeswehr als untauglich für die eigenen Streitkräfte befunden wurde und gerade mal geeignet erschien, um den NATO-Partner Türkei und diverse Drittweltstaaten aufzurüsten, wenn nicht gar verschrottet zu werden. »Wenn es uns gelingt, daß niemals auch nur ein einziger DDR-Soldat gegen die Bundeswehr kämpfen muß, dann haben wir unsere Arbeit gut gemacht«, waren Karl-Heinz und Schiefer überzeugt, und ich glaubte, daß sie damit die offizielle Sichtweise der HVA und der DDR-Führung wiedergaben.

Insofern lernte ich bald die bombastischen Militärparaden der NVA auf dem Marx-Engels-Platz in Ost-Berlin mit anderen Augen zu sehen, auch wenn mir grundsätzlich jegliches Säbelrasseln zuwider war: War es nicht vielleicht deren vorrangiger Zweck, sich der eigenen Stärke zu vergewissern, sich selbst Mut zu machen und latente Bedrohungsängste so zu bändigen? Ging von ihnen nicht eher eine defensive Botschaft an den Westen aus und nicht, wie von diesem stets unterstellt, ein offensives Signal: Kommt uns nur ja nicht zu nahe, wir wissen uns zu wehren! Zweifelsohne kam die ostdeutsche Demonstration militärischer Stärke bei den westdeutschen Sicherheitskräften ganz anders an. Die zählten akribisch Panzer und Raketen, Offiziere und Mannschaften, addierten noch Klassenbewußtsein und ideologische Standfestigkeit der Truppen hinzu und rechneten alles zu einer Kampfkraft hoch, die halb Europa zu bedrohen schien.

Zu meinem Erstaunen erfuhr ich nun auch, daß meinen Gesprächspartnern, so wie mir selbst, der rigide Umgang der DDR-Obrigkeit mit der innerstaatlichen Opposition mißfiel, auch wenn sie deren politischer Auffassung und deren Agieren im Windschatten der Kirche nichts abgewinnen konnten. Sie waren sich einig, daß Verbot und Strafverfolgung keineswegs von kämpferischer Wachsamkeit zeugten, sondern ein Zeichen waren von Schwäche, Unsicherheit und Angst. »Wenn ich zu entscheiden hätte, würde ich die Oppositionellen in die Bundesrepublik ziehen lassen, lieber heute als morgen«, sagten sie immer wieder. »Das ist doch nur ein kleiner, politisch wirrer Haufen. Aber er wird ernst genommen, als sei er Gott weiß wie wichtig. Dadurch erzeugt man erst die Unruhe, die man doch vermeiden will. Irgendwie ist das alles grotesk.« Wie ich später feststellte, standen die HVA-Mitarbeiter mit ihrer Einschätzung nicht allein. Auch der BND maß der politischen Opposition in der DDR keine Relevanz bei und sah in ihr ein Sammelbecken von aus den verschiedensten Gründen motivierter Unzufriedenheit – eine zutreffende Einschätzung, wie sich in den Wendemonaten zeigte, als die Woge des Volkszorns über die Bürgerrechtler hinwegfegte.

Das Thema politische Opposition war auch Anlaß, über die innerstaatlichen Überwachungsmaßnahmen und -methoden jenes Ministeriums zu sprechen, dem meine Freunde angehörten, und über deren obersten Chef, Erich Mielke. Allerdings besaßen sie keine umfassenden und bis in alle Details gehenden Kenntnisse über das ganze Ausmaß an innerstaatlicher Überwachung und Repression. Jenseits der Grundauffassung, die DDR solle mit den politisch Oppositionellen insoweit »kurzen Prozeß« machen, indem sie ihnen unverzüglich die Ausreise gestatte, und vor allem diesen »Affenzirkus« einstellen, Ausreisewillige zu einem Umdenken bewegen zu wollen, erachteten sie eine Wachsamkeit nach innen als unverzichtbar. Denn trotz des geschlossenen politischen Systems war die DDR mehr als jeder andere sozialistische Staat ein offenes Land. Nachhaltiger, als es jede Reisetätigkeit vermocht hätte, eroberte die westdeutsche Lebensweise via Fernsehen die gesamte Republik, Dresden ausgenommen, das sogenannte »Tal der Ahnungslosen«, weil die Funkwellen über den Elbkessel hinwegstrichen. Insofern hätte die DDR-Regierung gut und gerne auf das Einfuhrverbot für westliche Druckerzeugnisse verzichten können. Sie konnte der ständigen politisch-medialen Durchdringung, noch dazu in Form glitzernder Trugbilder von einem grenzenlosen Wohlstandsleben im anderen deutschen Staat, nicht entkommen. Das mußte Unzufriedenheit schüren, inneren Druck und Opposition erzeugen.

Kaum ein Staat, wie demokratisch oder undemokratisch, wie freiheitlich oder autoritär er auch verfaßt ist, verzichtet gänzlich darauf, sich gegen vermeintliche oder tatsächliche innere Gegner zu schützen. Noch immer war es das Bestreben von politischer Herrschaft, die errungene Macht gegen ihre Feinde zu sichern. Die Bundesrepublik hat deshalb den Verfassungsschutz gegründet, neben den politischen Kommissariaten der Polizei, um systemkritische Opposition zu überwachen und gegebenenfalls strafrechtlich zu verfolgen. Die DDR hat sich zu diesem Zweck das Ministerium für Staatssicherheit geschaffen. Fern jeder Absicht, die jeweiligen Behörden und ihre Tätigkeit gleichzusetzen, ist nicht zu übersehen, daß sie im Prinzip gleichermaßen der als notwendig und legitim erachteten Aufgabe des Staatsschutzes nachgehen bzw. nachgegangen sind. Daß die DDR hierzu kein Recht gehabt haben soll, weil sie als sozialistischer Staat, wie unzulänglich und kritikwürdig auch immer dieser Sozialismus beschaffen war, ein »Unrechtsstaats« gewesen sei, den es, so die Forderung des seinerzeitigen Justizministers Kinkel, zu »delegitimieren« gelte, ist deshalb nicht zu akzeptieren. Genausowenig ist zu akzeptieren, daß Kinkel dabei die DDR mit Maßstäben einer rechtsstaatlichen Verfaßtheit mißt, die er als Präsident des BND an die von ihm beträchtlich ausgeweitete Partnerdienstkooperation wohlweislich nie angelegt hat. Bekanntlich hat sich auch Bonn nicht gescheut, in anderen Ländern zu Handlungen beizutragen, derentwegen es seine ostdeutschen Bürger geächtet oder bestraft hat.[3] Aber selbst in ihrem eigenen Hoheitsgebiet hat die Bundesregierung es mit der Rechts-

---

[3] Es sei nur an die Lieferung von Panzern aus den NVA-Beständen an die Türkei erinnert, die vom NATO-Partner umgehend zur physischen Vernichtung der Kurden eingesetzt worden sind, und an die elektronische Aufrüstung des südafrikanischen Apartheid-Regimes, die eine Überwachung des schwarzen Widerstands genauso zuließ wie die ausländischer/sowjetischer Funkverkehre.

staatlichkeit ihres Handelns keineswegs so genau genommen, wenn es um die Verfolgung politischer Gegner ging, wie der Ex-DDR nun abverlangt. Es ist bezeichnend, daß dabei das gleiche Instrumentarium zur Anwendung gelangte wie im zweiten deutschen Staat: Dort wurden Ausreisewillige, vor allem wenn sie im Sperrbereich der Mauer Durchlaß begehrten, kriminalisiert, hier Atomkraftgegner, die ihren Protest in einer »Sitzblockade« bekundeten; dort wurden politisch Nonkonforme durch Entlassung aus dem volkseigenen Betrieb, hier durch Entfernung aus dem öffentlichen Dienst abgestraft.

Auch diese Duplizität staatlichen Verhaltens in Deutschland-Ost und Deutschland-West diskutierte ich mit meinen Partnern von der HVA, ohne damit überzogene Reaktionen der DDR-Obrigkeit entschuldigen zu wollen. Aber so wurde erklärbar, warum vermeintliche Wehrhaftigkeit eines Staates nicht gefeit ist vor der Gefahr, den Bogen zu überspannen und sich in einem Bedrohungsszenarium zu wähnen, das der Wirklichkeit nicht standhält.

Gelegentlich sprachen wir auch über den Leiter des Ministeriums, Mielke, allerdings bei weitem nicht so häufig wie über die DDR-interne politische Lage. Das lag zum einen an der andersartigen Aufgabenstellung der Hauptverwaltung Aufklärung, die sie von den übrigen Verwaltungen wie auch von dem Staatssicherheitsminister abhob, sowie an der dominierenden Führungsrolle von Markus Wolf und zum anderen an den Vorbehalten, die die HVA-Mitarbeiter nach meiner Beobachtung gegen Mielke hegten. Diese waren sicherlich von der Abneigung Wolfs gegen seinen Chef mit bedingt. Doch bestanden auch sehr individuelle Reserven gegenüber der Person Mielkes und seinem Amtsstil. Man mochte ihn nicht, hatte zugleich aber das Gefühl, eigentlich nichts mit ihm zu tun zu haben, weil die HVA einen eigenen, geschlossenen, auch elitären Bereich bildete und als Auslandsnachrichtendienst einer anderen Zielorientierung folgte. Der Minister – das war für die Mitarbeiter der HVA Wolf, der Stellvertreter Mielkes, und nicht der oberste Behördenchef. Wolf gab – nach den Weisungen der politischen Führung – die für die Arbeit maßgebliche Linie vor und war der Adressat der nachgeordneten Dienststellen. Gleichzeitig war er außerordentlich präsent, weil er mit seinen Mitarbeitern intensiv kommunizierte.

Auch für mich reduzierte sich das Ministerium für Staatssicherheit in erster Linie auf die Hauptverwaltung Aufklärung und deren Leiter. Das war schon vor dem Beginn meiner Kundschaftertätigkeit so gewesen, denn wann immer ein Fall von ostdeutscher Spionage bekannt wurde, war zumeist von »dem MfS« als gegnerischem Nachrichtendienst die Rede und selten von der HVA. Mitunter schien es so, als verkörpere Wolf und nicht Mielke das Ministerium, denn immer hieß es, daß der »Mann ohne Gesicht« im Hintergrund die Fäden ziehe. Seitdem ich mich zur Zusammenarbeit mit der HVA bereit gefunden hatte, begann ich aber stärker als zuvor zwischen dem Inlandssicherheitsdienst und dem Auslandsnachrichtendienst zu differenzieren; nur letzterem, und insoweit dem MfS, fühlte ich mich als Aufklärerin zugehörig und nicht einem Spitzelapparat, der seine Nase in anderer Leute private Angelegenheiten steckte. Deshalb empfand ich es auch als politisch mißlich, daß beide in einem Ministerium vereint waren. Die organisatorische und räumliche Trennung der Dienste in der Bundesrepublik, mit der die zwingenden Lehren aus den schlimmen Erfahrungen der Nazizeit gezogen worden waren, bot grundsätzlich mehr Sicherheit gegen einen Machtmißbrauch, ohne deshalb eine intensive, mitunter auch bedenklich extensive Kooperation zu verhindern.

Die organisatorischen Gegebenheiten in der DDR waren allerdings anders und weder von Wolf noch gar von mir zu beeinflussen. Hätte ich, schon wegen der Person Mielkes und seiner zunehmend paranoiden Überwachungsmentalität, es ablehnen müssen, als inoffizielle Mitarbeiterin für sein Ministerium zu arbeiten? Eine solche Frage geht, obschon mir wiederholt gestellt, am Sachverhalt vorbei – ganz abgesehen davon, daß in diesem Zusammenhang niemand auf die Idee kommt zu hinterfragen, inwieweit die Quellen der »Organisation Gehlen«, der Vorläuferorganisation des Bundesnachrichtendienstes, für einen gestandenen Alt-Nazi gearbeitet haben. Obwohl führungsmäßig im MfS verankert, habe ich meine Kundschaftertätigkeit nie als eine Arbeit »für das Ministerium« erachtet, sondern für die DDR, für jenen zweiten deutschen Staat, in dem ich zunehmend meine politische Heimat fand und in dessen Existenz ich eine Garantie erblickte, daß die wirtschaftliche, demographische und politische Übermacht einer großdeutschen Republik nicht noch einmal Europa und die Welt in ein Inferno stürzt. Insoweit war ich mir sicher, sowohl für mein Vaterland insgesamt wie auch für eine friedliche Zukunft seiner Nachbarstaaten zu wirken. Das heißt nicht, daß ich alles gutgeheißen hätte, was in der DDR geschah und wie diese verfaßt war.

Vieles war dringend verbesserungsbedürftig, übrigens auch im westdeutschen Staat. Aber ich sah eine Chance zu Verbesserungen in dem Maße, wie es der DDR gelänge, sich wirtschaftlich zu konsolidieren, sich von ihrem Unterlegenheitsgefühl gegenüber der Bundesrepublik zu befreien und innenpolitisch souverän zu werden, so daß sie auch Widerspruch verkraften und nicht mehr dem Zwang erliegen würde, ihn als vermeintliche politische Häresie verfolgen zu müssen. In den Tagen der Wende hatte sie für einen kurzen Augenblick diese Chance. Doch dann fegte die Macht des Geldes sie hinweg.

*

Im Laufe der Zeit hatte sich die Beziehung zwischen Karl-Heinz und mir gefestigt. Wir beschlossen, uns zu verloben. Angesichts der politischen Umstände stand es außer Frage, daß ich in die DDR übersiedeln müßte. Aber dieser Gedanke erschien mir weder ungewöhnlich noch beängstigend. Zunächst würde ich mein Promotionsstudium bei Mehnert abschließen, darin waren wir uns einig.

Ich zweifelte keinen Moment, daß sich im zweiten deutschen Staat eine Reihe interessanter Arbeitsmöglichkeiten für mich fänden und daß mir dort der Berufseinstieg sogar leichter fallen würde als in der Bundesrepublik. Als Absolventin der Studiengänge Politologie und Soziologie war es – wie ich bald schmerzlich erfahren sollte – ungeheuer schwierig, überhaupt eine Arbeitsstelle zu finden. Schiefer hingegen wußte eine Reihe von Arbeitsmöglichkeiten in politisch-gesellschaftlichen Bereichen und Organisationen der DDR zu benennen, wo ich nach Meinung der MfS-Bezirksverwaltung nach einer Übersiedlung tätig werden könnte. Darunter befand sich auch ein so reizvoller Vorschlag wie Karl-Heinz' und meine Übernahme in den diplomatischen Dienst der DDR. Um so unerfindlicher ist die spätere Auffassung des Gerichts, ich hätte für mich keine Arbeitsmöglichkeiten in der DDR gesehen und deshalb den Gedanken an eine Übersiedlung verworfen. Der Grund für die Änderung meiner Pläne war ein ganz anderer. Wie es der Zufall wollte, sollte er sich schon bald nach meiner Verlobung mit Karl-Heinz ergeben. Es war jedoch kein Zufall, daß Markus Wolf entscheidenden Anteil daran hatte.

Meine Verlobung mit Karl-Heinz stand im Mittelpunkt zahlreicher

Kommentare. Sie scheint sich nahtlos in das »Romeo«-Klischee einzufügen, wonach die HVA gegebenenfalls keine Kosten und Mühen scheute, um mittels einer arrangierten Hochzeit eine Frau dauerhaft als Agentin zu verpflichten. Deshalb verstand auch keiner der Journalisten und Redakteure, zumal wenn sie sich als nachrichtendienstliche Experten ausgaben, in meiner Verlobung mit Karl-Heinz etwas anderes zu sehen als einen taktisch geschickten Schachzug der MfS-Bezirksleitung Karl-Marx-Stadt. Diese Betrachtungsweise ignoriert wesentliche Aspekte. Aber wie hätte man auch berücksichtigen sollen, was alle Beteiligten bislang verschwiegen haben.

Bei genauer Betrachtung verhält es sich mit unserer Verlobung weniger spektakulär, als das kolportierte Bild von der »MfS-Inszenierung« glauben macht. Zwar waren bei Karl-Heinz zweifellos Unaufrichtigkeit und Egoismus im Spiel, selbst wenn er dies gar nicht so empfunden haben mag. Aber das betrifft allein die persönliche Seite unserer Beziehung und nicht die nachrichtendienstliche. Er war, wie mir auf Dauer nicht verborgen blieb, zu sehr Eigenbrötler, als daß er sich in eine Lebensgemeinschaft hätte einfügen und Verantwortung für einen anderen Menschen übernehmen wollen. Im Grunde war er zu einer Eheschließung, mit wem auch immer, weder bereit noch fähig. Nicht zufällig hat er deshalb auch jene Frau, mit der er vor unserer Bekanntschaft zusammen war, im Stich gelassen, als sie ein Kind von ihm erwartete, so wie er mich nach meiner Verhaftung im Stich ließ. Bekanntlich ist ein solches Verhalten von Männern, das Abtauchen vor persönlicher Verantwortung, nichts Ungewöhnliches. Und ein Geheimdienstler ist, wenn es denn zum Schwur kommt, zuallererst ein Mann.

Wenn Karl-Heinz mir auch heute noch versichert, er sei unsere Verlobung aus ehrlichen Gefühlen mir gegenüber eingegangen und nicht aus nachrichtendienstlichem Interesse, so mag das aus seiner Sicht durchaus stimmen. Allerdings war diese Frage für mich längst bedeutungslos geworden, ehe ihre öffentliche Diskussion sie wieder hochspülte. Denn wie bei vielen Paaren, selbst wenn sie unter erheblich günstigeren Umständen zueinander gefunden haben, war unser »Honeymoon« nur von kurzer Dauer. Je länger unser Leben verschiedenen Wegen folgte und je intensiver der nachrichtendienstliche Alltag in unsere Beziehung einwirkte, um so mehr versachlichten sich meine Empfindungen für Karl-Heinz. An die Stelle von Liebe trat Freundschaft, und in stillschweigendem Einverständnis wich unser Verlöbnis einer – allerdings sehr tiefgreifenden – kameradschaftlichen Verbundenheit. Nur deshalb trennten sich, was ansonsten nahegelegen hätte, unsere Wege im Laufe der Jahre nicht endgültig; wir blieben zusammen, weil wir uns persönlich und vor allem in der nachrichtendienstlichen Zusammenarbeit gut verstanden. Karl-Heinz brachte eine große Erfahrung in diesem »Geschäft« mit, und ich wußte mich bei ihm sicher.

Diese Entwicklung hätte ich mir nicht vorstellen können, als ich Anfang 1970 mit Karl-Heinz beriet, wann, wo und wie wir unsere Verlobung feiern wollten. »Bei deinem nächsten Besuch«, meinte er. »Hier bei Linda«, waren wir uns einig. »Zusammen mit Gotthard«, wünschte ich mir. »Aber nur unter uns dreien. Und ganz gemütlich. Ich will keine Förmlichkeiten.« Ich wollte auch keine Familienfeier. Doch diese Frage stellte sich ohnehin nicht. Ich hätte schwerlich meinen Angehörigen sagen können, daß ich mich demnächst in der DDR mit einem Offizier des MfS verloben würde, und noch weniger hätte ich sie zu dieser Feier einladen können. Das gleiche galt für Karl-Heinz. Er war, wie das auch im westdeutschen Nachrichtendienst der Fall ist, aufgrund seiner Dienstvorschriften verpflichtet, seine Mitarbeit in der HVA seinem privaten Umfeld gegenüber geheimzuhalten. Wie hätte er da zu einer Verlobung mit einer Bundesbürgerin einladen können? Es hätte ihn in einen ausweglosen Erklärungsnotstand gestürzt.

Wir verlobten uns im Frühjahr 1970. Nur Schiefer nahm an der kleinen Feier in Jößnitz teil. Er überbrachte die Glückwünsche seines Chefs, Hans Fritsch, in Form einer Tonbandaufnahme. Die rauhe Stimme, die mir von der Kassette entgegentönte, verlieh dem Gruß etwas militärisch Zackiges. Ich versuchte, mir ein Bild von dem Mann zu machen, zu dem diese Stimme gehörte. Es hätte falscher nicht sein können. Als ich ein Jahr später Fritsch persönlich kennenlernte, stand mir nicht, wie ich es erwartet hatte, ein Haudegen gegenüber, der im Kasernenhofton seine Leute herumkommandiert, sondern ein distinguierter Herr, dessen gepflegtes Erscheinungsbild und formvollendetes Auftreten Seriosität, Vertrauenswürdigkeit und Verläßlichkeit ausstrahlten.

Jene erste Begegnung mit Fritsch im Frühjahr 1971 entsprang nicht – wie mein erstes Zusammentreffen mit dem HVA-Chef Markus Wolf – einer wohlüberlegten Planung. Vielmehr war sie dramatischen Umständen zu verdanken, die meiner Beziehung zu Karl-Heinz und zur HVA eine jähe Wendung hätten geben können. Wieder einmal hatten wir uns – mit Schiefer, der beruflich im Ministerium zu tun hatte – in Berlin getroffen und fuhren gemeinsam auf der Autobahn Leipzig südwärts nach Plauen, um für einige Tage bei Linda zu bleiben. Schiefers Fahrer Karli, ein liebenswürdiger, bescheidener Mann, steuerte den Wagen, während er selbst, wie üblich, in eine lebhafte Unterhaltung mit Karl-Heinz und mir vertieft war. Kurz vor dem Hermsdorfer Kreuz zwang uns ein Motorschaden zum Anhalten, für mich ein Alptraum, da ich das Fehlen von Standspuren auf den DDR-Autobahnen stets als lebensgefährlich erachtet hatte. Zum Glück gab es an jener Stelle ein breites Bankett, auf das Karli den schweren Wolga lenkte. Die drei Männer stiegen aus, um nach der Ursache des Schadens zu schauen. Ich blieb im Fond des Wagens sitzen. Was sollte ich auch noch meine Nase unter die Kühlerhaube stecken, wo ich von der Technik des Motors nicht viel verstand. Und an den Rand der Autobahn, wo mich nur der Fahrtwind vorbeibrausender Fahrzeuge gepackt hätte, mochte ich mich noch weniger stellen.

Vielleicht fünf oder zehn Minuten standen wir so, als mich plötzlich ein mächtiger Schlag durchrüttelte, umeinanderschleuderte und mitsamt dem Wagen nach vorne warf. Das Klirren berstenden Glases mischte sich in einen ohrenbetäubenden Knall. Und dann war es still, totenstill. Ich konnte mir nicht erklären, was passiert war. Ich nahm nur wie durch einen Schleier die vielen Glassplitter wahr, die sich über mich ergossen hatten, und die merkwürdige Wölbung an der Seite, wo ich eben noch gesessen hatte. Doch plötzlich durchzuckte mich ein furchtbarer Gedanke. Raus hier, nichts wie raus! Ich öffnete eine der Türen und kletterte ins Freie. Direkt hinter mir stand ein schweres Militärfahrzeug, grün und braun gefleckt. Einige Soldaten liefen aufgeregt umeinander. Allmählich begriff ich, was passiert war: Ein Lkw der NVA war in voller Fahrt auf unseren Wagen geprallt, während sich Karli, Karl-Heinz und Schiefer am Motor zu schaffen machten, um die Panne zu beheben.

Mir schwante Entsetzliches. Ich lief zur Frontseite des Wagens. Dort lag Karl-Heinz auf dem Boden, nur sein Oberkörper ragte unter dem Wagen hervor. Schiefer und Karli lagen seitlich von ihm an einer Böschung, sie waren beim Aufprall des Lasters auf den Rand des Banketts geschleudert worden. Alle drei waren verletzt, wie schwer ihre Verletzungen waren, konnte ich nicht erkennen. Schiefer und Karli waren kaum ansprechbar. Nur Karl-Heinz war zu meiner Verwunderung hellwach, obwohl er sichtlich unter starken Schmerzen litt. »Ist dir etwas passiert?« fragte er mich besorgt. Ich schüttelte verneinend den Kopf. »Mit mir ist alles in Ordnung.« »Gott sei Dank! Gib aber acht, daß du dir nicht die Füße an den Scherben aufschneidest.« Erst jetzt bemerkte ich, daß ich barfuß war. Beim Aufprall des Lasters mußten mir die Schuhe von den Füßen gestreift sein. »Versuche, an den Kofferraum zu kommen«, flüsterte Karl-Heinz mir zu. »Dort sind unsere Aktentaschen. Ich muß sie unbedingt haben, unsere Fleppen sind darin.« Damit meinte er die Dienstausweise des Ministeriums für Staatssicherheit, die er, wie überhaupt alle Personaldokumente, stets als »Fleppen« bezeichnete.

Inzwischen hatte sich eine größere Menschenmenge an der Unfallstelle versammelt, um Hilfe zu leisten. Schon bald waren auch Polizei und Notarzt zugegen, irgend jemand mußte sie verständigt haben. Karl-Heinz rief einen Polizeibeamten zu sich, zeigte ihm seinen Dienstausweis und gab ihm Instruktionen: Er solle mich und die Aktentaschen zu seiner Dienststelle mitnehmen und umgehend die MfS-Bezirksverwaltung Karl-Marx-Stadt über den Unfall verständigen. Mich wies er an, bei der Volkspolizei zu warten, bis ich Nachricht aus Karl-Marx-Stadt erhielte.

Die Dienststelle der Volkspolizei befand sich an der Autobahnraststätte Hermsdorfer Kreuz, in einer Baracke innerhalb eines weiträumig eingezäunten Geländes. Die Beamten waren sehr bemüht um mich, boten mir Kaffee an und sogar Nylons aus dem nahegelegenen Intershop, als man meine zerrissenen Strümpfe bemerkte. Zugleich wurde ich mit keiner einzigen Frage behelligt, weder zu meiner Person noch zum Unfallgeschehen. Wie Karl-Heinz mir später berichtete, wurde ich auch in keinem Unfallbericht erwähnt, so als sei ich nicht dabeigewesen. Von dem Augenblick an, wo Karl-Heinz dem Volkspolizisten seinen Dienstausweis gezeigt hatte, schien sich über die Abwicklung des Unfalls ein Schleier größter Diskretion zu breiten. »Jemand kommt von Karl-Marx-Stadt, Sie abholen«, gab der Polizeibeamte mir unauffällig zu verstehen. »Das wird aber etwas dauern, Sie müssen sich leider gedulden.«

Nach etwa zwei Stunden traf Horst ein, mein erster Verbindungsoffizier. Er arbeitete unter Schiefer und war für alle organisatorisch-technischen Fragen der Verbindung zu mir verantwortlich. Er nahm deshalb auch gelegentlich an den gemeinsamen Treffen teil. Horst stand ganz unter dem Schock der Unfallnachricht. »Alle sind furchtbar betroffen«, sagte er. »Fritsch ist mit unserem Arzt auf dem Weg nach Eisenberg ins Krankenhaus, um zu sehen, wie es mit den dreien steht und was man für sie tun kann. Sobald er Näheres weiß, wird er dir Bescheid geben.«

Horst brachte mich zu Linda. Sie war inzwischen ebenfalls über den Unfall informiert worden und befand sich in heller Aufregung. Wahrscheinlich hatte die Nachricht die Erinnerung an den Unfalltod ihres Sohnes wachgerufen. »Wie oft habe ich ihnen gesagt, daß sie aufpassen sollen«, stieß sie kopfschüttelnd immer wieder hervor, um leise hinzuzufügen: »Ein Glück, daß wenigstens dir nichts passiert ist.«

Kurz nach meiner Ankunft bei Linda traf Fritsch ein. Er kam nicht allein. Gestützt auf den Dienstarzt des MfS, schleppte sich Schiefer ins Haus. Sein Gesicht war blutunterlaufen und geschwollen. Jeder Schritt verursachte ihm starke Schmerzen. Sie rührten von inneren Verletzungen, die jedoch erst später und fast schon zu spät festgestellt wurden. Trotzdem hatte er sich hartnäckig geweigert, im Eisenberger Krankenhaus zu bleiben. »Hier bei Linda bin ich besser aufgehoben«, meinte er nur, als ich ihn verständnislos wegen seines Leichtsinns schalt.

Nachdem Schiefer versorgt war, blieb Fritsch Zeit für ein Gespräch mit mir. Er hatte sich mir als »Hans Fritsch« vorgestellt, und später, als ich seinen tatsächlichen Namen erfuhr, fand ich, daß ihm sein Deckname viel besser stand. Als einer der erfolgreichsten Mitarbeiter der HVA war er den westdeutschen Geheimdiensten kein Unbekannter. Unter nachrichtendienstlichem Aspekt hatte er deshalb allen Grund, sich in der operativen Arbeit konsequent eines Decknamens zu bedienen.

»Ich hätte Sie gerne unter erfreulicheren Umständen kennengelernt. Aber immerhin lernen wir uns auf diese Weise persönlich kennen.« Nachdem Fritsch berichtet hatte, wie es den beiden anderen Verletzten ging und daß ich sie am nächsten Tag besuchen könne, ließ er sich von mir über den Fortgang meines Studiums informieren und über die Zukunftsplanungen, die mittlerweile meine Gespräche mit Karl-Heinz und Schiefer beherrschten. »Da bleibt mir nur, euch Erfolg zu wünschen«, meinte er beim Abschied. Und einmal mehr bekam ich zu hören, welch ein Glück es gewesen sei, daß ich den Unfall unbeschadet überstanden hatte. »Stellen Sie sich vor, wir hätten Ihrer Familie mitteilen müssen, daß Sie in einem Krankenhaus der DDR liegen. Es hätte das Ende unserer Zusammenarbeit bedeutet.«

In der Tat: Wäre der Unfall für mich nicht so glimpflich verlaufen, hätte sich die Frage, ob ich einmal für die HVA als Kundschafterin tätig werden könnte, mit einem Schlag erledigt. Schon seit Monaten stand diese Frage im Raum, seit jenem Tag genau, als Schiefer, sekundiert von Karl-Heinz, unseren Überlegungen zu meiner beruflicher Zukunft eine überraschende Wende gegeben hatte.

»Das Auswärtige Amt hat Nachwuchsprobleme«, hatte Schiefer im Sommer 1970 das Thema zur Sprache gebracht. »Wir möchten, daß du dich für den diplomatischen Dienst bewirbst.« »Ich soll mich beim AA bewerben?« entfuhr es mir. »Ja, warum nicht? Oder kannst du dir nicht vorstellen, im diplomatischen Dienst der Bundesrepublik statt in unserem zu arbeiten?« »Doch, das schon. Das kann sogar sehr interessant sein. Aber eine Bewerbung zum jetzigen Zeitpunkt ist viel zu früh. Ich kann doch die Promotion noch gar nicht absehen. Da habe ich mit einer Bewerbung keine Chance.« »Sag das nicht. Wenn das Auswärtige Amt an dir interessiert ist, wird es sich auch bis zum Abschluß deines Studiums gedulden. Die Gelegenheit ist jedenfalls günstig. Die sollte man nicht ungenutzt verstreichen lassen. Wichtiger ist jetzt erst einmal, ob du bereit bist, dich beim AA zu bewerben.«

»Du bist dir im klaren, was dein Ansinnen für Karl-Heinz und mich bedeutet?« wandte ich ein. »Es stößt unsere bisherigen Planungen um. Gesetzt den Fall, das AA wäre bereit, mich einzustellen, dann würde ich weiterhin in der Bundesrepublik bleiben oder sonstwo auf der Welt leben. Nur nicht in der DDR. Karlicek und ich könnten vorläufig nicht heiraten.« Ich hielt einen Moment inne. »So habe ich mir unsere Zukunft nicht vorgestellt.« »Nein, nein«, wehrte Schiefer meine Befürchtungen ab, »so eng mußt du das nicht sehen. Karlicek kann ebensogut in die Bundesrepublik übersiedeln. Wir haben Mittel und Wege, ihn dort zu legalisieren. Solltest du Erfolg haben mit der Bewerbung und das AA dich einstellen, kann er auch zu dir ziehen. Dieses Wissen sollte es dir erleichtern, Ja zu sagen. Bedenke bitte auch, daß du mehr für die DDR tun kannst, wenn du nicht hier bei uns, sondern in der Bundesrepublik berufstätig wirst und dadurch Zugang zu Informationen bekommst, die für uns wichtig sind. Seit dem Regierungswechsel in Bonn ist politisch so viel in Fluß. Da ist jede Information von Nutzen.«

Schiefer hatte recht: Willy Brandt hatte seit seiner Wahl zum Bundeskanzler im Vorjahr einen neuen Kurs in der Deutschland- und Ostpolitik eingeschlagen, der hoffen ließ. Statt der jahrzehntelangen rigiden Konfrontation bemühte man sich nun, das tiefwurzelnde Mißtrauen abzubauen und zu einem Modus vivendi zu finden, der auch die Kontakte zwischen den Menschen in beiden deutschen Staaten erleichtern und verbessern könnte. Die angestrebten zwischenstaatlichen Vereinbarungen würden den langwährenden Druck von der DDR nehmen und ihr Spielraum für eine gelassenere, konstruktive Politik eröffnen. Doch Brandts ostpolitischer Kurs war hochgradig gefährdet. Die CDU witterte allerorten Vaterlandsverrat und sann darauf, wie sie den Kanzler und seine neue Ostpolitik zu Fall bringen könnte. Verbissen hielten die Christdemokraten an ihrem Feindbild Sozialismus fest, mit dem sie noch stets die Wahlen bestritten und bisher auch gewonnen hatten. Sie setzten auf die Angst der Menschen vor »den Roten« und brauchten deshalb mehr die Konfrontation mit dem Osten als eine Verständigung.[4] Man mußte etwas tun, den Rückfall in die alte Politik zu verhindern. Denn er wäre für alle Deutschen, hüben wie drüben, schädlich.

Ich könnte etwas tun – wenn ich bereit wäre, in der Bundesrepublik einen politisch interessanten Arbeitsplatz zu suchen und mein beruflich erlangtes Wissen an die HVA weiterzugeben. Wer rechtzeitig um die Absichten und Ziele des Gegners weiß, kann sich vor unliebsamen Überraschungen schützen und ihnen gegebenenfalls gegensteuern. Rechtzeitiges Wissen fördert die Sicherheit – beider Seiten.

Schiefers Vorschlag eröffnete zudem eine neue, ungeahnte Perspektive. Bislang war ich stets davon ausgegangen, daß ein Zusammenleben mit Karl-Heinz nur möglich sei, wenn ich in die DDR übersiedle. Doch nun stand plötzlich die Alternative im Raum, daß genausogut er zu mir ziehen könnte und wir im Westen zusammenlebten. Der Gedanke erschien reizvoll.

Gleichwohl überfiel mich ein ungutes Gefühl. Es wäre nicht ungefährlich, mich darauf einzulassen, als Kundschafterin für die HVA zu arbeiten. Ich würde mich einem Risiko aussetzen, das ich nicht im minde-

---

[4] Dies erklärt auch, zumindest teilweise, die Maßlosigkeit der Attacke von Bundeskanzler Kohl auf den neuen Kremlchef Gorbatschow, als er dessen reformpolitischen Willen mit dem unsäglichen Goebbels-Vergleich in Zweifel zog.

sten einschätzen konnte. Das machte mir Angst. »Und was ist, wenn mir etwas passiert?« »Erstens darf dir nichts passieren«, erwiderte Karl-Heinz, »denn das wäre auch für mich eine ganz fürchterliche Situation. Deshalb werden wir alles Menschenmögliche für deine Sicherheit tun. Und zweitens, wenn dir wirklich einmal etwas passieren sollte, stehen wir alle hinter dir und helfen dir mit allen verfügbaren Mitteln. Und die sind keineswegs gering.« »Austausch?« »Ja, auch das!« »Du kannst gewiß sein«, bekräftigte Schiefer, »daß du an der ›Front‹ nicht alleine sein wirst. Wir werden alle hinter dir stehen. Einen ganzen Staat wirst du hinter dir haben. Was immer kommen mag, wir stehen zu dir!«

Ich begann mich mit dem Gedanken vertraut zu machen, mich beim Auswärtigen Amt für den diplomatischen Dienst zu bewerben. Zwar hatten Schiefers Argumente meine Bedenken nicht entkräftet. Nach wie vor war ich der Meinung, daß es für eine Bewerbung zu früh sei und ich keine realistische Einstellungschance hätte. Doch er hatte mir nur entgegengehalten, daß ich dann zumindest detailliert über das Auswahlverfahren des Auswärtigen Amtes berichten könne; schon das sei für die HVA von großem Nutzen. Warum es also nicht versuchen? Doch wenn ich wider Erwarten Glück hätte und man mir eine Einstellungszusage gäbe? »Länger als ein paar Jahre möchte ich das aber nicht machen!« »Das wird auch nur ein paar Jahre gutgehen«, beruhigte Schiefer mich. »Dann werden wir dich zurückziehen müssen.«

Nach langer Diskussion wurde beschlossen, daß ich mich beim Auswärtigen Amt nach den Einstellungsmodalitäten für den diplomatischen Dienst erkundige und zum nächsten Termin meine Bewerbung einreiche. »Habt ihr bedacht, daß Gaby dabei ihre DDR-Kontakte und -Reisen angeben muß?« warf Karl-Heinz plötzlich ein. »Da gibt es ein Problem. Als sie im Sommer 1968 in Karl-Marx-Stadt war, bestand eine Einreisesperre. Dieses Datum darf sie auf keinen Fall angeben, sonst können wir gleich alles vergessen. Sie kann zwar die Reise nicht einfach unter den Tisch fallen lassen. Wahrscheinlich ist sie bei den westdeutschen Sicherheitsorganen registriert. Aber sie muß den Termin abändern, in den Herbst verschieben. Das mußt du unbedingt beachten«, wandte er sich nun an mich, um sich dann selbst zu loben: »Ein Glück, daß mir das noch eingefallen ist.«

Wie ich schon bald darauf feststellen konnte, trafen die Informationen der HVA zu. Tatsächlich hatte das Auswärtige Amt zu jenem Zeitpunkt (im Sommer 1970) eine Werbekampagne gestartet, um angehende Akademiker für die diplomatische Laufbahn zu gewinnen. Auch Mehnert gehörte zu jenen Professoren, die angesprochen wurden. Dadurch fühlte ich mich ermutigt, eine Bewerbung zu wagen. Freilich wurde mir schon am ersten Tag des einwöchigen Auswahlverfahrens klar, wie begründet meine Bedenken waren. Ich mußte gegen eine starke Konkurrenz von Mitbewerbern antreten. Fast alle hatten ihr Studium abgeschlossen, und viele standen bereits im Beruf. Einige hatten überdies im Ausland studiert und beherrschten deshalb perfekt die eine oder andere Fremdsprache. So blieb mir nichts anderes übrig, als das Beste aus einer Situation zu machen, die ich für absolut chancenlos hielt. Es überraschte mich deshalb auch nicht, daß ich das Auswahlverfahren nicht bestand. »Sie sollten sich im nächsten Jahr noch einmal bewerben«, gab man mir aber zu verstehen. Doch dazu sollte es nicht mehr kommen. Denn schon längst hatte der Leiter der HVA, Markus Wolf, eine andere berufliche Perspektive für mich ins Auge gefaßt, für die meine Bewerbung beim Auswärtigen Amt wie ein taktischer Vorlauf erschien: eine Tätigkeit beim Bundesnachrichtendienst in Pullach.

Wie es dazu kam, hat Wolf mir nach dem Untergang der DDR offengelegt. Schon bald nach meiner Anwerbung durch die Bezirksverwaltung Karl-Marx-Stadt des MfS hatte er von mir erfahren und sich in meine Führung eingeschaltet. Die Außenstellen der HVA in den Bezirken, die sogenannten Abteilungen XV der MfS-Bezirksverwaltungen, unterstanden damals unmittelbar der Leitung in Berlin, die deshalb sowohl über deren Quellen als auch über die jeweiligen Aktivitäten detailliert unterrichtet war. Die besonders erfolgreich operierende Abteilung XV in Karl-Marx-Stadt, mit deren Leiter, Hans Fritsch, Wolf eine enge freundschaftliche Beziehung verband, war dem HVA-Chef direkt unterstellt, die anderen seinen Stellvertretern. Zudem plante Wolf zu jener Zeit, die Bearbeitung der gegnerischen westlichen und insbesondere westdeutschen Nachrichtendienste nicht mehr allein der Abteilung Abwehr innerhalb des MfS zu überlassen, sondern als Aufklärungskomponente in seinem Zuständigkeitsbereich zu etablieren. Als er erfuhr, daß ich bei Klaus Mehnert promovierte, witterte er eine Chance, mich mit Hilfe meines Doktorvaters beim Bundesnachrichtendienst zu plazieren.

»Mehnert unterhält enge Kontakte zum BND«, kam Schiefer auf die neue Perspektive zu sprechen, freilich ohne zu sagen, daß er dabei die Option und Überlegungen Wolfs wiedergab. »Das kann unsere Chance sein. Nicht auszuschließen, daß er dich ›tippt‹. Außerdem nutzt Pullach die vom AA abgelehnten Bewerbungen für die eigene Personalgewinnung. Warum sich also mit dem diplomatischen Parkett begnügen? Es wäre ein größerer Erfolg, in die Höhle des Löwen vorzudringen.«

Maßloses Erschrecken, gepaart mit einem Gefühl prickelnder Erregung, erfaßte mich. Das Ansinnen erschien mir gleichermaßen gewagt wie gefährlich. Der BND – das war für mich jene ebenso geheimnisumwitterte wie unheimliche Organisation des Nazi-Generals Gehlen, von der man, wenn überhaupt, nur Übles, Zwielichtiges hörte. Der Ex-General war zwar inzwischen in den Ruhestand entlassen worden, seinen Schatten wähnte ich jedoch unverändert über dem Dienst. Gehlen war mir immer wie der politische Zwillingsbruder von Hans Globke erschienen, jenes Referenten für Staatsangehörigkeitsfragen im Reichsinnenministerium, der sich als Kommentator der NS-Judengesetze einen zweifelhaften Namen gemacht hatte, doch ungeachtet seiner braunen Vergangenheit unter Konrad Adenauer zum Kanzleramts-Staatssekretär aufgestiegen war. Als graue Eminenz des ersten deutschen Bundeskanzlers verfügte er nicht nur über großen Einfluß auf die Bonner Politik. Er nutzte auch bedenkenlos seine Macht, um demokratische Parteien und Organisationen mit geheimdienstlichen Mitteln christdemokratischer Kontrolle zu unterwerfen.[5]

---

[5] Waldemar Markwardt, von 1952-1985 Mitarbeiter der »Organisation Gehlen« bzw. des BND zeichnet in seinen Erinnerungen ein provozierend euphemistisches Bild des Gründers des westdeutschen Auslandsnachrichtendienstes und dessen »Organisation«; vgl. Markwardt, Waldemar, »Erlebter BND – Kritisches Plädoyer eines Insiders«, Berlin 1996. Er hätte gut daran getan, die ausgezeichnete, auf Originalmaterial des amerikanischen militärischen Nachrichtendienstes sowie die Aussagen von Zeitzeugen gestützte Recherche von Mary Ellen Reese über Gehlen, die Entstehung seiner Organisation und deren an politische Kumpanei grenzende antikommunistische Kollaboration mit den amerikanischen Geheimdiensten zur Kenntnis zu nehmen; vgl. Reese, Mary Ellen, »Der deutsche Geheimdienst – Organisation Gehlen«, Berlin 1992. Danach konnte der vormalige Wehrmachtsgeneral, von seiner amerikanischen Patronage unangefochten, einer Reihe von Nazis – langgedienten Generalstabsoffizieren ebenso wie Angehörigen der SS – in seiner Organisation Unterschlupf gewähren. Delikaterweise geschah dies zu einem Zeitpunkt, wo die USA mit ihren Kriegsverbündeten in Nürnberg über die Repräsentanten Hitler-Deutschlands zu Gericht saßen. Ebensowenig hielten Gehlen irgendwelche Skrupel davon ab, an Sabotageunternehmungen der CIA im Ostblock teilzunehmen.

Insofern war der Gedanke, in den BND einzudringen, kühn. Bedeutete er doch, den Dienst mit seinen eigenen Methoden anzugreifen. Verfolgte der BND nicht das gleiche Ziel gegenüber der HVA? Hätte er je Bedenken gehabt, einen Agenten in deren Reihen einzuschleusen oder unter deren Mitarbeitern anzuwerben? Im Gegenteil: Auch Pullach hätte als großen Erfolg betrachtet, was Schiefer und Karl-Heinz mir nun als Ziel vorgaben.

Wann immer wir uns in den folgenden anderthalb Jahren trafen, kreisten unsere Überlegungen um die Frage, wie wir das hochgesteckte Ziel erreichen könnten. »Natürlich kannst du dich nicht direkt in Pullach bewerben«, hatte Schiefer anfangs klargestellt. »Wer das tut, macht sich nur verdächtig und ist gleich weg vom Fenster. Man kommt nur auf indirektem Weg an den BND heran. Möglicherweise durch deine Bewerbung beim AA. Vor allem aber über Leute, die Kontakt zu ihm haben und dich dort empfehlen. Wie Mehnert zum Beispiel. Oder andere Professoren. Gerade im Universitätsbereich schaut sich der BND nach Nachwuchs um. Solche Leute mußt du kennenlernen, sie auf dich aufmerksam machen. Blickfeldarbeit nennt man das.«

Doch so sehr wir auch berieten, wie ich es anstellen müsse, um ins Blickfeld des BND zu geraten, so wenig wollte sich ein Erfolg einstellen. Nur ein einziges Mal kam für kurze Zeit eine vage Hoffnung auf. Das war im Spätsommer 1971. Mehnert hatte mich zu einer Urlaubswoche in sein Schwarzwaldhaus eingeladen; er meinte, Umgebung und Klima würden mir die letzten Korrekturen an meiner Dissertation leichter von der Hand gehen lassen. »Vielleicht will er dich unauffällig mit jemandem vom BND zusammenbringen«, erging sich Schiefer in Vermutungen über die überraschende Einladung. »Stell dich darauf ein und paß auf!« Doch nichts geschah, was auch nur im entferntesten in diese Richtung gedeutet hätte. Jedenfalls nichts, was für mich erkennbar war. Natürlich empfing Mehnert Besucher, mit denen auch ich zusammenkam. Aber es passierte nichts Ungewöhnliches. Häufig wanderte ich mit meinem Doktorvater durch die umliegenden Wälder, und wir diskutierten, wie es seine Art war, dabei über die große Weltpolitik. Das Thema Nachrichtendienst kam nicht zur Sprache.

Schiefer und Karl-Heinz waren enttäuscht. Gleichwohl wollten sie nicht resignieren. Sie konnten es auch nicht, wäre es doch einem Eingeständnis gegenüber ihrem obersten Chef gleichgekommen, seine Zielvorgabe nicht realisieren zu können. Womöglich hätte Wolf es gar als eine Kritik an seiner Vorgabe aufgefaßt. »Wir brauchen keine Oberlehrerin in Bonn«, beharrte Karl-Heinz, dabei auf mein erstes Studium anspielend. »Irgendwie muß es zu schaffen sein, daß du an den BND rankommst. Wir müssen uns eben etwas einfallen lassen.« Und erneut wurde diskutiert, worüber wir schon unzählige Male beraten hatten, ohne daß uns irgend etwas Neues eingefallen wäre.

Zwanzig Jahre später, vor Gericht, sollte Karl-Heinz allerdings behaupten, ich hätte mich auf eigene Faust beim BND beworben, weder die HVA und schon gar nicht er selbst hätten damit das geringste zu tun gehabt, und ich würde zu dieser unglaublichen Lüge schweigen, weil jede Richtigstellung mir noch mehr schaden mußte. Schamlos würde Karl-Heinz weiterhin behaupten, ich hätte mit meiner Bewerbung beim BND unsere Beziehung zerstört, weil wir uns fortan nur noch unter sehr ungünstigen Umständen und unter Beachtung besonderer Sicherheitsmaßnahmen sehen konnten. Ich würde mir dann nur auf die Lippen beißen und auch diese infame Lüge wortlos hinnehmen. Aber das Gericht würde diesen Behauptungen von Karl-Heinz Glauben schenken, vorbehaltlos und uneingeschränkt. Er hätte sich in seinem Geständnis »selber nicht geschont«, würden die Richter ins Urteil schreiben, und ich würde mich fragen, wie sie allen Ernstes zu dieser Auffassung kommen konnten und ob etwa die vielen Prozeßbeobachter, die einen gegenteiligen Eindruck gewonnen hatten, allesamt mit Blindheit geschlagen waren.

Zwanzig Jahre später, vor Gericht, sollte mich zudem der Bundesanwalt unwissentlich an jenen maliziösen Ausspruch von Karl-Heinz erinnern, die HVA brauche keine »Oberlehrerin in Bonn«. Warum ich damals, als ich meine erste Arbeitsstelle verlor, nicht Lehrerin geworden sei, hielt er mir vor, und instinktiv spürte ich, daß er damit ein Fallbeil über meinem Kopf in Stellung gebracht hatte. Dennoch hätte ich in diesem Moment am liebsten lauthals gelacht. Zu aberwitzig erschien mir die Duplizität der Argumente, spiegelten sie doch die ganze Schizophrenie der politischen Realität im jahrzehntelang geteilten Deutschland wider. Aber ich schluckte den bitteren Lachreiz hinunter und versuchte mich mit irgend etwas herauszureden, da es zweifellos wiederum allein zu meinem Nachteil gewesen wäre, hätte ich den damaligen Ausspruch von Karl-Heinz wiedergegeben.

5 Anwerbung durch den BND

An einem Februartag 1972 promovierte ich zum Dr. phil. Aachen stand ganz im Zeichen des Karnevals. Es war Altweiberfastnacht. Als ich auf meinem Weg zur Alma mater frühmorgens am ehrwürdigen Rathaus vorbeikam, traf man gerade die letzten Vorbereitungen für die Übergabe der Stadt an das närrische Volk. Doch ich fühlte mich nicht in einer ausgelassenen Stimmung. Ich hatte zwar keine Prüfungsangst. Aber das Rigorosum erforderte äußerste Konzentration.

Lange hatte ich auf diesen Tag, der den Abschluß meines Studiums bedeutete, gewartet. Schon vor einem Jahr hatte ich Mehnert vorgeschlagen, das Thema meiner Dissertation auf die politische Rolle der Frau in der SED zu begrenzen. Während der Bearbeitung hatte ich allein zu diesem Bereich so viel Material zusammengetragen und Ergebnisse gewonnen, daß eine Themenreduzierung geboten schien. Es stand ohnehin nicht zu erwarten, daß die Analyse von Parlamenten und Regierung der DDR andere Resultate zeitigen würde als die Untersuchung der staatstragenden Partei. Aber Mehnert hatte darauf bestanden, den Untersuchungsgegenstand umfassend zu bearbeiten. Erst sehr spät fand auch er, daß der Umfang der Dissertation den Rahmen sprengte und ich sie auf die SED eingrenzen sollte. »Die anderen Teile können Sie dann in einer Buchausgabe verarbeiten«, meinte er zum Trost.

Das Rigorosum brachte ich mühelos hinter mich. Anschließend saß ich mit meinem Doktorvater und seinen Mitarbeitern noch für kurze Zeit im Institut für Politische Wissenschaft zusammen, wo ich einige Jahre als studentische Hilfskraft mitgearbeitet hatte. Dann mußte Mehnert sich verabschieden. Es war sein letzter Arbeitstag vor seiner Emeritierung, und er war im Begriff, zu einer neuen Weltreise aufzubrechen.

Meine Promotion feierte ich erst Wochen später, in der DDR. Im Laufe der Zeit hatte ich mit Karl-Heinz, Schiefer und Horst, dem damaligen vorgangsführenden Offizier, sowie unter gelegentlicher Teilnahme von Karli, Schiefers Fahrer, manche Fête veranstaltet, bis in den frühen Morgen hinein. Die Feier meiner Promotion sollte aber alle bisherigen Maßstäbe brechen. »Wer arbeiten kann, soll auch feiern«, lautete die Devise, und es war lediglich eine Frage des individuellen Stehvermögens, wann das Spektakel zum Ende kam.

Mehr denn je kreisten unsere Gespräche darum, wie es für mich weitergehen sollte. Trotz meiner erfolglosen Bewerbung beim Auswärtigen Amt und den vergeblichen Anstrengungen, ins Blickfeld des BND zu gelangen, mochten Schiefer und Karl-Heinz das angestrebte Ziel nicht aufgeben. Vielleicht ließe es sich auf Umwegen erreichen. Wie das zu bewerkstelligen sei, wußten sie nicht. So blieb es mir überlassen, überhaupt erst einmal eine Arbeitsstelle zu finden.

Am meisten interessierte mich der politische Bereich, vor allem der ostpolitische, zumal ich dort meine fachspezifischen Kenntnisse einbringen konnte. Schon vor Monaten war ich deshalb von Aachen nach Bonn gezogen, um mich mit meiner Stellensuche leichter zu tun. Ich hatte mich bei zahlreichen politischen Einrichtungen und verschiedenen Bundestagsabgeordneten beworben, doch die Einstellungschancen blieben trotz aller Empfehlungen und guter Zeugnisse vage. In jenen Jahren nach der 68er-Rebellion stießen frischgebackene Politologen und Soziologen auf erhebliche Vorbehalte des Establishments, das dem angekündigten »Marsch durch die Institutionen« mit einer rigorosen Ausgrenzung zu begegnen versuchte. Da halfen mir auch mein Parteibuch der CDU und das Ansehen meines Doktorvaters wenig. Zudem hatten sich die Christdemokraten nach dem Machtverlust 1969 noch immer nicht in ihre neue Rolle als Opposition gefunden. Sie litten vor allem darunter, daß die Vergabe staatlicher finanzieller Mittel und die Besetzung von Ämtern und Posten ihrem Einfluß nun weitgehend entzogen waren. Zu jener Zeit finanzierten sich die Parteien noch vorwiegend aus Mitgliedsbeiträgen und Spenden, was ihren Aktivitäten Grenzen zog. Erst einige Jahre später und nach den ersten großen Steuerhinterziehungsaffären besannen sie sich auf eine bequemere und beständigere Selbstfinanzierung, indem sie sich und ihren Stiftungen hohe Beträge aus dem Steuersäckel genehmigten.

Ich wußte nicht, was mir die Zukunft bringen würde. Ich wußte nur, daß ich einen Job brauchte, um nach den vielen Jahren meiner Ausbildung endlich selbst für meinen Lebensunterhalt aufkommen zu können. Angesichts der unerwartet großen Schwierigkeiten mußte ich oft daran denken, um wie vieles ich es in der DDR leichter haben würde, eine Arbeit zu finden. Doch Karl-Heinz und Schiefer winkten sofort ab, sobald ich auch nur versuchte, auf die früheren Planungen zurückzukommen. »Wenn du auf eigene Faust nicht weiterkommst, dann mußt du das Arbeitsamt einschalten«, meinte Schiefer nur. »Du wirst sehen, irgend etwas wird sich schon finden.«

Eines Tages erhielt ich Nachricht von einem früheren Kommilitonen. Er arbeitete inzwischen als Geschäftsführer der Konrad-Adenauer-Stiftung und hatte vom Arbeitsamt meine Bewerbungsunterlagen zugeschickt bekommen. Ich versprach mir nicht viel von einer Unterredung, hatte ich doch bereits alle Einrichtungen der CDU und der Adenauer-Stiftung im Bonner Raum erfolglos angesprochen. Dennoch kam ich der Gesprächseinladung nach.

Mein Studienkollege konnte mir natürlich ebenfalls keine Arbeit in Aussicht stellen. »Im Moment ist es sehr schwierig«, meinte er. »Aber wenn wir es schaffen, die Regierung Brandt zu stürzen, dann sieht die Welt anders aus. Dann brauchen wir eine Menge Leute, um die Sozis auszumisten.« Er hatte auch einen realistischeren Vorschlag zu machen. »In München«, sagte er, »gibt es seit kurzem ein Forschungsinstitut, das die Adenauer-Stiftung zusammen mit der Hanns-Seidel-Stiftung betreibt. Soviel ich weiß, suchen die noch Leute. Ich kann Sie mit dem Institutsleiter zusammenbringen. Er kommt öfter nach Bonn. Das Weitere müssen Sie dann selber sehen.« Ich hatte noch nie von dem Institut gehört. Aber ich war natürlich einverstanden.

Schon kurze Zeit später kam das Gespräch zustande, und zwar mit einem der beiden Institutsleiter, denn aufgrund der gemeinsamen Führung des Instituts durch Adenauer- und Seidel-Stiftung hatte es auch zwei Direktoren. Kammrath, mein Gesprächspartner, vertrat die bayerischen Christsozialen, und Hentschke war von den rheinischen Christdemokraten eingesetzt. Beide hatten zwei Vorstände, die ebenfalls paritätisch die Schwesterparteien vertraten: Manfred Wörner die CDU und Friedrich Zimmermann die CSU.

Kammrath schilderte mir die Konzeption des Instituts und dessen Forschungsauftrag. Man befasse sich schwerpunktmäßig mit Fragen der äußeren und inneren Sicherheit. Die Anschläge der Baader-Meinhof-Gruppe, die aus den Studentenunruhen hervorgegangen war, hätten erhebliche Lücken in der inneren Sicherheitspolitik offenbart. Die gelte es sorgfältig zu analysieren, um geeignete Verbesserungsmaßnahmen zu erarbeiten. Hierfür brauchte Kammrath noch Leute, und er traute mir zu, diese Aufgabe zu leisten. Der Umstand, daß ich bei Mehnert studiert hatte, war ihm Empfehlung genug. »Interessiert Sie die Aufgabe? Dann können Sie sofort bei mir anfangen.«

Für mich gab es nichts zu überlegen. Ich wollte endlich einen Job, und es war mir allmählich gleichgültig, ob er nun meinen Erwartungen oder gar denjenigen Schiefers und Karl-Heinz' entsprach. Ich würde schon etwas daraus machen, zumindest würde ich es versuchen. Ebensowenig machte es mir etwas aus, ein weiteres Mal meine Sachen zu packen und umzuziehen. Nach München? Daran hätte ich zwar im Traum nicht gedacht, aber wenn es nur dort Arbeit für mich gab, würde es sich auch dort leben lassen; daß ich im Falle einer Einstellung beim BND wahrscheinlich ebenfalls nach München hätte umziehen müssen, hatte ich bislang nicht bedacht. Man wurde sich rasch einig. Ich würde in einigen Wochen meine Arbeit in München antreten.

»Habe Job in München angenommen«, begann ich abends einen Brief an Karl-Heinz und Schiefer. Es war ein unsichtbarer Text, ich benutzte dafür das Geheimschreibmittel, das ich zwischen meinen Utensilien aufbewahrte. »Forschungsinstitut für Sicherheit und internationale Fragen. Wird von CDU und CSU betrieben. Ich soll innere Sicherheit bearbeiten.« Im nächsten Funkspruch erhielt ich die Mitteilung: »Institut hier unbekannt. Versuche, Näheres in Erfahrung zu bringen.«

Dazu bedurfte es keiner Mühe. Das Institut war eine Neugründung, und seine Schöpfer suchten immer noch nach einem verläßlichen Standort im politikorientierten Wissenschaftsbetrieb. Sein Selbstverständnis und die latenten Finanzierungsprobleme wurden deshalb auch im Kreis der Mitarbeiter permanent diskutiert. Die konzeptionelle Idee war zweifellos gut. Doch litt der Institutsbetrieb von Anbeginn unter der Doppelherrschaft der beiden Stiftungen und deren politischen Protagonisten Zimmermann und Wörner, die nach dem Verlust der Bonner Apparate in dem kleinen Arbeitsteam eine bescheidene Hilfstruppe für ihre persönlichen Machtambitionen sahen. Während Wörner mit der Zuarbeit von Hentschke verteidigungspolitisches Profil zu gewinnen suchte, war Kammrath bemüht, Zimmermann mit Material aus dem Bereich »law and order« zu bedienen. Dem Institut wenig zuträglich waren zudem die Persönlichkeitsstrukturen von Hentschke und Kammrath, die unterschiedlicher nicht hätten sein können. Während sich ersterer in bester Assistentenmanier an seinem Schreibtisch durch Berge von Papier arbeitete, um Wörner mit Daten und Analysen zu versorgen, stürzte sich letzterer in eine extensive Kontaktpflege, ob sie nun dem Institut oder Zimmermann oder aber ihm selbst zum Vorteil gereichte oder dies nur den Anschein hatte.

Unter nachrichtendienstlichem Aspekt war die Tätigkeit des Instituts von keinem besonderen Interesse, wie ich mir schon nach kurzer Einarbeitungszeit sicher war. Doch die HVA zögerte, meine Auffassung zu teilen. Zu sehr hatte sie der Umstand elektrisiert, daß Friedrich Zimmermann eine zentrale, wenngleich diffuse Rolle in dem Institut spielte, denn hinter Zimmermann wähnte sie Franz-Josef Strauß. »Warte ab, wie sich die Dinge entwickeln«, beschied mich Schiefer, als ich mich frustriert über meine beruflichen Entfaltungsmöglichkeiten äußerte. »Wir haben Zeit, und du solltest sie auch haben.«

Mit Feuereifer hatte ich mich in mein neues Aufgabengebiet gestürzt. Es gab unendlich viel zu lesen, die jahrelange Beschäftigung mit der DDR hatte mir nur wenig Zeit gelassen, mich mit anderen Bereichen zu befassen. Die Fragen der inneren Sicherheit fesselten mich schnell, ging es doch dabei ganz wesentlich um die Aufgabe, die sozialen Ursachen antistaatlicher Haltungen aufzudecken und Möglichkeiten ihres Abbaus aufzuzeigen, und nicht bloß um die simple Suche nach verschärften Abwehrmaßnahmen. Allerdings war dies keine leichte Aufgabe im Schatten zweier Schwesterparteien, zu deren Selbstverständnis ein striktes »Law-and-order«-Denken gehörte und die wenig Neigung zeigten, die sozialen Gründe gesellschaftlicher Auflehnung zu hinterfragen.

Schon bald sollte ich erfahren, wie sehr dieser Umstand zu einer Gratwanderung zwischen wissenschaftlichen Erkenntnissen und parteipolitischem Kalkül zwangen. Im Herbst 1972 wurde das Institut von der CSU beauftragt, an der Ausarbeitung ihres Wahlkampfmaterials mitzuwirken. Ich hatte die Daten und Fakten zur inneren Sicherheit aufzubereiten, die die CSU seit den 68er-Unruhen ernsthaft bedroht wähnte. Von mir wurde deshalb eine Lagedarstellung erwartet, die, wie in Wahlkämpfen üblich, die Sachprobleme auf die Parteidogmatik verkürzt und kräftig dramatisiert, um darauf gestützt ein härteres polizeiliches und strafrechtliches Durchgreifen fordern zu können. Es war für mich ein Greuel, mich wider besseres Wissen für die Erarbeitung von Materialien herzugeben, die meiner Meinung nach mehr der Volksverdummung als der Wählerinformation dienten. Doch als Mitfinanzier des Instituts hatte die CSU nun einmal das Recht, ihm auch Aufträge zu erteilen, ob sie mir nun gefielen oder nicht.

Dennoch war der Finanzrahmen so eng bemessen, daß ein Überleben nur mit Hilfe von Forschungsaufträgen Dritter möglich war. Das Institut war allerdings noch viel zu wenig etabliert, um sich gegen die wissenschaftliche Konkurrenz zu behaupten. Es fiel sehr schwer, lukrative Aufträge einzuholen. Andererseits sahen es die Vorstände bzw. Stiftungen nicht gern, daß sich das Institut um eine breitere Grundlage seiner Tätigkeit bemühte. Vor allem die CSU wollte ihren starken Einfluß nicht verlieren.

So bewegte sich das Institut in einem Teufelskreis, aus dem mit eigener Kraft kein Entkommen möglich schien. Um so mehr richtete sich die Hoffnung der beiden Leiter auf eine Rückkehr der Unionsparteien an die Macht und damit an die staatlichen Geldtöpfe. In ihrem erbitterten Kampf gegen die Ostpolitik der Regierung Brandt hatte die CDU/CSU-Fraktion im Herbst 1972 ein konstruktives Mißtrauensvotum gegen den Bundeskanzler eingebracht. Aber die Christdemokraten unterlagen denkbar knapp. Der nachfolgende glänzende Wahlsieg Willy Brandts machte schließlich jede Hoffnung zunichte, daß sich die finanzielle Situation rasch bessern könnte.

Als die CDU Anfang 1973 die Sockelfinanzierung des Instituts um 100.000 DM kürzte, wurde dessen Finanzlage vollends prekär. Die personelle und wissenschaftliche Kapazität war zu gering, um die Etatlücke durch Forschungsaufträge von dritter Seite schließen zu können, und die CSU konnte oder wollte das Loch nicht stopfen. Alle Bemühungen der Institutsleitung, in Verhandlungen mit den Parteistiftungen das absehbare Ende abzuwenden, blieben vergebens. Man beschloß schließlich, zur Jahresmitte 1973 die Tätigkeit des Instituts einzustellen. Diese Entscheidung warf mich wieder auf den Ausgangspunkt zurück, irgendwie und irgendwo eine Arbeitsstelle finden zu müssen.

In dem knappen Jahr, das ich in dem Forschungsinstitut tätig war, reiste ich wiederholt zu Treffen in die DDR. Karl-Heinz und Schiefer vermuteten bei den Arbeiten, die in dem Institut gefertigt wurden, daß es sich um höchst wichtige Berichte handeln müsse, die Einblick in strategische Planungen der Christdemokraten und Christsozialen geben könnten. Sie taten sich schwer, mir zu glauben, daß ihre Annahmen weit überzogen waren. Schiefer wollte sich selbst ein Bild machen. Er bat mich, ihm den einen oder anderen Bericht zu schicken. Ich solle das Material fotografieren und die entwickelten Filme einem Kurier übergeben.

Ein weiteres Mal wurde ein Techniker beigezogen, um mich in die Dokumentenfotografie einzuweisen. Er brachte eine handelsübliche Spiegelreflexkamera mit, die er mir später überließ. Er erklärte mir, welchen Abstand Kamera und Dokument haben müßten, wie das Dokument auszuleuchten sei und welche Blende und Belichtungszeit am günstigsten seien, damit der Text gut lesbar wäre.

Mit dem Kurier wurde vereinbart, wo und in welcher Weise ich ihm unauffällig das Filmmaterial zustecken könnte. Da ich eine begeisterte Schwimmerin war und angetan von dem Erlebnisbad in Tölz, erschien es mir am unverfänglichsten, uns dort zu treffen.

Etwa dreimal mag ich in der Folgezeit mit dem Kurier zusammengetroffen sein, um ihm Informationen auszuhändigen. An Genaues kann ich mich aber nicht mehr erinnern. Auch nicht an die Berichte, die ich weitergegeben habe. Es dürften Schriftstücke aus meinem Arbeitsbereich gewesen sein, nichts streng Vertrauliches und hoch Geheimes, denn mit solchem Material hatte ich in dem Institut nichts zu tun. Gleichwohl war die Weitergabe von Arbeitsunterlagen natürlich ein Vertrauensbruch gegenüber meinem Arbeitgeber und ein Verstoß gegen meine Obliegenheiten. Das ist nicht wegzudiskutieren und soll auch in keiner Weise beschönigt werden. Freilich ist dieser Sachverhalt der nachrichtendienstlichen Tätigkeit immanent, und noch kein Geheimdienst hat aus moralischen Bedenken, aus Scheu, zur Verletzung von Dienstpflichten und Loyalitäten anzustiften, darauf verzichtet, seine Quellen zur Beschaffung von Unterlagen anzuhalten. Im Gegenteil: Die Beschaffung von Originalmaterial aus Amtsstuben, (Rüstungs-)Betrieben und Waffenarsenalen eines anderen Staates, seien es Dokumente, Materialproben oder Gerätschaften, gilt jedem Nachrichtendienst als wichtigstes Ziel seiner Aufklärungstätigkeit.[1] Deshalb empfand ich die Aufgeregtheit des Bundesanwalts als gekünstelt, als er mir in seinem Plädoyer diese Seite meiner Kundschaftertätigkeit als besonders verwerflich vorhielt.

Lediglich ein Dokument, das ich fotografiert und an die HVA weiter-

---

[1] Das gibt auch mein Ex-Kollege Waldemar Markwardt für die Interessenlage und Tätigkeit des BND unumwunden zu; vgl. Markwardt, »Erlebter BND«, S. 27 ff.

gegeben habe, ist mir im Gedächtnis geblieben, denn ich hatte die damit zusammenhängenden politischen Vorgänge damals mit Entrüstung wie bangem Hoffen verfolgt. Dieses Dokument war nicht im Institut erarbeitet worden. Es war dorthin nur zur Kenntnisnahme gelangt und eines Tages auch auf meinem Schreibtisch gelandet. Es handelte sich um das Gutachten von Professor Dieter Blumenwitz zur Frage der Verfassungsmäßigkeit des Grundlagenvertrags zwischen der Bundesrepublik und der DDR vom 21. Dezember 1972. Dieses Gutachten sollte das verfassungsgerichtliche Vorgehen der Bayerischen Staatsregierung gegen den Grundlagenvertrag, das den Höhepunkt des christdemokratischen Kampfes gegen die Deutschland- und Ostpolitik der Regierung Brandt bildete, stützen. Ich befürwortete entschieden die Bemühungen Brandts um ein geregeltes Verhältnis zwischen den beiden deutschen Staaten, um einen Abbau der innerdeutschen Spannungen und eine Milderung der Folgen der Teilung für die Menschen. Für die verbissene Gegnerschaft der CSU hatte ich nicht das geringste Verständnis, ging es den Christsozialen doch nur darum, den – ohnehin mehr als fragwürdigen – Alleinvertretungsanspruch Bonns aufrechtzuerhalten. Mehr denn je war es eine Politik zu Lasten der Menschen im geteilten Deutschland. Gleichwohl zeigte sich das Bundesverfassungsgericht damals aufgeschlossen für den beharrenden deutschlandpolitischen Standpunkt der Konservativen. Mit seinem Urteil vom 31. Juli 1973 über die Verfassungsmäßigkeit des Grundlagenvertrages zwischen der Bundesrepublik und der DDR sprach es letzterer in schier abenteuerlichen juristischen Konstruktionen die Qualität ab, ein eigenständiges Völkerrechtssubjekt mit eigener Staatsangehörigkeit zu sein, verwies sie in einen Rechtsstatus des »Nicht-Auslands« – was nichts anderes hieß als Inland, da es ein Drittes nicht gibt – und zog damit der weiteren Deutschlandpolitik der sozialliberalen Regierungskoalition unüberwindliche Schranken.[2]

[2] »Das Deutsche Reich existiert fort... Mit der Errichtung der Bundesrepublik Deutschland wurde nicht ein neuer westdeutscher Staat gegründet, sondern ein Teil Deutschlands organisiert. ... Die Bundesrepublik Deutschland ist ... als Staat identisch mit dem Staat ›Deutsches Reich‹, – in bezug auf seine räumliche Ausdehnung allerdings ›teilidentisch‹, so daß insoweit die Identität keine Ausschließlichkeit beansprucht. ... Sie beschränkt staatsrechtlich ihre Hoheitsgewalt auf den ›Geltungsbereich des Grundgesetzes‹ ..., fühlt sich aber auch verantwortlich für das ganze Deutschland ... Die Deutsche Demokratische Republik gehört zu Deutschland und kann im Verhältnis zur Bundesrepublik Deutschland nicht als

Es erscheint grotesk, daß das gleiche Gericht sich ausgerechnet in seiner Grundsatzentscheidung vom 15. Mai 1995 über die Strafbarkeit der deutsch-deutschen Spionage[3] von eben dieser fundamentalistischen Rechtsprechung sang- und klanglos verabschiedet hat, um die prinzipielle Strafbarkeit der DDR-Spionage begründen zu können. Da in bezug hierauf stets auch das Straftatbestandsmerkmal »fremde Macht« erfüllt sein muß, ließ sich nun von der DDR schlechterdings nicht mehr als von einem »Nicht-Ausland« reden, auch nicht mehr von faktisch bundesstaatlichen »Inter-se-Beziehungen«, von einer gliedstaatähnlichen Grenze und von einem nur mit der BRD identischen, die DDR überwölbenden Gesamtstaat Deutsches Reich. Denn das hätte bedeutet, die DDR-Aufklärung in ein Untergeschoß der westdeutschen Spionage zu verweisen, so wie die »Bürger der DDR« immer ins Untergeschoß der rechtlich von der BRD beanspruchten deutschen Staatsangehörigkeit gesteckt worden waren. Damit die DDR zur strafrechtlich relevanten »fremden Macht« mutieren konnte, deren geheimdienstliche Aktivitäten auch über die Vereinigung der beiden deutschen Staaten hinaus strafrechtlich verfolgbar blieben, mußte das Bundesverfassungsgericht ihr posthum alle Attribute eines souveränen Staates und Völkerrechtssubjekts verleihen und sie völkerrechtlich der Bundesrepublik gleichsetzen. In seinem Spionage-Beschluß erkannte es auch an, was es dem zweiten deutschen Staat zu dessen Lebzeiten stets verweigert hatte – eine eigene Staatsangehörigkeit: Immer wieder ist in der Verfassungsgerichtsentscheidung von »Staatsbürgern der DDR« die Rede. Letztendlich wurde damit eine wesentliche Zielsetzung meiner Kundschaftertätigkeit erreicht, auch wenn sie zu diesem späten Zeitpunkt nur noch nachteilig wirken sollte.

*

Ausland angesehen werden (das Bundesverfassungsgericht spricht im weiteren von ›inter-se-Beziehungen‹; die Verf.) ... (Bei der Grenze zwischen den beiden Staaten handelt es sich) um eine staatsrechtliche Grenze ... ähnlich denen, die zwischen den Ländern der Bundesrepublik Deutschland verlaufen.«
Urteil des Zweiten Senats des Bundesverfassungsgerichts vom 31. Juli 1973 in dem Verfahren zur verfassungsrechtlichen Prüfung des Gesetzes zum Vertrag vom 21. Dezember 1972 zwischen der BRD und der DDR über die Grundlagen der Beziehungen zwischen der BRD und der DDR vom 6. Juni 1973 (2 BvF 1/73)

[3] Beschluß des Zweiten Senats vom 15. Mai 1995 (2 BvL 19/91 – 2BvR 1206/91 – 2 BvR 1584/91 – 2 BvR 2601/93)

Ende Mai 1973 wurde mein Arbeitsverhältnis mit dem Münchner Forschungsinstitut, wie auch das meiner Kollegen, gekündigt. Als eine Art Sozialplan bot die Hanns-Seidel-Stiftung an, den einen oder anderen Mitarbeiter zu übernehmen. Ich fand das honorig. Gleichwohl verspürte ich keine Neigung, in die Stiftung zu wechseln. Ich mochte nicht noch enger im Dunstkreis der CSU arbeiten, als es bislang schon der Fall war. Schon gar nicht wollte ich gezwungen sein, die politischen Fragen durch die Brille der Parteipropaganda sehen zu müssen, so wie es der »Bayernkurier«, die Parteizeitung der CSU, für den parteiinternen Bereich tat, extrem einseitig und grob vereinfachend.

Allerdings fehlte mir jegliche Alternative. Noch immer gab es keinerlei Anzeichen, daß meine Bewerbungen bei verschiedenen Bonner Stellen, die ich ungeachtet meines Umzugs nach München aufrechterhalten hatte, positiv entschieden würden. Schon gar nicht konnte ich, wie später der Bundesanwalt kühn behaupten sollte, als Lehrerin in den Schuldienst wechseln. Mir fehlte die staatliche Befähigung zum Lehramt, weil ich zugunsten des politikwissenschaftlichen Studiums darauf verzichtet hatte, das Referendariat zu absolvieren. Ohne Referendariat kam ich einer Studienabbrecherin gleich. Auch lag es bereits über fünf Jahre zurück, es hätte deshalb einer Sonderzulassung zum Referendariat bedurft.

Von Karl-Heinz und Schiefer waren ebenfalls Rat und Hilfe nicht zu erwarten. Sie hatten meine Mitteilung, das Institut werde aufgelöst, resigniert zur Kenntnis genommen und sich darauf beschränkt, mir Glück zu wünschen, daß es irgendwie weitergehen würde.

In dieser Situation der Unschlüssigkeit und Ungewißheit erreichte mich eines Tages ein geheimnisvoller Anruf im Institut. »Mein Name ist Grafrath«, stellte sich ein mir unbekannter Mann vor. »Ich habe gehört, daß Sie sich beruflich verändern wollen. Ich könnte Ihnen ein interessantes Angebot machen. Ich hatte schon einmal im vorigen Jahr versucht, Sie zu erreichen. Aber da waren Sie gerade von Bonn nach München gezogen. Haben Sie schon eine neue Arbeitsstelle angenommen?«

In meinem Kopf begann es blitzschnell zu arbeiten. Ein mir unbekannter Mann wußte, daß ich nach einer neuen Arbeitsstelle suchte. Er wußte auch von meinem Wohnortwechsel. Er stellte mir ein interessantes Angebot in Aussicht, ohne jedoch irgend etwas Konkretes zu sagen. Der scheint bei einem Geheimdienst zu sein, durchzuckte es mich. Beim bayerischen Landesamt für Verfassungsschutz oder vielleicht sogar beim Bundesnachrichtendienst.

Ich bemühte mich, unbefangen zu klingen, als ich antwortete: »Ja, es stimmt, daß ich nach einer neuen Arbeitsstelle suche. Das Institut hier stellt zum Monatsende seine Tätigkeit ein. Ich habe mich noch nicht entschieden, was ich künftig machen werde. Ich überlege noch.« »Das ist gut«, sagte Grafrath, »dann sollten Sie sich das Angebot, das ich Ihnen machen kann, anhören. Wann können wir uns sehen? Ich komme zu Ihnen.« Ich war einverstanden. Wir vereinbarten für einen der nächsten Tage einen Termin.

Die Zwischenzeit verbrachte ich in innerer Spannung und Unruhe. Wer verbarg sich hinter Grafrath? Wer war es, der mich schon seit längerem im Visier hatte? Sollte meine Blickfeldarbeit endlich einen Erfolg zeitigen? Was würden Karl-Heinz und Schiefer sagen, wenn ich ihnen mitteilen könnte: Geheimdienst bietet mir Arbeitsstelle an!

Grafrath kam pünktlich. Er wies sich mir gegenüber mit einem Dienstausweis aus, einer kleinen rotgepunkteten Karte mit aufgedrucktem Bundesadler, auf der sein Name und Dienstgrad vermerkt waren. Darüber stand in fetten Druckbuchstaben: **BUNDESNACHRICHTENDIENST**. Ich atmete tief durch. Dies war also der Moment, den Karl-Heinz mit seiner respektlosen Bemerkung »Eine Oberlehrerin in Bonn brauchen wir nicht« herbeizureden versucht hatte. Nun lag es an mir, die Chance zu nutzen und keinen Fehler zu machen. Ich durfte um Himmels willen nicht zeigen, wie nervös ich war. Ich mußte ruhig bleiben, ganz ruhig.

»Als weltweit tätiger Nachrichtendienst bietet der BND eine Vielfalt interessanter Arbeitsmöglichkeiten«, begann Grafrath das Gespräch. »Er sucht deshalb tüchtige Fachleute aus den unterschiedlichsten Bereichen. Sie sind, soviel ich weiß, DDR-Expertin?« »Ja«, antwortete ich, »ich habe mich im Rahmen meiner Promotion intensiv mit der DDR beschäftigt. Ich wollte auch gern auf diesem Gebiet weiterarbeiten. Aber das hat bisher nicht geklappt. Im Moment befasse ich mich mit Fragen der inneren Sicherheit.« »Nun, dann wären Sie beim BND richtig aufgehoben«, bemühte sich Grafrath, mein Interesse zu steigern. »Die DDR ist unser vorrangiges Beobachtungsgebiet. Mit Ihren einschlägigen Kenntnissen wären Sie für einen Einsatz in der Auswertung der DDR-Politik geradezu prädestiniert. Aber Sie könnten natürlich auch in der Nachrichtenbeschaffung arbeiten, z.B. als Verbindungsführer zu DDR-Quellen. Da wären Sie ein kompetenter Gesprächspartner.« Ich nickte bestätigend. »Sie könnten aber auch auf einem ganz anderen Gebiet arbeiten«, legte Grafrath nach. »Zum Beispiel Lateinamerika, wenn Sie das interessiert. Oder Afrika. Der BND ist, wie gesagt, sehr flexibel.«

»Nein«, erwiderte ich, »eine Bearbeitung der DDR kann ich mir sehr viel besser vorstellen. Das entspricht meiner Interessenlage. Ich könnte endlich wieder auf meinem Fachgebiet tätig sein. Das wäre großartig. Sie müssen wissen, daß ich zur Zeit an der Buchausgabe meiner Dissertation arbeite. Das ist doch etwas ganz anderes als die Tätigkeit, die ich zuletzt ausgeübt habe.«

»Nun gut«, meinte Grafrath, »die Frage muß und kann jetzt ohnehin noch nicht entschieden werden. Ich wollte damit nur gesagt haben, daß Sie im Falle eines Eintritts in den BND nicht auf alle Zeit auf den Bereich DDR festgenagelt sind. Früher oder später können Sie auch in andere Arbeitsgebiete wechseln. Das sieht man sogar sehr gern, weil es die Verwendungsbreite vergrößert. In dieser Hinsicht bietet der BND Vorzüge, wie man sie in keiner anderen Behörde und in keinem Wirtschaftsunternehmen antrifft«, fuhr er fort. »Wie sieht es aus, können Sie sich vorstellen, im BND zu arbeiten?«

Und ob ich mir das vorstellen konnte! Nicht in allen Einzelheiten natürlich, dafür kannte ich, trotz meiner Kontakte zur HVA, noch viel zu wenig vom nachrichtendienstlichen Geschäft. Aber nach dem ständigen Drängen von Karl-Heinz und Schiefer hatte ich mich mit diesem Gedanken längst vertraut gemacht. Doch durfte ich das meinem Gesprächspartner nicht zeigen. Es hätte womöglich sein Mißtrauen geweckt. Ich hatte es hier mit unserem nachrichtendienstlichen Gegner zu tun, mit einem Profi. Eine vage Angst befiel mich, er könnte irgend etwas von meinem Geheimnis erahnen und ich mich dadurch einer immensen Gefahr aussetzen. Nur durch vorsichtige Zurückhaltung könnte ich dieser Gefahr entgehen.

»Ich glaube schon, daß ich mir eine Tätigkeit im BND vorstellen kann«, gab ich zögernd zur Antwort. »Was Sie sagten, klingt interessant. Das könnte eine berufliche Perspektive für mich sein.« »Schön. Dann schlage ich Ihnen vor, daß Sie Ihre Bewerbungsunterlagen beim BND einreichen. Leider ist das mit etwas Arbeit verbunden, weil einige Formulare auszufüllen sind.« Grafrath zog aus seiner Aktentasche verschiedene Schriftstücke hervor und gab sie mir. »Die Bewerbungsunterlagen schicken Sie dann bitte an diese Adresse.« Er reichte mir eine Visitenkarte. »Franz Weigel« stand darauf und »Postschließfach, München«, mehr nicht.

»Ich möchte Ihnen noch kurz schildern, wie das Bewerbungsverfahren beim BND ausschaut. Wir werden Sie in einigen Wochen zu einem Beratungsgespräch einladen. Ein Mitarbeiter aus der Auswertungsabteilung wird daran teilnehmen. Mit ihm können Sie dann im einzelnen besprechen, welche Einsatzmöglichkeiten für Sie in Betracht kämen. Später findet dann noch ein zweitägiges Auswahlverfahren statt, gemeinsam mit anderen Bewerbern. Da wird unter anderem ein Vorstellungsgespräch mit Ihnen geführt, außerdem erfolgen Fremdsprachentests und ein allgemeiner Wissenstest, und dann ist noch ein Kurzreferat zu halten mit nachfolgender Diskussion über eines der Themen. Ich bin sicher, daß Ihnen das nicht schwerfallen wird.«

Anschließend lenkte Grafrath das Gespräch auf eine Reihe allgemeiner Fragen, die, wie es schien, mit meiner Bewerbung nicht das geringste zu tun hatten. Doch ich war sicher, daß ich mich unvermindert auf dem Prüfstand befand, wie seit jenem Augenblick, wo mein Besucher meine Wohnung betreten hatte. Zweifellos hatte er die Aufgabe, einen möglichst umfassenden Eindruck von mir zu gewinnen, wer ich war und wie ich lebte. Sein Besuch bei mir war kein Zufall. Der Einblick in meinen privaten Bereich ließ Rückschlüsse auf meine Person zu, auf meine Lebensweise, auf Vorlieben und Schwächen. Bestimmt würde Grafrath anschließend einen Bericht schreiben über seinen Besuch, über mich. Ich hatte mir Mühe gegeben, einen guten Eindruck zu machen. Mehr lag nicht in meiner Macht.

Nachdem Grafrath gegangen war und meine Anspannung und Konzentration sich gelöst hatten, schrieb ich eine geheime Nachricht an Karl-Heinz und Schiefer. »BND hat mich angesprochen und Arbeitsstelle angeboten. Habe Bewerbungsunterlagen erhalten. Sind ähnlich denen des AA. Werde sie dementsprechend ausfüllen und einreichen.« Schon im nächsten Funk erhielt ich Antwort. Eine Antwort, die mich gleichermaßen überraschte und freute. »Wir drücken die Daumen für deine Bewerbung. Näheres wird dir Karlicek mitteilen. Er kommt umgehend nach Italien. Teile bitte sofort mit, wo und wann du ihn treffen kannst. Berücksichtige dabei, daß er ca. drei Tage für die Anreise benötigt.«

Karl-Heinz sollte nach Italien kommen! Zum ersten Mal würden wir uns im westlichen Ausland sehen! Dieser Gedanke erschien mir ebenso aufregend wie kühn. Bislang war es noch stets mir zugedacht gewesen, zu Karl-Heinz zu reisen, in die DDR. Doch nun sollte es an ihm sein zu kommen. Und an mir, den Treffpunkt zu nennen. Noch ahnte ich nicht, daß der Besuch von Grafrath die DDR für mich in eine fast unerreichbare Ferne gerückt hatte und daß ich künftig zäh um die Möglichkeit würde kämpfen müssen, dorthin reisen zu können. Ich hätte es mir auch nicht im mindesten vorstellen können, wußte ich doch nicht, mit welchen rigorosen Sicherheitsmaßnahmen die HVA meine Kontaktierung durch den BND abschirmen würde.

Ich entschloß mich, Karl-Heinz in Rimini zu treffen. Schon seit längerem wollte ich den Badeort an der italienischen Adriaküste kennenlernen. Um herauszufinden, wo ich meinen Verlobten am besten treffen könnte, besorgte ich in einem Reisebüro Prospektmaterial. Sorgfältig suchte ich den Ortsplan nach signifikanten Bauwerken und Plätzen ab, die sich als Treffort eigneten. Schließlich blieb mein Blick an dem Hinweis »Aquarium« hängen. Das erschien mir brauchbar. Man könnte sich nicht verfehlen, und andererseits würde es nicht weiter auffallen, wenn man sich dort wiederholt aufhielte, um auf den anderen zu warten. Ein Aquarium würde immer eine Reihe von Besuchern anlocken.

Wieder schrieb ich eine geheime Nachricht an Karl-Heinz: »Erwarte dich ab Samstag, 14.7., 11.00 Uhr, in Rimini. Treffort: Aquarium.« Dann begann ich, die Bewerbungsunterlagen für den BND zusammenzustellen. Bevor ich nach Rimini aufbrach, schickte ich sie an die Adresse, die Grafrath mir gegeben hatte.

Rechtzeitig zum genannten Termin war ich in Rimini. Ich machte mich gleich auf den Weg zum Aquarium, um mir ein Bild von dem ausgewählten Treffort zu verschaffen. Das Aquarium lag abseits des Ortszentrums am Ende der Uferpromenade. Man konnte es nicht verfehlen. Gleichwohl erschrak ich, als ich auf dem Weg dorthin feststellen mußte, daß es ein Stück unterhalb ein zweites Delphinarium an der Promenade gab, neuer und erheblich größer als das alte. Mein Prospektmaterial hatte keinen Hinweis darauf enthalten, es mußte uralt sein. Ich fühlte mich unbehaglich bei dem Gedanken, daß mein Vorschlag sich urplötzlich als irritierend und alles andere als klar erwies. Mir bliebe nichts anderes übrig, als zwischen den beiden Aquarien hin- und herzupendeln, um nicht Gefahr zu laufen, daß der eine am oberen und der andere am unteren Delphinarium wartete.

Sooft ich an diesem heißen Sommertag auch die Uferpromenade abging, von Karl-Heinz war weit und breit keine Spur zu entdecken. Wieder und wieder rechnete ich nach, wieviel Zeit er für seine Anreise nach Rimini benötigte, seit er meinen Brief erhalten haben mußte. Es bestand kein Zweifel, daß er längst hätte eintreffen können. Ob man sich wegen der unvorhergesehenen Existenz zweier Aquarien verfehlt haben könnte? Das war unwahrscheinlich. Trotzdem wurde ich meine Verunsicherung nicht los.

Auch am nächsten Tag war von Karl-Heinz nichts zu sehen. Allmählich wurde ich ärgerlich. So hatte ich mir das erste Treffen mit ihm im westlichen Ausland nicht vorgestellt. Während die Urlauber das Strandleben und Badevergnügen genossen, mußte ich, wie es die Treffgepflogenheiten vorsahen, zu jeder vollen Stunde in der Sonnenglut über die Uferpromenade zu den Aquarien trotten. Soll er doch warten, dachte ich mißmutig, ich habe es jetzt lange genug getan. Ich beschloß, ab sofort nur noch jede zweite Stunde den Treffort aufzusuchen und auch nur noch das nächstgelegene Aquarium.

Inzwischen war es Montag geworden und ich hielt nur noch sporadisch Ausschau nach Karl-Heinz, als ich ihn plötzlich entdeckte. Er kam aus der Richtung des abseits gelegenen Delphinariums. »Was hast du nur für einen unsinnigen Treffort ausgesucht«, hielt er mir zur Begrüßung vor. »Es gibt ja zwei Aquarien. Seit zwei Stunden laufe ich hier hin und her!« »Was glaubst du wohl, was ich seit zwei Tagen tue«, gab ich den Vorwurf zurück. »Woher sollte ich wissen, daß es noch ein zweites Delphinarium gibt. In den Prospekten war es nicht vermerkt.« »So ist das eben, wenn man einen Treffort nur nach dem Papier aussucht«, erwiderte Karl-Heinz. »Es geht doch nichts über eine solide Ortskenntnis. Im übrigen war es Unsinn, schon am Samstag mit meinem Kommen zu rechnen. Wir hatten dir doch mitgeteilt, daß ich einige Tage für die Anreise brauche. Früher als heute konnte ich nicht hier sein. Aus Sicherheitsgründen habe ich eine halbe Weltreise machen müssen. Konnte doch unmöglich auf direktem Weg hierherkommen.«

Allmählich wichen die innere Anspannung und Ungeduld der Freude über das Wiedersehen. »Sag mal, das sind ja irre Neuigkeiten, die du uns mitgeteilt hast. Der BND ist an dir interessiert. Hat es also endlich mit der Blickfeldarbeit geklappt! Hast du irgendeine Ahnung, wer ihnen den Tip gegeben haben könnte?« Ich verneinte. »Es kommen mehrere Personen in Betracht. Kammrath zum Beispiel, der hat Kontakte zum BND. Abends ist des öfteren ein Besucher zu ihm gekommen unter ziemlich geheimnisvollen Umständen. Das soll ein höheres Tier beim BND sein. Aber Genaueres weiß ich nicht. Dann stehe ich auch selbst in Kontakt mit einem höheren Beamten des bayerischen Innenministeriums, der in irgendeiner Weise mit den Geheimdiensten zu tun hat. Andererseits sagte der Mitarbeiter des BND, der mich besucht hat, man sei bereits in Bonn an mir dran gewesen. Dann müssen sie schon vorher einen Hinweis auf mich bekommen haben. Vielleicht von Mehnert, obwohl ich es nicht glauben kann. Er hat nie auch nur eine einzige Andeutung in diese Richtung gemacht.«

»Vielleicht werden wir das später einmal herausfinden«, meinte Karl-Heinz.[4] »Jetzt ist erst einmal wichtig, daß du dich bei allem, was auf dich zukommt, richtig verhältst. Mit Gotthard und Hans habe ich ausführlich über deine Bewerbung gesprochen. Sie drücken dir die Daumen. Nicht auszudenken, wenn es mit deiner Bewerbung klappen sollte. Es wäre ein Riesenerfolg. Wir werden von unserer Seite alles tun, daß nichts schiefgeht. Leider bedeutet das für dich einen Wermutstropfen. Wir werden ab sofort die Verbindung einstellen. Kein Funk mehr und schon gar keine Treffs. Und du schreibst uns auch nicht mehr. Du mußt

---

[4] Wie meine späteren Recherchen in Pullach ergaben, wurde ich von dem Kieler Politikwissenschaftler Professor Werner Kaltefleiter dem BND »getippt«. In der ersten Hälfte der 70er Jahre leitete er das Sozialwissenschaftliche Forschungsinstitut der Konrad-Adenauer-Stiftung in Alfter bei Bonn. Ich hatte mich auch dort beworben und ein längeres Gespräch mit Kaltefleiter geführt. Als der BND dessen Tip schließlich nachging, hatte ich allerdings bereits das Arbeitsangebot des Münchner Forschungsinstituts angenommen und war von Bonn weggezogen.
Ein Jahr später, im Zusammenhang mit der Schließung des Münchner Instituts, machte auch mein dortiger Chef Kammrath seinen Kontaktmann beim BND, den ehemaligen Leiter der Beschaffungsabteilung Kurt Weiß, besser bekannt unter seinem dienstinternen Decknamen »Winterstein«, auf mich aufmerksam, was dann meine Anwerbung durch den Pullacher Dienst zur Folge hatte.
Es entbehrt im übrigen nicht der Pikanterie, daß Weiß über viele Jahre von der HVA »abgeschöpft« worden ist. Bereits in den 50er Jahren war es Ost-Berlin gelungen, den Journalisten Gerhard Baumann, später ein Konfident Weiß', unter »falscher«, nämlich französischer Flagge anzuwerben; vgl. Schmidt-Eenboom, Erich, »Undercover – Der BND und die deutschen Journalisten«, Köln 1998, S. 351 ff.

davon ausgehen, daß du in den nächsten Monaten vom BND intensiv überprüft wirst. Möglicherweise wird man dich auch observieren, um festzustellen, welchen Umgang du hast. Wir können deshalb nicht das Risiko eingehen, daß sie irgend etwas mitbekommen. Alles muß ruhig bleiben, absolut ruhig. Tut mir nur leid, daß wir dich gerade in dieser schwierigen Situation allein lassen müssen. Aber die mußt du ohnehin selber bestehen. Wir können dir nur mit unseren Ratschlägen helfen.«

Ich war enttäuscht. Gerade noch hatte es den Anschein gehabt, als würde meine Verbindung zu Karl-Heinz und meinen Freunden von der HVA mit der Treffmöglichkeit im Ausland eine reizvolle Wende nehmen. Und nun sollte die Verbindung gänzlich eingestellt werden. Das bedeutete, daß ich noch mehr auf mich gestellt wäre. »Wie lange soll das gehen?« »Das kann ich dir nicht sagen. Es hängt ganz davon ab, wie deine Bewerbung beim BND ausgeht. Wenn sie dich nehmen, werden wir uns sicher für längere Zeit zurückhalten müssen. Denn dann mußt du damit rechnen, daß sie dich zunächst in der Optik haben. Solltest du hingegen abgelehnt werden, müssen wir neu entscheiden. Hans läßt dir ausrichten, daß du uns das Ergebnis deiner Bewerbung per Post mitteilen sollst. Anschließend werden wir dir über Funk mitteilen, wie wir weiter verfahren. Diese eine Sendung mußt du unbedingt hören. Doch bis dahin herrscht absolute Funkstille.«

Anschließend ließ sich Karl-Heinz berichten, was Grafrath mir über das Einstellungsverfahren des BND mitgeteilt hatte. »Haben wir dir nicht gesagt, daß die das genauso machen wie das Auswärtige Amt?« stellte er mit unterschwelligem Stolz fest. »Das kennst du ja schon. Ich bin sicher, daß du es schaffst. Problematischer sind deine Reisen in die DDR und deine verwandtschaftlichen Beziehungen. Darauf wird man sich bei den Vorstellungsgesprächen konzentrieren. Wir können nur hoffen, daß die Sicherheitsabteilung diese Kröte schluckt. Du mußt immer darauf hinweisen, daß du diese Reisen nur im Auftrag von Mehnert unternommen hast und nicht aus irgendeinem eigenen Interesse. Es muß klar werden, daß du es ausschließlich ihm zu verdanken hast, daß du damit in den Augen des BND als ein Sicherheitsrisiko giltst. Und was deine Verwandten betrifft, so mußt du die Beziehungen konsequent herunterspielen. Es sind eben nur entferntere Verwandte, und Kontakt hast du ohnehin nicht mehr zu ihnen.«

Wir blieben noch den Rest der Woche in Rimini. Offensichtlich hatte uns die HVA ein paar Tage Ferien zugedacht als Ausgleich, daß wir uns für eventuell lange Zeit nicht mehr sehen könnten. Wie die vielen anderen Touristen genossen wir den Strand oder unternahmen Ausflüge. Aus Sicherheitsgründen war zwar Karl-Heinz strikt untersagt worden, in meinem Auto mitzufahren; die HVA wollte damit vermeiden, uns einer heiklen Situation auszusetzen, wenn im Falle eines Verkehrsunfalls seine Personalien aufgenommen würden und man womöglich feststellte, daß sein West-Berliner Personalausweis gefälscht war. Doch wir waren der Meinung, bei einer vorsichtigen Fahrweise dieses Risiko im Griff zu haben.

Als wir uns nach unbeschwerten Urlaubstagen schließlich trennten, wußten wir nicht, wann und unter welchen Bedingungen wir uns wiedersehen würden. Aber wir ahnten, daß es lange dauern könnte und wir es dann mit einer gänzlich anderen Situation zu tun hätten.

*

Etwa vier Wochen später wurde ich zu dem von Grafrath angekündigten Beratungsgespräch eingeladen. Es fand in einem der Stadtbüros des BND statt. Das Türschild wies nicht den »Bundesnachrichtendienst« als Nutzer der Räume aus, sondern irgendein Amt, das mir nichts sagte. Das Gespräch wurde von drei oder vier Mitarbeitern des BND geführt. Einer von ihnen stellte sich als Angehöriger der Auswertungsabteilung vor. Er schilderte mir vor dem Hintergrund meiner Studienschwerpunkte die möglichen Arbeitsgebiete im BND, in denen ich im Falle meiner Einstellung eingesetzt werden könnte. Da er sich immer wieder auf Lateinamerika konzentrierte, schien es mir, als bestünde dort akuter Personalbedarf. »Nun ja, sollte es erforderlich sein, würde ich mich auch in diesen Bereich einarbeiten«, betonte ich mein grundsätzliches Interesse an einer Mitarbeit im BND. »Es wäre allerdings schade, wenn ich meine DDR-Kenntnisse nicht einbringen könnte.«

Zwei der BND-Mitarbeiter schienen von der Sicherheitsabteilung zu sein. Sie kamen anhand meiner Bewerbungsunterlagen auf meine Kontakte und Reisen in die DDR zu sprechen. Ich beantwortete alle Fragen nach Maßgabe der Anweisungen, die Karl-Heinz mir gegeben hatte. Trotzdem fühlte ich mich höchst unwohl in meiner Haut. Instinktiv wußte ich, daß ich auf einer gefährlichen Klippe stand, von der ich unversehens abstürzen konnte. Doch konnte ich mir nicht im geringsten vorstellen, wo ich aufschlagen würde. Im Vertrauen auf Karl-Heinz und Schiefer hatte ich nicht einen einzigen Gedanken darauf verwendet, daß ich mich bei einer Bewerbung beim BND der Gefahr einer Enttarnung und Verhaftung aussetzen könnte. Von diesem Risiko hatten die beiden nie gesprochen. Stets war nur von meinen DDR-Reisen und -Verwandten die Rede gewesen. Doch hier, in diesem Büro und angesichts der Vertreter der Sicherheitsabteilung, wurde mir schlagartig klar, daß ich mich mehr um meine eigene Sicherheit zu sorgen hatte als um die Frage, wie sich der BND zu meinen DDR-Kontakten stellen würde.

Als ich nach Beendigung des Gesprächs auf die Straße trat, fiel eine Zentnerlast von mir. Ich konnte nicht ermessen, ob ich, wie Karl-Heinz mich ermahnt hatte, meine Sache »gut gemacht« hatte. Ich war einfach nur froh, daß die heikle Situation vorüber war.

Wieder vier Wochen später wurde ich zu dem Auswahlverfahren eingeladen. Erneut hatte ich mich, nun gemeinsam mit anderen Bewerbern, in jenem Stadtbüro des BND einzufinden. Aber diesmal blieb man nicht dort. Ein Kleinbus brachte uns nach Pullach, in die Zentrale des Geheimdienstes. Neugier mischte sich in das Gefühl dumpfer Angst, als der Wagen die Heilmannstraße erreichte, an einer langen, hohen Mauer, die vereinzelt von den Ziegeldächern kleiner, ältlicher Häuser überragt wurde, entlangfuhr und fast an deren Ende durch eine Toreinfahrt in das Areal einbog. Ich lebte nun schon seit einem Jahr in München, hierher hatte mein Weg mich jedoch noch nie geführt. Die HVA hätte es sicher für inopportun gehalten, und ich selbst hatte ohnehin viel zuviel Respekt vor dem geheimnisumwobenen Dienst, als daß ich mich neugierig vor seinen Toren herumgetrieben hätte.

Nachdem meine Mitbewerber und ich vom Wachpersonal an der Pforte Besucherausweise erhalten hatten, fuhr der Wagen auf – wie es mir schien – verschlungenen Wegen zu einem Bungalow, der zwei größere Häuser miteinander verband. Hier wurden wir von einem Herrn willkommen geheißen und in den Ablauf des Tages eingewiesen. Zunächst würde es einzelne Vorstellungsgespräche geben und parallel dazu Wissens- und Sprachtests, ganz so, wie ich es im Auswärtigen Amt kennengelernt hatte. Das gab mir Gelassenheit. Auf das Vorstellungsgespräch würde es ankommen, das müßte ich mit großer Konzentration angehen.

Ich war die erste, die zu dem Gespräch gerufen wurde. Ich überging das übliche »Ladies first« mit leichtem Schulterzucken. Bringe ich es also gleich hinter mich, dachte ich bloß.

Der holzgetäfelte Raum, den ich durch eine breite Doppeltür betrat, wirkte trotz künstlicher Beleuchtung düster. Nur die breiten, roten Ledersessel, die um einen runden Tisch angeordnet waren, bildeten Farbkleckse. Um den Tisch herum saßen sechs oder sieben Herren, die mich mehr oder weniger erwartungsvoll musterten. Ich kannte keinen von ihnen. Nur einen meinte ich schon einmal aus der Ferne gesehen zu haben; seine große Statur erinnerte mich an den geheimnisvollen abendlichen Besucher Kammraths. Er schaute mich freundlich und aufmunternd an.

Einer der Herren hieß mich, in dem einzigen freien Sessel Platz zu nehmen. Er führte auch das Gespräch. Erst später schalteten sich die anderen mit Fragen ein. Ich wurde nach meinem Studium bei Mehnert befragt, nach meinem beruflichen Werdegang, meinen Interessen und Hobbies, einmal mehr auch nach meinen Reisen in die DDR, meinem politischen Engagement, meiner Familie. Irgend jemand wollte wissen, warum ich mich beim BND beworben habe. »Weil ich von einem Ihrer Mitarbeiter dazu aufgefordert worden bin«, erwiderte ich irritiert. Erst einige Jahre später, als ich inzwischen selber diesem Auswahlausschuß angehörte und die Kandidaten auf deren Eignung für eine Verwendung im BND zu prüfen hatte, begriff ich den Sinn dieser Frage. Zu meinen Antworten machten sich die Herren eifrig Notizen. Nach etwa einer halben Stunde wurde ich freundlich wie unverbindlich entlassen.

Während die nächsten Kandidaten an die Reihe kamen, ging es für mich mit den Fremdsprachentests weiter. Einer der Prüfer, der mitbekommen hatte, daß ich bei Mehnert promoviert hatte, wollte wissen, ob ich ebenfalls Russisch spreche. Er sei Russischlehrer im BND, erklärte er und redete dann in einer mir völlig unverständlichen Sprache auf mich ein. Hätte man mir in diesem Moment gesagt, daß ich ihm schon bald als Russisch-Schülerin wiederbegegnen werde, es hätte mich in ungläubiges Staunen versetzt.

Das Mittagessen wurde gemeinsam mit den Herren der Prüfungskommission in einem der Nebenräume eingenommen, wobei sie die Bewerber in eine zwanglose Unterhaltung verwickelten. Auch das kannte ich bereits vom Auswärtigen Amt, das auf die Fähigkeit zu Konversation naturgemäß ein besonderes Augenmerk legt. Am Nachmittag mußten wir eine schriftliche Arbeit anfertigen zu einem Thema, das wir aus verschiedenen Vorschlägen auswählen konnten. Anschließend brachte uns der Fahrer zurück in die Stadt.

Am nächsten Morgen ging es erneut mit dem Kleinbus nach Pullach. Man begann mit einem standardisierten Wissenstest, einer jener Sorte, die einen insgeheim fluchen lassen, daß man im Schulunterricht nicht immer aufgepaßt hat und nun auf Anhieb nicht weiß, was in jedem Lexikon nachgeschlagen werden kann. Ich begann mit Fachbereichen, in denen ich mich am besten auskannte. Damit konnte ich schon mal Punkte machen. Den Rest mußte ich eben mit einem Quentchen Glück erraten.

Später fuhr uns der Fahrer durch das Areal, »damit Sie einmal sehen, wie der BND untergebracht ist und was alles dazugehört«. Trotz guten Orientierungssinns hatte ich Mühe, einen Überblick zu gewinnen. Immer wieder bog der Fahrer in irgendwelche Seitenstraßen ab und querte durch eine Unterführung in ein anderes Areal. Manchmal hielt er kurz vor einem Gebäude. »Das hier ist die Auswertung«, sagte er das eine Mal und »Dort drüben sehen Sie das sogenannte ›Bienenhaus‹« ein anderes Mal. Hätte man mich später gefragt, wo genau im Areal sich diese Gebäude befinden, ich hätte es nicht sagen können. Ich hätte auch den Swimming-pool und den Tennisplatz nicht wiedergefunden, die der Fahrer uns stolz präsentierte: »Im BND arbeiten viele Soldaten, deshalb braucht man Sportanlagen, damit sie körperlich fit bleiben.« Das einzige, was mir von dieser Rundfahrt im Gedächtnis haftenblieb, waren die verschiedenen Einzäunungen und Absperrungen innerhalb des Areals. Das hatte mich überrascht. »Es gibt hier verschiedene Sicherheitsbereiche«, hatte der Fahrer zur Erklärung gegeben, »wo nur ein bestimmter Personenkreis zutrittsberechtigt ist.« Das war also der sichtbare Ausfluß des sogenannten Schottenprinzips, von dem in Publikationen über den BND zu lesen war.

Der Nachmittag sah als Aufgabe ein Kurzreferat mit anschließender Diskussion vor. Das Thema des Referats konnten die Bewerber aus einer Liste wählen. Ihnen blieb auch die Entscheidung überlassen, über welches der vorgetragenen Themen die Diskussion geführt werden sollte. Es war lediglich festgelegt, daß derjenige Bewerber, für dessen Thema man sich entschied, die Diskussion zu leiten hätte.

Erleichtert stellte ich fest, daß die Liste ein Thema aus dem Bereich der inneren Sicherheit enthielt. Dazu konnte ich mühelos aus dem Stegreif vortragen, hatte ich mich doch inzwischen ein ganzes Jahr damit befaßt. Ich mußte lediglich darauf achten, mich auf das Wesentliche zu konzentrieren, um das vorgegebene Zeitlimit nicht zu überschreiten. Nach kurzer Vorbereitungszeit war es einmal mehr an mir, mit der Aufgabenstellung zu beginnen: »Ladies first!« Später wählte man mein Thema für die Diskussion aus, womit die Gesprächsleitung an mir hängenblieb. Aber auch das war keine Herausforderung. In der studentischen Selbstverwaltung hatte ich darin genügend Erfahrung gesammelt.

Am Ende des Verfahrens trat jener Herr mit der markanten Statur und der Haltung eines Offiziers auf mich zu, nickte vielsagend und murmelte: »Gut gemacht!« Dann verabschiedete er sich mit einem formvollendeten Handkuß. Hätte ich in diesem Augenblick geahnt, wie sehr er mich noch mit seinem selbstgefälligen Charme behelligen würde, ich hätte diesen Handkuß nicht so arglos als Zeichen besonderer Ritterlichkeit und Ehrerbietung gewertet. Aber woher hätte ich auch etwas von den amourösen Interessen einer bestimmten Altherren-Riege im BND wissen sollen? Darüber war in den Medien bislang nichts verlautbart, und auch die HVA hatte mir davon nichts gesagt.

Nach dem Auswahlverfahren begann für mich eine Zeit nervösen Wartens. Seit der Kündigung durch das Forschungsinstitut war ich arbeitslos. Ich hatte zwar mit der Vorbereitung der Buchausgabe meiner Dissertation vorläufig reichlich zu tun. Aber auf Dauer konnte ich nicht ohne Anstellung bleiben. Meine Ersparnisse reichten nur für kurze Zeit. Gleichwohl wollte ich mich nicht arbeitslos melden. Es war mir peinlich. So hatte ich mir in den langen und entbehrungsreichen Jahren des Studiums meine Zukunft nicht vorgestellt. Ich wollte nicht von irgendwelchen Almosen leben, auch wenn sie als sozialpolitische Errungenschaft galten. Ich wollte arbeiten und mir meinen Lebensunterhalt selbst verdienen. Doch außer meiner Bewerbung beim BND gab es nirgends auch nur annähernd eine Perspektive. In Bonn bekam ich immer wieder zu hören, daß die Lage weiterhin ungünstig sei und man auf bessere Zeiten warten müsse.

Etwa drei Wochen nach meiner Vorstellung erhielt ich die so ungeduldig erwartete Nachricht. In einer Gefühlsaufwallung von Bangen und Hoffen öffnete ich hastig den Brief. Es war eine kurze Mitteilung: »Ich freue mich, ...« Mir stockte der Atem. Vor Freude schossen mir Tränen in die Augen. Ich hatte es geschafft! Ich müßte nicht länger nach einer

Arbeit suchen. Aber es war auch geschafft, was Karl-Heinz »die Krönung« genannt hatte. Was würden er und Schiefer sagen, wenn sie erführen, daß ihre verrückte Idee Wirklichkeit geworden war?

Ich atmete tief durch, um mich zu beruhigen. Dann begann ich, die Nachricht des BND sorgfältig zu lesen:

> »Ich freue mich, Ihnen mitteilen zu können, daß Ihre Einstellung in meinen Geschäftsbereich genehmigt wurde.
> Ich bitte um Ihre Mitteilung, zu welchem Termin ich mit Ihrem Dienstantritt rechnen kann, um Sie zeitgerecht noch zu einem Abschlußgespräch bitten zu können.«

Zwei Tage später teilte ich dem BND meinen Wunsch mit, zum 1. November meine Tätigkeit in Pullach zu beginnen. Kurz vor diesem Termin fand ich mich zu einem Abschlußgespräch noch einmal in jenem Stadtbüro ein. Man sagte mir, daß ich mich zum Arbeitsantritt ebenfalls dort zu melden hätte und daß man mich von da aus nach Pullach bringen werde.

Noch am gleichen Tag, als ich die Einstellungszusage vom BND erhielt, hatte ich, wie mit Karl-Heinz in Rimini vereinbart, eine geheime Nachricht an eine Deckadresse in Karl-Marx-Stadt geschrieben:

> »Soeben Einstellungszusage vom BND erhalten. Werde zum 1.11. beginnen.«

Umgehend erhielt ich Antwort per Funk:

> »Herzlichen Glückwunsch zur Einstellung durch BND. Wir alle freuen uns mit dir über diesen großen Erfolg. Leider sind aus Sicherheitsgründen vorerst keine Treffs und kein Funk möglich. Wir werden uns in einigen Monaten wieder melden. Paß gut auf dich auf.«

6 Nachrichtendienstliche Analysen

»Sie heißen hier ›Leinfelder‹, ›Dr. Gabriele Leinfelder‹.« Der Fahrer des Kleinbusses, der mich an meinem ersten Arbeitstag im BND von dessen Stadtbüro zur Zentrale nach Pullach gebracht hatte, reichte mir eine kleine Ausweiskarte, die beim Wachdienst an der Toreinfahrt schon bereitgelegen hatte. »Alle Mitarbeiter des BND haben sogenannte Dienst- oder Arbeitsnamen. Das dient ihrer Sicherheit. Niemand soll wissen, wie seine Kollegen tatsächlich heißen und wo sie wohnen.«

Die Mitteilung verwirrte mich. Bei meinen heimlichen Reisen in die DDR hatte ich mich zwar inzwischen daran gewöhnt, einen Paß zu benutzen, in dem ein falscher Name stand. Das hatte auch seinen guten Grund, sollte doch der Bundesgrenzschutz bei seiner Ausweiskontrolle nicht registrieren können, welch enge Kontakte ich in die DDR unterhielt. Daß ich nun aber in meiner täglichen Arbeit auf einen anderen Namen hören sollte und auch meine neuen Kollegen einen Namen führten, der nicht der ihre war, wollte mir nicht in den Kopf. Wortlos nahm ich die Ausweiskarte entgegen und begann mir meinen neuen Namen einzuprägen.

Inzwischen war der Bus in das große, unübersichtlich scheinende Areal eingefahren und hielt vor einer Baracke, die nahe einer Außenmauer versteckt unter hohen Bäumen lag. Dort erwarteten Angehörige der Verwaltungsabteilung bereits ihre neuen Kollegen. Zunächst wurden die üblichen arbeitsrechtlichen Formalitäten erledigt, vor allem der Arbeitsvertrag unterzeichnet, der aufgrund des abschließenden Einstellungsgesprächs vorbereitet worden war. Zu meiner Überraschung firmierte nicht der Bundesnachrichtendienst als Arbeitgeber, sondern die »Bundesvermögensverwaltung«, eine Tarnbezeichnung des BND, wie ich bald erfuhr. Den Arbeitsvertrag hatte ich aber mit meinem eigenen Namen, dem »Klarnamen«, und nicht mit meinem neuen Decknamen zu unterschreiben. Anschließend erfolgte eine allgemeine Einweisung in die Struktur und Arbeitsweise des BND sowie eine ausführliche Sicherheitsbelehrung.

In epischer Breite und mit immer neuen Geschichten, in der »Irene«, einer ebenso gutmütigen wie naiven Sekretärin, die Hauptrolle zugedacht war, mühte sich ein Vertreter der hausinternen Sicherheitsabteilung, uns Neulingen im Spionagegeschäft eindringlich klarzumachen, daß der nachrichtendienstliche Gegner auf nichts anderes sinnt, als eines Mitarbeiters des BND, vorzugsweise durch Erpressung, habhaft zu werden. Jederzeit müßten wir gewärtig sein, vom Feind beobachtet und nach Ansatzpunkten für eine Anwerbung ausgeforscht zu werden, stets müßten wir uns vergewissern, ob uns ein Unbekannter auf der Fahrt in die Zentrale oder auf dem Heimweg folgt oder ob sich ein Fremder in unserem Wohngebiet herumtreibt. Vorsicht sei ebenso gegenüber Meinungsumfragen geboten wie bei verlockenden Angeboten, bei Einladungen, Präsenten und, und, und. »Bedenken Sie stets, daß das ein gegnerischer Nachrichtendienst sein kann, der es auf Sie abgesehen hat! Kommen Sie zu uns, Ihrer Sicherheitsabteilung, und berichten Sie uns solche Vorfälle. Wir werden herauszufinden wissen, ob ein feindlicher Angriff dahintersteckt. Machen Sie es auf keinen Fall wie unsere niedliche kleine Irene, die an nichts Böses denkt, jedem Fremden gleich erzählt, daß sie beim BND arbeitet und mit wichtigen Geheiminformationen zu tun hat, die auch keinen Gedanken darauf verschwendet, ihren neuen Freund erst einmal durch uns überprüfen zu lassen, und die dann nicht mehr ein noch aus weiß, wenn er sie eines Tages unter Druck setzt, ihm vertrauliche Informationen aus dem BND zu beschaffen.«

»Irene« war auch der Star der Filme, die im Auftrag des Bundesamtes für Verfassungsschutz gedreht worden waren und nun ergänzend vorgeführt wurden. »Irene«, die gedankenlos ihr Dienstzimmer verläßt, ohne es abzuschließen, während auf dem Schreibtisch und im geöffneten Panzerschrank die Verschlußsachen herumliegen und prompt vom nächstbesten Kollegen in trüber Absicht fotografiert werden. »Irene«, wie sie sich bedenkenlos von ihrem neuen Freund zum Luxusurlaub einladen läßt und anschließend mit dessen Forderung, ihm einen Durchschlag ihrer dienstlichen Schreibarbeiten zu fertigen, die Rechnung präsentiert bekommt. »Irene«, die nichts dabei findet, mit ihrer Freundin eine Autofahrt über die Transitstrecken der DDR zu unternehmen und sich daraufhin in den Fängen des MfS wiederfindet.

Zweifellos sollte diese Sicherheitsbelehrung unsere Wachsamkeit gegen die Methodik eines gegnerischen Nachrichtendienstes schärfen, um ihm durch eigenes umsichtiges Verhalten erst gar keine Angriffsfläche zu bieten. Doch war die Fülle an tatsächlichen oder vermeintlichen Gefährdungen so gewaltig, daß das berechtigte Anliegen in einem Gefühl völliger Einschüchterung erstickte. Nicht vor den Agenten des MfS, die der Sicherheitler des BND hinter jedem Baum und Strauch lauern wähnte, wurde mir angst und bange. Vielmehr fürchtete ich, ab sofort einer heimlichen Beobachtung durch Tausende von Kollegen-Augen ausgesetzt zu sein, die jeden meiner Schritte, jedes Tun akribisch registrieren und umgehend einer allgewaltigen Macht melden würden. Mit Unbehagen stellte ich fest, daß sich der BND unter dem Eindruck eines nicht minder rigorosen Feindbildes in den Fragen seiner Sicherheit ähnlich irrational verhielt wie die DDR. Mir erschien dies als eine Betriebskrankheit, die jeglichem Sicherheitsdenken immanent ist.

Schließlich kamen die konkreten Sicherheitsvorkehrungen zur Sprache, die ich von nun an zu befolgen hatte. Das betraf zum einen die konsequente dienstinterne Verwendung der Decknamen, auch wenn man einen Kollegen privat kennen sollte. Andererseits hieß es darauf zu achten, einen Kollegen bei zufälliger Begegnung im privaten Umfeld nicht mit seinem Decknamen anzureden, um ihn nicht in Verlegenheit zu stürzen. Zudem mußte der eigene Wagen mit einem Deckkennzeichen versehen werden, wollte man damit in die Zentrale einfahren. Auch diese Maßnahme sollte es dem nachrichtendienstlichen Gegner erschweren, BND-Mitarbeiter zu identifizieren. Denn die Deckkennzeichen waren nicht auf den Fahrzeughalter, sondern allgemein auf eine Behörde registriert. »Glauben Sie aber nicht, daß Sie nun Narrenfreiheit im Straßenverkehr hätten«, merkte der Kollege von der Verwaltung an. »Trotz dieses Umwegs erreicht Sie jeder Bußgeldbescheid, und wir können Ihnen nur raten, ein Bußgeld sofort zu bezahlen.«

Komplizierter – und vor allem wenig sicherheitsgemäß – verhielt es sich mit der praktischen Durchführung des Kennzeichenwechsels. Zwar war die Anfertigung gültiger Kennzeichen und die Ausstellung des dazugehörigen Fahrzeugscheins ein hausinterner Verwaltungsakt. Doch war die Frage, wo man die Nummernschilder am unauffälligsten ummontieren könnte, für jeden Mitarbeiter, der nicht über eine abgeschlossene Einzelgarage verfügte, ein Problem. Immer wieder kam es vor, daß selbst in einer ruhigen Seitenstraße oder in einem Waldstück ein Wechsel der Kennzeichen nicht unbeobachtet blieb und besorgte Mitbürger die Polizei alarmierten. Manch neuer Mitarbeiter des BND war deshalb schon enttarnt, kaum daß er seinen Dienst in Pullach begonnen hatte. Gleichwohl dauerte es viele Jahre, bis die Sicherheitsabteilung von ihrem strengen Verbot abrückte, mit Klarkennzeichen in die Zentrale einzufahren.

So phantasielos und unbeholfen, wie das Problem des Kennzeichenwechsels im BND gehandhabt wurde, standen die zuständigen Kollegen auch dem Umstand gegenüber, wie die Führung eines neuen Nummernschildes am alten Kraftfahrzeug einer überraschten Umwelt erklärt werden könnte. Bekanntlich verbleibt ein Kennzeichen selbst bei einem Halterwechsel am Wagen, sofern nicht gleichzeitig ein Ortswechsel erfolgt. Was also sollte ich meinen Nachbarn und Bekannten sagen, wenn sie feststellten, daß mein Auto plötzlich ein anderes Nummernschild führte? »Sagen Sie einfach, das Straßenverkehrsamt habe Ihnen ein anderes Kennzeichen zugeteilt, weil mit dem alten etwas nicht in Ordnung gewesen sei«, erhielt ich zur Antwort. Das klang wenig überzeugend. Wann immer ich davon Gebrauch machen mußte, stieß ich auf ungläubiges Staunen.

Auch die berufliche Legende[1], die mir nun mit dem strikten Gebot, meine Zugehörigkeit zum BND gegenüber Dritten zu verheimlichen, zugeteilt wurde, erschien mir höchst fragwürdig und eher geeignet, Neugier an meiner Tätigkeit zu wecken. Ich solle mich darauf hinausreden, daß ich bei der Bundesvermögensverwaltung beschäftigt sei, in der Abteilung Sondervermögen. Gleichzeitig gab man mir eine fiktive Beschreibung dieser Behörde und der Abteilung einschließlich ihrer angeblichen Struktur und Aufgabenstellung. Als Politologin wußte ich mich jedoch in die geschilderten Tätigkeitsbereiche nicht einzuordnen. »Wenn ich Volkswirtschaft studiert hätte, könnte ich damit umgehen«, wandte ich ein, »aber einer Politologin nimmt man das nicht ab. Mit dieser Legende werde ich mir erst recht Fragen nach meiner Berufstätigkeit auf den Hals ziehen.« »Gut«, gab sich der Mitarbeiter von der Sicherheitsabteilung einsichtig, »dann bekommen Sie eben als Sonderlegende die ›Studienstelle für Auslandsfragen‹. Die ist aber nur für den inoffiziellen Gebrauch bestimmt. Bei offiziellen Angelegenheiten müssen Sie die Bundesvermögensverwaltung als Arbeitgeber angeben.«

[1] Die gebräuchlichsten Legenden des BND wurden schon frühzeitig von der DDR publiziert, vgl. Mader, Julius, »Nicht länger geheim – Die Geheimdienste der Deutschen Bundesrepublik und ihre subversive Tätigkeit gegen die Deutsche Demokratische Republik«, Berlin 1966 (als Manuskript gedruckt); siehe auch Schmidt-Eenboom, »Schnüffler ohne Nase«.

Schon bald stellte ich fest, daß es im Raum München ein offenes Geheimnis war, wer sich hinter der Tarnbezeichnung »Bundesvermögensverwaltung« verbarg. Immer wieder reagierten meine Freunde und Bekannten mit vielsagendem Grinsen, wenn ich ihre Fragen nach meiner Berufstätigkeit pflichtgemäß beantwortete. Und wenn schließlich der eine oder andere meinte, ich solle doch zugeben, daß ich im BND arbeite, blieb mir nur der zweifelhafte Versuch, die angebliche Unterstellung mit gespielter Entrüstung weit von mir zu weisen. Lediglich die Sicherheitsabteilung des BND schien von solchen Nöten nichts zu wissen und an die Tauglichkeit der Firmenlegende zu glauben.

Zahlreiche Sicherheitsvorschriften und Verhaltensregeln galten dem internen Arbeitsbetrieb. Wie ich im einzelnen erfuhr, bestanden innerhalb der Zentrale mehrere abgesperrte Sicherheitsbereiche. Der dienstinterne Ausweis erlaubte nur den Zugang zu jenen Bereichen, für die er einen entsprechenden Berechtigungsvermerk enthielt. Die anderen Bereiche konnte man nur mit einem gesonderten, eigens auszustellenden Berechtigungsschein betreten. Grundsätzlich mußte das Dienstzimmer bei jedem Verlassen abgesperrt werden, abends zweifach; dann waren auch die Jalousien herunterzulassen und alle Verschlußsachen in speziellen Aktensicherheitsräumen oder, sofern ein Panzerschrank im Zimmer stand, darin zu verschließen. Für den Zugang zu nachrichtendienstlichen Informationen, bei denen es sich in aller Regel um Verschlußsachen unterschiedlicher Art – wie beispielsweise operativ beschaffte Quellenmeldungen, Meldungen aus der Post- und Fernmeldekontrolle sowie der funkelektronischen Aufklärung oder Informationen von Partnerdiensten – und unterschiedlichen Geheimhaltungsgrades handelte, bedurfte es der Geheimverpflichtung, d. h. einer ausdrücklichen Ermächtigung, mit solchem Material umzugehen, einschließlich einer Belehrung, wie dieses zu behandeln sei. Zudem galt grundsätzlich das »need-to-know«-Prinzip: Man hatte mit keinem Kollegen, der nicht aufgrund seiner dienstlichen Aufgaben damit zu tun hatte, über nachrichtendienstlich-operative Vorgänge und Informationen zu sprechen.

Die schier unendliche Fülle an Sicherheitsregeln war in einer umfangreichen Vorschriftensammlung erfaßt, die mir wenig später und dann regelmäßig im Anschluß an die alljährlichen Sicherheitsbelehrungen zur Unterzeichnung vorgelegt wurde. Aber das nahm für mich – wie für meine Kollegen – schon bald den Charakter eines Rituals an, das man nolensvolens über sich ergehen lassen mußte. Zweifellos waren diese regelmäßig wiederkehrende Belehrung und ihr bürokratischer Stil nicht dazu angetan, die Mitarbeiter für die Sicherheitsbelange so hochgradig zu sensibilisieren, wie es die Kollegen von der Sicherheitsabteilung aus ihrer Binnensicht für erforderlich hielten. Schließlich sorgte auch – was freilich eine Schwachstelle aller Nachrichtendienste ist – die Routine der alltäglichen Arbeit für einen weniger verkniffenen Umgang mit den Sicherheitsfragen. So löste sich auch bei mir mit der Zeit die Verkrampfung, die die Geschichten von »Irene« und dem ständig lauernden Feind in mir hervorgerufen hatten.

*

»Ich bin Frau Erlmann. Willkommen im BND. Ich soll Sie zu Ihrem neuen Chef bringen.« Die kleine, etwas rundliche Frau, die mich in dieser mir noch so fremden Umgebung wohltuend freundlich begrüßte, mochte Mitte Dreißig sein. »Wir haben es nicht weit«, fuhr sie fort, »die Auswertung ist gleich nebenan.«

Der Eingang des Gebäudes wurde von Wachpersonal gesichert; es bildete somit, wie ich richtig vermutete, ebenfalls einen der internen Sicherheitsbereiche, auch wenn ihn keine gesonderte Einzäunung umgab. Frau Erlmann zeigte ihren Dienstausweis vor und hieß mich es ihr gleichtun. Unbeanstandet konnten wir das Haus betreten. »Ihr Chef ist Herr Dr. Dallmeier«, sagte Frau Erlmann. »Sein Referat ist im 1. Stock.« Sie führte mich eine Treppe hoch und einen langen Gang entlang, an dessen einer Seite sich Zimmertür an Zimmertür reihte. Auf der anderen Seite erstreckte sich eine lange kahle Wand, die zwei offenstehende schwere Panzertüren augenfällig unterbrachen. Als ich daran vorbeiging, bemerkte ich, daß Gittertüren den dahinter liegenden Raum versperrten.

Fast am Ende des Ganges blieb Frau Erlmann vor einer Tür stehen, klopfte an und betrat nach kurzem Warten den Raum. »Herr Dr. Dallmeier, hier bringe ich Ihnen Frau Dr. Leinfelder.«

Bei meinem Eintreten hatte sich Dallmeier von dem großen Schreibtisch, der gleich hinter der Tür an der Wand stand, erhoben und war auf mich zugegangen. Er war von großer, fast hagerer Statur. Die scharf geschwungene Nase verlieh seinem Gesicht einen strengen Zug. Er mochte Mitte Fünfzig sein.

»Ich bin Leiter des Sowjetunion-Referats der Politischen Auswertung«, stellte er sich vor. »Ich hoffe, Sie sind damit einverstanden, hier bei mir zu arbeiten und nicht im Lateinamerika-Referat, wie ursprünglich vorgesehen. Eine meiner Mitarbeiterinnen, die die sowjetische Westeuropa-Politik bearbeitet, wird uns bald verlassen, und da habe ich darauf bestanden, daß Sie ihren Platz einnehmen. Als Mehnert-Schülerin sind Sie dafür ja prädestiniert.«

Ich war benommen. Seit meinem letzten Einstellungsgespräch im Stadtbüro des BND hatte ich mich mit dem Gedanken vertraut gemacht, mich künftig mit Lateinamerika zu befassen. In jenem Referat sei der Personalbedarf am größten, hatte man mir gesagt und damit meine insgeheime Hoffnung zunichte gemacht, womöglich doch im DDR-Bereich tätig werden zu können. Aber nun sollte ich die sowjetische Politik bearbeiten! Welche Herausforderung!

»Wären Sie bereit, Russisch zu lernen?« fuhr Dallmeier fort. »Russische Sprachkenntnisse sind unabdingbar für diese Aufgabe. Sie müssen die sowjetischen Zeitungen und Zeitschriften lesen können. Außerdem die Meldungen der Nachrichtenagentur TASS. Wir würden den Sprachkurs hier bei uns durchführen, für Sie und einen anderen Mitarbeiter, der neu ins Referat gekommen ist. Wir planen einen dreimonatigen Intensivkurs, der ganz auf Ihre künftigen Aufgaben zugeschnitten ist.«

Ich brauchte keine Bedenkzeit. Es war schließlich nur von Vorteil, eine neue Sprache zu erlernen. Noch dazu Russisch! Seitdem ich mit der HVA in Kontakt stand, waren meine anerzogenen Vorbehalte gegen »die Sowjets«, wie Adenauer mit unnachahmlicher Betonung artikulierte, allmählich einer großen Aufgeschlossenheit für die vielen liebenswerten Eigenheiten der Sowjetbürger gewichen; sie waren mir sympathischer als der aus Tüchtigkeit geborene Hang der Deutschen zu nationaler Überheblichkeit.

Der Russisch-Kurs sollte schon in den nächsten Tagen beginnen. So blieb gerade mal Zeit, alle weiteren Formalitäten im Zusammenhang mit meiner Einstellung zu erledigen und meine neuen Kollegen im Sowjetunion-Referat kennenzulernen. Eines der Referatszimmer war zum Schulzimmer umfunktioniert worden. Damit war ich meinem künftigen Arbeitsplatz nahe. Aber er schien hinter einer Mauer zu liegen, in die ich erst mit unermüdlichem Lernen einen Durchlaß brechen mußte. Ich hatte das Gefühl, dabeizusein und doch nicht dazuzugehören. Auf den Fluren des Auswertungsgebäudes und in der Kantine begegnete ich vielen fremden Gesichtern. Ich nahm sie nur schemenhaft wahr. Erhielt eines von ihnen einen Namen, weil ich mit dem Kollegen bekannt gemacht wurde, konnte ich den Namen nicht behalten. Er ist ohnehin falsch, beruhigte ich mich. Erst allmählich drang mir ins Bewußtsein, daß ich mir die falschen Namen merken mußte, um meine Kollegen richtig anreden zu können.

Der Russisch-Unterricht wurde von Frau Bensheim, einer erfahrenen Lehrerin der Sprachenschule des BND erteilt. Sie hatte den Kurs exakt auf die Anforderungen des Sowjetunion-Referats der Politischen Auswertung zugeschnitten und sich zum Ziel gesetzt, meinem »Mitschüler« Callais, einem Bundeswehroffizier, und mir binnen drei Monaten das erforderliche sprachliche Rüstzeug für unsere künftigen Aufgaben zu vermitteln. »Das wird kein Zuckerschlecken für Sie«, räumte sie verständnisvoll ein, »aber es ist zu schaffen. Vor allem, wenn man schon mehrere Fremdsprachen beherrscht und weiß, wie man eine Sprache zu lernen hat«, ermutigte sie uns.

Der Kurs stellte in der Tat große Anforderungen. Vormittags paukte Frau Bensheim mehrere Lektionen durch, die ich bis in den späten Abend büffelte, damit jede neue Vokabel und grammatikalische Regel saß. Das kyrillische Alphabet bereitete mir zu meiner eigenen Überraschung keine Schwierigkeiten; binnen weniger Tage hatte ich es mit den Lektionen gelernt. Um so schwerer fiel mir die Aussprache der Wörter. Immer wieder stolperte ich über die ungewohnte Anhäufung von Konsonanten und lernte erst langsam und unter ständigem Abhören von Tonbandaufzeichnungen, wie ich den einen oder anderen Vokal unter die Konsonanten mischen mußte, um mir daran nicht die Zunge zu brechen.

Frau Bensheim hatte das Ziel nicht zu hoch gesteckt, sondern hatte es ungemein professionell angesteuert. Nach genau drei Monaten intensiver Sprachausbildung konnten Callais und ich die gängigen politischen Texte in den sowjetischen Zeitungen und Zeitschriften lesen und waren insoweit fit für unsere Auswertungsarbeit.

In den folgenden Wochen konnte ich endlich mein neues Aufgabengebiet, die sowjetische Westeuropa-Politik, kennenlernen und mich unter Anleitung der bisherigen Referentin einarbeiten. Einerseits galt es, mir möglichst rasch deren Wissensstand über die Zielsetzungen und Taktiken Moskaus gegenüber den westeuropäischen Staaten sowie den kommunistischen Parteien anzueignen, um am aktuellen Lagebild anknüpfen und es nahtlos fortschreiben zu können. Andererseits mußte ich mich mit zahlreichen Regularien vertraut machen, die den Arbeitsablauf bestimmten. Es gab Richtlinien für die Aufbereitung der nachrichtendienstlichen Informationen, für die Zusammenarbeit mit den anderen Dienststellen, für die Einhaltung der Dienstwege usw. Und vor allem gab es Formulare. Eine verwirrende Vielfalt an Neuem stürzte auf mich ein und war mitunter schwerer zu merken als manche russische Vokabel, mit der ich mich soeben noch abgemüht hatte.

Zum ersten Mal bekam ich nun auch nachrichtendienstlich gewonnene Informationen zu Gesicht. Innere Erregung befiel mich, als ich auf dem Formblatt, das dem Meldungstext vorgeheftet war, den Aufdruck las »Meldedienstliche Verschlußsache, amtlich geheimgehalten«. In einer Rubrik des Formblatts war die Quelle, von der die Meldung stammte, in allgemeiner Form beschrieben, zum Beispiel »Sowjetischer Staatsfunktionär« oder »Medienvertreter mit Zugang zu sowjetischen Parteifunktionären«. Es war zwar ganz unmöglich, aus einer solchen Beschreibung auf die konkrete Person zu schließen, die als Agent für den BND tätig war. Es konnte nicht einmal mit Sicherheit auf den Bereich des sowjetischen Staatsapparates geschlossen werden, aus dem die Informationen kamen. Aber das minderte nicht mein Interesse, erwartete ich doch von den nachrichtendienstlichen Meldungen ungeahnte Einblicke in das Innenleben des Kreml. Ernüchtert mußte ich feststellen, daß die Informationen weit davon entfernt waren, streng gehütete Geheimnisse der sowjetischen Politik offenzulegen: Sie besaßen kaum Neuigkeitswert und gaben im wesentlichen nur die bekannten sowjetischen Argumentationen und Sprachregelungen wieder, wie sie ohnehin vom Moskauer Politapparat verbreitet wurden und in der Presse nachgelesen werden konnten.

Schon bald wurde mir klar, von welch unterschiedlicher Qualität das nachrichtendienstliche Informationsaufkommen des BND war. Für mein Zielland, die Sowjetunion, wurden vergleichsweise wenige operativ beschaffte Meldungen gewonnen, und in der Regel waren sie auch nur von mäßigem Wert. Es gab kaum Innenquellen, d.h. Angehörige von sowjetischen Regierungsinstitutionen, die unmittelbar als Agenten für den

BND tätig waren. Die meisten Informationen stammten aus Gesprächskontakten westlicher Vertreter mit Sowjetfunktionären, insbesondere von Journalisten, die ihre vielfältigen Zugangsmöglichkeiten zu ausländischen Repräsentanten zum beiderseitigen Vorteil dem BND zugute kommen ließen.[2] Außerdem trugen die Residenten des BND, die in aller Regel in den deutschen Botschaften eingesetzt sind, durch Gesprächsaufklärung im Diplomatischen Korps des Gastlandes zum nachrichtendienstlichen Informationsaufkommen bei. Bei ihren Meldungen aus östlichem Quellenhintergrund mußte man allerdings stets gewärtig sein, es mit handfesten Sprachregelungen, also einer höchst einseitigen und subjektiven Sichtweise, zu tun zu haben. Denn ihre östlichen Gesprächspartner waren nicht selten im Hauptberuf ebenfalls Nachrichtendienstler und gleichermaßen um Informationsgewinnung bemüht. Häufig wußte auch der eine um das »Geheimnis« des anderen. Doch das tat dem Geschäft keinen Abbruch; im Gegenteil, es begünstigte zumeist den »kollegialen« Meinungsaustausch, wenn man sich routinemäßig zum Arbeitsessen traf.

Top-Meldungen waren höchst selten, denn es gab keine Spitzenzugänge in die Kreml-Führung. Das war auch nicht weiter verwunderlich. Abgesehen von den Schwierigkeiten und Risiken, nachrichtendienstliche Verbindungs- und Meldewege in die sozialistischen Staaten aufzubauen, hatte der BND bei der Gewinnung sowjetischer Quellen mehr noch mit einer schier unüberwindlichen psychologischen Hemmschwelle zu kämpfen: Für das Gros der Sowjetbürger, denen der brutale Vernichtungsfeldzug Hitlers unvergessen geblieben war, verkörperte der westdeutsche Geheimdienst mehr oder weniger stark das frühere Feindbild, war er doch über die »Organisation Gehlen« unmittelbar aus der ehemaligen Spionageabteilung der Wehrmacht »Fremde Heere Ost« hervorgegangen. Freilich wurden im BND solche Kausalitäten nicht thematisiert. Vielleicht wurden sie nicht einmal verdrängt, sondern gar nicht gesehen. Sooft die schwierige nachrichtendienstliche Beschaffungslage in der Sowjetunion beraten wurde, redete man sich darauf hinaus, daß es eben eine geschlossene und totalitär überwachte Gesellschaft sei, in die nur unter Überwindung allergrößter Schwierigkeiten und mit hohem Sicherheitsri-

[2] Zur Zusammenarbeit von Journalisten mit dem BND vgl. Schmidt-Eenboom, »Undercover«.

siko eingedrungen werden könne. Geflissentlich wurde übersehen, daß alle westlichen Nachrichtendienste bei der Informationsbeschaffung aus der Sowjetunion mit solchen objektiven Schwierigkeiten zu kämpfen hatten, daß aber gleichwohl der amerikanische und der britische Geheimdienst dort wesentlich erfolgreicher operierten und dies nicht allein an den dabei eingesetzten finanziellen Mitteln lag. Schließlich war auch der BND in seiner operativen Arbeit nie knauserig.[3]

Während für die Aufklärung der Sowjetunion ein intensives und akribisches Studium offen zugänglicher Informationen wie in- und ausländischer Zeitungen und Zeitschriften und besonders des sowjetischen Schrifttums unerläßlich war, um ein differenziertes und hinreichend stimmiges Lagebild zu gewinnen, konnten sich die Bearbeiter der DDR lange Zeit auf eine Auswertung des geheimdienstlichen Meldungsaufkommens beschränken. So blieb es nicht aus, daß sie sich als die einzig wahren Nachrichtendienstler fühlten und die Arbeit ihrer Kollegen vom Sowjetunion-Referat, dem »großen Bruder«, wie es in Anspielung auf die beiden beobachteten Staaten oftmals hieß, milde belächelten. Bekanntlich unterhielt der BND bis nach der Wende ein dichtes Netz an Funkaufklärungsstationen entlang der innerdeutschen Grenze, die – ebenso wie die von den Westalliierten betriebenen Anlagen – den Richtfunk innerhalb der DDR abhörten. Obwohl die DDR-Verantwortlichen darum wußten und strikte Anweisung gegeben hatten, keine vertraulichen Vorgänge am Telefon zu besprechen, wurde dies immer wieder mißachtet – was einmal mehr zeigt, daß der ständige Umgang mit sicherheitsrelevanten Informationen im Arbeitsalltag nachlässig macht. In dem sogenannten »Lausmaterial« fanden sich jedenfalls so viele substantielle Informationen, daß die Kollegen vom DDR-Referat Mühe hatten, mit deren berichtsmäßiger Aufbereitung für die Bundesregierung nachzukommen. Erst als zu Beginn der 80er Jahre die Telefonleitungen in der DDR verkabelt wurden und das fernmeldeelektronische Aufkommen versiegte, mußten auch sie sich verstärkt einer Auswertung offen zugänglicher Informationen, allen voran des »Neuen Deutschland«, zuwenden, da das klassische, von menschlichen Quellen beschaffte Mate-

[3] Markwardt, der viele Jahre in der Beschaffungsabteilung gearbeitet hat, räumt ein, daß es dem BND bei wichtigen operativen Vorhaben nie an Geld mangelte; vgl. Markwardt, »Erlebter BND«, S. 22.

rial für eine umfassende Lagebearbeitung nicht mehr ausreichte. Denn die im westlichen Ausland eingesetzten DDR-Diplomaten und Außenhandelsfunktionäre erwiesen sich selbst gegenüber den nun zunehmend aggressiven, mit den Mitteln der Nötigung und Pression arbeitenden Methoden der Quellenanbahnung als resistent.[4] Dem BND gelang es nicht, auf diese Weise seine Informationsbeschaffung aus der DDR zu verbessern.

Wenn der frühere Präsident des Bundesamtes für Verfassungsschutz, Heribert Hellenbroich, der auch einmal für ein paar Wochen Präsident des Bundesnachrichtendienstes war, die Leistungsschwächen des westdeutschen Geheimdienstes heute mit dem Argument abzuwiegeln versucht, der BND habe aus der fernmeldeelektronischen Überwachung bei weitem nicht so viele Informationen ziehen können wie umgekehrt das MfS aus dem Abhören westdeutscher Telefone, weil es im Westen Deutschlands eben erheblich mehr Anschlüsse gab als im Osten, so findet sein vermeintlicher Witz immer noch Lacher. Seine Darstellung geht jedoch an der nachrichtendienstlichen Wirklichkeit weit vorbei.

Verständlicherweise ist in bezug auf eine mögliche Informationsgewinnung aus der fernmeldeelektronischen Überwachung nicht die Anzahl der Telefonanschlüsse in einem Land maßgebend, sondern wer dar-

---

[4] Es berührt peinlich, wie Markwardt in dem Bemühen, die Anwendung repressiver Methoden in der Quellenanbahnung des BND, namentlich gegenüber Staatsbürgern der DDR, schönzureden und zu rechtfertigen, sich in den bundesdeutschen Strafrechtsbestimmungen verheddert. Er will allen Ernstes glauben machen, daß nur Erpressung, nicht aber Nötigung eine Straftat sei, und meint deshalb, anders als der HVA sollte es einem »demokratischen und kontrollierten Geheimdienst« auch erlaubt sein, »mit geringen Mengen Giftes der Nötigung seine Erfolgsquote anzuheben«. Markwardt wäre besser beraten gewesen, einmal ins Strafgesetzbuch zu schauen. Dieses grenzt das Delikt der Erpressung (§ 253) von dem der Nötigung (§ 240) lediglich durch das Tatmerkmal der Vermögensnachteile ab, auf die ersteres hinzielt. Der Grundtatbestand der Erzwingung einer bestimmten Handlung, Duldung oder Unterlassung ist indes in beiden Fällen der gleiche, weshalb die beiden Strafrechtsbestimmungen auch weitgehend identisch sind.
Ebenso euphemistisch ist Markwardts Behauptung, der BND habe das Mittel der Nötigung niemals gegen eigene Staatsbürger angewandt. Schon der Umstand, daß die BRD die Staatsangehörigkeit der DDR nie anerkannt, sondern deren Bürger implizit als eigene Staatsangehörige betrachtet und – wo immer möglich – behandelt hat, straft ihn Lügen. Aber auch in der täglichen Arbeit hat sich der BND mit solcherart sophistischen Überlegungen, ob bei der Quellenanbahnung mit den eigenen Staatsbürgern anders umzugehen sei als mit denen dritter Staaten, nicht lange aufgehalten. Vgl. Markwardt, »Erlebter BND«, S. 203 f., 209 f., 221 ff., 346 f.

über verfügt. In der DDR waren das alle Staatsorgane, Parteileitungen, Massenorganisationen, Wirtschaftsbetriebe, militärischen Einrichtungen usw., mithin alle Institutionen, die für einen Nachrichtendienst von Interesse sind. Das Telekommunikationsnetz reichte bis in die tiefste Provinz. Vor allem wurde es dank des Zentralismus, der Ängstlichkeit nachgeordneter Stellen, ohne detaillierte Vorgaben allgemeine Richtlinien auf lokaler Ebene eigenverantwortlich umzusetzen, permanent benutzt, um höheren Orts konkrete Weisungen für die praktische Arbeit einzuholen. Für den BND war das eine Fundgrube an hautnahen Lageinformationen. Nicht von ungefähr galt er deshalb unter den Geheimdiensten der NATO-Staaten, der sogenannten »intelligence community«, bezogen auf die DDR als der bestinformierte, so wie beispielsweise die CIA in bezug auf die Sowjetunion und der britische MI6 sowie der französische DGSE in bezug auf die früheren Kolonien Großbritanniens und Frankreichs.

Hellenbroichs Erklärung will zudem fälschlicherweise glauben machen, der BND habe »nur« die in der DDR geführten Telefongespräche abgehört. Das ist Unsinn und wäre im übrigen auch nachrichtendienstlich unverzeihlich. Abgehört wurde und wird selbstverständlich alles, was technisch zugänglich ist, und das sind vorzugsweise die internationalen Kommunikationswege. Darüber hinaus wurden (und werden) aber auch Telefonanschlüsse abgehört, die von bestimmten ausländischen Einrichtungen in der Bundesrepublik, unter Umständen auch von Bundesbürgern, unterhalten werden. Die daraus gewonnenen sogenannten »G-10-Meldungen« verdanken ihre Bezeichnung den gesetzlichen Vorschriften zur Einschränkung des in Artikel 10 Grundgesetz verbrieften Grundrechts auf Wahrung des Brief-, Post- und Fernmeldegeheimnisses. Geht man von der um Beschwichtigung bemühten Aussage des ehemaligen BND-Präsidenten Hansjörg Geiger aus, Pullach höre nicht einmal 1 Prozent der deutschen Auslandstelefonate ab, und berücksichtigt man zugleich das ungemein dichte Telefonnetz in Westdeutschland, so läßt sich leicht hochrechnen, in welch beträchtlichem Ausmaß der BND sich dieses Mittels bedient[5]. Daß dabei äußerst honorige Bundesbürger in die

[5] Vgl. »Süddeutsche Zeitung«, 26.5.1997. Man möge sich nur einmal klarmachen, daß von deutschen Telefonanschlüssen rund 2.000 Auslandsgespräche pro Minute geführt werden. Eine Abhörquote von weniger als einem Prozent bedeutet demzufolge, daß der BND jährlich allein bis zu 10 Millionen Auslandsverbindungen abhört! (weiter nächste Seite)

Fangschaltungen geraten, versteht sich von selbst. Manche der G-10-Meldungen, die ich zu bearbeiten hatte, bewegten sich hart am Rand einer gesetzlichen Innenaufklärung. Mitunter ließen sich solche Meldungen für die Berichterstattung nur verwerten, indem alle Rückbezüge auf den westdeutschen Gesprächspartner radikal getilgt wurden.

Die fernmeldeelektronische Aufklärung des BND bedarf zwar der regelmäßigen Genehmigung des Gesetzgebers. Doch das ist ein reiner Routineakt. Vierteljährlich füllte ich ein bestimmtes Formblatt aus, in dem stets aufs neue bestätigt wurde, daß die Überwachungsmaßnahmen aus Gründen der strategischen Sicherheit der Bundesrepublik unverzichtbar seien, weil aus ihnen wesentliche und mit anderen Aufklärungsmitteln nicht erzielbare Erkenntnisse gewonnen würden.

Ein – jedenfalls partiell – gutes Meldungsaufkommen konnte der BND auch in den mittel-/osteuropäischen Staaten verzeichnen, wo ihm die Kooperationsbereitschaft oppositioneller Kreise zugute kam. Es ist längst kein Geheimnis mehr, daß er insbesondere unter der Exilopposition, auch derjenigen mit sozialistischer Grundhaltung, über ein Netz an Informanten verfügte. Politische Exilanten, welcher parteilichen Couleur auch immer, sind in der Regel leichter für eine nachrichtendienstliche Zusammenarbeit gegen das in ihrem Land gerade herrschende Regime zu gewinnen, und sie verfügen auch aufgrund fortbestehender Verbindungen

---

Angesichts solcher Zahlen verliert eine Studie der Gauck-Behörde über die West-Aufklärung der HVA und das vermeintlich horrende Ausmaß deren »Lauschangriffs« gegen die BRD erheblich an der ihr beigemessenen Brisanz. Nach dieser Studie sollen bis zu 100.000 westdeutsche Telefonanschlüsse abgehört worden sein, teilweise nach dem Zufallsprinzip, nach dem auch der BND partiell arbeitet; vgl. »Süddeutsche Zeitung«, 26.3.1998. Ausgehend von dieser östlichen »Lauschquote« und unter Berücksichtigung der flapsigen Bemerkung Hellenbroichs hätte demnach der BND – in Anbetracht eines Bevölkerungsverhältnisses von rund 3,5 : 1 – keinesfalls mehr als 30.000 DDR-Anschlüsse abhören dürfen, wenn er sich nicht dem Vorwurf aussetzen wollte, einen weit umfassenderen »Lauschangriff« gegen die DDR zu führen als umgekehrt. Der BND hat sich zu derartigen Zahlenspielen stets ebensowenig verstanden wie die Amerikaner und Briten, die von eigenen Horchposten in Berlin die DDR ebenfalls flächendeckend auslauschten. Indes sind solche Rechenexempel geeignet, die Dimension gegenseitigen Abhörens und damit bestimmte Horrorszenarien zurechtzurücken.
Im übrigen ist die Absicht des BND bemerkenswert, seine in Söcking bei Starnberg angesiedelte Schulungseinrichtung für fernmeldeelektronische Aufklärung auszubauen (vgl. »Süddeutsche Zeitung«, 31.8.1998 und 3.9.1998). Sie weist darauf hin, daß deren Bedeutung als nachrichtendienstliche Informationsquelle nach Beendigung des Kalten Krieges weiter zugenommen hat.

in ihr Heimatland über interessante, wenn auch manchmal an Wunschdenken orientierte Informationen. Sie sind deshalb eine Zielgruppe, auf die jeder Geheimdienst sein Augenmerk richtet.[6] So wie die HVA und der militärische Nachrichtendienst der DDR unter linksorientierten Bundesbürgern eine Großzahl motivierter Kundschafter gewinnen konnten, so rekrutierte der BND eine Reihe von Quellen unter den Emigranten aus Osteuropa, besonders unter den antikommunistischen. Daß schließlich die politische Wende auch über jene von ihnen hinwegging, die zwar eine radikale Demokratisierung des sozialistischen Systems, jedoch keine Wiedergeburt des Kapitalismus anstrebten, gehört sicher mit zu den tragischen Begleiterscheinungen des damaligen Umbruchs.

Eine ebenso ergiebige wie zuverlässige Informationsquelle stellte schließlich das Aufkommen aus ausländischen diplomatischen Funkverkehren dar, intern »Gelbstrich-Meldungen« genannt, weil ein diagonal von links unten nach rechts oben verlaufender Strich sie optisch als besonders sensibles nachrichtendienstliches Material kennzeichnete.[7] Lange Zeit, doch letztlich vergebens, bemühte sich der BND die Tatsache geheimzuhalten, daß die diplomatischen Verkehre vor allem just jener Länder, die er mit hochwertiger Verschlüsselungstechnik belieferte, eine seiner wichtigsten Informationsquellen sind. Allerdings erscheint es naiv anzunehmen, diese vom BND ausgerüsteten Partnerdienste hätten um die Möglichkeit Pullachs nicht gewußt bzw. sie nicht wenigstens in Betracht gezogen. Insofern ermöglichte dieses Danaergeschenk es ihnen im Gegenzug, den heimlich lauschenden deutschen Partner mit gezielten Falschmeldungen, in der Fachsprache Desinformation genannt, in die Irre zu führen. Immerhin besteht ein nicht unwesentlicher Teil des nachrichtendienstlichen Geschäfts darin, manchmal den Freund, vor allem aber den Feind mit lancierten Halbwahrheiten auf eine falsche Fährte zu locken und wenn schon nicht dauerhaft fehlzuleiten, so doch nachhaltig seine Kapazitäten zu binden.

---

[6] Es ist deshalb anzunehmen, daß einige dieser Zielpersonen gleichzeitig auch mit anderen westlichen Nachrichtendiensten in Verbindung standen. In Einzelfällen dürften sie allerdings auch für ihren nationalen Geheimdienst tätig gewesen sein mit dem Auftrag, die Emigrantenszene und deren Kooperation mit westlichen Diensten aufzuklären. Als ein wichtiges Informationspotential erachten Nachrichtendienste zudem international tätige Wirtschaftskreise sowie kirchliche Organisationen, allen voran die weltweit agierende katholische Kirche.

[7] Vgl. hierzu im einzelnen Schmidt-Eenboom, »Schnüffler ohne Nase«, S. 272.

Da der BND sich als weltweit tätiger Nachrichtendienst versteht, aber bei weitem nicht die personelle und finanzielle Kraft besitzt, ein weltweites Agentennetz zu unterhalten, gewinnt er einen großen Teil seiner Meldungen aus der Zusammenarbeit mit anderen Geheimdiensten. Grundsätzlich basiert dieser Informationsaustausch auf dem Prinzip der Gegenseitigkeit: Auch der BND stellt einen Teil seiner Erkenntnisse den Partnerdiensten zur Verfügung, sofern nicht der Quellenschutz die Weitergabe verbietet. Diese Kooperation hat den unbestreitbaren Vorteil, das eigene Informationsaufkommen entscheidend verbreitern zu können. Allerdings haftet ihr der Nachteil an, daß das Partnermaterial den Blickwinkel anderer Staaten und deren spezifische Interessenlage widerspiegelt und – mangels eigener Zugänge – sich zumeist einer Nachprüfung des Wahrheitsgehalts entzieht. Auch der partnerdienstliche Informationsaustausch birgt deshalb die Gefahr, einer lancierten Meldung aufzusitzen, mit der zuvorderst die Sichtweise und Entscheidungen der Bundesregierung als des letztendlichen Empfängers beeinflußt werden sollen.

In diesen ersten Wochen an meinem Arbeitsplatz wurde mir schnell klar, daß es für den Auswerter nachrichtendienstlicher Informationen neben einem umfassenden Fachwissen einer großen Erfahrung und eines Fingerspitzengefühls bedarf, um die Spreu vom Weizen zu trennen, nämlich die verwertbaren Meldungen herauszufiltern und dem informationellen Lagebild einzufügen. Auch reichte es nicht aus, mich lediglich mit meinem Aufgabenbereich zu befassen. Da ich mit der Region Westeuropa nur ein Teilgebiet der sowjetischen Außenpolitik bearbeitete, war es nicht minder wichtig, das gesamte politische Geschehen in Moskau im Auge zu behalten, das – ebenfalls in Teilbereichen – in den anderen Sachgebieten meines Referats beobachtet wurde. Wie immer, wenn man sich mit der Außenpolitik eines Staates befaßt, war es unerläßlich, mich mit der politischen Situation in den westeuropäischen Staaten, deren Zielsetzungen und Optionen vertraut zu machen, um die Aktionen und Reaktionen des Kreml richtig beurteilen zu können. Es galt also, immens viel Material zu lesen, gedanklich zu verarbeiten und mir einzuprägen.

Obwohl ich es gewöhnt war, stundenlang über Büchern zu sitzen, verspürte ich anfangs eine starke Ermüdung. Entsprechend der breiten Fächerung meines Sachgebiets stürzte tagtäglich eine Vielfalt an Themen und Fragestellungen auf mich ein, und trotz aller Konzentration, die ich auf das Lesen verwandte, schien es mir, daß ich nur einen Bruchteil wirklich erfassen konnte. Wie das Material, das nach einem internen Verteiler auf meinen Schreibtisch gelangte – sowjetische und deutsche Zeitungen und Zeitschriften, internationale Presseauswertungen, nachrichtendienstliches Informationsmaterial unterschiedlicher Herkunft –, wechselten auch die darin behandelten Themen. Hier ein Bericht über die Genfer KSZE-Verhandlungen, dort einer über bevorstehende sowjetisch-französische Konsultationen, sodann eine Abhandlung über die ideologischen Meinungsverschiedenheiten in der europäischen kommunistischen Bewegung und hernach politisch-strategische Überlegungen zum MBFR-Prozeß. Doch wenn ich glaubte, es sei schier unmöglich, mir alles zu merken, sollte ich bald eines besseren belehrt werden: Je mehr ich mich in die jeweiligen Problemstellungen hineinfand, um so leichter fiel es mir, neue Lageentwicklungen zu erkennen, und um so spannender wurde es, das Material nach wesentlichen und vor allem neuen Informationen zu durchleuchten. Mehr und mehr empfand ich die analytische Lagebearbeitung wie eine kriminalistische Tätigkeit, galt es doch, aus der Fülle zumeist sprachregelnder sowjetischer Erklärungen die tatsächlichen politischen Haltungen, Absichten und Ziele, taktische Optionen und Strategien herauszufiltern und die Chancen ihrer Durchsetzbarkeit zu prüfen. Mitunter – vorzugsweise bei einer Fehleinschätzung des BND[8] – wurde diese Arbeitsweise zwar verächtlich als »Kreml-Astrologie« gescholten. Doch mindert solche Kritik, selbst wenn sie in Einzelfällen berechtigt gewesen sein mag, nicht die Qualität und Zuverlässigkeit der Ergebnisse. Gerade hierdurch vermochte die Auswertungsabteilung des BND einige der Schwächen auszugleichen, die das dürftige geheimdienstliche Meldungsaufkommen zeitigte.

*

Kaum daß ich mich eingearbeitet hatte, wurde ich zu einem 6wöchigen Lehrgang einberufen. Er fand halbjährlich für alle neuen Mitarbei-

[8] So beispielsweise, als der BND bereits nach dem Tod von Staats- und Parteichef Jurij Andropow im Februar 1984 dem erst ein Jahr später zum Kremlchef gewählten Michail Gorbatschow die größten Chancen für die Amtsnachfolge einräumte, tatsächlich aber mit Konstantin Tschernenko noch einmal ein Altfunktionär für kurze Zeit an die Spitze der Polithierarchie in Moskau rückte.

ter des höheren Dienstes statt und gliederte sich in zwei Teile. Im ersten Teil, einem 6wöchigen Grundkurs, wurden noch einmal Struktur und Arbeitsweise des BND dargelegt, diesmal jedoch viel detaillierter und zudem unter Mitwirkung zahlreicher Mitarbeiter aus allen Abteilungen des Dienstes. Dadurch erhielt der BND, der vor allem auch eine riesige Behörde ist, für uns Neulinge klarere Konturen. Aber man lernte auch alle möglichen Dienststellen und Kollegen kennen, was nützlich war, da man arbeits- oder verwaltungsmäßig früher oder später mit ihnen zu tun haben würde. Der zweite Lehrgangsteil mit einer Dauer von 4 Monaten war jenen neuen Mitarbeitern vorbehalten, die für einen Einsatz in der operativen Beschaffung vorgesehen waren; dafür sollten sie das notwendige agententechnische Know-how lernen, zum Beispiel wie man fremde Personen ausforscht, aufklärt oder auf unverfängliche Weise kontaktiert, wie man eine Zielperson als Quelle anwirbt und konspirativ einen Agenten führt. Es war so etwas wie die Hohe Schule der Spionage, bevor man den Neuling ins kalte Wasser der nachrichtendienstlichen Anbahnung und Verbindungsführung warf.

Der Lehrgang fand in einem am Haarsee, südlich Seeshaupt gelegenen schloßähnlichen Objekt des BND statt, das ihm unter den Tarnnamen »Jägerhöhe« und später »Wildpark« als Internat diente. Die ständige Gemeinschaft und die geteilte Befindlichkeit, nachrichtendienstliche Grünschnäbel zu sein, ließ rasch eine kameradschaftliche Atmosphäre entstehen. Zweifellos war dies der größte Gewinn des Lehrgangs, jenseits aller für die spätere Arbeit nützlichen Informationen über den BND. Denn aus diesen ersten engeren Kontakten unter Kollegen entwickelten sich dauerhafte persönliche Beziehungen, die oft hilfreich waren, wenn das Schottenprinzip eine erforderliche Kontaktnahme zu anderen Diensteinheiten erschwerte.

Wie so oft, war ich auch unter den Lehrgangsteilnehmern die einzige Frau, was in der entspannten Atmosphäre des Kurses durchaus Vorteile hatte. Nicht nur, daß mir das schönstgelegene Zimmer zugeteilt wurde. Ich fand auch zu den meisten meiner Kollegen schnellen Kontakt, und es entstanden Freundschaften, die bis zu meiner Verhaftung währten. Wiederholt besuchte ich an Wochenenden jene Kameraden, die wegen der weiten Entfernung auf eine Heimreise verzichten mußten, und nahm an Festen teil, die auch im weiteren Lehrgangsverlauf einen festen Platz hatten. Andererseits suchten Lehrgangsteilnehmer mich auf, wenn praktisch-operative Übungsaufgaben sie nach München führten. So blieb ich hautnah am Kursgeschehen und am nachrichtendienstlichen Unterrichtsstoff. Manchmal konnte ich mir nur mit Mühe ein Lachen verkneifen, wenn man mir aufgeregt über Agentenfunk, Geheimtinte und konspirative Observationen berichtete. Nichts davon war mir unbekannt, längst beherrschte ich diese Lektionen. Allein die Tatsache, daß der BND mit genau denselben Mitteln und Methoden operierte wie die HVA, überraschte mich. Ich war der Meinung gewesen, beim BND müßte alles ganz anders sein. Aber das erwies sich als Irrtum.

Bereits während des Lehrgangs machte ich aber auch mit einer höchst unangenehmen Erscheinung im BND Bekanntschaft, die ich wegen des Schottenprinzips dort am wenigsten erwartet hätte. Ich zog das persönliche Interesse einiger Altvorderen auf mich, die sich nicht mit freundlicher Aufmerksamkeit für »die Neue« begnügen wollten, sondern keinen Zweifel an ihrer Neigung zu einem amourösen Abenteuer ließen. Ihrem fortgeschrittenen Alter gemäß bekleideten diese Herren hohe Positionen. So stand ich dann vor der heiklen Frage, wie ich mich ihrer Zudringlichkeit erwehren könnte, ohne sie damit gegen mich aufzubringen. Zwar ging diesen Kollegen, wie ich erfuhr, ein einschlägiger Ruf nach.[9] Trotzdem mußte ich gewärtig sein, daß sie mir aus verletzter Eitelkeit erheblich schaden könnten. Diese Gratwanderung hat mich weit mehr belastet, als es das Doppelleben, zu dem meine Kundschaftertätigkeit mich zwang, je vermochte.

*

Mit Beendigung des Lehrgangs übernahm ich endlich vollverantwortlich meine Arbeit als Auswerterin. Nun galt es, die interessanten Rohmeldungen auch zur »finished intelligence« für die Berichterstattung an den sogenannten Bedarfsträger in Bonn, die Bundesregierung, aufzubereiten.

Mit den nachrichtendienstlichen Einzelmeldungen und den Aufzeich-

[9] Erst seit 1994 gibt es für den Öffentlichen Dienst ein einschlägiges Gesetz, das sexuelle Belästigung am Arbeitsplatz als Dienstvergehen mit Disziplinarstrafe bewehrt.

nungen hatte der BND im Zuge der grundlegenden Neustrukturierung nach der Gehlen-Ära zwei Standardformen der Berichterstattung entwickelt, um die politische Führung möglichst aktuell entweder über wichtige Einzelaspekte des weltweiten Geschehens oder über umfassendere Vorgänge zu unterrichten. Darüber hinaus erstellte die Militärische Auswertung eine tägliche »Lagekurzorientierung« für die militärische Führung. Schließlich gab es noch die wöchentlichen »Beiträge zur Kanzlerlage«, in denen die wichtigsten Informationen und Ereignisse aufbereitet wurden. In den 80er Jahren führte Präsident Blum dann noch die sogenannten »BND-Informationen« als Form der Spitzenberichterstattung ein. Sie wurden für einen ausgewählten Personenkreis in der politischen Führung erstellt, waren inhaltlich allerdings weitgehend identisch mit den Berichten zur Kanzlerlage und der allgemeinen Berichterstattung.

Die Einzelmeldung beruhte auf einer einzelnen, nachrichtendienstlich beschafften Information. Aus Gründen des Quellenschutzes hatte der Auswerter sie in eigene Worte zu fassen, ohne deren Aussage zu verwässern oder gar zu verfälschen. Zudem waren die ohnehin schon recht allgemeinen Angaben der beschaffenden Abteilungen zur Quelle weiter zu verallgemeinern und zu verschleiern, um jegliche Möglichkeit, auf die Quelle rückzuschließen und dadurch womöglich ihre Enttarnung zu riskieren, zu vermeiden. Der Meldungsaussage schloß sich grundsätzlich ein eigener Kommentar an, in dem die berichtete Information in das aktuelle Lagebild eingeordnet und ihre Glaubwürdigkeit wie ihr politischer Wert beurteilt wurden. Nicht selten bot sich hier auch eine Wiedergabe ergänzender nachrichtendienstlicher Informationen aus anderen Quellen an, die sich für eine selektive Weitergabe weniger gut eigneten. Hingegen war es strikt untersagt, in diesem Kommentar eigene politische Meinungen zu äußern. Das hätte den gesetzlichen Auftrag des BND überschritten und in die Kompetenzen der politischen Führung eingegriffen.

Eine Einzelmeldung konnte beispielsweise folgendermaßen ausschauen:

Nachrichtendienstliche Quellenmeldung:

Nach Aussage eines sowjetischen Staatsfunktionärs will Gorbatschow den bevorstehenden Moskau-Besuch Honeckers nicht dazu be-

nutzen, dessen Widerstand gegen seine Reformpolitik zu brechen. Der Kremlchef ist sich einerseits der sensiblen geopolitischen Situation bewußt, in der sich die DDR in ihrer Frontlage gegenüber der Bundesrepublik Deutschland befindet, die ein umsichtiges innenpolitisches Taktieren erfordert. Andererseits ist Moskau an einer reibungslosen Wirtschaftskooperation mit seinem wichtigsten Handelspartner gelegen, weil sie für die erfolgreiche Umsetzung der eigenen wirtschaftlichen Reformvorhaben unverzichtbar ist. Jegliche Störung dieser Beziehungen wäre für beide Seiten nur von Nachteil. Diesen Lagebedingungen müßten sich die politischen Präferenzen unterordnen. Moskau bleibe deshalb nichts anderes übrig, als mit Geduld auf Honecker einzuwirken, um ihn zu der Einsicht zu bringen, daß auch die DDR dringend einer Reformpolitik wie der sowjetischen bedarf. Gleichzeitig gehe man aber davon aus, daß der Reformstau in der DDR rasch zunehmen und der SED-Chef dadurch innenpolitisch so sehr unter Druck geraten werde, daß ihm nur die Möglichkeit zu einer politischen Kursänderung oder zum Rücktritt bleibe.

Stellungnahme:

Vorstehende Aussagen aus zuverlässiger Quelle geben das Dilemma der sowjetischen DDR-Politik zutreffend wieder. Je stärker Gorbatschow mit seinem Reformkurs im Politbüro der KPdSU auf Widerstand stößt, um so mehr bedarf er der politischen Unterstützung im Bündnisbereich, um seine innere Machtposition zu stärken. Deshalb muß er alles daran setzen, vor allem die DDR als den wichtigsten und wirtschaftlich potentesten Bündnispartner für seine »Perestroyka« zu gewinnen. Die Aussichten hierfür sind allerdings denkbar schlecht, solange Honecker die Politik Ost-Berlins bestimmt. Seine Ablehnung des Reformkurses Gorbatschows hat sich mit jeder weiteren politischen Neuerung in der SU nur verstärkt und verhärtet. Insofern hat der Kremlchef so gut wie keine Chancen, durch einen Schulterschluß mit den Warschauer-Pakt-Staaten den schwindenden Rückhalt in der KPdSU-Führung wettzumachen.

Wie einem anderen, noch unbestätigten nachrichtendienstlichen Hinweis aus polnischem Quellenhintergrund zu entnehmen ist, gibt sich der Kremlchef selber auch keinen Illusionen hin, Honecker doch noch politisch umstimmen und von der Notwendigkeit eines Kurswechsels überzeugen zu können. Vielmehr hält er einen Führungswechsel in Ost-Berlin für dringend geboten und konzentriert deshalb sein Augenmerk auf die Frage, wie Moskau hierzu beitragen kann, ohne daß es ihm als Einmischung in die inneren Angelegenheiten der DDR und damit als Vorstoß gegen seine Politik des »neuen Denkens« ausgelegt werden könnte.

Für die Glaubwürdigkeit auch dieser Information spricht die Beobachtung, daß sich in jüngster Zeit die sowjetisch-ostdeutschen Kontakte auf mittlerer Ebene erheblich intensiviert haben. Moskau scheint offensichtlich bemüht, das Ausmaß an politischer Zustimmung zu seinem Kurs im mittleren Funktionärskorps der SED auszuloten. Freilich verspricht eine solche Vorgehensweise angesichts der weitgehenden Geschlossenheit und Unangefochtenheit der DDR-Führung ebenfalls keine Aussicht auf raschen Erfolg und verdeutlicht einmal mehr, wie eng der Handlungsspielraum des Kreml gegenüber Ost-Berlin geworden ist.

Grundsätzlich waren alle Meldungen vom Auswerter zu beurteilen, ob er sie nun als weitergabewürdig erachtete oder nicht. Das Bewertungssystem glich dem von Schulnoten: Es reichte von »1« bis »6«, was einer Abstufung des inhaltlichen Wertes von »sehr wertvoll«, z.B. für neue, wichtige und zugleich glaubwürdige Informationen, bis »nicht verwertbar/unzutreffend« entsprach. Zusammen mit einer Einschätzung der Glaubwürdigkeit der Quelle, die von der beschaffenden Abteilung vorgegeben wurde und von »A« (= Dokument) bis »F« (= neue, noch unerprobte Quelle) reichte, wurde damit dem Bedarfsträger in einer prägnanten Weise der Wert der übermittelten nachrichtendienstlichen Information signalisiert.

Wie ich später anhand von Originalberichten der HVA, die Markus Wolf mir bei einem Treffen in der DDR zur Einsichtnahme und Prüfung gab, feststellte, bereitete auch die HVA ihre nachrichtendienstlichen Informationen in der geschilderten Weise auf. Viele Partnerdienste des BND verfuhren ebenso.

Es versteht sich von selbst, daß Informationen, deren Inhalt und/oder Quellenhintergrund zweifelhaft waren, nur in Ausnahmefällen in die Berichterstattung eingingen. Das gleiche Schicksal teilten jene Meldungen, die lediglich bekannte oder weniger wichtige Sachverhalte wiedergaben. Damit waren natürlich Konflikte vor allem zwischen der operativen Beschaffung und der Auswertung vorprogrammiert. Selbstverständlich hielt ein Verbindungsführer die Meldungen seiner Quelle, die er zur Aufbereitung an die Auswertung weitergab, zumindest für brauchbar, nicht selten aber für wertvoll, und er nahm es fast als persönliche Beleidigung, wenn sie beim Auswerter allenfalls ein Schulterzucken provozierten oder, schlimmer noch, spöttisch kommentiert wurden. Dann liefen die Telefondrähte heiß oder wurden geharnischte Schreiben auf den Dienstweg gebracht. Doch allen Protesten zum Trotz: Das Urteil der Auswerter war maßgebend. Denn es kam vor dem Hintergrund einer Fülle unterschiedlichster tagtäglicher Informationen zustande, die dem Beschaffer, auch wenn er sich noch so sehr mit der aktuellen Lage in seinen Zielländern befaßte, nicht verfügbar waren.

Nicht selten warfen die Mitarbeiter der operativen Beschaffung bei solchen Kontroversen auch das Argument in die Waagschale, ihre Quelle x oder y drohe durch ihre Vorgesetzten »abgeschaltet« zu werden, wenn deren Meldungen nun schon zum wiederholten Male so schlecht bewertet würden, daß Kosten und Nutzen in keinem Verhältnis mehr stünden. Angesichts der schwierigen Beschaffungslage könne das doch nicht im Interesse der Auswertung liegen. Ob man die Bewertung nicht ein wenig nachbessern könne, damit Spielraum für eine weitere Arbeit mit diesen Quellen bleibe? In der Regel hat man sich in der Auswertung solchen Argumenten nicht verschlossen, trotz aller Bedenken, daß es sinnvoller wäre, die Anstrengungen auf die Gewinnung interessanter Informationszugänge zu konzentrieren.

Mitunter flüchtete sich die Beschaffung aber auch in den Versuch, nachrichtendienstliche Meldungen an dem zuständigen Auswerter vorbeizuschleusen, wenn dieser bei ihr in dem zweifelhaften Ruf stand, das Meldungsaufkommen besonders »streng« zu bewerten. Dies geschah vorzugsweise durch eine andere Akzentuierung der Schlagzeile, unter der die Meldung firmierte, damit sie auf den Schreibtisch eines anderen Bearbeiters gelangte. Freilich führte diese Methode nur selten zum Erfolg, da die endgültige Festlegung der Meldungsbearbeitung innerhalb der Auswertung nach inhaltlichen Schwerpunkten erfolgte und gegebenenfalls auch vom Auswerter korrigiert werden konnte, indem er die Federführung an den zuständigen Kollegen abtrat. Zudem waren solche taktischen Scharmützel nur dazu angetan, bestehende Friktionen zwischen Auswertung und Beschaffung zu verstärken, statt sie abzubauen.

Um es gar nicht erst zu derartigen Reibereien kommen zu lassen, setzten sich viele Auswerter mit ihren Kollegen von der Beschaffung in Verbindung, wenn sie fragwürdige Meldungen erhielten. Einerseits ließen sich durch ergänzende Informationen über die Zugangsmöglichkeiten der Quelle und die Umstände der Informationsgewinnung bestehende Zweifel am Wahrheitsgehalt einer Meldung ausräumen oder aber erhärten. Andererseits wurden solche Zweifel für die Beschaffung nachvollziehbar, da der Auswerter sie detailliert und anhand anderweitiger Erkenntnisse zu begründen hatte. Dieser Gedankenaustausch zwischen Beschaffung und Auswertung erschien zwar als ein Sakrileg an Gehlens geheiligtem Prinzip rigoroser Abschottung der Geheimdienstabteilungen. Erfahrungsgemäß war er aber für beide Seiten und mehr noch für die Auftragserfüllung des BND von Nutzen.

Wer meint, auf diese Weise wäre der unverzichtbare Quellenschutz unterlaufen worden, irrt gründlich. Denn es war oberste Maxime entsprechender Gespräche, daß der Beschaffer keine konkreten Angaben zur Person einer Quelle machte, die es dem Auswerter auch nur annäherungsweise erlaubt hätten, sie zu orten und zu identifizieren, so wie sich der Auswerter jeglicher in diese Richtung gehenden Fragen enthielt. Details gingen ihn nichts an, und er benötigte sie auch nicht für seine Aufgabe der Meldungsbearbeitung und -bewertung. Er konnte sich mit allgemeinen Fragen begnügen wie beispielsweise »Hat die Quelle selbst oder haben ihre Informanten den Zugang zu diesem oder jenem Vorgang? Ist gesichert, daß sie den berichteten Sachverhalt in Erfahrung bringen konnte? Über wie viele Stationen ist die Informationsgewinnung gelaufen?«

Auch ich habe mich, wann immer es einen Grund gab, daran gehalten. Ebensowenig bin ich von meinen Verbindungsleuten in der HVA dazu angehalten worden, mich in dieser Hinsicht zu exponieren. So wie ich meine eigenen Daten in der HVA konsequent geschützt wissen wollte, respektierte ich, daß diejenigen der BND-Quellen ein Tabu waren. Zwar schreckten einige Autoren, die sich in der Anti-Stasi-Hysterie nach der Wende mit rasch zusammengeschriebenen »Enthüllungsgeschichten« als angebliche Nachrichtendienstexperten hervortaten, nicht vor der Behauptung zurück, ich hätte Quellen des BND an Ost-Berlin bzw. an Moskau verraten.[10] Das verlieh ihren Kolportagen zweifellos eine reißerische Note. Doch gaben sie damit nur zu erkennen, wie wenig Sachkenntnis sie von meinem Fall hatten und nicht selten auch von der Arbeitsweise der HVA.

Allerdings habe ich es zu meiner eigenen Verblüffung zweimal erlebt, daß in Informationsgesprächen zum Hintergrund einer Meldung meine Kollegen von sich aus und ohne Not die Identität der betreffenden Quelle offengelegt haben. In dem einen Fall geschah es sicher aus Renommiergehabe des Verbindungsführers. Er hatte meine Zweifel am Wahrheitsgehalt der Meldung seiner Quelle, einem bekannten Journalisten, als persönlichen Affront betrachtet und wollte partout nicht einsehen, daß auch erfahrene Medienvertreter vor Irrtümern nicht gefeit sind, vor allem wenn sie für diverse Auftraggeber arbeiten und deshalb einen gesteigerten Bedarf an Informationen haben.

In dem anderen Fall, im Frühjahr 1990, gab sich die Beschaffung wohl deshalb mitteilsamer als erlaubt, weil sie der von mir hinterfragten Information und ihrem Entstehungshintergrund selbst nicht recht traute. In diesem Zusammenhang erzählte mir der Kollege unaufgefordert, was später auch die Presse bekanntmachte: daß die Ehefrau des früheren DDR-Devisenbeschaffers Alexander Schalck-Golodkowski für den BND tätig war.[11] Konkret ging es um einen Hinweis auf angebliche Unstimmigkeiten zwischen Moskau und dem früheren HVA-Chef; Wolf hatte sich aus Sorge vor einer Festnahme Ende Januar 1990 nach Moskau zurückgezogen, von wo er Anfang April 1990, begleitet von zahlreichen Spekulationen der Medien, zurückkehrte.[12] Der Kreml, so lautete die Information, werde weder ihm noch dem letzten SED-Chef Egon Krenz politisches Asyl gewähren. Die Meldung war ein Politikum, sug-

[10] So z.B. Schlomann, Friedrich W., »Die Maulwürfe – Noch sind sie unter uns, die Helfer der Stasi im Westen«, München 1993, S. 140; Colitt, Leslie, »Spymaster – The Real-life Karla, his Moles and the East German Secret Police«, New York 1995, S. 132. Selbst Schmidt-Eenboom unterläuft aufgrund verkürzter Wiedergabe von Sachverhalten eine Falschdarstellung; vgl. Schmidt-Eenboom, Erich, »Der Schattenkrieger – Klaus Kinkel und der BND«, Düsseldorf 1995, S. 140.

[11] Vgl. »Süddeutsche Zeitung«, 7.7.1993.

[12] Vgl. Wolf, Markus, »In eigenem Auftrag: Bekenntnisse und Einsichten«, München 1991, S. 335 ff.

gerierte sie doch, daß Wolf und Krenz sich schwertäten, im Ausland ein Refugium zu finden, wo sie sich dem drohenden Zugriff der westdeutschen Justiz entziehen könnten. Sie fand deshalb im BND große Beachtung. Ich sollte sie zur Weitergabe nach Bonn aufbereiten.

»Die Meldung gibt bloßes Wunschdenken wieder«, hatte ich dagegengehalten, »und das werde ich auch in dem Kommentar schreiben, wenn ich sie weitergeben muß. Markus Wolf gilt als halber Russe, er hat seine Jugend in der Sowjetunion verlebt, als politischer Flüchtling und ausgestattet mit einem sowjetischen Paß. Er hat nach wie vor familiäre Beziehungen dorthin und zudem gewichtige politische Kontakte. Da wird Moskau sich nicht die Blöße geben, ihn der bundesrepublikanischen Justiz auszuliefern. Schon gar nicht, wenn es dabei um nachrichtendienstliche Tätigkeit, noch dazu für den eigenen Staat, geht. Denn das ist schlicht politische Strafverfolgung! Und die gilt überall, auch in der Sowjetunion, als triftiger Grund für eine Asylgewährung.«

Ich wurde angewiesen, Näheres über den Meldungshintergrund zu recherchieren, ehe man die Weitergabe entscheiden würde. Ich rief meinen Kollegen von der Beschaffung an und teilte ihm meine Vorbehalte mit. »Ja, ja«, pflichtete mein Kollege bei, »wir hatten auch einige Bauchschmerzen, die Meldung abzusetzen. Aber der Chef hat es angeordnet. « Dann berichtete er, von früheren Kontaktleuten Schalck-Golodkowskis in Moskau, u.a. im KGB, sei in Erfahrung gebracht worden, daß Wolf für die Sowjets zur Persona non grata geworden sei. »Was sind das für Kontaktleute?« fragte ich. »Haben sie Zugang zu der gemeldeten Information, oder geben sie nur ein Gerücht oder womöglich eigene Mutmaßungen wieder? Und mehr noch: Welche Kontakte haben die Schalck-Golodkowskis überhaupt noch in Moskau, nachdem sie sich in die Bundesrepublik abgesetzt haben? Wer in Moskau spricht noch mit ihnen und gibt ihnen vertrauliche Informationen, nachdem alle Welt weiß, daß sie nun mit dem BND liiert sind?«[13]

Letztendlich ersparte sich Pullach die Peinlichkeit, die Meldung nach Bonn weiterzugeben. Sie verschwand in den Akten. Trotzdem hatte ich

---

[13] Aufschlußreich ist die Feststellung von Schmidt-Eenboom, daß die ersten Vernehmungen Schalcks durch den BND von dessen Referat Gegenspionage geführt wurden und damit den eigenen Interessen Pullachs dienten. Vgl. Schmidt-Eenboom, »Schnüffler ohne Nase«, S. 116.

ein höchst ungutes Gefühl. Kaum, daß jener Mann, der wegen seines Geschicks bei der Beschaffung von Embargogütern für die DDR im BND jahrelang als ein Oberschurke gehandelt worden war, in Pullach Zuflucht gesucht und gefunden hatte, wurden er und seine Frau als vertrauenswürdige und zuverlässige Top-Quellen erachtet. Irgendwo, so schien es mir, waren hier Sicherungen durchgebrannt, weil man sich allzusehr geschmeichelt fühlte, es endlich einmal mit einer großen und noch dazu schillernden Figur der DDR zu tun zu haben.

Als ich ein Jahr später in der Gefängniszelle über die Aufgeregtheiten in Bonn las, nachdem bekanntgeworden war, daß der BND Anfang 1990 Schalck und seine Frau mit bundesdeutschen Reisepässen ausgestattet hatte, kam mir die Sache mit der obskuren Meldung wieder in den Sinn. Amüsiert las ich die vom BND vorbereitete Aussage des Staatsministers im Kanzleramt, Lutz Stavenhagen, Schalck sei mit diesem Paß nicht ins Ausland gereist. Er sei nie BND-Agent gewesen.[14] Schon möglich, dachte ich. Doch scheint niemand auf die Idee zu kommen, daß es auch in der nachrichtendienstlichen Tätigkeit Teamarbeit gibt.

Konfliktstoff wie mit der operativen Beschaffung gab es mit der technischen Beschaffung (= fernmeldeelektronische Aufklärung) nicht. Da sie aus dem Äther herausfilterte, was ihr technisch zugänglich war, fühlte sie sich auch nicht verantwortlich für den inhaltlichen Wert der gewonnenen Informationen und tat sich grundsätzlich leicht mit der Meldungsbeurteilung durch die Auswertung. Freilich: Das Eindringen in diplomatische Verkehre konnte sie sicher machen, zumeist sehr interessante und wertvolle Meldungen, obendrein aus Primärquellen, zum Informationsaufkommen beizusteuern.

Für eine umfassendere Lagedarstellung hatte der BND die Berichtsform der Aufzeichnung entwickelt. Sie glich dem ausführlichen Korrespondentenbericht einer Tageszeitung, stützte sich im Unterschied dazu aber auf diverse nachrichtendienstliche Informationen, die zu dem behandelten Thema gewonnen wurden. Ein Langbericht konnte einem bestimmten politischen Ereignis gewidmet sein, beispielsweise einem bi- oder multilateralen Gipfeltreffen, dessen Ablauf, Gesprächsinhalte und Ergebnisse beleuchtet wurden. Ebensogut konnte er sich mit der aktuellen Gesamtlage eines Staates befassen, also mit dessen politischer, wirt-

---

[14] Vgl. »Süddeutsche Zeitung«, 20.8.1991.

schaftlicher und militärischer Situation. Mehr noch als eine Einzelmeldung griff eine umfassende Abhandlung in die fachliche Zuständigkeit verschiedener Referate und Unterabteilungen ein. Deshalb lieferten diese in der Regel dem »federführenden Referat« Beiträge aus ihrem Sachbereich zu. In jedem Fall hatte sich aber ein Auswerter mit seinen Kollegen inhaltlich abzustimmen, sobald er sich im Rahmen der Berichterstattung zu Fragen äußerte, die deren Aufgabenbereich berührten. Das hatte einen permanenten, intensiven Gedankenaustausch innerhalb der Auswertung zur Folge, der sich auch losgelöst von der Berichterstattung nach Bonn an tagespolitischen Ereignissen und an diversen Informationen entzündete. Mitunter zeitaufwendig, war dieser Zwang zur Abstimmung unverzichtbar, schützte er doch in der Regel vor subjektiver Sicht und Fehlinterpretationen und führte das Lagebild der einzelnen Auswerter zu dem des BND zusammen.

Gelegentlich führte dies aber auch zu heftigen fachlichen Kontroversen unter den Auswertern bis hin zum persönlichen Streit. Deren Ursachen lagen meist in einer bedenklichen Identifizierung eines Auswerters mit der Sichtweise des von ihm bearbeiteten Ziellandes oder im Verharren auf traditionellen Auslegungen, die den Blick verengten und eine differenzierte Wertung der Lage verhinderten. Dispute rührten somit rasch an die Grundsatzfrage einer »richtigen« oder aber »falschen« Sichtweise, weshalb sie fast zwangsläufig in eine unerquickliche und die Arbeitsatmosphäre belastende Rechthaberei mündeten.

In den Jahren meiner Tätigkeit im BND hatte ich zweimal unerfreuliche Kontroversen. In dem einen Fall, wohl auch weil männliche Eitelkeit im Spiel war, ließen sich die Meinungsverschiedenheiten weder mit intensiven Fachdiskussionen noch durch ein Machtwort des Vorgesetzten beilegen. Vielmehr erschienen sie angesichts eines zutiefst verinnerlichten Freund-Feind-Denkens rational nicht überwindbar und eskalierten bald auch bis zu meiner Desavouierung in Gegenwart eines befreundeten Partnerdienstes. Hatte ich es doch gewagt, dem platten, unausrottbaren Vorurteil zu widersprechen, wonach die sowjetische Nahmittelost-Politik und deren angebliche Kriegslüsternheit – und nicht das ungelöste Palästinenserproblem – die Ursache allen Unvermögens sei, die Entwicklung in der dortigen Region in friedlichere Bahnen zu lenken. Es erschien fast wie ein Sakrileg, daß ich in den Aktivitäten Moskaus, trotz der Intervention in Afghanistan, zuvorderst das Bestreben ausmachte, mittels Kooperation gerade auch mit den politisch gemäßigten Staaten in der Region Fuß zu fassen und dadurch den dominanten amerikanischen Einfluß zurückzudrängen und die Einseitigkeit der Politik Washingtons zu durchbrechen. Zwar konnte ich mich mit dieser differenzierteren Sichtweise durch die spätere Lageentwicklung bestätigt fühlen. Doch angesichts der persönlichen Verunglimpfung, der ich in der langwierigen Auseinandersetzung mit meinen Kollegen vom Nahost-Referat ausgesetzt war, empfand ich keine Genugtuung. Zu nachhaltig war der Ärger über die primitive Arroganz, mit der man(n) dabei vor allem versucht hatte, mir als Frau die fachliche Kompetenz abzusprechen.

Eher skurril, wenngleich nicht minder frustrierend, muteten Sichtweisen an, die Ende der achtziger Jahre die Abstimmungsgespräche mit dem DDR-Referat zu einem zähen und mühsamen Geschäft machten. Begünstigt durch die Beurteilung des damaligen Ständigen Vertreters Bonns in Ost-Berlin und heutigen Justizministers in Brandenburg, Otto Bräutigam, hatten sich meine Kollegen die Auffassung Honeckers zu eigen gemacht, daß die DDR keiner Reformen bedürfe und sie unter dessen Führung politisch stabil sei.[15] Meine Informationen aus sowjetischer Quelle ließen hingegen, selbst wenn sie den Wunsch Moskaus reflektierten, ostdeutsche Unterstützung für Gorbatschows Reformpolitik zu erlangen, an diesem Bild zweifeln. Doch es war unmöglich, sich mit den Kollegen vom DDR-Referat auf eine Beurteilung zu einigen, wonach das politische Beharrungsvermögen der Honecker-Führung kein Zeichen von innerer Stabilität, sondern von Stagnation sei, die das Land überkrustete, und daß die alte Garde unter einem Zusammenwirken von äußerem (Moskauer) und innerem Druck durchaus zu Fall kommen könnte. Die Lageentwicklung setzte den Meinungsverschiedenheiten ein jähes Ende: Mit der Einstellung der DDR-Aufklärung nach dem Wahlsieg Lothar de Maizières im März 1990 und der Auflösung der entspre-

---

[15] Bekanntlich waren nicht nur Frankreich und Großbritannien an der Erhaltung der inneren Stabilität der DDR und damit ihrer staatlichen Existenz interessiert. Auch die Bonner Ostpolitik des »Wandels durch Annäherung« basierte selbst unter der Regierung Kohl und ungeachtet aller Lippenbekenntnisse zur deutschen Einheit auf der Überzeugung, daß sich nur eine stabile DDR-Regierung zu schrittweisen politischen Veränderungen bereit finden werde; vgl. Zelikow, Philip und Condolezza Rice, »Sternstunde der Diplomatie – Die deutsche Einheit und das Ende der Spaltung Europas«, Berlin 1997, S. 141

chenden Dienststellen in der Auswertung gab es weder einschlägige fachliche Fragen noch Gesprächspartner mehr.

Oft und gerade auch in meinem Fall war von den Beiträgen des BND zur sogenannten »Kanzlerlage« die Rede, wobei nicht selten der Eindruck erweckt wurde, als würde hier der westdeutsche Nachrichtendienst die großen Geheimnisse des weltpolitischen Geschehens vor dem Bundeskanzler ausbreiten. Nichts ist so falsch wie dieses Bild. Zum einen nahm – jedenfalls in den 70er und 80er Jahren – der Bundeskanzler an der Lagebesprechung gar nicht teil; vielmehr kamen in dieser wöchentlich stattfindenden Runde beim Chef des Bundeskanzleramtes die Staatssekretäre des Innen-, Außen-, Verteidigungs- und Wirtschaftsministeriums mit den Präsidenten der Geheimdienste (Bundesnachrichtendienst, Bundesamt für Verfassungsschutz und Militärischer Abschirmdienst) zusammen. Die Besprechung hieß deshalb zutreffend »Nachrichtendienstliche Lage im Bundeskanzleramt«. Zum anderen wurden dort nicht nur außenpolitische Fragen behandelt, sondern ebenso innen- und sicherheitspolitische Belange. Es handelte sich mithin um eine Rundumschau aller Themen, die aus dem spezifischen Blickwinkel der Bundesregierung (und der sie tragenden Parteien) von aktuellem Interesse waren, auf der Basis der vorliegenden Erkenntnisse aller drei Geheimdienste und des Informations- bzw. Aufklärungsbedarfs der politisch Verantwortlichen.

Gelegentlich war der Blickwinkel weit entfernt vom großen weltpolitischen Geschehen und mehr zu einer Art »Bonner Nabelschau« verengt – ein generelles Phänomen, das auch Markus Wolf zumindest für die Spätzeit der DDR festgestellt hat. Hier dürfte im übrigen der Schlüssel für die Rabta-Affäre liegen, die seinerzeit das Verhältnis zwischen dem Bundeskanzleramt und dem BND nachhaltig trübte: Nicht, daß der BND nicht eindeutig genug vor den militärischen Implikationen der Kooperation deutscher Chemieunternehmen mit Libyen gewarnt hätte. Doch stammte diese Warnung vom Wirtschaftskonkurrenten USA, war von der CIA über den BND an die Bundesregierung lanciert und schien vordergründig nur darauf gerichtet, deutsche Wirtschaftsinteressen zu stören. Als man in Bonn schließlich die politische Brisanz des Vorgangs begriff, mußte der BND als Sündenbock herhalten: Er hätte den Sachverhalt nicht klar genug berichtet. Das war infam, hatte doch die amerikanische Regierung lange vor dem BND das Auswärtige Amt und das

Bundeskanzleramt auf diplomatischen Kanälen auf das Problem angesprochen.[16] Offenkundig ist es das Schicksal von Nachrichtendiensten, zumal wenn sie, wie der BND, dem politischen Entscheidungszentrum direkt unterstellt sind, daß sie in unangenehmen Situationen für die Fehler der Vorgesetzten den Kopf hinhalten müssen. Hin und wieder scheint darin ihre besondere Existenzberechtigung zu liegen.

Soweit Beiträge des BND zur »Kanzlerlage« von der Auswertung beigesteuert wurden, glichen sie den Meldungen oder Aufzeichnungen, je nachdem, ob eine besondere nachrichtendienstliche Information oder ein bestimmtes Thema für den Lagevortrag des Präsidenten aufzubereiten war. Allerdings hatte sich der Auswerter dabei auf eine Darlegung der wesentlichsten Aspekte zu beschränken, da dem Präsidenten nur eine Redezeit von 20 Minuten zur Verfügung stand.

Nicht nur die Auswertung, auch die beschaffenden Abteilungen und die Sicherheitsabteilung trugen mit ihren spezifischen Informationen zum wöchentlichen Lagevortrag des Präsidenten im Bundeskanzleramt bei. Dies ließ in der Auswertungsabteilung mitunter den Verdacht aufkommen, die Beschaffung würde unter dem Vorwand des Quellenschutzes brisante nachrichtendienstliche Informationen ihr vorenthalten, diese gingen unverifiziert in die Spitzenberichterstattung ein, und die allgemeine Berichterstattung könnte womöglich unter absichtlichen Erkenntnislücken leiden. Besonders unter der Präsidentschaft Klaus Kinkels wurden derartige Befürchtungen laut, so vor allem, wenn sich in der dienstinternen Großen Lagebesprechung die Vertreter der Beschaffungsabteilung mal wieder in sibyllinischen Andeutungen ergangen hatten.

Die Große Lagebesprechung, despektierlich kurz »Schlaue Stunde« genannt, fand bis Anfang der 80er Jahre wöchentlich in der Auswertungsabteilung statt, und zwar unter Teilnahme von Vertretern der Beschaffung und mehr (Kinkel) oder weniger regelmäßig (Wessel) unter Leitung des Präsidenten. Sie diente sowohl der internen Lageinformation und Kommunikation wie auch dem Informations- und Gedankenaustausch zwischen der Leitung des Dienstes und den Fachabteilungen und

---

[16] Vgl. Bericht der Bundesregierung an den Deutschen Bundestag über eine mögliche Beteiligung deutscher Firmen an einer C-Waffen-Produktion in Libyen, Bundestags-Drucksache 11/3995, 15.2.1989.

insoweit als zusätzliches Steuerungsinstrument für die Auftragserteilung an die Arbeitsebene. Gegenstand bildeten jeweils mehrere aktuelle Themen, die im Anschluß an einen Kurzvortrag des zuständigen Auswerters diskutiert wurden. Die »Schlaue Stunde« bot somit Gelegenheit, ein aktuelles Ereignis anhand der Erkenntnisse aller Bereiche der Auswertung, also der politischen, wirtschaftlichen, militärischen und wissenschaftlich-technischen Untergliederungen, unter den maßgeblichen Aspekten zu durchleuchten, gleichzeitig einen vorhandenen Informationsbedarf aufzuzeigen und die Aufklärungsmöglichkeiten zu eruieren.

Obwohl für die Vortragenden mit zusätzlicher Arbeit verbunden, erfreute sich die »Schlaue Stunde« eines großen Zuspruchs seitens der Auswerter und der Beschaffer, weil sie über die engen Grenzen des eigenen Sachgebiets hinausblicken ließ und Einsichten in das Geschehen anderswo vermittelte. Dieser Gewinn kann in einer Institution, die zur Gewährleistung einer speziellen Fachkompetenz ihre Aufgaben in eine Vielzahl von Sachbereichen unterteilt hat, gar nicht hoch genug veranschlagt werden. Deshalb stieß das schmähliche Ende der Großen Lage Anfang der 80er Jahre unter einem neuen, eigenbrötlerischen Leiter der Auswertungsabteilung auf breiten Widerspruch, der angesichts der kraftlosen Präsidentschaft Blums aber erfolglos blieb. Soweit sich unter Blum eine ausführlichere Lagebesprechung mit Auswertern und Beschaffern zur Vorbereitung der »Kanzlerlage« neu etablierte, vermochte sie nicht die entstandene Kommunikationslücke zu schließen; hier ging es nur noch darum, den Präsidenten für seinen Lagevortrag zu präparieren, und nicht, wie zuvor, um eine allgemeine, breite Lageerörterung.

Nicht selten taten sich bei der täglichen Informationsbearbeitung oder in diversen Lageberatungen Wissenslücken der Auswerter auf, weil das verfügbare Material nicht genug hergab oder der beobachtete Staat bestimmte Vorgänge geheimzuhalten versuchte. In solchen Fällen, aber auch wenn von der politischen Ebene besondere Informationsinteressen mitgeteilt wurden, oblag es den Auswertern, mittels sogenannter Einzelaufklärungsforderungen die beschaffenden Abteilungen zu beauftragen, die gewünschten Informationen möglichst rasch beizubringen. Diese Aufklärungsforderungen waren kein bloßes Steuerungsinstrument für die Tätigkeit der Beschaffung. Sie waren vielmehr das nachrichtendienstlich-operative Scharnier zwischen Auswertung und Beschaffung und banden auch die Auswertung in die Spionageaktivitäten des Dienstes ein. Den meisten Auswertern fehlte aber das Bewußtsein, ebenfalls – zumindest partiell – ein aktiver Teil des Spionagegeschehens zu sein. Sie sahen sich als Wissenschaftler, die Informationen recherchieren und analysieren und mit dem eigentlichen nachrichtendienstlichen Geschäft nichts zu tun haben.

Die Einzelaufklärungsforderungen bestanden üblicherweise aus einer kurzen Lagedarstellung, um die Beschaffung über den Sachverhalt und Kenntnisstand zu unterrichten. Daran schlossen sich die interessierenden Fragestellungen an. Den beschaffenden Abteilungen oblag es dann – unter Berücksichtigung der Priorität des Aufklärungswunsches – zu entscheiden, in welchem Maße personelle und finanzielle Mittel eingesetzt werden sollten, um die gewünschten Informationen beizubringen. Die Priorität ergab sich aus dem generellen Aufklärungsauftrag des BND. Dieser stellte eine Auflistung aller Länder und Ländergruppen, internationaler Organisationen und Bündnissysteme sowie der wichtigsten politischen, militärischen, wirtschaftlichen und wissenschaftlich-technischen Aspekte dar in der Reihenfolge ihrer Bedeutung für die Politik der Bundesregierung. Es liegt nahe, daß die Aufklärung der Sowjetunion und der DDR sowie des Warschauer Pakts für Bonn stets die größte Priorität hatte. Auch Einzelaufklärungsforderungen zu diesen Bereichen waren deshalb vorrangig zu bearbeiten.

Freilich vermochten auch noch so viele Aufklärungsforderungen die Schwächen der operativen Beschaffung im mittel-/osteuropäischen Raum nicht zu überwinden. Die Resonanz von der nachrichtendienstlichen Front war in der Regel gering, das Ergebnis frustrierend. Natürlich befragten die Beschaffer alle Quellen, von denen sie meinten, sie könnten etwas zur Erhellung des in Frage stehenden Sachverhalts beitragen. Aber wenn die Quellen nicht dicht genug am Geschehen waren – und so verhielt es sich bei den meisten –, konnten sie schwerlich mehr als Mutmaßungen und Gerüchte mitteilen. Was auch immer eine Aufklärungsforderung erbrachte: Da sie zu befristen war, hatte sie sich nach einiger Zeit auf jeden Fall erledigt.

*

Ende 1973, als ich meine Arbeit im BND aufnahm, war vom unseligen Geist des Gründers des Geheimdienstes, Reinhard Gehlen, nicht mehr viel zu spüren. Zwar standen mit dem neuen Präsidenten Gerhard Wessel und mit zahlreichen Wehrmachtsoffizieren noch immer viele Gefolgsleute Gehlens an einflußreicher Stelle des Dienstes. Eine Reihe junger Akademiker, die seit Ende der 60er Jahre neu eingestellt worden waren und zum Teil eine Blitzkarriere gemacht hatten, deuteten allerdings auf eine neue, gleichfalls nicht unbedenkliche Personalpolitik hin. In ihrem begründeten Interesse, die Loyalität des konservativ nationalistischen und reaktionär-antikommunistischen Geheimdienstes sicherzustellen, hatte die SPD nach der Regierungsübernahme ihre Gefolgsleute nicht nur in der Leitung des BND plaziert, sondern auch auf der Fachebene massiv gefördert, was wiederum entsprechende Begehrlichkeiten der Unionsparteien weckte. Wie andere Institutionen in der Bundesrepublik, allen voran die Medien, geriet auch der Nachrichtendienst immer stärker in den Griff der Parteipolitik. Das Wort von den »Seilschaften« kam auf, die dienstintern die Geschäfte von CDU und insbesondere CSU bzw. SPD betrieben, statt ihre parteipolitische Gesinnung den dienstlichen Obliegenheiten unterzuordnen. Den wohl spektakulärsten Fall solchen Mißbrauchs des BND bildet zweifellos der des ehemaligen Vizepräsidenten Paul Münstermann, der seine Gönner in der CSU jahrelang insgeheim mit vertraulichen Lageberichten versorgte.

Mit dem Wechsel von Gehlen zu Wessel im Mai 1968 war auch die fatale Inlandsaufklärung des BND, die Beschattung und Bespitzelung linker, neutralistischer und pazifistischer Personen bis hin zu führenden Sozialdemokraten, eingestellt worden. In all den Jahren meiner Tätigkeit im BND ist mir kein derartiges Material zu Gesicht gekommen. Im Gegenteil: Wann immer Informationen gewonnen wurden, die auf eine Inlandsaufklärung hindeuteten – und das war bei einem bestimmten Aufkommen aus der Fernmeldeaufklärung der Fall –, wurde mit ihnen wie mit heißem Eisen umgegangen: Schon von den Beschaffern inhaltlich bereinigt, mieden die Auswerter in der Berichterstattung jedes Detail, das jenseits der Zuständigkeit des BND lag, ganz abgesehen von dem hohen Geheimhaltungsgrad und dem eingeschränkten Verteiler, die bei der Weitergabe solchen Materials vorgeschrieben waren. Zu tief saß der Schock nach der Ablösung Gehlens und insbesondere nach dem anschließenden Machtwechsel in Bonn, zu übermächtig war die Angst, noch einmal bei einem »Regelverstoß« ertappt zu werden. Zumal mit dem Vizepräsidenten Dieter Blötz und dem Abteilungsleiter Herbert Rieck zwei Statthalter der SPD in Pullach residierten, denen trotz fehlender fachlicher Kompetenz ein hohes Maß an Wachsamkeit unterstellt wurde.

Als zählebiger erwies sich indes der militante Antikommunismus der Geheimdienstmitarbeiter, auch wenn die Berichterstattung des BND die frühere Kreuzzugsmentalität abgestreift und inzwischen ein wissenschaftlich-sachliches Niveau erreicht hatte. Einerseits konnte von den altgedienten Mitstreitern Gehlens, die gleich ihm nach dem Zusammenbruch des Dritten Reiches den antibolschewistischen Kreuzzug Hitlers unter amerikanischer Schirmherrschaft ungebrochen fortgesetzt hatten, eine sachlichere Einstellung gegenüber dem politischen Gegner nicht erwartet werden. Andererseits begünstigte das Feindbild des »kommunistischen Machtbereichs«, das von Anbeginn bis zur politischen Wende in Osteuropa 1990/91 den Aufklärungsauftrag des BND bestimmte, auch bei den Nachwuchskräften eine entsprechende politisch-emotionale Haltung, ganz zu schweigen von den zum BND abgeordneten Militärs, denen dieses Feindbild schon in den Kasernen anerzogen worden war. Deshalb nimmt es nicht wunder, daß das spezifische Milieu des Geheimdienstes vor allem national-konservativ Gesinnte anzog, deren Weltbild dem traditionellen Ordnungsmuster folgte. Linksorientierte, gesellschaftskritische Kräfte hätten überdies so gut wie keine Einstellungschance.

Dieser Sachverhalt erklärt, warum es dem BND nach der »Wende« so schwergefallen ist, sein Selbstverständnis jenseits des gewohnten ideologischen Fundaments neu zu bestimmen. Wie die krampfhafte Suche nicht nur nach neuen Betätigungsfeldern, sondern vor allem nach neuen nachrichtendienstlichen Gegnern – dem fundamentalistischen Islam, dem internationalen Rauschgift-, Waffen- und Atomhandel, der Organisierten Kriminalität – zeigt, scheint es ohne ein emotional bestimmtes Feindbild, an dem sich »gut« und »böse« scheiden können, nicht zu gehen. Insoweit teilt der BND das Schicksal aller Sicherheitsdienste, die ihren Selbstwert zuvörderst aus einem Blickwinkel beziehen, in dem der potentielle Gegner im Mittelpunkt steht und nicht die eigene Funktion im Rahmen der staatlichen Organisation.

Als ich im BND begann, hatte der Dienst noch längst nicht seine Reformierung verdaut, die ihm seit der Machtübernahme durch die SPD verordnet worden war. Frühere Führungskräfte, wie der ehemalige Leiter der Beschaffungsabteilung Weiß (»Winterstein«), der auf den Posten des Leiters der Schule des BND abgeschoben worden war, haderten mit ihrem Geschick und suchten den Machtverlust durch verdeckte parteipolitische Aktivitäten zu kompensieren. Die »Wachhunde« der SPD, Blötz und Rieck, waren höchst unbeliebt, gleichwohl ihres politischen Einflusses wegen gefürchtet. Besonders schwer tat man sich immer noch mit Horst Ehmke, auch wenn er inzwischen die Leitung des Kanzleramtes gegen die des Bundesministeriums für Post, Forschung und Technologie getauscht hatte. Zu tief waren die Spuren, die er in den drei Jahren seiner Dienstaufsicht über Pullach dem BND mit seinen durchgreifenden Reformmaßnahmen eingegraben hatte. Seiner politischen Einstellung und seiner nachrichtendienstlichen Unerfahrenheit wegen erschien er vielen BND-Angehörigen suspekt. Als er schließlich eine tschechische Staatsbürgerin ehelichte, kam das Faß zum Überlaufen: Ehmke wurde nicht nur als ein unerträgliches Sicherheitsrisiko erachtet, man sah ihn ihm schlicht einen feindlichen Agenten, der es darauf abgesehen habe, die Bundesrepublik zu penetrieren. Insgeheim konnte ich nicht umhin, den Befürchtungen meiner Kollegen Verständnis entgegenzubringen. Nicht allein deshalb, weil der frühere Kanzleramts- und nunmehrige Post- bzw. Forschungsminister mit der Heirat einer Staatsbürgerin aus dem »kommunistischen Machtbereich« gegen ein geheimdienstliches Sakrileg verstoßen hatte, was für jeden Mitarbeiter des BND die sofortige Entlassung aus dem Dienst bedeutet hätte. Vielmehr wußte ich von meinen Partnern in Ost-Berlin, daß die HVA aufgrund ihrer Erkenntnisse die Gattin Ehmkes als inoffizielle Mitarbeiterin des tschechischen Geheimdienstes erachtete.[17] Dies erschien mir äußerst delikat.

Erst mit dem Wechsel der Kanzlerschaft von Willy Brandt zu Helmut Schmidt und der Dienstaufsicht über den BND von Horst Grabert zu dem neuen Staatssekretär Manfred Schüler entkrampfte sich das Verhältnis des Dienstes zur sozialdemokratisch geführten Bundesregierung, wenngleich die Verachtung, mit der Schmidt den Arbeitsergebnissen des BND zumindest vorgeblich begegnete, an dessen Selbstwertgefühl nagte. Der von der Presse bei jeder sich bietenden Gelegenheit kolpor-

---

[17] Ehmke konnte später gerichtlich nachweisen, daß diese Annahme falsch war.

tierte Kanzlerausspruch, ein Grundsatzartikel der »Neuen Zürcher Zeitung« sei in der Regel informativer als ein Bericht des BND, wurde schlicht als ungerecht empfunden und die darin liegende Häme als böswillig.

Freilich sollte es noch Jahre dauern, bis der BND nach seinem eigenen Eindruck der Rolle eines »Schmuddelkindes« der Bundesregierung halbwegs entwachsen konnte. Viele Mitarbeiter waren – nicht zu Unrecht – über die Halbherzigkeit verbittert, mit der die politische Führung dem Dienst begegnete. Während in Festreden stets seine Notwendigkeit betont wurde, mochte man die ungeliebte Behörde gegen Anwürfe nie so recht in Schutz nehmen, schon gar nicht in heiklen Situationen, die bei jeder nachrichtendienstlichen Tätigkeit nicht ausbleiben, weil ein Geheimdienst eben keine »Keksfabrik« ist, wie Vizepräsident Blötz gerne plakativ zu verstehen gab. Um so mehr empörte es, wenn der BND allem Anschein nach mit dem Problem enttarnter und verhafteter Quellen, vorzugsweise in der DDR, allein gelassen wurde. Gewiß konnte man in vielen Fällen die Leichtfertigkeit kritisieren, mit der der BND seine Agenten in der DDR verheizte. So äußerte zum Beispiel Markus Wolf mir gegenüber zu Recht immer wieder sein Unverständnis, warum der Dienst ganze Legionen von Agenten so auffällig unauffällig auf eine Auskundschaftung der Kasernen der Volksarmee ansetze, daß ihre Verhaftung geradezu unvermeidlich sei, und argwöhnte, es könne sich nur um eine politische Provokation handeln, da doch der nachrichtendienstlich-informative Nutzen das Risiko nicht im mindesten rechtfertige. Gleichwohl minderte auch ein mögliches nachrichtendienstliches Vabanquespiel des BND nicht die Verantwortung der Bundesregierung für jene Menschen, die im Auftrag Pullachs gehandelt hatten und dabei der Gegenseite ins Netz gegangen waren. Doch immer schien es in solchen Fällen, daß Bonn nichts damit zu tun haben wollte, als ginge es darum zu beweisen, daß nur der böse Gegner im Osten, nicht aber man selbst etwas so »Unanständiges« tue wie Spionieren.

Es sollte der Fall Baumann[18] sein, des »Roten Admirals«, der die Emotionen im BND über die pharisäerhafte Haltung der Bundesregie-

---

[18] Siehe hierzu im einzelnen Schmidt-Eenboom, »Schnüffler ohne Nase«, S. 104 ff.; Schmidt-Eenboom, »Der Schattenkrieger«, S. 179 ff.

rung überschäumen ließ. Baumann, ein ehemaliger führender Mitarbeiter des Militärischen Geheimdienstes der DDR, der aber wegen Alkoholproblemen aus dem Nachrichtendienst entlassen worden war, hatte sich Ende 1977 über seine Lebensgefährtin dem BND angedient. Ein erster Versuch zu Ostern 1979, die beiden in den Westen auszuschleusen, scheiterte an einem dilettantischen Fehler des Dienstes. Bei dem zweiten Ausschleusungsversuch im Juni 1979 wurden Baumann, seine Lebensgefährtin und der BND-Kurier verhaftet. Der »Rote Admiral« wurde in einem Geheimprozeß Anfang 1980 zum Tode verurteilt und am 18. Juli 1980 in Leipzig durch Genickschuß hingerichtet.[19]

Ohnmächtige Wut und Empörung machten sich unter den Mitarbeitern des BND breit, als sich die Nachricht von der Hinrichtung Baumanns verbreitete. Man fühlte sich mitschuldig am Tod des Agenten und lastete Kinkel persönlich, vor allem aber der Bundesregierung die Verantwortung dafür an. Hatten sie wirklich nichts für ihn tun können, ja sogar erst nach seiner Hinrichtung von dem Todesurteil erfahren, wie der BND-Präsident auch dienstintern behauptete? Das überzeugte nicht. Vielmehr herrschte der Eindruck vor, daß nicht genug getan worden war, um Baumanns Leben zu retten, wenn man ihn schon nicht freibekommen konnte. Hatte Kinkel sich nicht getraut, sich mit allem gebotenen Nachdruck beim Bundeskanzler für seinen Agenten zu verwenden? Warum waren die Drähte zwischen Bonn und Ost-Berlin nicht heißgelaufen? Jedermann wußte doch, daß die Bundesregierung mit Günter Guillaume ein nachrichtendienstliches Faustpfand in Händen hielt und über finanzielle Möglichkeiten verfügte, mit denen die DDR-Führung durchaus zu beeindrucken war. War etwa der Preis als zu hoch erschienen, oder fürchtete Bonn gar, das Gesicht zu verlieren, wenn man sich für den »Roten Admiral« einsetz-

[19] In dem Bestreben, den BND von jeglicher Schuld an der Hinrichtung Baumanns freizusprechen, wartet dessen ehemaliger Mitarbeiter Markwardt mit einer faustdicken, jedoch peinlich unprofessionellen Desinformation auf (die im übrigen nicht die einzige in seinem Buch ist). Er behauptet, Baumann sei durch einen »Maulwurf«, nämlich durch eine Sekretärin im BND, an Moskau verraten worden. Wie seine weiteren Ausführungen unschwer erkennen lassen, spricht er hier von Heidrun Hofer, die vom KGB angeworben worden war. Dabei hat er allerdings übersehen, daß Frau Hofer bereits im Dezember 1976 verhaftet wurde und folglich über hellseherische Kräfte hätte verfügen müssen, um den reichlich zwei Jahre später datierenden Fall Baumann an den Osten verraten zu können; vgl. Markwardt, »Erlebter BND«, S. 115 ff.

te und sich damit zu dieser nachrichtendienstlichen Operation gegen die DDR bekannte?[20] Es gibt zu denken, daß weder die Bundesregierung noch der BND bis heute offengelegt haben, was damals hinter den Kulissen geschah. Wohl weiß man inzwischen, daß der Unterhändler der DDR in Fragen des Häftlings-/Agentenaustauschs, Rechtsanwalt Wolfgang Vogel, der anfangs die Verteidigung Baumanns übernahm, schon im Januar 1980 Bonn vertraulich darüber informiert hatte, daß seinem Mandanten die Todesstrafe drohte, und insoweit das Interesse Ost-Berlins an einem wie auch immer gearteten Tauschgeschäft signalisierte.[21]

»Saumäßig geschlaucht« habe ihn die Hinrichtung Baumanns, räumte Kinkel später in der ihm eigenen flapsigen Diktion ein. Nicht wenige BND-Mitarbeiter waren der Meinung, daß er in dieser Affäre nicht nur die angemessenen Worte, sondern auch ein adäquates Handeln habe vermissen lassen.

Man sollte meinen, daß die Politik partieller personeller Verflechtung zwischen Bundesregierung und Nachrichtendienst erheblich mehr zur Versachlichung des beiderseitigen Verhältnisses beigetragen hat, als dies tatsächlich der Fall ist. Im Grunde gilt dies nur für den militärischen Bereich. Doch dieser stellt schon aus organisationsrechtlichen Gründen eine Ausnahme dar. Traditionell besteht die Militärische Auswertung im BND aus Angehörigen der Bundeswehr, die meist nur auf Zeit zum Dienst abgeordnet sind und dessen Leitung deshalb dienstlich, nicht aber auch personalrechtlich unterstellt sind. Immerhin hat diese perso-

---

[20] In gleicher Weise ist zu fragen, warum die Bundesregierung, in diesem Fall unter der Kanzlerschaft Helmut Kohls, es unterließ, sich für einen Austausch der Doppelagenten Horst und Gerlinde Garau zu verwenden. Die HVA hatte das 1985, nach dem Überlaufen Hansjoachim Tiedges in die DDR verhaftete Lehrerehepaar, das seit Jahren als »Countermen« für das Bundesamt für Verfassungsschutz arbeitete und von Klaus Kuron an Ost-Berlin verraten worden war, trotz der lebenslänglichen Haftstrafe für Horst Garau für einen Austausch freigegeben. Doch die Garaus wurden nie auf die Wunschlisten der Bundesregierung für den bilateralen Agentenaustausch gesetzt. Deshalb geht die Schuldzuweisung an Kuron für Horst Garaus tragischen Selbstmord im Juli 1988 in der Haftanstalt Bautzen ebenso fehl wie die irrige Annahme Gerlinde Garaus, die HVA hätte ihren Mann »nie ausgetauscht«, bzw. die abenteuerlich anmutende Behauptung, die HVA habe ihn in Bautzen ermordet. Die Wahrheit ist erheblich profaner und deshalb um vieles bitterer. Zum Fall Garau vgl. im einzelnen Reichenbach, Alexander, »Chef der Spione – Die Markus-Wolf-Story«, Stuttgart 1992, S. 91 ff.

[21] Vgl. »Neues Deutschland«, 15.6.1995.

nelle Verbindung eine enge und seitens des Verteidigungsministeriums geachtete Kooperation gezeitigt.

Ganz anders hingegen das Verhältnis zwischen der Politischen Auswertung und dem Auswärtigen Amt, obschon die Leitung der Auswertungsabteilung seit bald drei Jahrzehnten in den Händen von Diplomaten liegt. Ursächlich dafür ist nicht allein das beträchtliche Selbstwertgefühl, das den Angehörigen des Auswärtigen Amtes in der Regel zu eigen ist und sie in den Auswertern des BND günstigstenfalls Hilfstruppen sehen läßt, an die man lästige Arbeiten wie die Fertigung von Berichten anläßlich von Ministerreisen delegieren kann. Auch die Personalentscheidungen bei der Besetzung der Abteilungsleitung haben sich im großen und ganzen als wenig glücklich erwiesen und vermochten deshalb nicht zum Abbau der Animositäten beizutragen. Schon gar nicht konnten die zum BND abgeordneten Diplomaten die Hoffnungen der Auswerter erfüllen, im Auswärtigen Amt mehr Rückhalt und Unterstützung für ihre spezifischen Aufgaben zu finden und damit ihre Arbeitsbedingungen denen der Kollegen vom CIA anzugleichen.

So war es den Auswertern bis zur politischen Wende Anfang 1990 nicht möglich, anläßlich von Staatsbesuchen deutscher Politiker in osteuropäischen Ländern sich mit einem Diplomatenpaß versehen unter die begleitende Entourage zu mischen, um sich zumindest begrenzte landeskundliche Eindrücke zu verschaffen. So unglaublich es auch klingen mag: Alle ostpolitischen Auswerter konnten ihre Länder immer nur aus der Ferne beobachten, die Möglichkeit, eigene Erfahrungen vor Ort zu sammeln, blieb ihnen aus Sicherheitsgründen verwehrt. Die CIA hingegen hegte derartige Bedenken nicht. Immer wieder nahmen ihre Mitarbeiter, auch solche aus der auswertenden Abteilung, an Reisen amerikanischer Politiker in osteuropäische Staaten und in die Sowjetunion teil und schlossen daran oft noch individuelle Rundreisen an, die sicherheitlich für sie ebenfalls unbedenklich waren, da sie mit einem Diplomatenpaß ausgestattet waren. Fast wie zum Hohn sprachen sie zum Abschluß dann noch bei den BND-Auswertern vor, um die jeweiligen Lagebilder »abzugleichen«. Wann immer die BND-Auswerter dies zum Anlaß nahmen, bei ihrem Abteilungsleiter auf die Herbeiführung einer ähnlichen Regelung mit dem Auswärtigen Amt zu dringen, stießen sie auf unüberwindliche Hindernisse: Die Bundesrepublik sei nicht die USA, wenn tatsächlich etwas passiere, eine Festnahme oder irgendeine Provokation, hätte sie nicht deren Möglichkeiten und deren Gewicht, die BND-Mitarbeiter herauszupauken; man müsse vielmehr die schlimmsten diplomatischen Verwicklungen befürchten, wenn ruchbar würde, daß der BND im diplomatischen Troß sein Unwesen treibe.

Daß der Abteilungsleiter mit dieser Argumentation der Sicherheitsabteilung aus dem Herzen sprach, bedarf keiner Begründung. Wenn es nach ihr gegangen wäre, hätte selbst nach der Wende kein Auswerter seinen Fuß auf ehemals kommunistischen Boden gesetzt. Noch sei dort die Spionagegesetzgebung in Kraft, hieß es, und damit drohe einem BND-Mitarbeiter unvermindert die Gefahr, im Falle einer Enttarnung verhaftet zu werden, selbst wenn er nachrichtendienstlich nicht aktiv geworden wäre, sondern sich nur als Tourist umgeschaut hätte. Daß freilich längst schon Mitarbeiter des BND in mittel-/osteuropäischen Ländern nicht nur präsent, sondern nachrichtendienstlich aktiv waren, verschwiegen sie wohlweislich.

Aber auch in der BND-internen Arbeit erwiesen sich die Abteilungsleiter aus dem diplomatischen Dienst nicht als erste Wahl, so daß sich im Laufe der Zeit bei den Auswertern der Eindruck verfestigte, dieser Posten diene lediglich zwar als ungeliebtes, gleichwohl nützliches Sprungbrett auf der Karriereleiter. Auf Jürgen von Alten, der 1973 an die Spitze der Auswertungsabteilung trat, trifft dies freilich nur mit Einschränkung zu, denn ihm geriet der befristete Einsatz im Nachrichtendienst zum persönlichen Fiasko. Von Anbeginn hatte er einen schweren Stand im BND, was allerdings mehr an seiner Persönlichkeit lag und weniger an dem Umstand, daß er vom Auswärtigen Amt kam; immerhin hatte man sich unter seinem Vorgänger Robert Borchardt bereits an einen Diplomaten auf dem Chefsessel der Auswertung gewöhnt.

Wie auch seine Nachfolger führte von Alten, kaum daß er sein Amt im BND angetreten hatte, Neuerungen ein, die sachlich nicht überzeugten und nur Zweifel an seiner Eignung weckten. Sollte doch der »neue Besen«, wenn er schon meinte, gleich »fegen« zu müssen, sich zunächst mit der Spezifik der nachrichtendienstlichen Arbeit und den Besonderheiten der Auswertungstätigkeit vertraut machen! Doch die Analyse lag dem neuen Abteilungsleiter wenig und er schien froh, sich auf seinen Untergebenen, Brigadegeneral Tzschaschel, stützen zu können. Obwohl Offizier, leitete Tzschaschel damals die Unterabteilung Politische Auswertung und genoß wegen seines scharfen Intellekts und seiner großen analytischen Fähigkeiten den uneingeschränkten Respekt seiner Untergebenen. Auch im persönlichen Umgang ließ der neue Abteilungsleiter jegliche Autorität vermissen, die seine Führungsqualität hätte verdeutlichen können. Er wirkte unsicher und unbeholfen, linkisch und verklemmt. Mit diesen Eigenschaften war er zweifellos das perfekte Opfer jener Intrige, mit der ihn die Sicherheitsabteilung 1976 zu Fall brachte.

Wie ein Lauffeuer machte damals im Camp die Runde, was Observationskräfte von BND und BfV herausgefunden hatten: daß sich der Abteilungsleiter Auswertung nächtens in zweifelhaften Etablissements vergnügte. Damit avancierte er nicht nur zum potentiellen Sicherheitsrisiko. Er wurde auch der geheimdienstlichen Tätigkeit gegen die Bundesrepublik verdächtigt;[22] vor seinem Wechsel nach Pullach war von Alten in der Deutschen Botschaft in Warschau eingesetzt gewesen. Im Mai 1976 wurde er vom Dienst suspendiert. Zwar erwies sich schon einige Monate später der Verdacht als unbegründet, und von Alten wurde rehabilitiert. Doch er konnte nicht mehr auf seinen Posten im BND zurückkehren. Obschon niemand in der Auswertung ihm nachtrauerte, mochte man die Art, wie er aus seinem Amt gejagt worden war, keineswegs goutieren. Konnte es nicht jedem Mitarbeiter so ergehen wie ihm? Überzogen mit Anwürfen und Unterstellungen, gegen die man sich nicht wehren kann?[23] Die Sicherheitsabteilung war unbeliebt, galt als »Staat im Staate« und weckte deshalb Argwohn und Mißtrauen. So froh man war, mit Tzschaschel nun einen kompetenten Mann auf dem Chefsessel zu haben, so empfand man doch Mitleid mit seinem Amtsvorgänger und die Art, wie mit ihm umgegangen worden war, als beschämend.

Wäre es nach den Auswertern gegangen, hätte Tzschaschel auch über die Altersgrenze hinaus im Amt bleiben können. Er war zwar kritisch,

---

[22] Vgl. Schmidt-Eenboom, »Schnüffler ohne Nase«, S. 287; Tiedge, Hansjoachim, »Der Überläufer: Eine Lebensbeichte«, Berlin 1998, S. 222 f.

[23] Es entbehrt nicht der Ironie, daß gut 20 Jahre später, 1998, der Sicherheitschef des BND, Volker Foertsch, durch eine offenkundig hausinterne Intrige ebenfalls zu Fall gebracht wurde. Er war durch Aussagen von Kollegen in den falschen Verdacht geraten, Agent eines russischen Geheimdienstes zu sein. Nachdem er nicht bereit war, eine Strafanzeige gegen die betreffenden Mitarbeiter zurückzuziehen, sollte er auf den Posten des Leiters der BND-Schule abgeschoben werden. Frustriert willigte er schließlich in seine Versetzung in den einstweiligen Ruhestand ein. Vgl. z. B. »Süddeutsche Zeitung«, 21.7.1998.

verlangte gute Arbeit, aber er vermittelte seinen Mitarbeitern auch das Gefühl, sich mit ihren Leistungen nicht verstecken zu müssen. Ebenfalls im Bundeskanzleramt, wo er in der nachrichtendienstlichen Lage anstelle Wessels den BND zumeist vertrat, wurden seine fachliche Kompetenz und seine kooperative Haltung sehr geschätzt. Doch dann kam mit der Ernennung Klaus Kinkels zum BND-Präsidenten und der Berufung des Gesandten in Washington, Hans Walter Schauer, zum neuen Leiter der Auswertung der große Umbruch im BND, mit dem sich der Dienst endgültig von seiner Gehlenschen Vergangenheit verabschiedete.

7 Führungsoffizier Markus Wolf

Wann genau und unter welchen Umständen die HVA wieder Kontakt zu mir aufgenommen hat, weiß heute von uns keiner mehr. Möglicherweise hat Karl-Heinz mich im Frühjahr 1974 aus Österreich angerufen, um ein Treffen zu vereinbaren. Seitdem die HVA im vorangegangenen Sommer, als der BND mich aufgefordert hatte, mich in Pullach zu bewerben, den Funk eingestellt hatte, war eine Benachrichtigung auf diesem Weg nicht mehr möglich.

Ich traf Karl-Heinz in Wien, in einem Café an der Mariahilfer Straße. Vorsicht vor der Neugier anderer Gäste dämpfte die Wiedersehensfreude. Schlagartig war ich mir des gewachsenen Risikos bewußt, das mein neuer Status als Angehörige des Bundesnachrichtendienstes mit sich brachte. Sollte irgend jemand Karl-Heinz oder mich als Mitarbeiter des ost- bzw. des westdeutschen Geheimdienstes erkennen, wäre es um uns beide geschehen. Diese Sorge war keineswegs eine Folge mangelnder Nervenstärke: Aufgrund der geographischen Lage Wiens sowie der gleichermaßen guten Beziehungen des neutralen Österreich zum Westen und zum Osten galt die Donaumetropole als ein Tummelplatz zahlreicher Geheimdienste von diesseits und jenseits des Eisernen Vorhangs. Ich fühlte mich deshalb höchst ungemütlich in meiner Haut und konnte der alten Kaiserstadt keinen Charme abgewinnen. Das änderte sich auch in späteren Jahren nicht, als ich mich wiederholt mit Fritsch, Schiefer und Schmidt in Wien traf.

Dieses erste Wiedersehen war nur von kurzer Dauer: Die »Oberbedenkenträger«, wie Karl-Heinz respektlos die Mitarbeiter der HVA-Sicherheitsabteilung nannte, hatten nur ein kurzes Zusammensein unter Beachtung diverser Auflagen gestattet. Zum Beispiel mußten wir uns in verschiedenen Hotels einquartieren und jeweils an wechselnden Plätzen zusammentreffen. Vor jeder Begegnung hatte man sich gründlich abzusichern, ob jemand folgte. Unter solchen Begleitumständen war die Wiedersehensfreude rasch getrübt. Gespannte Aufmerksamkeit und ein sachlicher Umgang miteinander bestimmten die Atmosphäre.

Unsere Gespräche konzentrierten sich auf meine neue Tätigkeit im BND. Haargenau wollte Karl-Heinz wissen, in welcher Dienststelle ich eingesetzt war, welche Aufgaben mir oblagen und wer meine Kollegen waren. Ich berichtete ihm über meine ersten Monate im Dienst, den absolvierten Russischkurs und meinen Einsatz im Sowjetunion-Referat der Politischen Auswertung. Es mißfiel mir jedoch, über meine Kollegen zu sprechen. Das glich einem Tratschen über andere, was ich noch stets gehaßt hatte, vor allem erschien es mir als bedenklicher und möglicherweise folgenschwerer Vertrauensbruch. »Meine Kollegen gehen euch nichts an, laßt sie aus dem Spiel!« »Nun hab dich nicht so«, erwiderte Karl-Heinz, »wir werden ihnen schon nichts tun. Wir sind weit entfernt von einer Absicht, sie anzuwerben. Damit würden wir nur dich gefährden, und das ist das allerletzte, was wir wollen. Uns geht es vielmehr um deine Sicherheit, um eine Klärung der Frage, was wir tun können oder müssen, damit dir von nichts und niemandem Gefahr droht. Deshalb müssen wir wissen, mit wem du es im BND in erster Linie zu tun hast, ob es da irgend etwas zu beachten gilt. Wir haben zahlreiche Erkenntnisse über die Mitarbeiter des BND und können dir sicher den einen oder anderen Hinweis geben.«

Wie ich im Laufe der Zeit feststellte, hatte Karl-Heinz keineswegs übertrieben. In der Tat besaß die HVA ein erstaunliches Wissen über die Mitarbeiter des BND und über interne Vorgänge, das nicht selten über meine eigenen Kenntnisse hinausging. Offenkundig verfügte sie über eine Reihe von Möglichkeiten, um die Konkurrenz in Pullach zu beobachten und aufzuklären. Umgekehrt war die Erkenntnislage erheblich dürftiger. Selbst wenn das für die Gegenspionage zuständige BND-Referat ein breiteres Wissen über die HVA besaß, als seinen Lageberichten zu entnehmen war, waren dennoch erhebliche Wissenslücken und damit ein Mangel an informationellen Zugängen nicht zu übersehen. Am meisten überraschte es mich, daß der BND noch nicht einmal das Aussehen von Markus Wolf kannte, obwohl er mittlerweile seit über 20 Jahren an der Spitze der HVA stand und, wie ich selber bald erfahren sollte, sich ungeniert in einigen blockfreien und neutralen europäischen Staaten bewegte. Immer noch war man auf jenes alte Foto fixiert, das ihn angeblich als Berichterstatter bei den Nürnberger Kriegsverbrecherprozessen von 1947 zeigte, auf dem freilich – wie er einmal mir gegenüber nicht ohne Schadenfreude bemerkte – eine andere, ihm wildfremde Person abgelichtet war.

Karl-Heinz' Argument, die HVA hätte womöglich Personenerkenntnisse über den BND, die meiner eigenen Sicherheit zugute kämen, überzeugte mich. Ich berichtete ihm, was ich wußte. Viel war es ohnehin nicht, denn ich hatte noch kaum persönliche Kontakte. Der Russischkurs hatte dafür keine Möglichkeiten gelassen. Das änderte sich erst, als ich in der täglichen Zusammenarbeit zahlreiche Kollegen näher kennenlernte und sich auch eine Reihe freundschaftlicher Beziehungen entwickelten. Allerdings konnte ich dann auch selber einschätzen, ob und welche Gefahr mir aus dem Kollegenkreis drohen könnte.

Wie schon bei unseren früheren Treffen in der DDR berieten wir zum Abschluß des Aufenthalts in Wien Zeitpunkt und Ort unseres nächsten Wiedersehens. Von nun an sollten wir uns nur noch in westlichen Ländern treffen, der HVA war es zu riskant, mich bei einer Grenzpassage in die DDR oder in einen osteuropäischen Staat der möglichen Beobachtung durch westliche Dienste auszusetzen. Das hätte zu meiner Enttarnung, zumindest aber zu sehr unangenehmen Fragen führen können. Als Mitarbeiterin des BND unterlag ich einem strikten Reiseverbot in den »kommunistischen Machtbereich«. Selbst Reisen in das blockfreie, aber eben sozialistische Jugoslawien waren untersagt, und solche ins neutrale, westorientierte Finnland mußten zumindest gemeldet werden. Dessen geschickte Außenpolitik subtiler Rücksichtnahme auf sowjetische Befindlichkeiten, die Bonn unter dem anrüchigen Begriff »Finnlandisierung« in seiner deutschlandpolitischen Propaganda gern mißbrauchte, machte das skandinavische Land auch in den Augen des BND hinreichend suspekt, trotz der nachrichtendienstlichen Kooperation Helsinkis mit Pullach.

Es lag nahe, uns zuvörderst für Trefforte in Tirol und in Südtirol zu entscheiden. Für mich waren sie in nur zwei- bis dreistündiger Autofahrt erreichbar, und als mittlerweile passionierte Bergsteigerin konnte ich einen Ausflug dorthin jederzeit glaubhaft begründen. Darüber hinaus bot sich Holland an. Meine Familie wohnte im Rheinland, ich besuchte sie regelmäßig. Die HVA sah darin eine besonders gute Absicherung für Kurzreisen ins Nachbarland. Sollte überhaupt einmal jemand im BND auf die Idee kommen, mich bei meinen Angehörigen erreichen zu wollen, böten sie mir eine gewisse Rückendeckung. Ich müßte sie nur regelmäßig anrufen, um zu erfahren, ob ich unverzüglich zurückkehren mußte oder ob ich unbesorgt den Treff fortsetzen konnte. Mir behagte es zwar ganz und gar nicht, meine Familie in meine heimlichen Unternehmungen zu involvieren. Gleichwohl sah ich ein, daß ich mir auf diese Weise ein großes Maß an persönlicher Sicherheit verschaffen konnte.

Als Ort unseres nächsten Treffens vereinbarten wir Meran. Ich wollte in der Nähe des Südtiroler Kurorts meinen Sommerurlaub verbringen. Karl-Heinz würde für einige Tage dazustoßen. Genaueres würde man mir über Funk mitteilen, der zu den bisherigen Zeiten, also dienstags abends um 21 Uhr mit einer Wiederholung um 23 Uhr, nun wieder aufgenommen werden sollte. Auch könnte ich wieder an meine Deckadresse schreiben, wenn irgend etwas Wichtiges mitzuteilen wäre. Ein knappes halbes Jahr nach meiner Einstellung im BND waren damit die Verbindungslinien zur HVA wiederhergestellt.

Wie geplant trafen wir uns etwa drei Monate später in Südtirol. Ich hatte inzwischen brieflich meinen genauen Urlaubstermin nach Karl-Marx-Stadt übermittelt, und in einem Funkspruch hatte man mir mitgeteilt, an welchem Tag und zu welcher Uhrzeit Karl-Heinz mich am Andreas-Hofer-Denkmal auf dem Waltherplatz in Bozen erwarten würde. Obschon dieser Platz unverwechselbar und zentral gelegen ist, als Touristenattraktion zumeist auch sehr belebt und mit den umliegenden Geschäften und Lokalen viele Möglichkeiten bietet, sich unauffällig zu bewegen, erschien er mir alles andere als geeignet für einen nachrichtendienstlichen Treff. Ich fühlte mich dort wie auf einem Präsentierteller, so als würden Dutzende von Augen mich verstohlen beobachten. Auch Karl-Heinz empfand Unbehagen. In der Folgezeit trafen wir uns deshalb in einem in der Altstadt gelegenen Gasthof, der wegen seiner hervorragenden Küche bald unser Stammlokal wurde. Auch den sicherheitlich zwingenden, aber als lästig empfundenen Sichtkontakt hielten wir schon bald für verzichtbar. Jeden für Fragen der Sicherheit zuständigen Nachrichtendienstler, sei er nun in der HVA oder in irgendeinem anderen Geheimdienst tätig, hätte angesichts dieser und vieler anderer Regelwidrigkeiten das schiere Entsetzen gepackt. Doch vor allem in Bozen, zunehmend aber auch in Innsbruck, bewegten wir uns gemäß jenem berühmten Mao-Zitat so sehr »wie Fische im Wasser«, daß man in uns zuallerletzt Mitarbeiter zweier gegnerischer Nachrichtendienste vermutet hätte. Das gab uns bei weitem mehr Sicherheit als die noch so akribische Beachtung aller denkbaren Sicherheitsregeln.

Anfangs hielten wir uns noch an die Bestimmungen. So bezog Karl-Heinz in einem Nachbardorf Quartier und nicht in meinem Ferienort.

Erst recht vermied er es, auch nur in die Nähe meines Hotels zu kommen. »Es ist dein erster Urlaub als BND-Angehörige. Du mußt gerade in der Anfangszeit damit rechnen, auch während der Ferien überprüft zu werden. Was wissen wir, ob Pullach nicht einen Mitarbeiter in deinem Hotel einquartiert hat mit dem Auftrag, dich zu beobachten und festzustellen, mit wem du deinen Urlaub verbringst. Sie wissen doch, daß du hier bist. Deshalb wäre es töricht, jetzt irgend etwas zu riskieren.« Ich versuchte gar nicht erst, Karl-Heinz zu widersprechen. Natürlich wußte der BND, wo ich mich aufhielt. In meinem Urlaubsantrag hatte ich meine Ferienadresse angeben müssen. Das war Vorschrift. Die Erreichbarkeit mußte stets gewährleistet sein.

Gleichwohl belasteten die Vorsichtsmaßnahmen die Atmosphäre und beeinträchtigten die Urlaubsstimmung. Ich hatte mich auf ungezwungene, erholsame Tage gefreut. Doch der Zwang zur Wachsamkeit schuf eine innere Anspannung, die auch fernab von Pullach das hohe persönliche Risiko nicht vergessen ließ. Enttäuschung, Unzufriedenheit und der unterschwellige Druck führten zu Reibereien. Schon in den zurückliegenden Jahren hatte ich Differenzen mit Karl-Heinz ausgefochten. Doch diesmal griffen sie tiefer.

Mit dem Abschied von meinem ungebundenen Studentenleben hatte ich begonnen, in meinem beruflichen und privaten Umfeld Wurzeln zu schlagen. Meine Einstellung im BND besiegelte diese allmähliche Umorientierung als ein auf Dauer angelegtes Leben in der Bundesrepublik. Pullach verstand meine Beschäftigung nicht als eine kurzfristige Angelegenheit, und die HVA würde mich nicht ohne Not dort herauslösen, nachdem dieser operativ so schwierige nachrichtendienstliche Einbruch in den BND gelungen war. Die politische Situation war nicht danach, eine solche Position einfach aufzugeben.

Inzwischen hatte ich nicht nur neue Freunde gewonnen. Ich fühlte mich auch zu einem anderen Mann hingezogen. Ganz plötzlich war es passiert, und ich hatte mir nicht die geringste Mühe gegeben, meine Empfindungen zu unterdrücken. Zum ersten Mal seit meiner Kontaktierung durch die HVA empfand ich eine tiefe Zerrissenheit zwischen Vernunft und Gefühl, zwischen meiner politischen Heimat im Osten und meinen emotionalen Bindungen im Westen.

Meine Unausgeglichenheit überschattete den Urlaub mit Karl-Heinz. Rundum lockten Felswände und Berggipfel, von denen sich ein überwältigender Blick in die weiten, fruchtbaren Täler erschloß. Karl-Heinz waren die Steige zu gefährlich erschienen. Das Risiko, sich womöglich den Knöchel zu verstauchen, ärztlicher Hilfe zu bedürfen und aufgrund seiner falschen Personalien enttarnt zu werden, hielt er für unvertretbar groß. So zog ich allein los, bald auch in der Gesellschaft von Weggefährten; Bergsteiger finden in der Regel rasch Kontakt zueinander. Schließlich war ich froh, als das Treffen mit Karl-Heinz beendet und er auf verschlungenen Pfaden wieder in die DDR zurückgereist war.

Bald darauf nahm die HVA die Kurierverbindung zu mir wieder auf. Karl-Heinz hatte mir die Bitte Fritschs übermittelt, ich möge nun, da ich nach Abschluß meiner Lehrgänge an meinem Arbeitsplatz in der Auswertung tätig war, die mir wichtig erscheinenden Informationen aus meinem Sachgebiet an die Aufklärung in Karl-Marx-Stadt weiterleiten. Dabei sollte ich aber auf gar keinen Fall irgendwelche Unterlagen aus dem BND mit heimnehmen und schon gar nicht versuchen, Einsicht in die Materialien zu gewinnen, die meine Referatskollegen bearbeiteten. Das sei viel zu riskant. Vielmehr sollte ich zu Hause die mir im Gedächtnis gebliebenen Informationen in Berichten festhalten. Gegebenenfalls könnte ich mir im Büro Stichpunkte zur Gedächtnisstütze notieren, die ich aber gut verstecken müßte, damit sie nicht bei einer Kontrolle beim Verlassen des Camps gefunden würden. Meine Berichte sollte ich dann – wie schon früher – fotografieren und die entwickelten Negative dem Kurier Eberhard übergeben. Dafür sollte ich mich mit ihm wieder monatlich in dem Freizeitbad von Bad Tölz treffen.

Entsprechend dieser Festlegung leitete ich BND-Informationen an die HVA weiter. In der Regel handelte es sich um etwa zehn bis zwölf Schreibmaschinenseiten, die ich innerhalb von vier Wochen mit den Nachrichten beschrieb. Ich hatte ein gutes Gedächtnis und deshalb wenig Mühe, Informationen zu rekapitulieren. Eher empfand ich die häusliche Schreibarbeit als lästig, auch wenn ich einsah, daß dieses umständliche Verfahren meine Sicherheit erhöhte.

Im Frühjahr 1975 wurde Eberhard aus der Verbindung herausgelöst. Er hatte sich beruflich verändert und war dadurch als Kurier nicht mehr einsetzbar. Seine neue Stellung erlaubte es ihm nicht mehr, eine regelmäßige Abwesenheit vom Arbeitsplatz zu legendieren. Er wäre Gefahr gelaufen, von seinen Kollegen als Inoffizieller Mitarbeiter des MfS enttarnt zu werden. Von Eberhard hörte ich erst wieder nach meiner Verhaftung auf eine Weise, wie ich es mir während unserer operativen Zusammenarbeit nicht hätte vorstellen können. Zwischen uns war ein vertrauensvolles Verhältnis entstanden. Schließlich bewegte er sich bei seinen Kuriereinsätzen auf feindlichem Boden; zu seiner eigenen Sicherheit mußte er sich darauf verlassen können, daß ich ihn nicht der westdeutschen Spionageabwehr auslieferte, so wie ich darauf bauen mußte, daß er seine Westreisen nicht dazu benutzte, zu den westdeutschen Diensten überzulaufen und mich zu verraten. Nun aber, kaum daß meine Verhaftung bekanntgeworden war, gab er sein Wissen preis, ging damit an jene einträgliche Nachrichtenbörse, die sich gleich nach der Wende in Berlin und in der DDR etabliert hatte: Er wandte sich an den Redakteur einer großen Zeitung und berichtete ihm, was immer er über jene der geheimdienstlichen Tätigkeit für die HVA beschuldigte Regierungsdirektorin im BND wußte oder zu wissen meinte. Von der Zeitungsredaktion bis zu den Strafverfolgungsbehörden war es nur noch ein kurzer Weg. Schon bald nach meiner Festnahme war mir deshalb klar, daß Leugnen keinen Sinn hatte. Ich war nicht nur enttarnt, ich war auch überführt.

Fast schlimmer noch als die Preisgabe durch meinen Kurier war für mich seine wichtigtuerische Geschwätzigkeit. Soweit er sich an Tatsachen hielt, gab es für mich keine Probleme; an ihnen war nicht zu rütteln. Problematisch waren hingegen die vielen Behauptungen und Vermutungen, mit denen Eberhard – wie die meisten Überläufer – seine beträchtlichen Wissenslücken über meinen Fall überbrückte, denn sie wurden später vom Tatgericht für wahr genommen. Es war müßig, sie zu widerlegen, selbst wenn ihre Unstimmigkeit offenkundig war. Es stand Aussage gegen Aussage, und in der politisch aufgeladenen Stimmung kurz nach der Wende war die Bereitschaft größer, einem scheinbar reumütigen ostdeutschen MfS-Mitarbeiter Glauben zu schenken als einer westdeutschen Kundschafterin der HVA.

Im Frühsommer 1975 wurde mit dem Ehepaar Cordula und Heinz eine neue Kurierverbindung zwischen der MfS-Bezirksverwaltung Karl-Marx-Stadt und mir aufgebaut. Fritsch hatte mich gebeten, nach Innsbruck zu kommen, um mich mit dem Ehepaar bekannt zu machen. Zuvor war ich mit Karl-Heinz in Bozen zusammengetroffen, von wo wir auf getrennten Wegen, das Risiko einer gemeinsamen Grenzpassage meidend, in die Tiroler Landeshauptstadt gefahren waren. Fernab von

Wien fühlte Fritsch sich höchst ungemütlich in seiner Haut: Er reiste mit einem DDR-Diplomatenpaß und war damit vorgeblich in diplomatischen Angelegenheiten unterwegs, die zwischen dem Ost-Berliner Außenministerium und der Wiener DDR-Botschaft zu regeln waren. Diese Legende reichte, um in den Augen der österreichischen Abwehrorgane suspekt zu erscheinen und deren Aufmerksamkeit auf sich zu ziehen, besonders wenn man im Gastland Reiseaktivitäten entfaltete. Fritsch fürchtete, durch eine mögliche Beobachtung seiner Person mich ins gegnerische Blickfeld zu rücken. Aufgrund dieser Hypersensibilität verließ er einmal unseren Treffort Badgastein fluchtartig, weil er meinte, unter den am Lift anstehenden Skiläufern einen Abwehrmann des österreichischen Sicherheitsdienstes entdeckt zu haben. Unsere Gespräche verlegten wir deshalb kurzerhand nach Bischofshofen. Das gemeinsame Skilaufen war damit gründlich verdorben.

Trotz seiner Sicherheitsbedenken war es Fritsch wichtig gewesen, mein erstes Zusammentreffen mit den neuen Kurieren persönlich zu arrangieren. Denn Cordula und Heinz operierten nicht, wie bei Kurieren üblich, vom Territorium der DDR aus. Sie lebten seit mindestens 1972 in der Bundesrepublik, waren über das westliche Ausland dort eingeschleust und als illegale Residenten der HVA installiert worden. Unter nachrichtendienstlichem Aspekt waren sie damit wichtige und wertvolle Kader, die es nicht minder zu schützen galt wie mich selbst.

Später, in der Anklageschrift, sollte die Bundesanwaltschaft behaupten, eigens meinetwegen hätte die HVA mit Cordula und Heinz eine illegale Residentur in der Bundesrepublik errichtet, um mühelos an das zu erwartende hochwertige Material aus dem BND zu gelangen. Das ist ziemlicher Unsinn, wie vieles andere in der Anklageschrift auch. Die Bundesanwaltschaft hätte bei einem etwas sorgfältigeren Umgang mit ihren Ermittlungsakten solch peinlich anmutenden Fehler leicht vermeiden können. Aus den dort beiliegenden Berichten der Generalstaatsanwaltschaft Düsseldorf und des Staatsschutzkommissariats der Polizeidirektion Hagen geht nämlich hervor, daß Cordula bereits im November 1972 von Lübeck kommend in Hagen zugezogen war.[1] Zu diesem Zeitpunkt war ich gerade einige Monate in dem Münchner Forschungsinsti-

[1] Ermittlungsakten des Bayerischen Landeskriminalamtes (Az 724-034/4-A 32/90-VS-NfD), Bd. I, S. 80 ff.

tut tätig und nichts deutete darauf hin, daß ich ein halbes Jahr später meine Arbeitsstelle verlieren und ein Stellenangebot vom BND erhalten würde.

Doch nicht nur die Bundesanwaltschaft, auch das Tatgericht verwandte wenig Sorgfalt auf die Frage, ob der Aufbau dieser illegalen Residentur einem phänomenalen Weitblick der HVA oder anderweitigen operativen Planungen des DDR-Auslandsnachrichtendienstes zu verdanken war: Es hat die Einschleusung von Cordula und Heinz in die Bundesrepublik schlicht auf einen unbestimmten Zeitpunkt nach jenem gemeinsamen Innsbrucker Treffen im Frühjahr 1975 verlegt, als ließe sich eine illegale Residentur im Handumdrehen errichten, wenn dieses nachrichtendienstlich-operative Instrumentarium gerade zweckmäßig erscheint.

So falsch die Behauptung ist, sie hat Eingang in die gesamte Presse gefunden, die sich mit meinem Fall befaßte. Wie es scheint, muß ein falscher Sachverhalt nur lange und oft genug kolportiert werden, um als die reine Wahrheit zu gelten. Auch in der Welt der Nachrichtendienste ist dies ein häufig zu beobachtendes Phänomen.

Das Bewußtsein, auf der gleichen Seite der politischen Barrikade zu stehen, schaffte von Anbeginn Vertrauen zwischen dem Residenten-Ehepaar und mir. Noch in Innsbruck berieten wir die diversen Möglichkeiten einer unauffälligen Informationsübergabe. Da Cordula und Heinz in Hagen wohnten, boten sich meine Familienbesuche als eine neue Alternative an. Aus Sicherheitsgründen sollten wir dabei allerdings keinen direkten Kontakt aufnehmen, so wie ich es zuvor mit Eberhard gehalten hatte. Deshalb wurde beschlossen, daß wir uns in einem Restaurant oder Café sehen, wo ich dann auf der Damentoilette, ganz zufällig natürlich, mit Cordula zusammentreffen und ihr das Filmmaterial aushändigen sollte.

Rund ein Jahr lang übermittelte ich auf diese Weise meine Informationen aus dem BND an die HVA. Dann riß die Verbindung schlagartig ab. Aufgrund der Rasterfahndung des Bundesamtes für Verfassungsschutz waren zahlreiche inoffizielle Mitarbeiter der HVA in der Bundesrepublik enttarnt und – soweit sie nicht rechtzeitig in die DDR fliehen konnten – verhaftet worden. Auch Cordula und Heinz hatten eine Warnung aus Karl-Marx-Stadt mit der Aufforderung erhalten, sich sofort nach Ost-Berlin abzusetzen. Sie waren zwar nicht unmittelbar gefährdet, doch schien es den Verantwortlichen zu riskant, sie weiterhin in Hagen zu belassen. Für mich selbst wurde keine Gefahr gesehen, ich hatte stets nur indirekten Kontakt mit dem Kurierehepaar gehabt. Deshalb konnte mein unmittelbar bevorstehendes zweites Treffen mit dem Leiter der HVA auch stattfinden.

*

Kennengelernt hatte ich Markus Wolf schon ein Jahr zuvor. Karl-Heinz hatte mir im Frühjahr 1975 den Wunsch des HVA-Chefs übermittelt, mit mir zusammenzutreffen. Falls ich dazu bereit sei, sollten wir gemeinsam beraten, wann und wo sich dies bewerkstelligen ließe. Ich hatte nicht lange gebraucht, dem Wunsch Wolfs zuzustimmen, schließlich war ich neugierig auf den Chef der HVA, von dem im BND so viel die Rede war und der dort gewissermaßen kollegialen Respekt genoß.

Da Wolf es damals noch zu gewagt erschien, daß ich in die DDR oder in ein osteuropäisches Land reise, hatte er angeboten, in eines der europäischen neutralen oder blockfreien Staaten zu kommen, nach Finnland, Schweden oder nach Jugoslawien. Ich entschied mich für ein Treffen in Jugoslawien, weil ich einen Großteil der Strecke mit dem Auto zurücklegen könnte. Gegebenenfalls wäre das auch für den BND weniger leicht nachzuprüfen als eine Flugreise, wo man die Passagierlisten einsehen kann. Als Termin kam mein Sommerurlaub in Frage. Dann wäre ich ohnehin aus der Reichweite des BND und ein mehrtägiger Abstecher leichter zu verschleiern als bei einem Kurzurlaub.

Die folgenden Monate galten den Vorbereitungen. Über Funk war mir mitgeteilt worden, daß wir uns in Istrien sehen würden, was vom italienischen Triest aus schnell und problemlos erreichbar war. Ich sollte Karl-Heinz in Verona treffen und mit ihm zusammen nach Rabac fahren. Er würde einen gefälschten Berliner Personalausweis für mich mitbringen, damit die mir verbotene Grenzpassage nach Jugoslawien unentdeckt bliebe.

Für die Ferien hatte ich mich zu meiner Familie ins Rheinland abgemeldet. Dort konnte ich am sichersten sein, vom BND unbehelligt zu bleiben, selbst bei einer vorübergehenden Abwesenheit. Niemand käme auf die Idee, dahinter mehr zu vermuten als naheliegende Unternehmungen mit irgendwelchen Freunden oder Bekannten. Einen Tag vor dem geplanten Treff mit Karl-Heinz brach ich nach Verona auf. In Augsburg wählte ich die Strecke über Landsberg und Schongau nach Garmisch, um München auf meinem Weg zum Brenner großräumig zu umfahren. Ich wollte jedes Risiko vermeiden, von irgendeinem BND-Mitarbeiter zufällig gesehen und später womöglich mit irgendwelchen Fragen konfrontiert zu werden.

Von Verona aus fuhren Karl-Heinz und ich weiter nach Venedig. Meinen Wagen stellte ich in einem Parkhaus ab. Karl-Heinz hatte sich einfallen lassen, gemeinsam die Nacht in der Lagunenstadt ähnlich der berühmten Operette von Johann Strauß zu verbringen. Mit dem Frühzug sollten wir dann zunächst nach Pula weiterreisen. Allerdings hatte Karl-Heinz seinen Plan ohne Kenntnis der Schließungszeiten der venezianischen Restaurants und Bars, der Schiffslinien und Gondolieri gemacht. Irgendwann zwischen Mitternacht und Morgengrauen standen wir vor verschlossenen Türen, selbst der Bahnhof war abgesperrt. Venedig war weit davon entfernt, sich uns von seiner romantischen Seite zu zeigen. Nur im berühmten Hotel Danieli brannte noch Licht. Karl-Heinz befand, man müsse nun »die Puppen tanzen lassen«, um für die restliche Nacht ein Dach über dem Kopf zu haben. Es war das einzige Mal in gut zwanzig Jahren, wo er von den Spesengeldern der HVA keinen sparsamen Gebrauch machte. Ein üppiges Trinkgeld bewog den Barkeeper, seine soeben geschlossene Bar wieder zu öffnen. Man plauderte miteinander, so gut es die jeweiligen Sprachkenntnisse zuließen. Gegen fünf Uhr früh konnte auch Geld den Barkeeper nicht mehr davon abhalten, nun doch zu schließen. So kehrten wir zum Bahnhof zurück und warteten fröstelnd auf die Abfahrt unseres Zuges.

In Pula hatte Karl-Heinz einen Bungalow angemietet. Wir sollten dort gemeinsam einige Urlaubstage verbringen, bis wir zum Treffen mit Wolf nach Rabac weiterfahren würden. Der Bungalow, obschon in schöner Lage, befand sich fernab vom Strand und war deshalb für einen Badeurlaub wenig geeignet. Vor allem war er heruntergewirtschaftet. Ich fühlte mich unwohl und war sauer über die eigenmächtigen Planungen von Karl-Heinz

Schon gar nicht hatte ich Lust auf traute Zweisamkeit. Er ging mir bereits seit geraumer Zeit auf die Nerven. Nicht, daß sich sein Verhalten mir gegenüber geändert hätte. Die Ursache meiner Wandlung lag ganz allein bei mir. Sie war keineswegs plötzlich gekommen, sondern hatte sich über zwei, drei Jahre entwickelt. Karl-Heinz schien es nicht bemerkt zu haben. Oder er hatte es einfach ignoriert. Begonnen hatte es mit dem Ansinnen Schiefers, ich solle vorerst im Westen bleiben und dort berufstätig werden. Karl-Heinz hatte sich überraschend passiv verhalten. Vor allem hatte er nie darauf gedrängt, seinerseits in den Westen überzusiedeln, wie von Schiefer vorgeschlagen. Gewiß bedurfte dieser Vorschlag einer sorgfältigen Prüfung, und seine Realisierung brauchte Zeit. Doch Karl-Heinz schien es damit überhaupt nicht eilig zu haben, mehr noch: er schien davon nichts zu halten. Wann immer ich ihn darauf ansprach, äußerte er bloß Bedenken.

Ich hatte schon immer den Eindruck gehabt, daß er mit unserer Trennung erheblich besser zurechtkam, daß sie ihm letztlich nichts ausmachte. Er schien zufrieden mit seiner Lebenssituation, die seine Heimatstadt Plauen, seine Arbeit in der HVA und mich umschloß. Im Laufe der Zeit hatte freilich unsere Trennung auch mir immer weniger ausgemacht. Ich begann mich daran zu gewöhnen, und das bekam meinen Gefühlen für ihn nicht gut. Unaufhaltsam hatte die rauhe Wirklichkeit unseres Lebensalltags den »Honeymoon« verdrängt. Je mehr ich mir mein eigenes Leben aufbaute, um so weniger vermißte ich Karl-Heinz.

Karl-Heinz hätte keinen ungünstigeren Moment wählen können, mich mit seinem Ferienarrangement zu überraschen. Ich war nicht in Vorfreude zu diesem Treffen gekommen. Vielmehr war ich entschlossen, unsere Beziehung zu beenden. »Ich will dich nicht mehr sehen«, sagte ich ihm ohne Umschweife. Karl-Heinz versuchte gar nicht erst, mich umzustimmen. Er schien zu begreifen, daß etwas irreparabel zerbrochen war. Vielleicht bedauerte er es auch gar nicht. Er machte ein bedrücktes Gesicht und meinte, man müsse es Wolf und Fritsch sagen, wenn sie in einigen Tagen kämen. In solch emotional gespannter Atmosphäre lernte ich den Leiter der HVA kennen.

Auch die übrigen Begleitumstände dieses ersten Treffens mit Markus Wolf waren kaum dazu angetan, einen positiven Eindruck zu hinterlassen. Entsprechend der operativen Planung, die an irgendwelchen Schreibtischen in der HVA-Zentrale entworfen worden war, mußte ich mit Karl-Heinz von Pula nach Rabac wechseln. Das war zwar nicht weit und mit dem Bus bequem zu erreichen. Doch ich war in der kurzen Zeit meiner Auslandstreffen mit meinen HVA-Partnern das wiederholte Wechseln der Unterkunft rasch leid geworden. Es war lästig und brachte zusätzlichen Streß in jene Stunden, die eigentlich meine Freizeit waren, auch wenn ich einsah, daß es meine persönliche Sicherheit erhöhte. Wenigstens stand uns in Rabac ein komfortablerer Bungalow zur Verfügung. Aber es fand sich nichts Eßbares dort, und wir erwarteten Gäste. Karl-Heinz legte Wert darauf, ein guter Gastgeber zu sein. So vergingen die nächsten Stunden damit, Brot und Käse, Eier und Obst, Bier und Wasser, Wodka und Krimsekt zu besorgen, um Wolf und seine Begleiter einigermaßen bewirten zu können.

Am Nachmittag trafen unsere Besucher ein. Trotz der freundlichen Begrüßung blieb die Atmosphäre steif. Fritsch hatte mir den HVA-Chef als Minister vorgestellt und redete ihn stets förmlich mit »Genosse Minister« an. Niemals wäre ich deshalb auf die Idee gekommen, in den beiden zwei gute Freunde zu vermuten. Um so mehr irritiert mich rückblickend dieser einem bürgerlichen Statusdenken entliehene Hang zum Formalismus. Schon damals hatte mich das Zeremoniell überrascht, bei Repräsentanten eines sozialistischen Staates hatte ich es einfach nicht erwartet. Mir war sofort klar, daß ich selbst hier, bei einem nachrichtendienstlichen Treff, die Etikette wahren mußte. Wolf machte keine Anstalten, mir eine weniger förmliche Anrede zu erlauben.

Gleichwohl wirkte er nicht unsympathisch. Nur distanziert, obschon er sich jovial nach meinem und Karl-Heinz' Befinden sowie dem bisherigen Verlauf unseres Treffens erkundigte und den als Treffort ausgewählten Bungalow lobte. Es war unverkennbar, daß Wolf eine gewisse Aura umgab und er sich seiner Wirkung absolut bewußt war. Dennoch wirkte er bei weitem nicht so unnahbar wie mein oberster Chef, der BND-Präsident Wessel. Dieser war so sehr Offizier, daß ihm die militärische Disziplin selbst den Anflug eines Lächelns zu verbieten schien. Ich wußte, daß auch Wolf einen Generalsrang bekleidete. Wie er allerdings in legerer Freizeitkleidung vor mir stand, konnte ich ihn mir in Uniform nicht vorstellen. Vielleicht lag es auch nur daran, daß ich allem militärischen Gehabe nicht viel abgewinnen konnte.

Das Gespräch wandte sich allmählich den nachrichtendienstlich interessierenden Fragen zu. In allen Einzelheiten erkundigte sich Wolf nach meiner Tätigkeit im BND, nach dem thematischen Spektrum meines Sachgebiets, den Informationen, die ich bearbeitete oder zur Kenntnis erhielt, und den Kollegen, mit denen ich tagtäglich zu tun hatte. Viele seiner Fragen waren nicht neu, ich hatte sie auch schon Karl-Heinz,

Schiefer und Fritsch beantwortet, und es war offensichtlich, daß der HVA-Chef darüber informiert worden war. Aber er wollte von mir selbst jedes Detail hören, um sich ein möglichst authentisches und lückenloses Bild zu verschaffen. »Wir haben Glück, daß Sie im Sowjetunion-Referat eingesetzt worden sind«, meinte er schließlich. »Die Informationen, die dort bearbeitet werden, und seine Analysen sind von großem Interesse für uns. Sie sollten sich dort eine gute Position erarbeiten und möglichst dauerhaft etablieren, damit man nicht auf die Idee kommt, Sie anderweitig einzusetzen.«

Dann legte er dar, welche Informationen die DDR und damit die HVA vorrangig interessierten und, wenn möglich, von mir beschafft werden sollten. Seine Auflistung erschien alles andere als geheimnisvoll; jeder politisch interessierte Mensch hätte mühelos die Themen benennen können, die dem Chef der Auslandsaufklärung der DDR wichtig sein mußten. Im Grunde entsprach es dem Aufklärungsauftrag des BND unter umgekehrtem Vorzeichen. Hatten hüben die Informationen über die DDR und die Sowjetunion, über die NVA, die Rote Armee und den Warschauer Pakt höchste Priorität, waren es drüben alle Vorgänge in der Bundesrepublik, in der NATO und in den USA. Ich brauchte an die Materialien, mit denen ich es in Pullach zu tun hatte, nur einen imaginären Spiegel anzulegen, um zu wissen, was für Ost-Berlin nützlich war, um das friedenssichernde Gleichgewicht der Kräfte zu fördern. Längst schon hatte ich es gelernt, zwischen den Zeilen zu lesen, Absichten und Ziele der westlichen Politik kritisch zu hinterfragen, statt vordergründigen Erklärungen blind zu vertrauen.

Mehr Sorge bereitete Wolf deshalb die desolate Beziehung zwischen Karl-Heinz und mir. Natürlich war er auch darüber unterrichtet worden, und er befürchtete, daß die nachrichtendienstliche Verbindung der HVA zu mir, kaum daß sie mit meinem Eintritt in den BND eine neue Qualität bekommen hatte, zerbrechen könnte. Wenn ich es wünsche, werde man Karl-Heinz aus der Verbindung lösen und mich statt dessen mit einem anderen Mitarbeiter zusammenbringen. Sollte ich mich mit diesem gut verstehen, würde man ihn gegebenenfalls in der Bundesrepublik ansiedeln, um meinen Kontakt zur HVA enger zu gestalten. Ob ich bereit sei, unter solchen Umständen die Zusammenarbeit fortzusetzen?

Mir gefiel zwar der Gedanke, womöglich einen Gesinnungsgenossen kennenzulernen. Durch die HVA vermittelt, wäre er mir von vornherein

ein verläßlicher Freund. Ich könnte mich mit ihm über vieles austauschen, was ich im Kreise meiner Freunde im BND zwangsläufig verschweigen mußte. Aber dem Vorschlag Wolfs hing ein fataler Geruch von Kuppelei an, der in mir ein tiefes Unbehagen auslöste. Ich winkte ab. Ich sähe mich durchaus imstande, mit Karl-Heinz auf einer sachlichen Basis weiterhin zusammenzuarbeiten. Man könne jedenfalls ausprobieren, ob sich dafür ein vernünftiger Rahmen finden lasse.

Wolf und seine Begleiter waren erleichtert, das Problem zunächst einmal vom Tisch zu haben. Wie brenzlig die Situation tatsächlich war, dürfte ihm jedoch verborgen geblieben sein.

Seit ich innerlich mit Karl-Heinz gebrochen hatte, trieb mich der Gedanke an eine Selbstoffenbarung um. Böte dieser Schritt nicht einen Ausweg aus dem tiefen Konflikt, in den mich meine zwischen Ost und West, zwischen politischer und faktischer Heimat, zwischen Vernunft und Gefühlen zerrissene Existenz gestürzt hatte? Wiederholt war ich dem Moment sehr nah gewesen, meinem neuen Freund zu sagen, was trennend zwischen uns stand. Doch die Hürde war zu hoch, unwissentlich von ihm selbst zu einem unüberwindbaren Hindernis aufgetürmt. Er war Mitarbeiter des BND wie ich. Er arbeitete in jenem Aufgabenbereich in Pullach, für den er sich besonders berufen fühlte: in der Sicherheitsabteilung und ausgerechnet in jenem Referat, das für die Aufklärung und Verfolgung von Sicherheitsvorkommnissen zuständig war. Er hatte sich ganz der Jagd auf den nachrichtendienstlichen Gegner verschrieben. Er ahnte nicht, wie nahe dieser ihm war. Durch einen Zufall, wie ihn nur das Leben hervorbringt. Ich wagte es nicht, mich ihm anzuvertrauen. Ich hätte meinen Konflikt zu seinem gemacht, ihn zu einer Entscheidung gezwungen zwischen Stillschweigen oder offizieller Meldung. Beides durfte ich ihm nicht zumuten. Deshalb schwieg ich, löste meinen Konflikt, indem ich Gefühl und Vernunft radikal trennte.

Nach meiner Verhaftung zögerte der BND nicht, ein staatsanwaltschaftliches Ermittlungsverfahren gegen meinen ahnungslosen und mittlerweile unheilbar erkrankten Freund zu fordern. Er hätte mir gegenüber Interna über die seinerzeitige Verfolgung des Abteilungsleiters Auswertung, Jürgen von Alten, ausgeplaudert, warfen seine ehemaligen Kollegen ihm vor. Als sei die Observation des BND-Direktors durch das eigene Haus eine geheime Staatsaktion und nicht hochinteressantes Tagesgespräch in allen Büros des Camps gewesen. Noch einmal erlebte ich die ganze Engstirnigkeit und Phantasielosigkeit, unter der die dienstinterne Sicherheit des BND leidet und die sie an durchschlagenden Erfolgen hindert. Es machte mich unsagbar zornig.

Wolf beendete unser erstes Treffen mit der Aufforderung, ich möge die Gelegenheit unseres Zusammenseins nutzen, ihn über die politische Groß- und Kleinwetterlage zu befragen. Schon bald waren wir in ein intensives Gespräch über aktuelle wie auch grundsätzliche Aspekte der Ost-West-Politik und der Situation in den sozialistischen Staaten verwickelt. Es war die erste einer Reihe von langen Diskussionen, die ich bei meinen nachfolgenden Begegnungen mit dem HVA-Chef führte, denn der politische Gedanken- und Meinungsaustausch wurde zu einem festen Programmpunkt unserer Treffen.

Dabei interessierte ich mich stets zuvörderst für die Lage in der DDR und in der Sowjetunion sowie für die Zusammenarbeit der sozialistischen Staaten im Warschauer Pakt und im Rat für Gegenseitige Wirtschaftshilfe (RGW). Ein weiteres Thema waren jahrelang die ideologischen Auseinandersetzungen in der europäischen kommunistischen Bewegung, die ich mit zunehmender Spannung und der Hoffnung verfolgte, sie würden in den regierenden KPs Osteuropas die Verkrustungen aufbrechen. So wollte ich zum Beispiel Genaueres über den Ablauf der politischen Entscheidungsprozesse in der DDR erfahren, über den Einfluß, den der Zentrale Parteiapparat der SED darauf ausübte, und die Einbindung des Regierungsapparates in die Entscheidungsfindung. Ebenso interessierten mich die Machtmechanismen im Kreml und – nach der Wahl des ehemaligen KGB-Chefs Andropow zum Generalsekretär der KPdSU im November 1982 – dessen Person. Wolf galt zu Recht als intimer Kenner der Sowjetunion; er war dort aufgewachsen und unterhielt vielfältige dienstliche und persönliche Kontakte zu seiner zweiten Heimat. So kannte er auch Andropow aus langjähriger Zusammenarbeit. Mit seinem Hintergrundwissen und seinen Einschätzungen wurde mir deshalb ein Informationspotential zugänglich, von dem der BND nur träumen konnte.

Mitunter bedauerte ich, daß ich diese Kenntnisse für mich behalten mußte und nicht in meine Arbeit in Pullach einfließen lassen konnte. Doch das hätte womöglich Fragen provoziert, wie ich zu dieser oder jener Beurteilung komme. An meinem Schreibtisch im BND mußte ich mich deshalb strikt nach dem Informationsbild richten, mit dem ich es dort zu tun hatte, selbst wenn es – wie hin und wieder der Fall – schlichtweg falsch war.

Manche Frage, die ich mit dem HVA-Chef diskutierte, mag ihm damals ziemlich indiskret oder provokativ erschienen sein. Gleichwohl wich er niemals aus. Allerdings mochte er auch nicht meine Kritik an dogmatischen Positionen der DDR und an überängstlichen Reaktionen teilen, mit der ich ihn häufig konfrontierte. Stets fand er Erklärungen auch für so fragwürdige Entscheidungen der sowjetischen und der DDR-Führung wie die Ausbürgerung von Alexander Solschenizyn und Wolf Biermann und war bemüht, durch Darlegung von Hintergründen das Verständnis zu fördern. Was auch immer ich mit Wolf diskutierte – nie kam ihm ein Wort der Kritik an der politischen Haltung Ost-Berlins oder Moskaus über die Lippen. Es hätte sich auch nicht mit seinem Selbstverständnis als Repräsentant des zweiten deutschen Staates vertragen.

Als wir uns verabschiedeten, äußerte Wolf den Wunsch, mich im nächsten Jahr wiederzusehen. Er würde sich freuen, wenn ich es zeitlich ermöglichen könne. Ich ahnte nicht, daß er einen handfesten Grund dafür hatte: Als mein oberster Führungsoffizier liefen alle Fäden der Verbindung in seiner Hand zusammen. Und Wolf dachte nicht daran, sich aus der Verbindungsführung zurückzuziehen.

*

Im darauffolgenden Sommer, 1976, trafen wir uns erneut in Jugoslawien. Der Umstand, daß kurz zuvor die illegalen Residenten Cordula und Heinz der Rasterfahndung des Verfassungsschutzes wegen in die DDR zurückgezogen worden waren, hatte Planung und Vorbereitung des Treffs nicht beeinträchtigt; ich war keinen Augenblick gefährdet, da kein noch so großer Spürsinn ausgereicht hätte, eine Verbindung zwischen den beiden und mir festzustellen.

Meine emotionale Abwendung von Karl-Heinz war mittlerweile einer freundschaftlich-sachlichen Einstellung gewichen. Vor allem Schiefer, unser gemeinsamer Freund, hatte sich in langen Vier-Augen-Gesprächen um einen Abbau des bei mir angestauten Konfliktpotentials bemüht, hatte unsere mittlerweile langjährige Freundschaft beschworen und an meine politische Überzeugung appelliert, die ich nicht einer Laune des Gefühls opfern dürfe. Auch Karl-Heinz hatte alles getan, die Wogen zu glätten, war mir ebenso zurückhaltend wie zuvorkommend begegnet und peinlich darauf bedacht, keinen Anlaß zu neuerlichen Friktionen zu bieten. Allmählich renkte sich unsere Beziehung wieder ein, und es entstand eine freundschaftliche Vertrautheit, die der nachrichtendienstlichen Zusammenarbeit zugute kam. Karl-Heinz war nicht nur in operativen Fragen sehr erfahren, er war in dieser Hinsicht auch verläßlich. Und er stand in enger Beziehung zu Schiefer und Fritsch sowie – über diese beiden – zu Wolf. Ihn aus diesem Team zu verdrängen, hätte aus meiner Sicht das Zusammenwirken nur gestört.

Diesmal hatte Karl-Heinz nördlich von Trogir, einem alten Adriastädtchen nahe Split, ein Ferienhaus angemietet. Oberhalb der Uferstraße gelegen, erschloß sich von dessen Terrasse ein reizvoller Blick über das Meer. Gleichwohl waren es nur wenige Schritte bis hinunter zum Strand. Ein umzäunter Garten hielt Neugierige auf Distanz. Auch die Eigentümer des Anwesens ließen sich nur am Wochenende in der kleinen Hütte an der Einfahrt zum Grundstück blicken, die sie in der Urlaubszeit mit ihrem Haus tauschten, um einige Dinar zusätzlich zu verdienen. Das Objekt schien deshalb wie geschaffen für einen konspirativen Treff.

Wie üblich war mir schon Wochen vorher über Funk mitgeteilt worden, wann und wo ich Karl-Heinz treffen sollte. Alle weiteren Details würde ich später von ihm erfahren. So hatte ich keine Ahnung, daß ich rund 10 Tage mit ihm in Trogir bleiben sollte. Das brachte mich später in Zeitnot. Denn längst hatte ich mich entschlossen, meinen Sommerurlaub endlich einmal wieder in Irland zu verbringen, und ich fand es ziemlich umständlich, von dort aus nach Jugoslawien zu reisen. Doch Fritsch mochte meine Bedenken nicht teilen. Er meinte, der lange Anweg sei meiner persönlichen Sicherheit nur förderlich; der BND würde sich schwertun, sollte er je in die Verlegenheit kommen, meine Reiseroute rekonstruieren zu müssen. Deshalb bestand er auch darauf, daß ich nach dem Treff wieder nach Dublin zurückflog, um von dort als »Irlandurlauberin« nach Pullach zurückzukehren, statt den kurzen Weg über den Brenner nach München zu nehmen.

Mir blieben gerade mal drei Tage in der irischen Hauptstadt, um Erinnerungen aufzufrischen und Freunde zu besuchen. Dann flog ich von Dublin nach Rom, wo ich Karl-Heinz traf. Gemeinsam fuhren wir nach Ancona und setzten mit der Fähre nach Split über.

Einige Tage später trafen Wolf und Fritsch in Begleitung des Verbindungsführers Stefan in Trogir ein. Diesmal war die Atmosphäre erheblich unverkrampfter. Nun begrüßte man sich schon als gute Bekannte, was den HVA-Chef dazu ermutigte, mich duzen zu dürfen. Seinerseits bot er mir das »Du« aber nicht an, weshalb es zunächst bei einer eigentümlichen Mischung von gleichermaßen vertrautem wie distanziertem Umgang miteinander blieb. Erst einige Jahre nach der Wende, als ich Wolf mangelnde Solidarität mit den Kundschaftern vorhielt, nahm er plötzlich Anstoß daran, daß ich ihn siezte.

Das ferienhafte Ambiente verlieh unserer zweiten Begegnung eher den Charakter eines gemeinsamen Kurzurlaubs als den eines nachrichtendienstlichen Führungstreffs. Die sommerliche Hitze lockte zum Bad im Meer, der malerische Ortskern von Trogir zum Bummel unter den Arkaden. Auf der Suche nach kulinarischen Besonderheiten hatten wir ein Restaurant entdeckt, dessen Chefin es als eine Herausforderung betrachtete, uns die ausgesuchtesten Leckerbissen des adriatischen Meeres zu servieren. Wolf war aufgeräumter Stimmung und verfiel in seine Gewohnheit, das Mahl nach russischen Gepflogenheiten zu zelebrieren: Zu jedem Glas Wodka trug er einen Trinkspruch vor, der in selbstironischen politischen Anzüglichkeiten gipfelte.

Wolf begann sogar von seinem Vater und von seinem Bruder Konrad zu erzählen, von ihrem künstlerischen Schaffen und der politischen Wirkung, die ihre Werke gezeitigt hatten. Ich fühlte mich in einer sehr direkten Weise in das politisch-künstlerische Wirken seiner Familie einbezogen und empfand die Offenheit, mit der er über sie sprach, als besonderen Vertrauensbeweis. Erst nach weiteren Treffen, als Wolf sich immer wieder diesem Thema zuwandte, überkam mich eine Ahnung, daß es ihn fast zwanghaft beherrschte.

Stets sprach er von seinem Vater und Bruder in einer eigentümlichen Mischung aus elitärem Stolz, als sei die familiäre Zugehörigkeit sein ganz persönliches Verdienst, und einer subalternen Bewunderung, die angesichts seiner eigenen herausgehobenen Stellung verblüffte. Die erkennbar starke emotionale Bindung Wolfs an seine Familie und sein Pflichtgefühl gegenüber deren künstlerischem Erbe weckten in mir große Sympathie. Doch es irritierte mich zugleich, wie er hieraus eine moralisch überhöhende Autorität auch für sich persönlich ableitete. Sicher schmeichelte diese Selbsterhöhung seiner Eitelkeit. Aber das war nur ein vordergründiger Effekt, der zur Erklärung nicht ausreichte. Mehr noch schien er dieser Selbsterhöhung zu bedürfen, um sein – ohnehin nicht unterentwickeltes – Selbstwertgefühl zu stärken. Das hatte ich nicht von einem Mann erwartet, der zwar nicht im Rampenlicht von Kunst und Politik stand, sich aber mit großen beruflichen Erfolgen und einer perfekten Abschirmung einen Namen gemacht hatte, der weit über die Fachwelt hinausgriff: der »Mann ohne Gesicht« – eine Legende.

Doch Wolf wollte mehr sein als der legendenumwobene Geheimdienstchef, für mehr bewundert werden als für seine nachrichtendienstlichen Leistungen. Er wollte öffentliche Anerkennung, wollte wie sein Vater und sein Bruder eine Autorität sein, die ihre moralische Kraft aus dem eigenen Genius und nicht aus einem Staatsamt schöpft.

Es ist schwer zu sagen, welchen der beiden, seinen Vater oder seinen Bruder, Markus Wolf mehr bewunderte. Zu unterschiedlich ist ihre Wirkung auf ihn. Konrad war ihm erkennbar näher, greifbarer, der Vater hingegen stand auf dem Podest. Dessen literarische Werke waren zu Klassikern der Arbeiterbewegung geworden, zu einem zeitgeschichtlich-dokumentarischen Erbe. Deshalb überraschte auch Wolfs Wunsch nicht, ein weiteres Treffen mit mir in Jugoslawien im Sommer 1978 in die Nähe von Dubrovnik zu verlegen, damit man gemeinsam nach Kotor fahren könnte, zum Schauplatz eines der Werke Friedrich Wolfs.[2] Es war Markus wichtig, jene Bucht kennenzulernen, in der sich im 1. Weltkrieg das Drama zutrug, das seinem Vater als Stoff für ein vielbeachtetes Bühnenstück gedient hatte.

Mit dem Bruder Konrad verbanden den HVA-Chef vor allem die politischen Gegenwartsfragen, ihre künstlerische Umsetzung sowie deren Wirkung auf das künstlerische Schaffen. Wie sehr Markus auf seinen jüngeren Bruder fixiert war, wie stark dessen Ansichten ihn beeinflußten, enthüllte sich mir allerdings erst nach dessen Tod. Möglicherweise ist sich Wolf selber erst durch dieses einschneidende Erlebnis dessen bewußt geworden. Wenn er sich heutzutage in der Rolle eines frühzeitigen Kritikers der zunehmend erstarrenden DDR sieht, so projiziert er damit zuvörderst die Haltung seines Bruders auf sich selbst. Denn nicht aus Markus' intellektueller Rationalität, sondern aus Konrads künstleri-

[2] Friedrich Wolf: »Die Matrosen von Cattaro« (Uraufführung am 8.11.1930 in der Volksbühne, Theater am Bülowplatz, Berlin).

schem Freigeist erwuchsen die Bedenken gegen die Politik der Honecker-Führung. Es war Konrad, nicht Markus, der sie reflektierte und artikulierte und der dem in die Staatsräson eingebundenen Bruder Denkanstöße gab, die fast der Häresie nahekamen. Markus war viel zu sehr in politischen Rücksichtnahmen befangen, die ihm seine Stellung und seine Privilegien abverlangten, als daß er sich mit eigener Kritik exponiert hätte.

Wie schon bei unserem ersten Treffen in Rabac, sprachen wir ausführlich über die Situation im BND, über meine dortige Arbeit und die Informationsinteressen der HVA. »Im Grunde muß ich dir dazu nichts sagen«, meinte Wolf fast entschuldigend. »Du weißt selbst nur zu gut, welche Informationen für uns wichtig sind. Ich wäre dir aber sehr dankbar, wenn du uns möglichst alle Rohmeldungen von DDR-Quellen, zu denen du Zugang hast, schicken könntest, auch wenn sie inhaltlich völlig belanglos oder falsch sind und deshalb in der Ablage landen. Es ist außerordentlich wichtig für uns zu wissen, welche Informationen der BND aus der DDR erhält. Schließlich kann man das eine oder andere steuern«, fügte er mit einem vielsagenden Lächeln hinzu.

Die Unverblümtheit, mit der Wolf damit sein Interesse an nachrichtendienstlichen »Gegenspielen« zu verstehen gab, um die BND-Quellen in der DDR unter Kontrolle zu halten, überraschte mich keineswegs. Schließlich erschien es oft nur opportun, die Aktivitäten gegnerischer Geheimdienste durch eigene Regieführung unter Kontrolle zu halten, statt durch Verhaftung und Strafverfolgung zu unterbinden. Wie weitgehend dies der HVA gelungen ist, enthüllte später der Leiter der Abteilung »Gegnerische Dienste«, Harry Schütt. Danach arbeiteten fast alle DDR-Quellen des BND tatsächlich für das MfS, d.h. in über 90 Prozent der Fälle handelte es sich in Wahrheit um Nachrichtenspiele der Abwehrabteilungen des MfS gegenüber dem BND.

Zu diesem für Pullach niederschmetternden Resultat hat zweifellos der Umstand beigetragen, daß die HVA in den 80er Jahren durch Alfred Spuhler und Klaus Kuron umfassend Kenntnis erlangte, welche DDR-Bürger für die bundesdeutschen Nachrichtendienste tätig waren. Als dies später öffentlich bekannt wurde, erschien es mir wie eine nachrichtendienstliche Sternstunde, daß die HVA aus der Verbindung zu mir auch noch ergänzend die Informationen in Erfahrung bringen konnte, die dem BND von seinen DDR-Quellen zugingen. Dessen konspirative

Tätigkeit gegen die DDR war damit für Ost-Berlin ein offenes Buch, kontrollierbar, steuerbar, manipulierbar.

Von all dem ahnte der BND nichts. Da er sich ohnehin schwertat mit der operativen Informationsbeschaffung aus der DDR, wäre er wohl vollends frustriert gewesen, wenn er gewußt hätte, wie sehr seine Aktivitäten ins Leere liefen.[3] Nichtsdestoweniger ging ihm bis zur Wende der Ruf nach, unter allen westlichen Geheimdiensten über den besten informationellen Zugang in die DDR zu verfügen.

*

Im folgenden Jahr, 1977, traf ich mit Wolf in der DDR zusammen. So selbstverständlich es für uns war, bei unserem Abschied in Trogir das nächste Wiedersehen zu vereinbaren, so schwer fiel es mir, die Sicherheitsbedenken der HVA gegen meinen Wunsch, wieder einmal bei Linda in Jößnitz sein zu können, zu zerstreuen. Erst nachdem ich hartnäckig darauf bestanden hatte und überdies Wolf mit der Einlösung seines Versprechens, mir eine heimliche Reise in die Sowjetunion zu ermöglichen, in Verzug war, brachen die sicherheitlichen Vorbehalte in sich zusammen. Mit einiger Verblüffung stellte ich fest, daß die nachrichtendienstlichen »Oberbedenkenträger« drüben wie hüben sich mental wie methodisch ziemlich nahestanden: In der Regel war das, was sie für die »sichersten« Treffbedingungen hielten, nichts weiter als der für sie risikoloseste und damit bequemste Weg. Je weiter man beispielsweise die Kundschafter von den Grenzen der DDR fernhielt, um so geringer blieb auch ihre unmittelbare Verantwortung für deren Sicherheit. Ja, man konnte den Kundschaftern die Sorge für ihre Sicherheit überantworten, je mehr sie sich dazu bewegen ließen, die konspirative Verbindung und in Sonderheit die Treffs in ihre private Lebensgestaltung einzubetten.

So bestanden meine Partner von der HVA jahrelang hartnäckig darauf, daß ich meine familiären Bindungen zur Abdeckung meiner Treffs nutzte. Sie sahen darin ein Höchstmaß an operativer Sicherheit. Doch

---

[3] Markwardt stapelt hoch, wenn er die aggressiveren Anbahnungsmethoden des BND gegenüber DDR-Funktionären in den 80er Jahren als operativ erfolgreich wertet; vgl. Markwardt, »Erlebter BND«, S. 124 f.

ich konnte mich mit diesem Ansinnen nie anfreunden, auch wenn ich einsah, dadurch größtmögliche Rückendeckung zu haben. Ich fand es schäbig, meiner Mutter einen gemeinsamen Urlaub vorzuschlagen, wohl wissend, daß ich sie während dieser Zeit für einige Tage allein lassen würde. Wäre man mit mir in solcher Weise verfahren, ich wäre sauer gewesen. Selbst bei dem Gedanken, im Anschluß an einen Urlaub mit meiner Mutter zu einem Treff weiterzureisen, so wie im Sommer 1977, fühlte ich mich nicht wohl: Benutzte ich nicht einen Menschen, und noch dazu einen mir besonders nahestehenden, für eigene Zwecke? Selbst wenn es nur indirekt erfolgte und das eine mit dem anderen nichts zu tun zu haben schien. Mich belastete das Gefühl. Ich verabscheute mich dafür.

In jenem Sommer, in dem ich zum erstenmal seit meinem Eintritt in den BND wieder in die DDR reisen sollte, hatte ich meine Mutter zu einem Kurzurlaub nach London eingeladen. Schon lange wollte ich ihr diese faszinierende, geschichts- und kulturträchtige Metropole zeigen, und meine weiteren Reisevorhaben, diesmal sorgfältiger geplant und abgestimmt, hatten den Städtetrip nun nahegelegt. Von München bzw. von Düsseldorf kommend, hatten wir uns auf dem Flughafen Heathrow getroffen. Nach einer erlebnisreichen Woche trennten sich dort auch unsere Wege: Während die Mutter nach Hause zurückkehrte, reiste ich nicht, wie behauptet, nach Schottland weiter, sondern bestieg eine Maschine nach Oslo und dort den nächstbesten Zug nach Göteborg, wo Karl-Heinz mich erwartete. Wieder einmal überraschte er mit neuen Planungen: Nein, wir würden nicht nach Ost-Berlin weiterreisen, jetzt jedenfalls noch nicht, sondern nach Stockholm. Es sei doch großartig, erst einmal ein paar Tage Urlaub in Schweden machen zu können, und später, wenn wir aus der DDR zurückkehrten, erneut. Mich begeisterte das zunächst nicht. Ich wollte endlich in die DDR und zu Linda, lange schon hatte ich mich auf dieses Wiedersehen gefreut. Wenn wir jetzt noch nicht dorthin reisen sollten, hätte ich ebensogut einen Abstecher nach Schottland machen können. Doch jetzt war es nicht mehr zu ändern.

Hinter den Fenstern des Zuges, der fast lautlos und in weichen Bewegungen dahinglitt, breitete sich eine schier endlose, in sattes Grün getauchte Landschaft aus, mit blauen, braunen und weißen Farbtupfern. Birkenhaine huschten vorbei, Weiden, einsame Gehöfte und Seen, zahllose Seen, kleine und große. Das Land strahlte Ruhe und Geborgenheit aus. Am liebsten hätte ich den Zug angehalten, um aussteigen und verweilen zu können. »Es war doch keine schlechte Idee, nach Stockholm zu fahren«, sagte ich zu Karl-Heinz, da sich mein Groll über die eigenmächtige Reiseplanung der HVA längst gelegt hatte.

Auch Stockholm entpuppte sich als ein lohnendes Reiseziel. Wir durchstreiften die Innenstadt, die Schären, genossen die schwedische Küche, beneideten die Bürger um die Sauberkeit ihrer Stadt und bedauerten sie ebensosehr wegen der horrenden Preise für alkoholische Getränke. Als ich nur kurze Zeit später wieder nach Stockholm kam, dann aber in offizieller Mission des BND zu Partnergesprächen mit dem schwedischen Dienst, die höchst konspirativ in einer Hotelsuite durchgeführt wurden, damit sich das neutrale Land nicht kompromittiert, und als ich dann von den schwedischen Gesprächspartnern zum Dinner in das historische »Stallmästaregården« eingeladen wurde, da schwante mir, welch irrwitzig hohe Zeche meine Gastgeber begleichen mußten.

Nach einigen Tagen bestiegen wir den Morgenzug nach Trelleborg und setzten in der folgenden Nacht mit der Fähre nach Saßnitz über. Im ersten Morgenlicht tauchte Kap Arkona, der nördlichste Zipfel Rügens, aus dem Dunstschleier auf, den die Nachtkühle über die Ostsee gelegt hatte. Dann leuchteten die Kreidefelsen von Stubbenkammer herüber, die – wenngleich nicht so gewaltig wie jene von Dover – mit ihrem Kieferbewuchs einen besonderen Reiz ausstrahlen. Bisher kannte ich diesen Anblick nur vom Land aus; 1970 hatte ich mit Karl-Heinz zwei Urlaubswochen an der Ostsee verbracht und dabei jeden Winkel Rügens durchstreift.

Während der Zug die morgendlich trübe Weite Mecklenburg-Vorpommerns durcheilte, überkam uns bleierne Müdigkeit. Wir hatten die Nacht auf der Fähre durchwacht. So merkten wir nicht, als der Zug unser Ziel, den Ost-Bahnhof in Berlin, erreichte. Erst ein Reisender, der neu zugestiegen war, riß uns auf der Suche nach einem Platz unsanft aus dem Schlaf. Der Zug hielt nicht lange im Bahnhof; er befand sich im Transit nach West-Berlin, für die Weiterfahrt wurden deshalb seine Türen im Ostteil der Stadt verriegelt. Nicht auszudenken, wenn wir plötzlich am Bahnhof Zoo gelandet wären! Zwar hätten unsere gefälschten West-Berliner Personalausweise die Kontrolleure der DDR-Grenzpolizei glauben gemacht, wir seien Transitreisende. Aber West-Berlin war der letzte Ort, wohin wir fahren wollten. In hektischer Eile griffen wir unser Gepäck und stürmten aus dem Zug, sehr zur Verwunderung der DDR-Kontrolleure, die auf dem Bahnsteig die Abfahrt des Zuges abwarteten.

»Hoffentlich ist Stefan noch da«, murmelte Karl-Heinz erschrocken. »Sonst sehen wir ganz schön alt aus. Er muß uns hier durchschleusen. Mit unserer West-Berliner Fleppe kommen wir nicht weit.« Plötzlich entkrampfte sich sein sorgendurchfurchtes Gesicht. Er hatte Stefan entdeckt. Stefan stand wie angewurzelt in der Mitte des Bahnsteigs und blickte ratlos mal zur einen, mal zur anderen Seite. Nun erblickte auch er, wonach er so angestrengt Ausschau hielt. Er eilte uns entgegen. »Wo habt ihr denn so lange gesteckt?« entlud sich seine Nervosität. »Ich habe mir schon den Kopf zerbrochen, wie ich es dem Alten beibringen kann, daß ihr nicht im Zug seid. Ist etwas passiert?« »Nein, nichts ist passiert«, erwiderte Karl-Heinz. »Alles ist in Ordnung. Wir sind bloß eingeschlafen, haben nicht gemerkt, daß wir schon in Berlin sind. Aber sag das ja nicht dem Alten, der reißt mir sonst den Kopf ab.« Ein befreiendes Lachen scheuchte die Anspannung der letzten Minuten hinweg. »Wie lange steht denn der Zug schon im Bahnhof?« wollte Karl-Heinz nun wissen. »Geschlagene 10 Minuten!« »Oje!« »Jeden Moment fährt er ab!« Ein langer, schriller Pfiff gellte über den Bahnsteig. Langsam und schwerfällig setzte sich der Zug in Bewegung. Rasch stiegen die Grenzkontrolleure zu. »Da haben wir aber mächtig Glück gehabt, daß jemand in unser Abteil gekommen ist«, stellte Karl-Heinz kleinlaut fest.

Stefan führte uns ins Untergeschoß des Bahnhofs zu einer Dienststelle der Grenzpolizei. Dort zeigte er seinen Ausweis und ein Papier vor. Durch einen Hinterausgang, an dem er seinen Wagen geparkt hatte, verließen wir den Bahnhof.

Stefan fuhr in Richtung Südosten stadtauswärts. »Warum fährst du nicht nach Plauen«, fragte ich, »zu Linda?« »Es ist geplant, daß wir zunächst für einige Tage in Berlin bleiben. Wolf wollte es sich nicht nehmen lassen, dein Gastgeber zu sein. Er erwartet dich schon. Später lädt dich dann Fritsch nach Jößnitz ein.« Wieder eine dieser Planungen, mit denen ich konfrontiert wurde. Ich hatte mir gewünscht, bei Linda zu sein und nicht in Berlin. Warum nur immerzu diese einsamen Beschlüsse?

In Karolinenhof, einem idyllischen Vorort von Berlin, am Langen

See gelegen, bog Stefan in ein parkähnliches Anwesen ein. Ein großer, mit exotischen Bäumen bestandener Garten, der direkt ans Seeufer grenzte, umgab die Villa. Am seitlichen Ende des Grundstücks befand sich ein kleines Bootshaus. Das Anwesen war äußerst gepflegt und strahlte großbürgerlichen Wohlstand aus. Für einen kurzen Moment überlegte ich, ob es sich im persönlichen Besitz von Wolf befinden könnte. Doch schnell verwarf ich den Gedanken wieder. Es war nicht üblich, einen Kundschafter auf privater Ebene statt in einem Gästehaus des MfS zu empfangen. Ich zweifelte aber keinen Augenblick, daß dieses Gästehaus den Besuchern der Leitung des Ministeriums vorbehalten war und nicht für den allgemeinen Dienstgebrauch zur Verfügung stand.

Das war beim BND anders. Selbstverständlich unterhielt auch er zahlreiche Objekte außerhalb der Pullacher Zentrale, und zwar nicht bloß für die eigenen Schulungsmaßnahmen, sondern ebenfalls für die Betreuung von Besuchern. Vor allem die regelmäßigen Besprechungen mit Partnerdiensten fanden häufig in solchen Gästehäusern statt. In der Zentrale standen zwar eine Reihe von Besprechungsräumen zur Verfügung, aber in den Spitzenzeiten des Besuchsaustauschs im Frühjahr und Herbst reichten sie bei weitem nicht aus, um alle Gesprächsgruppen unterzubringen. Insbesondere um die Gästebewirtung in der Zentrale war es nicht gut bestellt. Sie wurde vom Kantinenpersonal wahrgenommen und unterlag einer strikten behördlichen Planung. Irgendwann wurden sogar die Mittel für einen nachmittäglichen Kaffee gestrichen, und es blieb der Höflichkeit der BND-Mitarbeiter überlassen, aus ihrem eigenen Geldbeutel die Kosten aufzubringen. Die Gästehäuser wurden hingegen eigenständig bewirtschaftet, und das Hauspersonal kümmerte sich – wie das auch in den Gästehäusern des MfS[4] der Fall war – aufmerksam um seine Gäste. Üblicherweise wohnten die Gäste dennoch in Hotels und nicht im Objekt, sie wurden morgens im Hotel abgeholt und abends wieder dorthin zurückgebracht.

Hingegen unterhielt der BND, soweit mir bekannt, keine Gästehäuser für die Unterbringung und Betreuung seiner Quellen bei Treffs. Operative Quellentreffs wurden zur großen Freude der Verbindungsführer zumeist im Ausland durchgeführt. Schon gar nicht unterhielt der BND

[4] Offiziell firmierten die vom MfS benutzten Gästehäuser als Versorgungseinrichtungen des Ministerrats der DDR.

Gästehäuser, die nur der Dienstleitung zur Verfügung standen. Die Präsidenten empfingen ihre Besucher in den repräsentativen Besprechungsräumen ihres Dienstgebäudes, dem »Doktorhaus«, wie es zu Zeiten Gehlens und in Anlehnung an dessen akademische Titelsucht hieß, oder sie nutzten für größere Besprechungsmaßnahmen wie das jährliche Residenten-Treffen jenes neuzeitliche Schlößchen am oberbayerischen Haarsee, das in der Hauptsache für die Schulung des nachrichtendienstlichen Führungsnachwuchses dient.

Wolf war uns entgegengekommen, als er Stefan vorfahren hörte. Er hieß mich in vertrauter Herzlichkeit willkommen. Die Rolle des Gastgebers schien er zu genießen. Fritsch, der mit ihm zusammen auf unsere Ankunft gewartet hatte, mußte wohl oder übel zurückstehen. »Warte nur, bis wir bei Linda sind«, flüsterte er mir zu, »da hat auch der Minister nichts zu sagen!«

Wolf hatte sich alle Mühe gegeben, mir einen denkwürdigen Aufenthalt zu bereiten. Das entsprach der Politik seines Hauses, die er mit seinem Lebensstil ebenso geprägt hatte wie mit seinem strategischen und taktischen Denken. Zweifellos sollte der zuvorkommende Umgang mit den Kundschaftern Eindruck machen und die Verbindung festigen. Auch die Einladungen in Nobelrestaurants bei meinen Auslandstreffen mit Fritsch und Schiefer waren keineswegs selbstlos, sondern dienten solch vordergründigen Zielen. Ein derartiges Zweckdenken ärgerte mich mehr noch als die zumeist sterile Atmosphäre, in der wir alle eine aufgepfropfte Rolle spielen mußten; es hinterließ den schalen Beigeschmack, letztlich doch nur »Quelle« und nicht Mitstreiter zu sein. Vielleicht reagierte ich in dieser Hinsicht aber auch nur besonders empfindlich.

Ich konnte auch dem Ansinnen meiner Partner aus der HVA nichts abgewinnen, mir eine Art »Entschädigung« für meine Kooperation zu zahlen. Schon bald nach meiner Anwerbung hatte Schiefer dieses Thema erstmals zur Sprache gebracht. »Dir entstehen durch die Zusammenarbeit mit uns nicht nur diverse Ausgaben. Aus Gründen deiner Sicherheit mußt du zudem manche Unbilden in Kauf nehmen und einen Teil deiner Freizeit für uns opfern. Deshalb ist es nur recht und billig, wenn du dir hin und wieder eine besondere Freude leisten kannst.«

Ich hatte Schiefer nur bedingt zugestimmt. Natürlich konnte ich die Kosten, die mir durch die Zusammenarbeit mit der HVA entstanden, vor allem die Reisekosten, nicht aus meinem eigenen Einkommen bestreiten. Dafür war mein Budget während meines Studiums und in den ersten Jahren meiner Berufstätigkeit viel zu gering. Es erschien mir korrekt, wenn die HVA mir diese Ausgaben erstattete. Doch mochte ich nicht einsehen, daß es darüber hinaus eines »finanziellen Ausgleichs« für die in Kauf zu nehmenden persönlichen Einschränkungen bedurfte. Meine Zusammenarbeit wurde von politischen und persönlichen Gemeinsamkeiten getragen. Das Ansinnen, mich dafür zu bezahlen, beleidigte mich. Das schmeckte nach Käuflichkeit. Der Gedanke, meine Freunde und Mitstreiter könnten mich womöglich als käuflich erachten, verletzte mich zutiefst. Auch nagte in mir der Verdacht, daß sie meiner Kooperationsbereitschaft mißtrauten und es ihnen darum gehen könnte, mich mit finanziellen Lockungen bei der Stange zu halten. Barsch wies ich Schiefers Vorschlag zurück. »Was ich tue, tue ich freiwillig und nicht für Geld. Behaltet euer Geld für den Aufbau der DDR. Da wird es dringender gebraucht. Ich habe genug zum Leben bzw. weiß meine Wünsche zu zügeln.«

Einige Zeit später teilte Schiefer mir mit, daß die HVA ein Konto für mich eingerichtet habe, auf das monatlich 800 DM eingezahlt würden. »Das ist als Startkapital gedacht, wenn du eines Tages zu uns übersiedeln solltest bzw. dich aus der Bundesrepublik absetzen müßtest. Du kannst aber auch, wann immer du willst, darüber verfügen.« Gegen diese Regelung hatte ich keine Einwände. Im Gegenteil, es beruhigte mich zu wissen, daß mir ein gewisses Kapital gehören würde, wenn ich – aus welchen Gründen auch immer – einmal gezwungen wäre, meine existentiellen Grundlagen in Westdeutschland aufzugeben und in die DDR zu gehen. Freilich konnte ich damals nicht ahnen, daß zum Zeitpunkt meiner Verhaftung, als ich in die existentielle Katastrophe stürzte, mein Konto in Ost-Berlin längst nicht mehr existierte. Zusammen mit den Prämien, die mir mit den verliehenen Orden gezahlt worden waren, müssen es rund 200.000 DM gewesen sein.

Als Betrogene dürfen sich im übrigen auch die westdeutschen Finanzbehörden fühlen, ist ihnen doch im Zuge der Strafverfolgung der DDR-Kundschafter nach der Wende die findig scheinende Idee gekommen, den sogenannten »Agentenlohn« nachträglich zu versteuern. In einigen Fällen wurden Verfahren wegen Steuerhinterziehung eingeleitet. Daß die westdeutschen Geheimdienste immer schon zur Steuerhinterziehung angestiftet haben, ja daß diese der geheimdienstlichen Tätigkeit so immanent ist wie die Anstiftung zum Verrat, wurde dabei selbstredend übersehen. Auch wenn man es offiziell nicht wahrhaben will, ist die Tatsache nicht zu leugnen, daß die westdeutschen Nachrichtendienste eigenen wie ausländischen Staatsangehörigen ganz legal Beihilfe zur Steuerhinterziehung leisten. Das geschieht auf ebenso einfache wie diskrete Weise: Da jeder Nachrichtendienst um die Konspiration seiner Quellen bemüht ist, zahlt er ihnen den Agentenlohn natürlich nicht per Banküberweisung, sondern bar aus. Der BND unterhält gleich drei Kassenschalter in seiner Zahlstelle, um die umfangreichen operativen Geldangelegenheiten abzuwickeln. Nach meinen Beobachtungen herrschte dort zum Wochenende hin in der Regel Hochbetrieb: Viele Führungsoffiziere holten in Vorbereitung eines Quellentreffs dicke Bündel Banknoten ab, um die gelieferten Informationen zu honorieren. Es wäre weltfremd anzunehmen, sie hätten bei der Bezahlung ihrer Quellen auf deren Pflicht hingewiesen, den Agentenlohn in ihrer Steuererklärung anzumelden. Vielmehr darf man getrost unterstellen, daß die Verbindungsleute ihre Informanten angehalten haben, dieses »Schwarzgeld« unauffällig zu verwenden, damit kein Rückschluß auf dessen Herkunft möglich ist.

Im Gegensatz zu kostspieligen Einladungen oder gar zu einer Art Gehaltszahlung begrüßte ich die Bemühungen meiner Partner, das Zusammensein mit gemeinsamen Unternehmungen zu bereichern, um die lange Zwischenzeit der isolierten Arbeit an der nachrichtendienstlichen »Front« ein wenig auszugleichen. Ich hatte selbst zunehmend das Bedürfnis, meine Interessen und Hobbys mit meinen Partnern zu teilen. Wir standen uns menschlich nahe, waren miteinander befreundet, und es war nur natürlich, nicht nur die politisch-operative Arbeit gemeinsam zu bestreiten, sondern auch die angenehmen Dinge des Lebens miteinander zu genießen. Für mich waren das beispielsweise Skilaufen, Reiten, Bergsteigen und Schwimmen. Mit bloßer »Quellenpflege« und nachrichtendienstlicher Führungskunst, wie das Gericht meinte, hatten solche Unternehmungen gar nichts zu tun; eher verstießen sie gegen alle Regeln der Kunst, weil sie das Sicherheitsreglement eklatant mißachteten. Doch den Richtern fiel es schwer, darin mehr zu sehen als eine »psychologisch sehr geschickte Führung«. Vielleicht ist es auch nur für Außenstehende schwer nachvollziehbar, wie stark neben den gemeinsamen politischen Auffassungen die in jahrelanger konspirativer Tätigkeit gewachsenen persönlichen Bindungen Quelle und Führungsoffizier zusammenschweißen und die nachrichtendienstliche Zusammenarbeit stimulieren.

Wolf hatte sich in jenem Sommer in Berlin etwas Besonderes einfallen lassen, um seine Gäste, die wie Fritsch zugleich enge Freunde waren, zu verwöhnen. Kurzerhand hatte er die Wirtschafterin aus der Küche gewiesen, eine Schürze umgebunden und die Zubereitung von Pelmeni begonnen, jener russischen Spezialität, fleischgefüllten Teigtaschen, die zunächst an Ravioli denken lassen, doch geschmacklich so gar nichts mit ihnen gemein haben. Fritsch hatte bei unserem Treff im Vorjahr in Trogir von Wolfs Kochkunst und in Sonderheit von dessen Pelmeni geschwärmt, und Wolf hatte versprochen, er werde mir bei Gelegenheit eine Kostprobe kredenzen. Er hatte Wort gehalten, und unter lautstarkem Beifall stellte er nun eine dampfende Schüssel auf den Tisch.

Ich versuchte mir vorzustellen, ich befände mich jetzt im Alpenvorland, in der »Jägerhöhe«, und nicht in Karolinenhof, und es sei der Präsident des BND, General Wessel, und nicht der Chef der HVA, General Wolf, der soeben die Küchenschürze beiseite gelegt und das Ergebnis seiner kulinarischen Bemühungen serviert hätte. Doch der Gedanke schien absurd. Völlig unvorstellbar, daß jener unnahbare und so sehr auf Formen bedachte Wessel auch nur für einen kurzen Augenblick vergessen könnte, daß er Präsident und General ist und seinen Schreibstift mit einem Kochlöffel vertauschte. Allenfalls konnte ich mir vorstellen, daß sich »mein« Präsident aufgrund einer Dienstpflicht aus der Gulaschkanone einer Feldküche servieren ließ. Aber auch das lag schon hart an der Grenze zur Irrealität.

Wolf hingegen schien es selbstverständlich, höchstpersönlich für das leibliche Wohl seiner Gäste zu sorgen. Sicher kam da auch der russische Teil seiner Seele zum Vorschein, die prägende Erfahrung überschwenglicher Gastfreundschaft. Schon bei meinem Doktorvater Klaus Mehnert hatte ich diese emotionale Fixierung auf die russische Mentalität kennengelernt. Er war in Moskau geboren, hatte dort seine frühe Jugend verlebt und war ungeachtet der politischen Wirren in diesem Jahrhundert dem russischen Volk stets zugetan geblieben. Auch in Wolfs Berichten über die Sowjetunion schwang immer eine tiefe Zuneigung zu den Menschen mit, zu ihrer Warmherzigkeit und Großzügigkeit, ja selbst zu ihren für einen Mitteleuropäer so irritierenden Verhaltensweisen wie Heftigkeit und Maßlosigkeit.

Es wurde ein ausgelassener Abend, an dem der HVA-Chef brillierte. Die Pelmeni waren ihm hervorragend gelungen, und keiner sparte mit Lob. Mit den Pelmeni wurde auch dem Wodka reichlich zugesprochen, begleitet von zahllosen russischen Trinksprüchen, die Wolf aus einem schier unerschöpflichen Fundus zum besten gab. »Jetzt seid ihr mal dran«, versuchte er uns zu animieren, es ihm nachzutun, wohl wissend, daß wir mit dem kabarettistischen Niveau seiner Sprüche nicht mithalten konnten.

Am nächsten Tag wartete der HVA-Chef mit einem weiteren Schmankerl auf: einer großen Seen-Rundfahrt über Dahme, Spree, den Großen Müggelsee und das Kanalsystem zum Seddin- und Langen See. »Nehmt euer Badezeug mit«, forderte er uns auf. »Wenn ihr wollt, ankern wir unterwegs.« Ein Mitarbeiter, den man den »wilden Rudi« nannte, sollte das Boot steuern. Die Wirtschafterin hatte Proviantkörbe und Kühlboxen für die Getränke vorbereitet. Es würde nicht nur ein langer Tag werden, sondern auch ein feucht-fröhlicher.

Wolf gefiel es sichtlich, den Fremdenführer zu spielen. Da ich die südöstliche Umgebung Berlins nicht kannte – bei meinen früheren Aufenthalten im Bereich der Hauptstadt der DDR war ich immer nur im nordöstlich gelegenen Altenhof gewesen –, gab es für den HVA-Chef viel zu erklären. Ein ausgeprägter Freizeit- und Naherholungscharakter kennzeichnete das Gebiet rund um die weitläufigen Wasserwege. Unzählige Datschen säumten das Ufer, von ihren Besitzern liebevoll gepflegt. An vielen Stegen lagen Boote vertäut. Sie konnten unmöglich alle »Volkseigentum« sein, sich also im Besitz von Betrieben und staatlichen Einrichtungen befinden. Was ich hier sah, war auch privater Wohlstand, der nicht bloß politischen Beziehungen, sondern vor allem persönlicher Tüchtigkeit zu verdanken war. Gewiß, es war kein so protziger Wohlstand wie in meiner westdeutschen Heimat. Aber noch nie hatte ich Luxus als Voraussetzung für Lebensqualität, persönliches Glück und Zufriedenheit betrachtet.

Abends, nach unserer Rückkehr ins Gästehaus, und den ganzen nächsten Tag saß ich mit Wolf und Fritsch zu den üblichen politischen und nachrichtendienstlichen Führungsgesprächen zusammen. Auch wenn sie sich stets um die gleichen Themen und Fragestellungen drehten, erschöpften sie sich keineswegs in Wiederholungen. Immerzu gab es neue Aspekte, um die sich die Diskussion entspann. Schließlich war auch das politische Geschehen viel zu sehr in Fluß, als daß man es für müßig hätte halten können, dessen Rückwirkungen auf die DDR und deren Informationsbedarf zu durchleuchten. Der KSZE-Prozeß hatte sich mittlerweile als eine dauerhafte Einrichtung etabliert, und dessen humanitäre Vereinbarungen hatten, vom Westen subtil unterstützt, kritischen Bürgerbewegungen in den sozialistischen Staaten neuen Auftrieb gegeben. Auch die DDR war damit sukzessive unter Druck geraten, und im Westen Deutschlands lauerte man nur darauf, sie öffentlich an den Pranger stellen zu können. Daß gleichzeitig die westeuropäischen Staaten, allen voran Westdeutschland, unter dem Eindruck nationalen Terrorismus immer stärker zu polizeistaatlichen Methoden Zuflucht suchten und rechtsstaatliche Grundprinzipien aushöhlten und einschränkten, wurde von deren Öffentlichkeit kaum wahrgenommen bzw. reflektiert. Dabei hatte der lange Zeit bedrohliche Ost-West-Konflikt in Europa mit der Entspannungspolitik an Schärfe und Gefahrenpotential verloren. Doch an dem Feindbild »links« bzw. »rot« hatte das nicht im mindesten etwas geändert. Seit dem Zusammenbruch des portugiesischen Kolonialreichs infolge der Überwindung des faschistischen Regimes Salazar hatte der Westen das Gespenst kommunistischer Eroberungssucht lediglich auf die außereuropäischen Regionen verlagert. Dort wurde nun der Ost-West-Konflikt offen ausgetragen: in einem Raum, wo der Westen politisch, wirtschaftlich und insbesondere militärstrategisch bei weitem bessere Positionen besaß als Moskau.

Neben globalpolitischen Betrachtungen gab es aber auch recht profane nachrichtendienstliche Probleme zu besprechen. Noch immer war ich ohne eine Kurierverbindung zur HVA, über die ich die beschafften Informationen hätte weiterleiten können. Seit dem Rückzug des Residentenehepaars Cordula und Heinz im Vorjahr hatte Karl-Heinz es übernommen, das Filmmaterial in die DDR zu transportieren. Da ich ihn grundsätzlich nur im Ausland traf, war ich gezwungen, das Material über die Grenze zu bringen. Das war von vornherein riskant, auch wenn die österreichischen und italienischen Grenzkontrollen in der Regel nichts befürchten ließen. Doch Wolf und auch Fritsch wußten keine akzeptable Alternative. Auf keinen Fall wollten sie bloß vorübergehend weitere Personen in unseren Kontakt einbinden. Dieser sollte vielmehr abgeschirmt bleiben. Deshalb suchten sie nach einer möglichst dauerhaften Lösung, die einige Gewähr bieten konnte, nicht ebenso jäh zu enden wie der Einsatz der illegalen Residenten. Das brauchte allerdings Zeit, und bis dahin erschien es ihnen weniger bedenklich, daß ich das belichtete Filmmaterial selbst ins Ausland überbrachte.

Nach den Tagen in Berlin war es endlich soweit, Jößnitz und vor allem Linda wiederzusehen. Karl-Heinz hatte mir mittlerweile berichtet, daß Linda nicht mehr das Gästehaus bewirtschaftete, sondern sich in den wohlverdienten Ruhestand gefügt hatte. Man hatte das Haus großzügig umgebaut und diese Gelegenheit beim Schopf gepackt, der fast 70jährigen klarzumachen, daß sie die Arbeit getrost Jüngeren überantworten könne. »Du wirst sie aber treffen«, hatte Karl-Heinz mich beruhigt. »Wir sind bei ihr zum Essen eingeladen. Es gibt ›Junge Ente‹ mit grünen Klößen.« Bei dieser Anspielung auf eine lange zurückliegende Episode waren wir in spontanes Gelächter ausgebrochen. Zu komisch war damals der Einfall Schiefers gewesen, Lindas Spezialität auf einer eigens gefertigten Speisekarte als »Junge Ente, gebraten« anzupreisen. Zu komisch auch Lindas Empörung, irgend jemand könnte glauben, sie würde ihren Gästen ein altes, zähes Federvieh servieren.

Durch den Umbau war das Gästehaus in Jößnitz erheblich geräumiger und schmucker geworden. Doch es gefiel mir nicht so recht. Nichts erinnerte mehr an das bescheidene, gleichwohl heimelige Haus, in dem ich mich geborgen und daheim gefühlt hatte. Hier war ich nur mehr Besucherin, aufmerksam betreut und nach besten Kräften verwöhnt. Aber ich war nicht mehr zu Hause, ich war plötzlich Fremde.

Ich empfand Skrupel, meine Enttäuschung Fritsch zu zeigen. Er hatte bei der Modernisierung des Hauses Regie geführt und präsentierte mir nun stolz das Ergebnis. »Ja, es ist sehr schön geworden«, pflichtete ich ihm bei, »aber es ist alles so anders als früher. Es ist kaum wiederzuerkennen.«

Nach der Besichtigung des Hauses hieß Fritsch mich mit in die Außenanlagen kommen. Mit einer ausladenden Handbewegung deutete er auf das Nachbargrundstück. »Das haben wir jetzt endlich aufkaufen können. Es ist nicht für uns gedacht, sondern für dich. Falls du eines Tages zu uns übersiedelst, kannst du hier ein Haus bauen. Ob gemeinsam mit Karlicek oder allein, bleibt dir überlassen. Du sollst nur wissen, daß wir zu unserem Versprechen stehen. Das hier ist dein Bauplatz, kein anderer wird ihn bekommen.«

Es berührte mich, daß Fritsch ein lange gegebenes Versprechen eingehalten hatte, obwohl die Voraussetzungen längst entfallen waren. Das Grundstück, das einmal mein Bauplatz sein könnte, gab mir ein tiefes Gefühl der Sicherheit. Politisch wußte ich schon seit langem, wohin ich gehörte. Doch nun gab es auch ein Fleckchen Erde, das meine Heimat sein sollte, wenn die Umstände es erfordern würden, meine jetzige Heimat zu verlassen und in die DDR zu übersiedeln. Mein Zuhause ganz allein – und nicht auch das von Karl-Heinz. Diese Entscheidung hatte ich längst getroffen, und sie war unumstößlich.

Seitdem die gemeinsame Lebensplanung mit Karl-Heinz zerbrochen war, hatte die Frage, was mit mir im Ernstfall einer Enttarnung und Verhaftung geschehe, für mich eminent an Bedeutung gewonnen. Zwar fühlte ich mich nicht mehr, wie in der ersten Zeit im BND, unmittelbar bedroht; ich hatte mich in Pullach eingelebt und meine anfängliche Einschüchterung durch die massive Sicherheitsbelehrung überwunden. Aber es wäre leichtfertig gewesen, die Augen vor dem latenten Risiko zu verschließen, daß ich urplötzlich meine materielle Existenz und womöglich meine Freiheit verlieren könnte. Dieses Risiko war bei weitem zu hoch, als daß ich es alleine hätte tragen können. Ich hatte keinen Hang zur Selbstzerstörung, keine Neigung, mich der Früchte meiner Arbeit zu berauben. Ich konnte das Risiko nur tragen, wenn es für mich eine grundlegende existentielle Sicherheit gab, und niemand war besser berufen, sich hierfür zu verbürgen, als der Leiter der HVA.

Zunächst hatte Wolf erschrocken abgewinkt, als ich den »Ernstfall« ansprach. Soweit dürfe es nie kommen, meinte er. Ich solle um Himmels willen nichts riskieren, was mich in Gefahr bringen könne, enttarnt zu werden. Im Grunde sei keine Information dieses Risiko wert. Allenfalls, wenn es – wie seinerzeit im Fall Richard Sorge[5] – darum ginge, das Datum eines geplanten militärischen Angriffs der NATO gegen die sozialistischen Staaten in Erfahrung zu bringen und rechtzeitig mitzuteilen. Aber selbst ein militärischer Überfall erfolge nicht aus heiterem Him-

[5] Richard Sorge, Kundschafter des sowjetischen Geheimdienstes und im Dritten Reich als Journalist in Tokio tätig, hatte aus seinen engen Verbindungen zur deutschen Botschaft den Termin des Überfalls Hitlers auf die Sowjetunion am 22. Juni 1941 in Erfahrung gebracht und nach Moskau gemeldet. Nach längerer Haft wurde er kurz vor Kriegsende von den Japanern hingerichtet.

mel. »Laß die Informationen lieber liegen, wenn das Risiko zu groß ist. Versuche auch nicht, bestimmte Dinge im Gespräch mit Kollegen herauszubringen. Stelle also keine neugierigen Fragen, die dich verdächtig machen können. Wenn deine Kollegen von sich aus über alles mögliche reden, ist es etwas anderes; dann kannst du dich natürlich unbefangen in die Gespräche einschalten. Aber wecke niemals schlafende Hunde!«

Der Gedanke, daß mir oder überhaupt einem Kundschafter etwas passieren könnte, daß wir womöglich für lange Zeit eingesperrt würden, hatte für Wolf etwas Quälendes. Ich kannte diese besorgte Unruhe von Schiefer; er war stets in eine hochgradige Nervosität verfallen, wenn sich einer seiner Mitarbeiter nicht pünktlich von einem operativen Einsatz zurückgemeldet hatte und das Gefühl persönlicher Verantwortung zentnerschwer auf ihm lastete. Wolf machte da keine Ausnahme, auch wenn er mit dem Problem rationaler umgehen konnte als Schiefer. Von meinen Pullacher Kollegen, die in der operativen Beschaffung des BND arbeiteten, wußte ich zudem, daß dieses Problem keinen Nachrichtendienst verschont. Denn es ist das ethische Kernproblem nachrichtendienstlicher Tätigkeit schlechthin: mit der Anwerbung von Agenten, ihrer Anstiftung zum Verrat und ihrer strafrechtlichen Kriminalisierung unmittelbar verantwortlich zu werden für das Schicksal dieser Menschen und uneingeschränkt verantwortlich zu sein für das initiierende eigene Tun, ohne das es das Tun der anderen nicht gäbe.

Für die Rechtsprechung mag sich dieses Problem zwar nach den Kategorien strafrechtlicher Relevanz und Irrelevanz säuberlich scheiden und aufheben lassen.[6] Doch das schmälert sein ethisch-moralisches Ge-

---

[6] Vgl. Grundsatzentscheidung des Bundesverfassungsgerichts vom 15. Mai 1995 zur Strafbarkeit der deutsch-deutschen Spionage, S. 72:
»Ebensowenig kommt ... dem Einwand ein erhebliches Gewicht zu, wonach gerade die Gruppe der für die Organisation der Geheimdienste der DDR verantwortlichen Täter besondere Schuld auf sich geladen habe, weil ihr vorzuwerfen sei, daß durch ihr Handeln andere Personen in strafbares Unrecht verstrickt wurden. Jede Organisation geheimdienstlicher Tätigkeit ist nach allgemeiner Staatenpraxis darauf angelegt, Agenten zu gewinnen, die – unter Verletzung jedenfalls der Landesverrats- und Spionagestraftatbestände im Recht des auszuspähenden Staates – gewünschte Informationen liefern und – anders als die Verantwortlichen der Geheimdienstbehörden – das Risiko der Enttarnung und Bestrafung bewußt eingehen und tragen. Der Gesichtspunkt der Verstrickung anderer in Schuld ist mithin staatlich organisierter geheimdienstlicher Tätigkeit immanent und teilt deshalb die rechtliche Ambivalenz der Spionagestraftatbestände selbst.«

wicht nicht im mindesten. Würden es die Nachrichtendienste verkennen oder gar ignorieren, sie könnten sich mangels Auftragserfüllung gleich wieder auflösen, kaum daß sie sich institutionalisiert haben. Kaum jemand würde sich auf eine Zusammenarbeit mit einem Geheimdienst einlassen, ließe dieser ihn mit den Folgen des strafrechtlichen Risikos allein. Das wissen natürlich auch die Staaten, die auf Spionage nicht verzichten wollen, und das sind schlechterdings alle. Deshalb sind sie interessiert, ihre vom Gegner inhaftierten Agenten durch Austausch freizubekommen, und haben insoweit auch keine Mühe, auf einen Rechtsgüterschutz durch Strafverfolgung zu verzichten. Gerade in der deutschdeutschen Spionage, wo sich der gegenseitige Agentenaustausch zu einer gängigen Praxis entwickelt hatte, bildete er das entscheidende Mittel, der Verantwortung für die eigenen Agenten nachzukommen.

Es war diese Zusage Wolfs, die mir unabdingbar schien, um das persönliche Risiko meiner Kundschaftertätigkeit im BND zu tragen. Tatsächlich hatte der HVA-Chef auch keinen Augenblick gezögert, mir die Gewißheit zu geben, daß er alles, aber auch alles in seiner Macht Stehende tun würde, um mich im Ernstfall herauszupauken. Das bedeutete zwar nicht, daß mir im Falle einer Enttarnung eine längere Haft grundsätzlich erspart bliebe. Das wäre, wie gerade der Fall Guillaume zeigte, absolut unrealistisch gewesen. Aber ich war mir sicher, eine womögliche Haft leichter zu überstehen, wenn ich die Gewißheit hätte, daß auf den politischen und diplomatischen Kanälen um meine Freilassung gerungen würde.

Fast zum Ende dieses denkwürdigen Besuchs in der DDR traf ich endlich mit Linda zusammen. Linda lebte in einer kleinen Neubauwohnung in Plauen. Sie schien kaum älter geworden, noch immer bewegte sie sich mit raschem Schritt, noch immer wußte sie die »Großkopfeten« von der MfS-Bezirksverwaltung mit bissigen Bemerkungen zu karikieren. Wir erzählten von früher und von den vielen großen und kleinen Veränderungen, die mittlerweile eingetreten waren. Für einen kurzen Augenblick wurde für mich die noch nicht allzu ferne Vergangenheit wieder lebendig. Schmerzlich wurde mir bewußt, daß es eine vergangene Zeit war, die sich nicht zurückholen ließ. Und ich wußte, ich würde Linda nie wiedersehen.

Ich verließ die DDR auf dem gleichen Weg, wie ich gekommen war. Karl-Heinz begleitete mich. Nun endlich rückte er mit der weiteren Planung heraus, die sich die HVA hatte einfallen lassen und von der ich nicht wußte, ob ich mich freuen oder ärgern sollte: Gemeinsam würden wir nun noch eine Ferienwoche im schwedischen Lysekil verbringen. Das kleine Seebad, nördlich von Göteborg am Skagerrak gelegen, war ein malerischer Flecken. Braune Holzhäuser duckten sich zwischen den Schären. Segelboote kreuzten in mitunter halsbrecherischer Fahrt zwischen den Felsen hindurch. Eine gleißende Sonne zauberte unzählige glitzernde Sterne auf das tiefblaue Wasser. Lysekil gefiel mir ausnehmend gut. So schluckte ich meinen Groll herunter, zusammen mit Karl-Heinz hier Urlaub machen zu sollen.

Eine Woche später kehrte ich nach München zurück. In Malmö hatte ich mich von Karl-Heinz getrennt und die Fähre nach Kopenhagen genommen. Dort bestieg ich ein Flugzeug nach Düsseldorf und später eine Maschine nach München. Mein Urlaub, offiziell in England verbracht, war zu Ende.

8 Pullach und die weite Welt

Die ersten Monate des Umbruchs im BND erlebte ich nur aus der Ferne, gleichwohl aus einer nicht minder aufschlußreichen Perspektive.

Ende 1978 war ich für ein gutes halbes Jahr ins Bundeskanzleramt abgeordnet worden, um im Lagereferat der für die Dienstaufsicht über den BND zuständigen Abteilung 6 personell auszuhelfen. Vergeblich hatte ich mich dagegen gewehrt, ließen doch weder die mir zugedachten Aufgaben noch mein dortiger Chef ein interessantes und angenehmes Arbeiten erwarten. Wie die meisten Auswerter kannte ich die Tätigkeit des Lagereferats und dessen Mitarbeiter. Regelmäßig traf man unter dessen organisatorischer Leitung mit den Vertretern anderer Bundesministerien zu Kolloquien im Kanzleramt zusammen, um aktuelle Themen aus den unterschiedlichen Blickwinkeln zu diskutieren und die Aufklärungswünsche der Ministerialbürokratie auszuleuchten. Mit dieser Veranstaltung kam das Lagereferat im Kanzleramt im wesentlichen seiner Aufgabe nach, die Arbeit der Geheimdienste zu »koordinieren« – wobei von einer Koordination schon deshalb nie die Rede sein konnte, weil nur der BND, nicht jedoch der Verfassungsschutz und der Militärische Abschirmdienst der Dienstaufsicht des Kanzleramts unterstehen. Für die Mitarbeiter des BND waren die Kolloquien nur bedingt von Nutzen, jedoch stets mit einem zusätzlichen Aufwand an Zeit und Arbeit verbunden, da sie zu den verschiedenen Diskussionspunkten Einführungsvorträge vorzubereiten hatten.

Meine Bedenken wurden von der Wirklichkeit übertroffen. Weder zuvor noch danach habe ich mich arbeitsmäßig jemals so überflüssig gefühlt wie in jenen Monaten im Kanzleramt. Im Grunde hatte ich keine Aufgabe, und lediglich der organisationsrechtliche Umstand, daß es einen Referatsleiter gab, der folglich auch einen personellen Unterbau, insbesondere einen Stellvertreter benötigte, schien die von mir eingenommene Planstelle des Höheren Dienstes zu rechtfertigen. Das Lagereferat glich einem Wasserkopf, dessen einzige Funktion und Legitimation offensichtlich darin bestand, die Karrieremöglichkeiten von Ministerialbeamten zu vergrößern. Oft war ich nur mit Scheinarbeiten beschäftigt, die ebensogut und wie das in früheren Jahren der Fall gewesen war ein Sachbearbeiter hätte erledigen können. Mitunter erschien mir die Strickarbeit, an der ich mir immer wieder zu schaffen machte, noch als der sinnvollste Zeitvertreib, sofern nicht gerade das militärische Zeremoniell eines Staatsempfangs vor dem Kanzlertrakt meine Aufmerksamkeit beanspruchte.

Meine wichtigste und zumeist einzige Tagesaufgabe bestand in der Sichtung und hausinternen Verteilung der eingehenden Berichte des BND. Sie wurden allmorgendlich von einem Kurier gebracht und landeten zunächst bei einer Sachbearbeiterin, die sie ins Verschlußsachenbuch eintrug und mir dann vorlegte. Je nach Inhalt notierte ich auf den Berichten die Referate, an die sie zur Kenntnisnahme gelangen sollten. Erschien mir ein Bericht besonders wichtig oder behandelte er ein Thema, das gerade im Mittelpunkt des Interesses der Bundesregierung stand, so setzte ich auch den Bundeskanzler oder zumindest den Staatssekretär auf den Verteiler und markierte die wichtigsten Aussagen, um ein rasches Lesen zu erleichtern. Anschließend legte ich die Berichtsmappe meinem Referatsleiter vor.

Nun folgte ein Ritual, das jeden Tag aufs neue meine Nerven vibrieren und mich wünschen ließ, ich säße wieder vor den Papierbergen in meinem bescheidenen Arbeitszimmer in Pullach und nicht so untätig in diesem nobel ausgestatteten Raum. Während ich mich vor dem Schreibtisch des Referatsleiters niederlassen mußte, begann dieser die Berichte des BND zu lesen und über die eine oder andere Information in epischer Breite zu philosophieren. Mir erschien dies wie ein politischer Stammtisch, der einzig dazu diente, die eigene Bedeutung hervorzukehren und damit das Selbstwertgefühl zu heben. Denn für die Fachabteilungen im Kanzleramt war es ohne Belang, welche Meinung der sogenannte Lagereferent zu diesem oder jenem Vorgang hatte. Er wurde dazu nicht befragt. Auch war es müßig, ihn zur Berichterstattung des BND zu hören, lag sie schließlich in schriftlicher Form vor.

Nach der hausinternen Kenntnisnahme gingen die BND-Berichte über das Lagereferat der Registratur zu. So blieb mir nicht verborgen, daß Bundeskanzler Schmidt durchaus die eine oder andere BND-Information zur Kenntnis nahm und daß die ihm nachgesagte Verachtung der Aufklärungsergebnisse Pullachs in dieser apodiktischen Form nicht stimmte. An seiner mit grünem Filzstift ausgeführten Paraphe und an seinen Unterstreichungen und Anmerkungen waren unschwer die Berichte zu erkennen, die er persönlich gesichtet hatte. Sie betrafen zumeist wirtschafts- und militärpolitische Themen.

Zusätzlich zu den BND-Berichten ging montags auch der wöchentliche Bericht des Bundesamtes für Verfassungsschutz im Kanzleramt ein. Er war in der Regel wenig aufregend, da er mehr noch als der Jahresbericht auf einzelne Vorkommnisse abstellte. Da mein Chef sich nicht damit begnügen mochte, die wenigen halbwegs interessanten Stellen zu markieren, mußte ich eine Kurzfassung als Leitungsvorlage schreiben – an den Herrn Bundeskanzler über den Herrn Staatssekretär über den Herrn Abteilungsleiter –, was mir zumindest ein wenig Beschäftigung verschaffte.

Regelmäßig kam es vor, daß ich Informationswünsche von Fachreferaten des Kanzleramtes an mein Stammhaus, den BND, weiterzuleiten hatte. Es mutete komisch an, bei solchen Gelegenheiten meinem Abteilungsleiter in Pullach Aufträge zu erteilen.

Den neuen BND-Präsidenten Kinkel lernte ich Anfang 1979, kurz nach dessen Amtsantritt, kennen. Nach einer Lagebesprechung im Kanzleramt war er zu Gesprächen in die Abteilung 6 gekommen und hatte die Gelegenheit genutzt, sich bei einigen Mitarbeitern bekannt zu machen. Das geschah völlig zwanglos und spontan, als sei es das Selbstverständlichste auf der Welt, daß der Präsident des BND über die Flure des Kanzleramts spaziert und jovial erklärt, er sei der Neue in Pullach. Kinkel wirkte deshalb ungemein umgänglich und frei von Allüren, was auf dem politischen Parkett der Bundeshauptstadt keineswegs die Regel schien. Im Bundestag, wo ich manchmal den Parlamentsdienst für das Kanzleramt versehen mußte, hatte ich wiederholt beobachten können, wie insbesondere laufende Fernsehkameras manchen Politiker dazu animierten, sich in Habitus und Mimik einen gewichtigen Ausdruck zuzulegen, als hänge das Wohl und Wehe der Republik allein von ihm ab.

In den folgenden Monaten begegnete ich Kinkel häufiger im Kanzleramt. Er hatte die nachrichtendienstliche Lagebesprechung, die Wessel zunehmend dem Leiter der Auswertungsabteilung überlassen hatte, wieder zur Chefsache gemacht und suchte zugleich den persönlichen Kontakt und ein vertrauensvolles Verhältnis zur vorgesetzten Behörde. Darüber hinaus pflegte er die zahlreichen Kontakte, die während seiner langjährigen Tätigkeit im Auswärtigen Amt und als Persönlicher Referent von Außenminister Genscher entstanden waren. Schließlich unterstrich auch die Wahl seines eigenen Persönlichen Referenten, den er aus dem Bonner Verbindungsbüro des BND nach Pullach geholt hatte, seine Absicht, den Dienst stärker als bisher auf den Bedarfsträger in Bonn zu orientieren und enger an die Bundesregierung zu binden. Er wollte damit die Nachteile mindern, die allein schon die räumliche Distanz zwischen dem Auslandsnachrichtendienst und dessen Auftraggebern verursachte.

Sicher folgte Kinkel mit dieser Zielsetzung auch seinen persönlichen Ambitionen, die ihm dienstintern schon aufgrund seines noch jungen Alters unterstellt wurden. So war man sich im BND bereits bei seiner Berufung im klaren, daß er das Amt des Präsidenten nur für eine gewisse Zeit und mit dem Ziel auszuüben gedächte, sich für eine Leitungsfunktion in der Bonner Ministerialbürokratie zu empfehlen. Doch es wäre ebenso falsch wie ungerecht, seine Amtsführung im BND lediglich unter diesem Aspekt zu betrachten. Immerhin kam sie auch dem Dienst selber zugute und trug dazu bei, dessen Ansehen in Bonn zu heben.

*

Als ich im Sommer 1979 nach Pullach zurückkehrte, waren die Veränderungen unübersehbar. Furios hatte Kinkel die verkrusteten Formen aufgebrochen, die die Amtsführung von Präsident Wessel gekennzeichnet hatten. Während Wessel zurückgezogen im Präsidentenhaus residiert hatte und wie eine Institution über dem Dienst zu schweben schien, war Kinkel in jeder Weise präsent, als Person wie auch als oberster Vorgesetzter und Auftraggeber. Schon kurz nach seinem Amtsantritt hatte er sich in den verschiedenen Abteilungen umgesehen, hatte sich zum Entsetzen so manchen Abteilungs-, Unterabteilungs- und Referatsleiters nicht damit begnügt, den Dienst durch die Brille des Establishments kennenzulernen, sondern es vorgezogen, zahlreiche Mitarbeiter an ihrem Arbeitsplatz aufzusuchen und sich aus erster Hand über die diversen Aufgaben, Arbeitsweisen und Probleme zu informieren. Zur ungeteilten Zustimmung der Auswerter wurde es nunmehr üblich, daß der neue Präsident das direkte Fachgespräch mit ihnen suchte, ohne sich um die dienstlichen Hierarchien zu scheren, und daß er sogleich zur Sache kam, ohne sich mit langen Vorreden aufzuhalten. Auch nahm er regelmäßig an der »Schlauen Stunde« teil, ja er bediente sich förmlich dieses

Instruments, um eine breite Kommunikation herzustellen, und gab ihm damit einen besonderen Stellenwert in den dienstinternen Arbeitsstrukturen. Das war ein neuer Wind, der zumindest den Untergebenen gefiel und für einen kräftigen Motivationsschub sorgte.

Allerdings erschwerte Kinkels burschikoser Umgangsstil es, ihm uneingeschränkt zuzustimmen. Seine atemberaubende Unkonventionalität, Spontaneität und zupackende Art trübten oftmals den Blick für jene Grenzen, die die Gebote der Höflichkeit und der Achtung des Mitmenschen ziehen: Er schien nicht zu merken, wann sich sein legerer Umgangston in Beleidigung kehrte und nicht mehr belustigte, sondern verletzte. Wann immer er es für richtig hielt, einen Mitarbeiter herunterzuputzen, ob gerechtfertigt oder nicht und ob hinter verschlossenen Türen oder in Gegenwart von Kollegen, so tat er es ungeniert, und er schien weder seine Unbeherrschtheit noch die peinliche Betroffenheit der unfreiwilligen Zeugen zu bemerken. Das war kein präsidialer, sondern schlicht ein ungehobelter Stil, und manchmal drängte sich die Frage auf, wie Kinkel es mit diesen rüden Umgangsformen geschafft hatte, im diplomatischen Dienst zu reüssieren.

Auch in der nachrichtendienstlichen Arbeit zeigte sich schon bald, daß der neue BND-Chef – im guten wie im schlechten Sinn – ein Hans Dampf in allen Gassen war, was bei aller Zustimmung zu dem Elan, mit dem er den Dienst aus dem Dornröschenschlaf der ausgehenden Wessel-Ära riß, immer wieder Vorbehalte und Unmut hervorrief. So waren nicht bloß die »Sicherheitler«, sondern die meisten Mitarbeiter entsetzt, als sie aufgrund besorgter Rückmeldungen aus der Bonner Ministerialbürokratie erfuhren, daß Kinkel es mit den Quellenschutzbestimmungen nicht sonderlich genau nahm. Um seinen Lageberichten Nachdruck zu verleihen, pflegte er bei seinen zahlreichen Kontakten in der Bundeshauptstadt nachrichtendienstliches Rohmaterial, auch solches, das besonderen Schutzbestimmungen unterlag, ungeniert auf den Tischen auszubreiten. Die militärische Auswertung rebellierte, drohte dem Präsidenten an, ihn nicht mehr mit ihren Informationen zu beliefern, wenn er sich nicht umgehend an die Regeln der Konspiration und des unbedingten Quellenschutzes hielte. Das war schweres Geschütz, das seine Wirkung nicht verfehlte.[1]

[1] Vgl. Schmidt-Eenboom, »Der Schattenkrieger«, S. 250.

Überdies gefiel Kinkels lockere, mitunter schnoddrige Ausdrucksweise bei Lagebesprechungen, die eher dem politischen Kabarett entsprach als der sachlichen Analyse, trotz aller Belustigung nicht jedermann. Denn sie verriet eine gefährliche Überheblichkeit, die zu falschen Einschätzungen verleiten konnte, zumal sich einige Auswerter angespornt fühlten, dem Stil des neuen Präsidenten nachzueifern. Bezüglich der Lageentwicklung im Iran nach dem Sturz des Schah-Regimes, deren Beobachtung damals einen Schwerpunkt der BND-Tätigkeit bildete, erwies sich diese Neigung als fatal. Während sich Pullach über die politisierenden Mullahs amüsierte und dadurch den Eindruck erweckte, als handele es sich bei dem iranischen »Gottesstaat« um eine ebenso skurrile wie vorübergehende Erscheinung, festigte sich die Macht des fundamentalistischen Islam in Teheran. Zudem strahlte seine Anziehungskraft auf eine Reihe arabischer Staaten aus und setzte neue politische Strömungen frei.

Möglicherweise resultierte aus dieser Verkennung der Machtfaktoren im fundamentalistischen Iran und dem gleichzeitigen Liebäugeln mit Irak jene Fehlbeurteilung, die Kinkel im ersten Golfkrieg (1980 – 1988) unterlief. Im Frühjahr 1982 waren die Experten der Auswertung aufgrund nachrichtendienstlicher Informationen zu der Auffassung gelangt, daß das iranische Militär im südlichen Frontabschnitt des Schatt-el-Arab, wo Irak mit Khorramshar einen Vorposten auf iranischem Territorium besetzt hielt, zum Gegenschlag ausholen würde. Doch Kinkel mochte seinen Experten nicht glauben: Das Gelände um Abadan sei »zu sumpfig«, eine Offensive würde im Wasser steckenbleiben, verwarf er deren Lagebeurteilung.[2] Schon kurze Zeit später geschah, was die Fachleute vorhergesagt hatten: Die Iraner nahmen – über das Sumpfgebiet des Schatt vorstoßend – Khorramshar ein, wodurch das Zentrum der irakischen Erdölvorkommen um Basra in den Bereich ihrer Artillerie geriet. Es war die militärische Wende im ersten Golfkrieg, und Bagdad konnte sie auch durch den späteren Giftgas-Einsatz nicht mehr wettmachen.

Unter den BND-Experten machte sich Unmut breit, wurde doch – wie in solchen Fällen üblich – ihnen bzw. dem Dienst insgesamt und nicht dem Präsidenten persönlich die Fehlleistung angelastet. Wie Schmidt-

---

[2] Ebd., S. 74f.

Eenboom berichtet, hatten sie schon zwei Jahre zuvor völlig ungerechtfertigt den Kopf für eine noch gravierendere Fehlbeurteilung hinhalten müssen, mit der sich Kinkels neuer Leiter der Auswertungsabteilung, der vorherige Gesandte in Washington, Hans Walter Schauer, in Pullach eingeführt hatte. Nachdem sich der Linksterrorist Amin 1979 in Afghanistan an die Macht geputscht hatte, deuteten seit jenem Herbst alle Anzeichen auf die Absicht Moskaus hin, durch eine militärische Intervention seinen politischen Einfluß in Kabul wiederherzustellen. Auch die Experten im amerikanischen Partnerdienst teilten diese Auffassung. Nur Schauer verwies die Lagebeurteilung seiner Fachleute ins Reich der Fabel. Doch das absehbare »Unglaubliche« ließ nicht lange auf sich warten: Am 26. Dezember 1979 marschierten sowjetische Truppen ins südliche Nachbarland ein; schon Monate zuvor waren sie im Grenzraum zu Afghanistan zusammengezogen und nun aufgrund eines im Vorjahr mit Kabul abgeschlossenen Beistandspakts angeblich zu Hilfe gerufen worden. Schauer schien indes keineswegs zerknirscht, und schon gar nicht beabsichtigte er, die alleinige Verantwortung für seine so offenkundige Fehlleistung zu übernehmen. »Wir alle müssen noch viel lernen«, schob er den Experten eine Mitschuld in die Schuhe. Das erschien niederträchtig, nachgerade unverschämt. Die Mitarbeiter waren empört.[3]

Im allgemeinen Zorn über die scheinbare Ignoranz ihres nachrichtendienstlich unerfahrenen Abteilungsleiters stellte sich niemand die Frage, ob ihm tatsächlich eine eklatante Panne unterlaufen war oder ob er aus übergeordneten politischen Interessen die Informationen über die sowjetische Interventionsabsicht »verworfen« hatte. Fritsch, der Aufklärungschef von Karl-Marx-Stadt, war jedenfalls davon überzeugt, daß Schauer diese Erkenntnisse pflichtgemäß weitergemeldet hat, auch wenn keine offizielle Berichterstattung an die Bundesregierung erfolgte. Diese Einschätzung paßt zu dem, was Schmidt-Eenboom vermutet. Denn für die meisten BND-Mitarbeiter war nicht vorstellbar, daß es – ungeachtet ihres Auftrags, die Bundesregierung rechtzeitig über wesentliche Lageentwicklungen in Kenntnis zu setzen – auch Ereignisse gibt, von denen sich die politisch Verantwortlichen lieber »überraschen« lassen; Ereignisse, die den eigenen Interessen nützlich erscheinen und deshalb nicht verhindert werden sollen, ohne sich dadurch freilich dem

3 Ebd., S. 48ff.

Vorwurf politischer Heuchelei auszusetzen. Die sowjetische Afghanistan-Intervention ist hierfür ein klassisches Beispiel. Ähnlich verhielt es sich auch beim Bau der Berliner Mauer 1961 und bei der Besetzung der Tschechoslowakei durch Truppen des Warschauer Pakts 1968, wovon der Westen ebenfalls vorab Kenntnis hatte, gleichwohl untätig blieb.

Vor dem Hintergrund des neuerlichen Rüstungswettlaufs in Europa und der verschärften Ost-West-Konfrontation bescherte die sowjetische Afghanistan-Intervention dem Westen einen enormen politisch-psychologischen Vorteil. Der Beschluß der NATO, das Nuklearpotential in Europa um eine neue Generation von Mittelstreckenraketen zu erweitern, um das sowjetische Waffensystem SS-20 »auszugleichen«, war insbesondere in der Bundesrepublik, wo der größte Teil der neuen Waffen stationiert werden sollte, heftig umstritten. Seitdem die west- und osteuropäischen Staaten mit der Konferenz über Sicherheit und Zusammenarbeit in Europa (KSZE) einen konstruktiven Verhandlungsprozeß institutionalisiert hatten, der erstmals auch eine Vertrauensbildung im militärischen Bereich einschloß, mochte niemand mehr so recht an die »rote Gefahr aus dem Osten« glauben. Als um so wünschenswerter mußte deshalb ein Ereignis erscheinen, das schlagartig die behauptete unverminderte Aggressivität der Sowjetunion unter Beweis stellen und damit den Nachrüstungsgegnern den Wind aus den Segeln nehmen würde.

Aber auch der amerikanischen Position in Nahmittelost, die mit der iranischen Revolution einen herben Terrainverlust erlitten hatte, konnte die sich abzeichnende sowjetische Aggression nur zuträglich sein. Seit dem Sturz des Schah-Regimes galt in der Region nicht mehr Moskau, sondern zunehmend Washington als Hort des Bösen. Während die Angehörigen der amerikanischen Botschaft in Teheran der Geiselhaft ausgesetzt waren, begannen sich der sowjetischen Diplomatie neue Türen zu öffnen. Schon wurde befürchtet, die geostrategische Situation in der Region könnte sich nachhaltig wandeln. Doch dann mehrten sich die Anzeichen, daß Moskau einmal mehr gedachte, seinen Einflußbereich mit dem Mittel der militärischen Macht statt mit geduldiger Diplomatie zu sichern.[4] In der gegebenen Situation mußte dies für Washington und

[4] Auch die USA sind als Supermacht immer wieder dem Glauben erlegen, ein Recht zur Anwendung militärischer Gewalt gegen andere Länder zu besitzen, wenn ihr dortiger politischer Einfluß verloren zu gehen drohte. Unter den zahlreichen Beispielen hierfür, vor allem im mittelamerikanischen Raum, stellt Kuba das augenfälligste dar.

seine Bündnispartner wie ein Glücksfall erscheinen. Es gab deshalb keinen Grund, den Rivalen im Kreml von seinem fatalen Vorhaben abzubringen oder es auch nur zu versuchen. Aber es wäre nicht minder fatal gewesen, als heimlicher Komplize der sich anbahnenden Aggression zu wirken. Es war besser, sich unwissend zu geben, überrascht, schokkiert, empört.

Kaum jemand war im BND so prädestiniert wie der von Kinkel nach Pullach geholte langjährige Gesandte in Washington, Schauer, zu ermessen, daß die frühzeitigen Hinweise der Fachleute auf einen bevorstehenden Einmarsch sowjetischer Truppen in Afghanistan die politischen Intentionen im Bundeskanzleramt und im Weißen Haus nur störten. Deshalb mußten sie als »dummes Zeug« abgetan und ihre – zumindest offizielle – Weitergabe nach Bonn unterbunden werden. Freilich schloß das eine informelle Unterrichtung des Kanzleramts durch die BND-Leitung nicht aus, und dies ist um so wahrscheinlicher, als die Affäre keine Konsequenzen für Schauer nach sich zog. Offiziell blieb dennoch der Eindruck bestehen, der Dienst hätte wieder einmal ein entscheidendes politisches Ereignis verschlafen und als Frühwarnsystem der Bundesregierung versagt.

Wie man inzwischen von Egon Bahr weiß[5], hatte die Bundesregierung auch unabhängig vom BND vorab Kenntnis von der Interventionsabsicht Moskaus, doch wurde diese Information ebenso vertraulich behandelt wie die Erkenntnisse Pullachs. Dieser Sachverhalt überrascht weniger als der Umstand, daß seither niemand die Frage aufgeworfen hat, wie Bonn und die westlichen Regierungen mit ihren Kenntnissen umgegangen sind, warum sie den Kreml nicht öffentlich vor dem geplanten Gewaltakt gewarnt haben, um ihn abzuwenden. So bleibt der fatale Eindruck, daß auch die Afghanen – wie zuvor und später andere Nationen – ein bloßes Bauernopfer in der globalen Auseinandersetzung mit der Sowjetunion waren und daß noch so gute nachrichtendienstliche Arbeit vor einem solchen Schicksal nicht schützt, wenn übergeordnete politische Interessen im Spiel sind.

Bei weitem unverständlicher als Schauers Verhalten in der vermeintlichen Afghanistan-Panne des BND erschien Fritsch hingegen dessen

---

[5] Über informelle, beim KGB angesiedelte Kontakte Bahrs informierte der Kreml die Bundesregierung kurzfristig von der bevorstehenden Intervention in Afghanistan; vgl. »Der Spiegel«, 1995, H. 5, S. 23ff.; »Focus« 1995, H. 6, S. 24.

Handhabung der deutschlandpolitischen Erkenntnisse des Dienstes. Obwohl diese weit davon entfernt waren, eine unzulässige Innenaufklärung zu sein, wies der neue Abteilungsleiter schon bald nach seinem Amtsantritt die Auswertung an, Meldungen dieser Art nicht mehr nach Bonn weiterzugeben, sondern zu den Akten zu nehmen.[6] Er fürchtete, die Bundesregierung könnte sie als Kritik an ihrer Politik auffassen, weil sie häufig ein politisches Mißfallen Moskaus bzw. Ost-Berlins über Standpunkte und Verhaltensweisen Bonns wiedergaben. Allerdings erging an die Beschaffung keine Weisung, die Aufklärung dieses Interessengebiets einzustellen, und so kam das Kuriosum zustande, daß oft mühsam gewonnene Quellenberichte im sogenannten »Giftordner« im Aktensicherheitsraum der Auswertung landeten.

Natürlich war die sowjetische Deutschlandpolitik, auch die der DDR, ein heikles Feld. Ihre Bearbeitung setzte einiges Fingerspitzengefühl voraus, um nicht in den Geruch (innen-)politischer Belehrung zu geraten, und erforderte überdies genauere Kenntnis der Interessen und des politischen Taktierens Bonns. Es blieb auch nicht aus, daß in den Quellenmeldungen mitunter Informationen aufschienen, die von der Regierung vertraulich behandelt wurden und die man auch den eigenen Nachrichtendienst nicht unbedingt wissen lassen wollte. Doch kann dies als Erklärung der restriktiven Weisung Schauers nicht überzeugen. Denn nur ein einziges Mal, im Vorfeld der Vereinigung von Bundesrepublik und DDR, erlebte ich, daß aus Bonn mit einem gelinden Schrecken nach dem Hintergrund einer Meldung gefragt wurde, die in einem zentralen Punkt deutsch-sowjetischer Verhandlungen zutreffend über den sich herausbildenden Kompromiß berichtete. Möglicherweise spielten Kompetenzstreitigkeiten zwischen dem Auswärtigen Amt und dem Innerdeutschen Ministerium, das die deutschlandpolitische Berichterstattung des BND regelmäßig zur Kenntnis erhielt, für die Weisung Schauers eine Rolle. Aber so recht klar ist auch das nie geworden. Nach Schauers Amtsablösung kehrte man wie selbstverständlich zur früheren Praxis uneingeschränkter Berichterstattung zurück.

Eine geradezu blindwütige Aktivität entfalteten Dienst- und Abteilungsleitung hingegen bei der Beobachtung und Aufklärung Jugoslawiens, so als solle die Passivität auf deutschlandpolitischem Gebiet

---

[6] Vgl. Schmidt Eenboom, »Der Schattenkrieger«, S. 252.

kompensiert werden. Schon lange galt im BND für den Adria-Staat ein spezifisches, aus kältestem Kriegsdenken stammendes Krisenszenario. Wenn der jugoslawische Staats- und Parteichef Josip (Broz) Tito eines Tages sterbe, werde der Kreml, so die Annahme, eilends seine Truppen in Marsch setzen, um das ideologisch unbotmäßige Land zu unterwerfen und sich endlich einen direkten Zugang zum Mittelmeer zu verschaffen. Inzwischen war Tito alt und krank geworden, und man mußte täglich mit seinem Ableben rechnen. Der medizinische Dienst im Camp wurde bemüht, um die geheimen Informationen über Art und Schwere der Krankheit Titos sowie die offiziellen ärztlichen Bulletins zu interpretieren – wie auch bald schon der Gesundheitszustand Breschnews (und jetzt zweifellos der Jelzins) die BND-Mediziner nicht weniger beschäftigte als die Krankheiten der Mitarbeiter. Mitunter erschien es selbst hartgesottenen Kollegen peinlich, mit welcher Verve und Akribie sich der Dienst für jedes Detail der physischen Verfaßtheit bestimmter Staats- und Regierungschefs interessierte. Nicht einmal deren Exkremente sind vor nachrichtendienstlicher Analyse sicher, wenn der Gesundheitszustand zum politischen Fieberthermometer gerät.

Mit der Nachricht vom Tod Titos am 4. Mai 1980 wurde der BND in eine Art Alarmbereitschaft versetzt. Auf keinen Fall sollte der erste Hinweis auf eine sich anbahnende militärische Interventionsabsicht Moskaus verschlafen oder auch nur seine sofortige Meldung nach Bonn verzögert werden. Es wurde eine ständige Präsenzpflicht der Politischen Auswertung angeordnet; das Lagezentrum der Militärischen Auswertung, im 2. Stockwerk direkt über der Politischen Auswertung gelegen, war ohnehin rund um die Uhr besetzt. Bis dahin – und auch später wieder – bestand für die Politische Auswertung lediglich eine Rufbereitschaft; sie stellte sicher, daß die diensthabenden Kollegen im militärischen Lagezentrum auch nach Dienstschluß, vor allem an Wochenenden und Feiertagen, sich gegebenenfalls auf das Wissen eines politischen Experten stützen konnten.

Dem Bereitschaftsdienst oblag es nun, alle im Laufe der Nacht eingehenden Meldungen der Nachrichtenagenturen und nachrichtendienstlichen Informationen zu sichten und die wichtigsten von ihnen für eine Unterrichtung des Präsidenten am späteren Abend und am frühen Morgen aufzubereiten. Da der BND an alle wichtigen Nachrichtenagenturen wie die englische Reuter, die französische AFP (Agence France Presse), die amerikanische AP (Associated Press) und UPI (United Press International), die westdeutsche DPA (Deutsche Presseagentur) und die ostdeutsche ADN (Allgemeiner Deutscher Nachrichtendienst) sowie die sowjetische TASS (Telegrafnoje Agjentwo Sowjetskowo Sojusa) angeschlossen war, brachte der Fernschreibdienst regelmäßig ganze Stöße an Meldungen ins Lagezentrum. Erst nach Mitternacht ebbte der Papierstrom ab, und es blieb etwas Zeit, sich auf einem kargen Feldbett schlafen zu legen.

Doch Moskau dachte nicht daran, sich gemäß der Sandkastenspiele von Militärs und Nachrichtendienstlern zu verhalten. Es beließ seine Truppen in den Kasernen und seine Schwarzmeer-Flotte in den Häfen der Krim. Mit den Kampfhandlungen in Afghanistan war die Rote Armee ohnehin zur Genüge beschäftigt. Als bald darauf die Arbeiterunruhen in Danzig begannen und die politische Lage im polnischen Nachbarstaat die Aufmerksamkeit des Kreml zusätzlich band, wurde der nächtliche Bereitschaftsdienst wieder eingestellt.

Vom liebgewonnenen Krisenszenarium Jugoslawien mochte sich der BND jedoch nicht ohne weiteres trennen. Wenn schon nicht jetzt, so könnte es doch später Situationen und Konstellationen geben, in denen es den Kreml nach einer Erweiterung seines Machtbereichs gelüstete, und ein guter Nachrichtendienst sollte für alle Eventualitäten gerüstet sein. Inzwischen hatte die Elektronische Datenverarbeitung Einzug im BND gehalten, ganze Kolonnen von Handwerkern waren im Gebäude der Auswertung beschäftigt, Kabelkanäle einzubauen und die ersten Bildschirm-Arbeitsplätze an die zentralen Rechner anzuschließen. So lag der Gedanke nahe, die Möglichkeiten der EDV für ein politisches Frühwarnsystem zu nutzen. Nach welchen inhaltlichen Kriterien dieses funktionieren und wann es Alarm schlagen sollte, das herauszufinden war unter anderen der Politischen Auswertung aufgegeben.

Schon im Rahmen des Aufbaus der EDV hatte die Auswertung eng mit der Technik zusammengearbeitet. Denn es mußte ein Thesaurus, ein detailliertes Schlagwortverzeichnis, entwickelt werden, mit dem die Informationen erfaßt und zugleich vernetzt werden konnten, um alles relevante Wissen gleichsam auf Knopfdruck zu einem Gesamtbild zusammenzuführen. Was also lag näher, als jene Stichworte aus dem Thesaurus gesondert zu erfassen, die einzeln oder in bestimmten

Kombinationen auf eine krisenhafte Lageentwicklung hindeuten würden?

Höherenorts war man, gewiß nicht ohne das Zutun der Techniker, fasziniert von dem Gedanken. Doch wie so oft steckte auch hier der Teufel im Detail. Sollte man beispielsweise das Stichwort »Führungswechsel« als Merkmal einer sich verschärfenden Krise oder als Kriterium ihrer Beilegung werten? Oftmals war eine innenpolitische bzw. internationale Krise durch einen Putsch gegen die Machthaber ausgelöst worden, am häufigsten in Afrika, aber zum Beispiel auch im Afghanistan vor der sowjetischen Intervention. Doch in nicht minder zahlreichen Fällen, wie beispielsweise in Polen, bildete eine Ablösung der bisherigen Machthaber den ersten und wesentlichsten Schritt zu einer Lageberuhigung. Es hätte also passieren können, daß der Computer bei der Fütterung mit bestimmten Informationen Alarm schlug, während der erfahrene Analytiker gerade diese Informationen als ein Anzeichen für eine Überwindung der Krise erachtete.

So bestechend der Gedanke war, man könnte ein maschinelles System entwickeln, das noch vor dem Fachmann und gleich in mehreren Stufen Alarm auslöst, wenn anderswo die politische Ordnung aus den Fugen gerät: Es war letztlich nicht realisierbar. Das in langjähriger Arbeit erworbene subtile Wissen des Fachmanns, das Fingerspitzengefühl des Analytikers war durch ein auch noch so ausgeklügeltes technisches System nicht zu ersetzen. Nach vielen Beratungen und zahlreichen Vorentwürfen wurde die Idee des computergesteuerten politischen Frühwarnsystems schließlich fallengelassen.

Sie wäre im übrigen auch technisch kaum umzusetzen gewesen. Dafür verlief die Einführung der EDV im BND viel zu chaotisch. In Fortführung des überkommenen Schottenprinzips wie in Ermangelung eines einheitlichen Konzepts waren schon bald verschiedene Systeme installiert worden, die nicht kompatibel waren. Informationen, die unter bestimmten Programmen auf den Großrechnern gespeichert waren, ließen sich mit dem PC nicht abrufen. Das hatte groteske Folgen, gerade für die Fachreferate. Während die Sachbearbeiter, die als erste Mitarbeitergruppe mit Bildschirm-Arbeitsplätzen ausgestattet worden waren, das jeweilige Basiswissen auf den Großrechnern speicherten, wurden die Referenten in ein separates Computer-Netzwerk eingebunden, über das sie zwar die Rohmeldungen abrufen konnten, nicht jedoch die von ihren

Sachbearbeitern aufbereiteten Hintergrundinformationen.[7] Hinzu kam, daß der Aufbau der EDV gerade mal so schnell vonstatten ging, wie es der jährliche Haushaltsplan zuließ. Es konnten immer nur so viele Bildschirm-Arbeitsplätze bzw. PC installiert werden, wie lange zuvor im Etat veranschlagt. Die psychologische Sperre gegen die neue Technik tat ein übriges. Mitunter bot sich dadurch zwar die Chance, schon früher als geplant mit EDV ausgestattet zu werden, weil dieser oder jener Kol lege damit partout nichts zu tun haben wollte. Aber über das planmäßige Kontingent hinaus war nicht ein einziges Gerät zu erhalten. Bis zu meiner Verhaftung Ende September 1990 war mein Arbeitsplatz noch nicht auf EDV umgerüstet.

*

Als Angehörigem des Auswärtigen Dienstes lagen Kinkel die internationalen Beziehungen des BND besonders am Herzen.[8] Zwar war der BND schon vor seiner Amtsübernahme bei den Nachrichtendiensten zahlreicher Staaten, zu denen Bonn diplomatische Beziehungen unterhielt, darunter europäische neutrale Staaten, arabische Feudalsysteme sowie lateinamerikanische, afrikanische und asiatische Militärdiktaturen, mit Legal-Residenturen vertreten. Aber dieses Netz von Partnerdienstbeziehungen wies Lücken auf, die angesichts der fortschreitenden Verlagerung des Ost-West-Konflikts in Länder der Dritten Welt sowie des aufkommenden islamischen Fundamentalismus als mißlich empfunden wurden. So machte sich Kinkel daran, neue internationale Geheimdienstkontakte zu knüpfen und Legal-Residenturen zu errichten oder, wo politische Gegnerschaft wie im sozialistischen Mittelosteuropa die-

---

[7] Diese informationsbezogene Datensammlung entspricht jener Datenbank der HVA »System, Information, Recherche der Aufklärung (SIRA)«, deren partielle Rekonstruktion die Medien zu einem »Sensationsfund in der Berliner Gauck-Behörde« hochstilisierten; vgl. »Der Spiegel«, 1999, H. 3, S. 34 ff. Auch im BND wurden die Quelleninformationen, wie für die HVA beschrieben, in Kurzfassung in eine Datenbank eingegeben.

[8] Während der Amtszeit Kinkels wurde zudem die fernmeldeelektronische Aufklärung des BND wesentlich verstärkt und durch Anwendung rabiaterer Methoden versucht, die Anwerbung menschlicher Quellen, vor allem mittel-/osteuropäischer Staatsbürger, zu forcieren.

ses nicht zuließ, eigene Mitarbeiter insgeheim in den Botschaften Bonns zu etablieren.[9]

Die Ausweitung der globalen BND-Präsenz und vor allem auch das Vortasten in den »kommunistischen Machtbereich« fanden, soweit es dienstintern bekannt wurde, lebhafte Zustimmung und stärkten zugleich das Gefühl, einem wirklich weltweit tätigen Dienst anzugehören. Gleichwohl war diese Linie, abgesehen von der politischen Zweifelhaftigkeit nicht weniger Partnerdienste und ihrer jeweiligen Staatsführungen[10], nicht immer unproblematisch und frei von Friktionen; schließlich hat auch die internationale Geheimdienstkooperation wie die offizielle Außenpolitik es mit individuellen nationalen Grundpositionen und Empfindlichkeiten zu tun. So war beispielsweise der taiwanesische Partnerdienst ungemein verschnupft, als er feststellen mußte, daß sich die Beziehungen Bonns zu Peking auf der inoffiziellen nachrichtendienstlichen Schiene erheblich intimer gestalteten, als die offizielle China-Politik vorgab. Diffizil war auch der Umgang mit dem türkischen Dienst; entsprechend seiner geostrategischen Bedeutung innerhalb der Nordatlantischen Allianz erwartete er ein hohes Maß an Aufmerksamkeit seitens des BND und reagierte geradezu seismographisch auf jegliches Verhal-

---

[9] Vgl. Schmidt-Eenboom, »Der Schattenkrieger«, S. 149 ff. Markwardt wartet auch in dieser Beziehung mit einer faustdicken Desinformation auf, indem er allen Ernstes behauptet, der BND habe bis zum Zusammenbruch der sozialistischen Staatssysteme in Osteuropa keine hauptamtlichen Mitarbeiter in die dortigen bundesdeutschen Botschaften entsenden können. Seine falsche Behauptung wird auch dadurch nicht glaubwürdiger, daß er sie unentwegt wiederholt; vgl. Markwardt, »Erlebter BND«, S. 121, 239, 257, 264, 292, 374. Um so bezeichnender ist es, daß er Schmidt-Eenboom, dessen detaillierte Angaben zutreffen, nicht zu widersprechen wagt.

[10] So unterhielt der BND mit nicht wenigen Staaten, die wegen ihrer Menschenrechtsverletzungen von der Bundesregierung heftig kritisiert, politisch geächtet und ggf. sogar Sanktionen unterworfen wurden, enge partnerdienstliche Beziehungen. Als besonders krasse Beispiele seien nur die Südafrikanische Republik unter dem Apartheidsregime von Piet Botha, Chile unter dem Militärdiktator Pinochet, die Volksrepublik China und Irak genannt. Natürlich wußte die Bundesregierung von dieser Partnerdienstkooperation des BND. Deshalb kann man ihr den Vorwurf der Doppelzüngigkeit nicht ersparen.

Die Bereitschaft zu geheimdienstlicher Kooperation auch mit autoritär regierten Staaten und Militärdiktaturen wurde von Pullach im wesentlichen mit der engen Verflechtung der jeweiligen Staatsführung und dem Sicherheitsapparat begründet, die es erlaube, direkt, mitunter auch indirekt wie beispielsweise in Simbabwe, auf die Politik des Partnerstaates Einfluß zu nehmen. Insoweit wurde im westdeutschen Auslandsnachrichtendienst gezielt eine Nebenaußenpolitik betrieben.

ten, in dem er eine Geringschätzung zu erblicken meinte. Mehr als einmal mußte der Präsident oder ein Abteilungsleiter nach Ankara reisen, um die Wogen zu glätten. Der finnische und der schwedische Dienst wiederum waren in ihren Beziehungen zu Pullach peinlichst auf größte Diskretion und Konspiration bedacht; Helsinki wollte sich nicht den Unmut Moskaus zuziehen und Stockholm den Anschein der Neutralität wahren.[11]

Die Partnerdienstkooperation erfolgte – wie das auch in den sozialistischen Staaten der Fall war – auf der Grundlage von Vereinbarungen. Sie erstreckte sich auf alle wesentlichen Bereiche des BND, so auch auf die Auswertung. Grundsätzlich galt das »Do-ut-des«-Prinzip, um eine Ausgewogenheit von Geben und Nehmen in der Zusammenarbeit sicherzustellen. Das schloß allerdings eine erhebliche Einseitigkeit in Teilbereichen nicht aus. Besonders die Auswertung des BND sah sich oft in der Rolle des Gebenden, um Leistungen, die der Partnerdienst anderen Abteilungen des BND gewährte, wie zum Beispiel das Betreiben von Horchposten auf dessen Staatsgebiet, zu kompensieren.

Naturgemäß bildete für die Auswertung der schriftliche und mündliche Informationsaustausch mit dem Partnerdienst den Schwerpunkt der Zusammenarbeit. Darüber hinaus wurde auch Ausbildungshilfe in beträchtlichem Umfang geleistet. Die Intensität dieser Kooperation richtete sich nach der Wertigkeit des jeweiligen Partnerdienstes bzw. nach der politischen und geostrategischen Bedeutung des jeweiligen Staates. Unter diesem Gesichtspunkt kam der Zusammenarbeit der Nachrichtendienste der NATO-Staaten, der sogenannten »intelligence community«, höchste Priorität zu. Sie war stets besonders eng und vertrauensvoll. Wichtige Kooperationspartner des BND waren daneben die Geheimdienste Israels und Ägyptens, Japans und Taiwans sowie – jedenfalls zur Zeit des Apartheid-Regimes – Südafrikas.

Soweit die Beschaffung eine Weitergabe von Meldungen an Partnerdienste nicht grundsätzlich oder partiell untersagt hatte, wurden diese an der Berichterstattung der Auswertung beteiligt. Umgekehrt erhielt der BND Meldungen und Berichte anderer Dienste. Sie wurden wie die

---

[11] Vgl. Schmidt-Eenboom, »Der Schattenkrieger«, S. 37 f.; ders., »Schnüffler ohne Nase«, S. 176 f., 209, 267.

selbst gewonnenen Informationen bewertet und gegebenenfalls für die Bundesregierung aufbereitet, wobei kenntlich gemacht war, von welchem Partnerdienst die Information stammte; ein solcher Hinweis war unverzichtbar, da sich in der Regel die nationale Sichtweise in diesen Berichten niederschlug.

Es versteht sich von selbst, daß in Meldungen, die auch an Partnerdienste weitergegeben wurden, die Quellenangaben in besonderem Maße verschleiert wurden. Denn unter keinen Umständen durfte dieser Informationsaustausch eine Enttarnung der eigenen Quellen durch den Partner zur Folge haben. Sonst wäre man Gefahr gelaufen, daß der Partner versucht hätte, die Quelle für sich anzuwerben. Auch die HVA hat diese grundlegenden Regeln der Konspiration in ihrer Zusammenarbeit mit dem KGB stets peinlich beachtet. Gleichwohl vermochten solche Vorsichtsmaßnahmen Begehrlichkeiten auf Seiten des Partners nicht grundsätzlich zu verhindern. Insbesondere die CIA fiel immer wieder mit Versuchen auf, durch Rückfragen zum Inhalt einer Meldung und zu deren spezifischem Quellenhintergrund den Schleier der Geheimhaltung zu lüften. Insoweit unterschied sich der »große Bruder« des BND nicht wesentlich von dem der HVA.

Erheblich zeitaufwendiger als der schriftliche Informationsaustausch mit den Partnerdiensten gestaltete sich der mündliche. Dafür entschädigte er mit einer teilweise umfangreichen Auslandsreisetätigkeit der Auswerter. Je nach Größe und Bedeutung des Partners fanden diese Lagebesprechungen einmal oder zweimal jährlich statt, jeweils im Wechsel in Pullach bzw. beim Partnerdienst. Reisen zu den Partnern waren bei den Auswertern sehr begehrt, ermöglichten sie es doch, zahlreiche Länder kennenzulernen, ohne den eigenen Geldbeutel strapazieren zu müssen. Zudem wurde den Besuchern in aller Regel eine besondere Gastfreundschaft zuteil; man lud zu opulenten Essen ein, oft auch zu Ausflugsfahrten, war beim Einkauf von Souvenirs behilflich usw. Kurzum: Die Kontakte mit den Partnerdiensten brachten Abwechslung in die Schreibtischtätigkeit der Auswerter und überdies einige Annehmlichkeiten mit sich.

Es ist längst kein Geheimnis mehr, daß der BND für seine weltweiten Aktivitäten über ein eigenes Flugzeug verfügt. In den 80er Jahren war eine zweistrahlige Falcon Mystère 50 unter der Kennung D-BIRD im Einsatz. Die meisten Besuchsreisen zu Partnerdiensten fanden mittels dieser Maschine statt. Das war zwar, wie man aus der öffentlichen Diskussion über die Kosten der Flugbereitschaft der Bundeswehr unschwer folgern kann, keineswegs billiger als die Benutzung von Linienmaschinen. Aber da der BND bekanntlich diverse Partner mit nachrichtendienstlicher, zumeist fernmeldeelektronischer Ausrüstung belieferte und zudem die Residenturen diskret versorgt sein wollten, flog die Dienstmaschine ohnehin in aller Herren Länder, und deshalb bot es sich an, auch die Auswerter zu ihren Besprechungen mitzunehmen. Das Reisen mit der »Dienstfliege« hatte den Vorzug, daß keine zeitraubende Abfertigung durchlaufen werden mußte. Der Start vom Flughafen München, damals noch im Stadtteil Riem gelegen, erfolgte unmittelbar von der Flugzeughalle; es war nur ein Katzensprung vom Auto in die Maschine und wenige Minuten vom Eintreffen dort bis zum – durch eine Polizeieskorte gegen einen etwaigen Terroranschlag gesicherten – Start. Auch im Ausland entfielen meist die Ein- und Ausreiseformalitäten. Abseits vom Flughafengebäude geparkt, übernahmen Fahrzeuge des Partners und/oder der BND-Residentur Passagiere und Fracht und verließen auf Lieferantenwegen das Areal.

Seit Kinkel hat jeder Präsident die Vorzüge der eigenen Fluglinie zu schätzen gewußt. Doch kein anderer wußte sie auch so virtuos einzusetzen. Im Prinzip scherte ihn der Flugplan nicht. Immer wieder fiel es ihm ein, die festgelegte Flugroute spontan zu ändern oder irgendeinen Gesprächspartner an Bord zu nehmen. War kein Platz mehr vorhanden, wurde kurzerhand ein Mitarbeiter an die Luft gesetzt, der dann zusehen mußte, wie er an sein Ziel kam. Gemeinsame Flüge mit Kinkel waren bei den BND-Mitarbeitern deshalb bald gefürchtet.

Dem Weltruhm des Münchner Oktoberfestes war es zu verdanken, daß sich die Partner des BND vorzugsweise in der zweiten Septemberhälfte zum Informationsaustausch in Pullach einfanden. In diesen beiden Wochen jagte eine Besprechung die andere und waren die Abende mit der Besucherbetreuung ausgefüllt. Da die Kooperationsvereinbarungen vorsahen, daß stets die Gastgeber die Fachgespräche mit Lagevorträgen eröffneten, verschlang auch die Vorbereitung der Besprechungen viel Zeit, vor allem wenn bei Terminüberschneidungen oder Abwesenheiten Kollegen zu vertreten waren. Gleichzeitig lief die Routinearbeit der allgemeinen Berichterstattung unvermindert weiter. So ist es nicht verwunderlich, daß solche Besprechungen auch lästig werden konnten, vor allem wenn vor Partnern zu referieren war, die dem Gesprächsstoff wenig

Interesse und Verständnis entgegenbrachten, weil er ihrem Erfahrungshorizont zu fern lag oder weil eine festgefügte Sichtweise den Blick für Nuancen und Differenzierungen verschloß.

Welches Interesse und Problembewußtsein hätte man auch schon vom pakistanischen Dienst, dessen ganzes Augenmerk auf das sowjetisch besetzte Afghanistan und die unzähligen Flüchtlinge aus dem Nachbarstaat gerichtet war, für die Situation der polnischen Solidarność erwarten dürfen, die ihm von BND-Experten akribisch vorgetragen wurde. Nicht die Lage in Danzig, sondern die in Peshawar brannte in Islamabad auf den Nägeln. Ebensowenig konnte man von Schwarzafrikanern Verständnis für die politischen Implikationen des europäischen KSZE-Prozesses erwarten und von »Rotchinesen« Einsicht in die ideologischen Diversifizierungen im zerfallenden sowjetischen Machtbereich. Unvermeidlich geriet deshalb der »beiderseitige Informations- und Gedankenaustausch« mitunter zu einer bloßen Unterhaltungsmaßnahme für den Partner.

Als besonders bizarr erscheinen die Lageerörterungen mit dem chinesischen militärischen Dienst. Wie allen seinen Partnern hatte der BND auch ihm mit der Bezeichnung »Pamir« einen Decknamen verliehen.[12] Dessen besondere Originalität bestand in der Namensanleihe bei jenem sowjetisch-chinesischen Grenzgebirge, wo mit Hilfe Pullachs Anfang der achtziger Jahre ein Radarsystem zur Aufkärung der Sowjetunion installiert worden war.[13] Ansonsten waren die Deckbezeichnungen für die Partnerdienste der Flora (für die westlichen Dienste) und der Fauna (für die Dienste von Dritte-Welt-Staaten) entlehnt.

Dem Wissen meiner Kontaktleute in der HVA zufolge hatte die offizielle Empörung Bonns über das Massaker auf dem Tienamen-Platz und das lauthals verkündete Wirtschaftsembargo gegen China der langjährigen Kooperation der beiden Geheimdienste keinen Abbruch getan, Demokratiebewegung hin, Menschenrechte her. Deshalb überraschte es sie nicht, als sich eine Delegation des Partnerdienstes »Pamir« Anfang 1990 zum Informationsaustausch in Pullach einfand. Einmal mehr ging es dabei um die Reformpolitik Gorbatschows und um den Niedergang der sozialistischen Macht in Osteuropa. Die chinesischen Gesprächspartner

[12] Vgl. hierzu im einzelnen Schmidt-Eenboom, »Der Schattenkrieger«, S. 289 ff.

[13] Ebd., S. 38 f., 150 f.; ders., »Schnüffler ohne Nase«, S. 245 f.

wollten nicht glauben, daß der Kremlchef eine ebenso selbstzerstörerische wie unumkehrbare Entwicklung in Gang gesetzt hatte und die DDR geradewegs in eine Katastrophe schlitterte. Fixiert auf den ideologischen und machtpolitischen Rivalen jenseits des Amur, wo man sich jahrzehntelang blutige Scharmützel geliefert hatte, wähnten die Besucher aus Peking in der Reformpolitik Gorbatschows hartnäckig einen grandiosen Bluff. Letztendlich stellte man, der asiatischen Höflichkeit folgend, fest, daß die jeweilige Lagebeurteilung gewisse Unterschiede aufweise.

Auch im weiteren gaben sich die chinesischen Besucher recht eigenwillig, indem sie sich ebenso unbekümmert wie zielstrebig über ein ehernes Gebot des BND wie auch der Partnerkooperation hinwegsetzten. Man hätte doch gern ein Erinnerungsfoto von den Gesprächen in Pullach, erklärte der Delegationschef, und schon zückte sein Adjutant eine Kamera und fotografierte ungeniert die Runde. Die »Sicherheit« wäre Kopf gestanden, hätte sie davon erfahren, und schon gar nicht hätte sie fassen können, daß ihr Präsident dem Treiben widerspruchslos zusah.

Neben dem Informationsaustausch leistete die Auswertungsabteilung des BND den Partnerdiensten auch Ausbildungshilfe. Vor allem der südafrikanische Dienst (BND-interner Deckname »Panther«) entsandte regelmäßig kleinere Gruppen von Offizieren nach Pullach, damit sie in die Methodik der Auswertung wie auch in das aktuelle Lagebild eingewiesen wurden. Auch das späte und nur widerwillig beschlossene Embargo des Westens gegen das südafrikanische Apartheid-Regime tat dieser Zusammenarbeit keinen Abbruch, mochten die Übergriffe der Machthaber gegen die schwarze Bevölkerungsmehrheit noch so gewalttätig sein. Südafrika war Produzent wichtiger Rohstoffe, und schon das allein genügte dem BND, jedes Mittel zur Abwehr eines angeblichen Bedrohungsszenarios zu rechtfertigen, in dem Moskau die Hauptrolle zugewiesen war. Darüber hinaus war freilich auch eine gehörige Portion Rassismus im Spiel, das überhebliche Bewußtsein, als Angehöriger der weißen Rasse und der abendländischen Kultur den »Bimbos« haushoch überlegen zu sein; jene hielt man schlicht für unfähig, ein Staatswesen zu leiten, und unterstellte ihnen, Südafrika in kürzester Zeit politisch zu destabilisieren und wirtschaftlich zu ruinieren. Seitdem Präsident Mandela von der Bundesregierung mit überschwenglichem Lob für seine politische Weisheit überschüttet wurde, weil er die Zukunft seines Landes in der Aussöhnung und Integration der verfehdeten Bevölkerungsgruppen suchte, wünschte ich mir manchmal, er könnte die früheren Lageeinschätzungen des BND über die schwarze Widerstandsorganisation ANC (African National Congress) und über sich selbst lesen.

Die interessanteste, gleichwohl völlig unproduktive Ausbildungsmaßnahme für einen Partnerdienst, an der ich mitwirkte, kam einem arabischen zugute. Obschon eine reine Männerdomäne, war auch er in nationale Bemühungen einbezogen worden, durch Förderung weiblicher Berufstätigkeit die zunehmende Abhängigkeit des Landes von ausländischen Arbeitskräften zu drosseln. Der BND war deshalb gebeten worden, eine Gruppe von Frauen in einem vierwöchigen Lehrgang in die Arbeitsweise der Auswertung einzuführen. Ich hatte mich umgehend für diese Aufgabe beworben, weil sie eine seltene Gelegenheit bot, Einblick in den Lebensalltag eines Landes zu erhalten, das sich dem Reisenden und erst recht weiblichen Besuchern rigoros verschloß.

Voller Neugier und Erwartung traf ich Mitte der 80er Jahre mit einer Kollegin in dessen Hauptstadt ein. Doch schon am Flughafen sollten wir erfahren, daß die Usancen partnerdienstlicher Zusammenarbeit hier nichts galten, wir vielmehr den generellen Verfahrensweisen des Landes gegenüber Ausländern unterworfen waren. Sicher wäre es vermessen gewesen, einen Vertreter des Partnerdienstes zu unserer Begrüßung am Flughafen zu erwarten. Schließlich waren wir, obschon in respektablen Beamtenrängen, nur zwei Frauen. Daß wir aber wie gefährliche Eindringlinge und nicht wie offizielle Vertreter einer bundesrepublikanischen Behörde behandelt wurden, um deren Entsendung man ausdrücklich ersucht hatte, war eine ebenso ernüchternde wie ärgerliche Erfahrung. Immerhin kostete den BND und damit den deutschen Steuerzahler diese Hilfeleistung einiges Geld, und selbst von einem Staat, der mit seinen Erdölvorkommen über einen enormen Reichtum verfügt, durfte durchaus erwartet werden, ein solches Entgegenkommen zu würdigen. Doch damals flossen die Petrodollars noch reichlich, und jenes Land war weit davon entfernt, nicht alles und jeden als käuflich zu betrachten.

Der Partner hatte es versäumt, unsere Ankunft den Einreiseorganen am Flughafen zu melden. So waren wir dort als verdächtige Subjekte erschienen. »You take your case and come with me«, hatte der diensthabende Offizier uns angeraunzt und war mit unseren Pässen davongeeilt.

Verärgerung verdrängte unsere momentane Verwirrung. »Kommt gar nicht in Frage, daß wir uns hier wie philippinische Lohnsklaven umherscheuchen lassen«, war ich mit Frau Graf, meiner Kollegin, rasch übereingekommen. »Ich versuche, unseren Residenten ausfindig zu machen. Dann soll der uns hier rausboxen.« Ich drängte mich durch die Zollkontrolle in die Ankunftshalle, ohne mich von dem sofort einsetzenden Gezeter des Zollbeamten beeindrucken zu lassen. Zu meiner großen Erleichterung entdeckte ich dort den BND-Residenten. Rasch informierte ich ihn über die Schwierigkeiten, mit denen wir jenseits der Absperrung konfrontiert waren. Dann kehrte ich zu Frau Graf zurück, um das weitere Geschehen abzuwarten. Wie zwei blinde Passagiere saßen wir mit unserem Gepäck, doch ohne unsere Pässe, fast eine Stunde am Einreiseschalter, bis der Resident uns endlich »freibekommen« hatte.

Unsere Pässe wurden uns allerdings nicht zurückgegeben. Statt dessen erhielten wir inländische Ausweise. Das sei hier so üblich, erklärte uns der Resident. Mit meiner Kollegin war ich mir einig, daß ein derartiges Grenzregime gegen alle internationalen Regeln verstieß und nicht einmal die sozialistischen Staaten eine solche Anmaßung gewagt hätten. Auf jeden Fall wäre sie zum Gegenstand heftigster Polemik gemacht und nicht so stillschweigend hingenommen worden wie das Gebaren dieser Behörden. Es bedurfte eines hartnäckigen Insistierens beim Leiter des Partnerdienstes, um nach zwei Wochen unsere Pässe wieder ausgehändigt zu bekommen.

Der Partnerdienst hatte uns in einem seiner Objekte untergebracht, in dem auch der Unterricht für seine Mitarbeiterinnen stattfinden sollte. Eine hohe Mauer umgab das Objekt, hinter der sich eine weitere Mauer als Sichtschutz befand, um die Frauen vor unliebsamen Blicken männlicher Besucher zu schützen. Erst jenseits dieser zweiten Mauer entfernten sie ihren Schleier, wenn sie morgens zum Unterricht eintrafen. Ein Pförtner überwachte rigoros das Kommen und Gehen; meine Kollegin und ich konnten das Objekt nicht verlassen, wenn wir dies nicht über dessen Leiterin angemeldet hatten. Wir befanden uns wie in einem Käfig, einem zwar goldenen, denn ganze Zimmerfluchten, ein luxuriöser Swimming- und Whirlpool sowie eine weitläufige Gartenanlage standen uns zur Verfügung. Aber jeweils vom späten Mittag an waren wir dort, abgesehen von unserem Wächter an der Toreinfahrt und einem gelegentlich auftauchenden Gärtner, mutterseelenallein. Denn nach dem Mittagsgebet endete der Unterricht, und unsere »Schülerinnen« kehrten zu ihren häuslichen Pflichten zurück.

Eine junge Frau, dic unsere Tochter hätte sein können, leitete das Objekt. Auch sie hatte, wie zuvor schon die Grenzbeamten, erhebliche Probleme, in uns mehr zu sehen als subalterne Fremdarbeiter. »You come here and bring me your time-table for the lessons«, hieß sie uns am Morgen nach unserer Ankunft telefonisch zu sich. Es schien fern ihres Erfahrungshorizontes zu liegen, daß man offizielle Gäste nicht einfach herkommandiert, sondern in einer angemessenen Weise begrüßt.

Am Unterricht nahmen 12 Frauen teil. Sie entstammten offensichtlich einer gutsituierten und bildungsorientierten Mittelschicht, soweit sich überhaupt westliche Sozialkategorien auf die Gesellschaft jenes Landes anwenden lassen. Alle Frauen hatten ein Hochschulstudium absolviert, allerdings an inländischen Universitäten und nicht, wie das bei den Männern üblich ist, in den USA. Nur eine der »Schülerinnen« hatte in Kairo studiert. Sie war auch die bei weitem beste Kursteilnehmerin und als einzige für eine auswertende Tätigkeit geeignet. Allen anderen Frauen mangelte es so sehr an analytischem Verständnis, daß es völlig unmöglich schien, sie auch nur ansatzweise für den vorgesehenen Einsatz zu befähigen. Aber darauf schien es letztendlich gar nicht anzukommen; mit dem schiitisch-fundamentalistischen Iran sollten sie künftig ein Land bearbeiten, das aus ihrer eigenen Perspektive ohnehin in einer ganz bestimmten Weise gesehen wurde, in der Differenzierungen eine zu vernachlässigende Größe darstellten. Man hatte eben, wie die Bundesrepublik mit der ungeliebten DDR, sein intimes Feindbild – holzschnittartig, plakativ, stereotyp.

Schon nach wenigen Tagen waren Frau Graf und ich desillusioniert: ernüchtert über die Qualität der hiesigen höheren Frauenbildung, enttäuscht angesichts der Unerreichbarkeit des gesteckten Ziels, frustriert, daß unsere intensive Vorbereitung des Kurses schwerlich Früchte tragen würde. Zudem mißfiel uns unsere Isolation. Es war unmöglich, jenseits des Unterrichts Kontakt zu unseren »Schülerinnen« zu bekommen. Stets blieb in den persönlichen Gesprächen, die sich zwangsläufig auf die Pausen beschränken mußten, eine deutliche Distanz, und selbst bei den Partys, die wir für die Kursteilnehmerinnen arrangierten, amüsierten sie sich lieber bei heißen Rhythmen miteinander, als sich mit den beiden Deutschen abzugeben.

Welche Spuren Frau Graf und ich mit diesem Kurs beim Partnerdienst hinterlassen haben, vermag ich nicht zu sagen. Iran-politische Informationen, die aus der Feder unserer »Schülerinnen« hätten stammen können, sind mir nie zu Gesicht gekommen. Soweit auch in der Folgezeit Delegationen des Partners zu Lagegesprächen nach Pullach kamen, setzten sie sich nur aus Männern zusammen, die sich vorzugsweise von männlichen BND-Mitarbeitern »briefen« ließen.

*

1978 begann meine Kundschaftertätigkeit mit einem Paukenschlag: Aus Sicherheitsgründen brach die HVA unsere Verbindung ab. Kammrath, mein früherer Chef aus dem bei den Parteistiftungen von CDU und CSU angesiedelten Münchner Forschungsinstitut, mit dem ich weiterhin in losem Kontakt stand, war in sicherheitliche Turbulenzen geraten. Ich hatte meinen Partnern darüber berichtet, da zu befürchten stand, daß Kammrath irgendwelchen Überprüfungen unterzogen werden könnte und daß diese sich womöglich auch auf mich erstreckten. Auch die HVA mochte dieses Risiko nicht ausschließen. Um mich keiner Gefahr auszusetzen, wurde entschieden, die Zusammenarbeit vorübergehend einzustellen.

Karl-Heinz überbrachte mir die Nachricht bei einem Kurztreff, zu dem ich per Funk in den Tiroler Wintersportort Seefeld bestellt worden war. »Hans läßt dir sagen, daß kein Grund zur Panik besteht. Es gibt keinerlei Anzeichen, daß du in irgendeiner Weise gefährdet bist. Wahrscheinlich ist er wieder einmal übervorsichtig. Du weißt ja, er hört die Flöhe husten. Aber besser zu vorsichtig, als irgend etwas zu riskieren. Wir machen also vorerst gar nichts mehr, keinen Funk, keine Informationen, keine Treffs. Außerdem sollst du die nachrichtendienstlichen Hilfsmittel vernichten, Container, Chiffriermaterial, Geheimschreibmittel. Zerreißen, zerschneiden, verbrennen. Alles weg, damit du ganz ›sauber‹ bist, falls irgend jemand auf die Idee kommen sollte, sich bei dir umzuschauen. Ich weiß, es ist übertrieben. Aber was soll's.«

»Und wie soll es weitergehen?« fragte ich.

»Es ist vorgesehen, daß wir erst einmal drei Monate abwarten. Bis dahin müßte sich die Situation bei Kammrath geklärt haben. Wenn nicht, dann müssen wir neu entscheiden. Wir treffen uns in jedem Fall im April oder Mai, um zu hören, wie die Dinge stehen. Hast du einen Kalender da? Dann legen wir den nächsten Trefftermin jetzt fest. Auch zwei zusätzliche Termine, falls du den ersten nicht wahrnehmen kannst.« Wir vereinbarten, uns Ende April in Bischofshofen zu treffen. Alternativ jeweils eine Woche später zur gleichen Zeit am gleichen Ort.

Zurückgekehrt nach München, tat ich, wie mir geheißen: Ich zerschnitt das kleine Schminkköfferchen aus rotem Leder, das mir als Container diente, bis zur Unkenntlichkeit in zahllose Schnipsel, damit sie nicht in der Abfalltonne irgend jemandes Argwohn erregten. Schon vor geraumer Zeit hatte ich die schwarze Handtasche, die ich zu Beginn meiner Verbindung zur HVA von Schiefer erhalten hatte, gegen das Köfferchen ausgetauscht. Der Klebeverschluß des Geheimfachs bot mehr Sicherheit als der Drahtleistenverschluß, mit dem die schwarze Handtasche ausgestattet war. Bei den Sicherheitschecks, die inzwischen auf allen Flughäfen üblich geworden waren, wäre er unweigerlich entdeckt worden.

Weniger schwierig war die Vernichtung meines Geheimschreibmittels: Das Halstuch mußte nur gewaschen werden, um die Spuren seiner Präparation zu tilgen. Die Schlüsselrollen für die Chiffrierung bzw. Dechiffrierung meiner Nachrichten waren rasch verbrannt, die Asche im WC fortgespült. Nur mein Radio, mit dem ich regelmäßig den Agentenfunk gehört hatte, beließ ich an seinem Platz: Ein leistungsstarker Kurzwellenempfänger allein war kein Beweis für meine geheime Verbindung zur HVA.

Drei Monate später, zum vereinbarten Zeitpunkt, fuhr ich nach Bischofshofen. Karl-Heinz wartete schon in dem Lokal, das er mir genannt hatte. Fritsch würde später sagen, es sei ein mustergültiger Treff gewesen. Das zeichnete in der Tat meine Zusammenarbeit mit Karl-Heinz aus: In operativer Hinsicht war auf ihn unbedingt Verlaß. Auch ohne exakte örtliche und zeitliche Festlegungen wußte ich, wo ich ihn in dieser oder jener Stadt antreffen könnte. Der Blumenstand im Bahnhof war allenfalls eine phantasielose Notlösung. Karl-Heinz war mit Sicherheit immer dort zu finden, wo es in einer gemütlichen Gaststube oder einem anheimelndem Biergarten ein gepflegtes Bier und eine gestandene Brotzeit gab. Das schränkte die in Frage kommenden Lokale auf eine überschaubare Zahl ein.

Da ich berichten konnte, daß in den vergangenen Monaten alles ruhig geblieben war, daß niemand mich behelligt oder befragt hatte und es keinerlei verdächtige Wahrnehmungen gegeben hatte, bat mich Karl-Heinz im Auftrag Fritschs, die Zusammenarbeit wieder aufzunehmen. Ich war einverstanden. Karl-Heinz hatte mir neue nachrichtendienstliche Hilfsmittel mitgebracht – eine Handtasche, deren Container unter einer aus dem Innenfutter gebildeten Überschlaglasche verborgen war, Chiffriermaterial für den Agentenfunk und einen Füllfederhalter mit einer farblosen Flüssigkeit als Geheimschreibmittel. Dann besprachen wir die weiteren Planungen: meine nächste Informationsübergabe und vor allem unser bereits vor zwei Jahren beschlossenes Treffen mit Markus Wolf in Dubrovnik, um gemeinsam die Bucht von Kotor zu besuchen.

*

Ende 1978 zeichneten sich mit meiner Abordnung ins Bundeskanzleramt neuerliche Erschwernisse in der Verbindung zur HVA ab. Auch die HVA war nicht sonderlich glücklich über meine Entsendung nach Bonn. Der Arbeitsplatzwechsel zwang zu erhöhter Vorsicht und Wachsamkeit, bis die Sicherheitsvorkehrungen in meinem dortigen Einsatzbereich und damit die Risikolage ausgelotet waren. Darüber hinaus ließ Fritsch durchblicken, daß die HVA auch nach der Enttarnung und Verhaftung von Guillaume weiterhin über recht passable Zugänge ins Kanzleramt verfügte; der vorübergehende Ausfall meiner Berichte aus dem BND erschien ihm deshalb nachteiliger als die Aussicht, künftig von mir Informationen aus der Regierungszentrale zu erhalten.

Im Prinzip erwiesen sich zwar die Befürchtungen Fritschs als überzogen. Aufgrund meines Einsatzes in der für die Koordinierung der Geheimdienste zuständigen Abteilung des Kanzleramtes gelangten immerhin die gesamte Ausgangsberichterstattung des BND sowie die Wochenberichte des BfV auf meinen Schreibtisch, außerdem Sonderberichte der Dienste, die auf Anforderung des Kanzleramts gefertigt worden waren, und in der Fülle des Materials fand sich durchaus die eine oder andere interessante Information. Auch war es für die HVA nicht unwichtig, durch mich einen gewissen Einblick in die Funktionsweise der Dienstaufsicht über den BND zu erlangen. Doch dann rückten mit dem Überlaufen des MfS-Oberleutnants Werner Stiller zum westdeutschen Geheimdienst die Vorgänge in Pullach in den Mittelpunkt des Interesses der HVA. Sie wußte, daß ich weiterhin in engem Kontakt zu meinen dortigen Kollegen stand. »Was weißt du über den Verbleib Stillers?« wurde ich per Funk bombardiert. »Jede Information ist von äußerster Wichtigkeit!«

Wie ich bei meinen Telefonaten mit Pullach und meinen häufigen Wochenendfahrten nach München rasch mitbekam, galt der Übertritt Stillers in den Westen unter den BND-Mitarbeitern als Sensation und bildete folglich für geraume Zeit das Gesprächsthema. Jedem war klar, daß der Seitenwechsel des MfS-Offiziers, ob unverschuldet oder nicht, eine böse Schlappe für Wolfs HVA war. Zum erstenmal gelangte Pullach damit an echtes Insider-Wissen über Strukturen und Arbeitsweisen seines nachrichtendienstlichen Hauptkontrahenten, zum erstenmal erhielt nun dessen Leiter, der für den BND bis dahin nur ein »Mann ohne Gesicht« gewesen war, konkrete Züge. Irgendwie hatte man das Gefühl, endlich zu wissen, mit wem man es tatsächlich zu tun hatte.

Gleichwohl war diese Freude über den Erfolg nicht ungetrübt. Einerseits hatte Stillers Verrat der von ihm selbst bzw. in seinem Arbeitsbereich bei der HVA geführten Agenten sowie die überstürzte Flucht einer Reihe von Bundesbürgern in die DDR schmerzlich bewußt gemacht, daß der BND vom nachrichtendienstlichen Leistungsniveau der HVA weit entfernt war und seine Quellenlage in der DDR mit jener der HVA in der Bundesrepublik nicht im geringsten konkurrieren konnte. Andererseits riefen die Informationen über die Umstände, unter denen Stiller zum BND gelangt war, Unverständnis über das – wie es schien – wieder einmal phantasielose und unflexible Agieren Pullachs hervor.

Wie sich schon bald auf den Korridoren der Auswertung herumgesprochen hatte, war Stiller über die West-Berliner Polizei zur BND-Dienststelle in Berlin gelangt. Diese wußte mit dem überraschenden Besucher herzlich wenig anzufangen, war es doch noch nie vorgekommen, daß jemand so plötzlich hereinschneite und lapidar erklärte: »Ich bin Offizier der HVA und komme soeben aus Ost-Berlin.« Die BND-Dienststelle nahm deshalb an, es womöglich mit einem »agent provocateur« und nicht mit einem Überläufer zu tun zu haben. Erst auf Drängen Stillers schaltete sie die Zentrale in Pullach ein, die ihn dann nach München brachte.

Wo genau der BND Stiller dann unterbrachte, blieb ein gut gehütetes

Geheimnis. Es wäre auch müßig gewesen, darüber zu rätseln, da der Dienst über zahlreiche Gästehäuser und konspirative Wohnungen verfügte. Zudem lag nahe, daß man Stiller in die USA bringen würde, weil dieses Land ihm mehr Sicherheit bieten konnte als die Bundesrepublik mit ihrer Grenznähe zur DDR.

Als schlechte Legende nimmt sich indes die spätere Behauptung Stillers in seiner vom BND geschönten Autobiographie[14] aus, er hätte vor seinem Übertritt in den Westen schon mehrere Jahre als Innenquelle Pullachs in der HVA gearbeitet. Nicht nur, daß bis zum Erscheinen dieses Buches nichts dergleichen im BND verlautete. Auch entsprechen die angeblichen nachrichtendienstlichen Aktivitäten, die Stiller jahrelang für den BND in der DDR entfaltet haben will, ohne daß die HVA davon etwas bemerkt haben soll, nicht dem operativen Niveau, auf dem eine solch »hochrahmige« Verbindung zwingend geführt werden muß, soll sie erfolgreich und sicher funktionieren. Der Umstand, daß die HVA der Absicht Stillers, in den Westen überzulaufen, relativ rasch auf die Spur kam, läßt des weiteren bezweifeln, daß sie jahrelang seine angebliche Kooperation mit dem BND verschlafen haben soll.

Freilich kann Stiller – wie der BND – mit dieser Legende besser leben als mit der Wahrheit. Denn die Tatsache, daß er bei seinem Seitenwechsel Frau und Kind im Stich ließ und sich vorübergehend einer Freundin bediente, deren größter Vorzug ihr in Westdeutschland lebender Bruder war, über den der BND kontaktiert werden konnte, läßt ihn menschlich in noch trüberem Licht erscheinen als der Verrat seiner eigenen Quellen, den man immerhin als nützlich für die Bundesrepublik begreifen und deshalb begrüßen mag. Ausschließlich auf seinen persönlichen Vorteil bedacht, erscheint er als ein Mann, der das Bild des nachrichtendienstlichen »Romeo« in dessen dunkelste Variante verkörpert.

Zweifel sind im übrigen auch angebracht an den verschiedenen Darstellungen der angeblichen, wiewohl gescheiterten Versuche des BND im Frühjahr und im Herbst 1978, Stiller aus der DDR auszuschleusen. Wenn sich diese Aktionen tatsächlich so, wie von Schmidt-Eenboom berichtet[15], abgespielt haben und nicht nachträglichem Erfindungsreich-

---

[14] Stiller, Werner, »Im Zentrum der Spionage«, Mainz 1986.

[15] Vgl. Schmidt-Eenboom, »Schnüffler ohne Nase«, S.126 ff.

tum zu verdanken sind, hätte Pullach ein Jahr später im tödlich verlaufenen Fall Baumann noch unverantwortlicher und dilettantischer operiert, als ohnehin schon. Denn auch die angeblichen Versuche, Stiller auszuschleusen, sollen – wie nachfolgend im Fall Baumann – an fehlerhaften Paßfälschungen des BND gescheitert sein. Träfe dies zu, müßte man dem westdeutschen Geheimdienst attestieren, das nachrichtendienstlich-technische Handwerk in fundamentalen Bereichen nicht zu beherrschen und seine Quellen einem gegebenenfalls tödlichen Risiko auszusetzen. Bei einem solchen Sachverhalt könnte man einem Geheimdienst nur raten, im Interesse der von ihm geführten Agenten seine Tätigkeit umgehend einzustellen.

*

Im Herbst 1979, ich war inzwischen wieder an meinen Arbeitsplatz in Pullach, wurde meine Verbindung zur HVA durch Einrichtung einer neuen Kurierlinie wieder auf die klassischen Grundlagen nachrichtendienstlicher Informationsübermittlung zurückgeführt. In Ermangelung einer operativ optimalen Lösung hatte Fritsch diese Entscheidung lange hinausgezögert.

Wie schon bei der Zusammenführung mit Cordula und Heinz ließ es sich Fritsch auch dieses Mal nicht nehmen, mich mit meinem neuen Kurier persönlich bekannt zu machen. Entgegen den Gepflogenheiten war Leo nämlich kein Reisekader der HVA und somit DDR-Bürger. Er war vielmehr, wie ich, Bürger der Bundesrepublik und lebte ebenfalls in München. Unsere räumliche Nähe hatte einerseits den Vorteil, daß die Informationsübergabe ohne großen Reiseaufwand vonstatten gehen konnte. Andererseits waren die sicherheitlichen Belange um so mehr zu beachten, um uns nicht gegenseitig zu gefährden. Doch Leo war ein Sicherheitsfanatiker, und Fritsch hatte nicht den geringsten Zweifel, daß die ungewöhnliche Kurierverbindung zuverlässig funktionieren würde.

In der Tat war Leo ein Mann, auf den absolut Verlaß war. Nicht nur, daß er die Materialübergabe mit großer Umsicht abwickelte. Vor allem sein technisches Verständnis und Geschick erwies sich als Quelle zunehmender Absicherung der Verbindung. Seitdem er wußte, wie sensibel sie wegen meiner Tätigkeit im BND war – und das hatte er schon bald herausgefunden –, ließ ihn der Gedanke nicht los, wie unsere Sicherheit perfektioniert werden könnte. Vehement beanstandete er bei der HVA die antiquierten Container, in denen die von mir gefertigten Filme aufbewahrt wurden – Deo-Spray-Dosen, deren Boden mit einem in entgegengesetzter Drehrichtung zu betätigenden Schraubverschluß ausgestattet war. Sie stammten aus der Ming-Dynastie, stellte Leo sarkastisch fest, und würden im Falle einer Durchsuchung nicht die geringste Sicherheit bieten. Gleichzeitig hielt er nach Gebrauchsgegenständen Ausschau, in die sich ein unauffälliges Versteck für die Aufbewahrung von Filmen einbauen ließe. Mit einem Kompressor zum Aufpumpen von Autoreifen wurde er schließlich fündig. Es war ein sehr sicheres, weil ungewöhnliches Versteck. Ich erhielt diese letzte Gewißheit, als ich es bei meiner polizeilichen Vernehmung erwähnte und die Kriminalbeamten fasziniert aufhorchten und mit größtem Bedauern zur Kenntnis nahmen, daß dieser Container nicht mehr existierte; Leo hatte ihn weisungsgemäß nach der Wende mit allen anderen nachrichtendienstlichen Hilfsmitteln vernichtet.

Wie recht Leo mit seiner Kritik hatte, konnte ich 1981 feststellen. Aus Anlaß seines 25jährigen Bestehens hatte der BND damals intern eine Ausstellung von Ausrüstungsgegenständen vorbereitet, die bei enttarnten Quellen des nachrichtendienstlichen Gegners, in erster Linie der HVA, sichergestellt worden waren. Mit mulmigem Gefühl hatte ich vor allem die Deo-Spray-Dosen betrachtet, die auch bei mir daheim in einem Schrank standen. Schlagartig begriff ich die Gefahr, in der ich im Falle eines Verdachts schweben würde.[16] Was als sicheres Versteck gedacht war, würde im Ernstfall den Ermittlungsbehörden als unwiderlegbares Beweismittel dienen. Ich mußte die Dosen loswerden, so schnell wie möglich. Deshalb war ich heilfroh, daß Leo bei der HVA Druck machte, einen völlig neuen Container zu entwickeln.

Auch der Materialtransport war bei meinem neuen Kurier in besten Händen. Die Informationen wurden nun nicht mehr, wie bisher, persönlich in die DDR gebracht, sondern mit einem Interzonenzug nach Karl-Marx-Stadt geschickt. Zu diesem Zweck wurden sie in einen sogenannten Verbringungscontainer gesteckt und dieser in der Zugtoilette in ei-

---

[16] Der westdeutschen Abwehr war die Verwendung von Deo-Spray-Dosen als nachrichtendienstlichem Aufbewahrungs- und Verbringungsmittel durch das MfS schon lange bekannt. Um so mehr befremdet es, daß sie bei der HVA weiterhin in Gebrauch blieben.

nem verdeckten Hohlraum untergebracht. Zum Schutz gegen ein unbefugtes Öffnen war der Container mit einem hochempfindlichen Zerstörungsmechanismus versehen, einem grellen Blitzlicht, durch das das unentwickelte Filmmaterial gegebenenfalls belichtet und damit unlesbar gemacht würde. Anfangs gab es einige Schwierigkeiten, den Zerstörungsmechanismus so exakt einzustellen, daß er nicht schon bei Erschütterungen des Zugwaggons, die auf den holprigen Bahngleisen in der DDR nicht selten waren, vorzeitig auslöste. Mehrmals kam es vor, daß meine Berichte noch vor Erreichen des Zielbahnhofs unbrauchbar waren.[17]

In der ersten Zeit unserer Zusammenarbeit hielten Leo und ich uns strikt an die Regeln der Konspiration, d.h. wir vermieden jeden direkten und für Außenstehende erkennbaren Kontakt. Ein flüchtiges Lächeln reichte zur Verständigung und als Gruß, wenn wir uns zur Materialübergabe trafen. Diese fand zunächst wieder in jenem Schwimmbad in Bad Tölz statt, wo ich schon Jahre zuvor mit meinem ersten Kurier zusammengetroffen war. Im Gegensatz zu jenem hatte es Leo allerdings nicht gefallen, daß ich die Filmcontainer unter der Trennwand der Umkleidekabine in die von ihm belegte Nachbarkabine reichte. Das sei ihm zu unsicher, hatte er mich über Fritsch wissen lassen, es brauche nur jemand auf dem Boden herumzurutschen und uns dabei beobachten. Er hatte deshalb zwei zusätzliche Chipkarten für die Kleiderschränke organisiert. In den einen konnte ich meine Container mit den Filmen legen, in dem anderen brachte er die leeren Container unter. In irgendeinem der Schwimmbecken tauschten wir dann heimlich die beiden Schrankschlüssel aus.

Nach etwa zwei Jahren hob Fritsch das strikte Verbot persönlicher Kontaktnahme zwischen uns auf. Leos Vater, ein gestandener Kommunist, war mittlerweile verstorben und damit das größte Sicherheitsrisiko in unserer Verbindung entfallen. Auch Leo war der Arbeiterbewegung verbunden, doch er hatte sich mit rechten Parolen in seinem persönlichen Umfeld den Ruf verschafft, ein Erzkonservativer zu sein. Er verkörperte damit mustergültig den politischen Standort, der in den

[17] Die Nutzung von Hohlräumen in Zugwaggons für den Transport nachrichtendienstlichen Materials war der westdeutschen Abwehr ebenfalls längstens bekannt. Gleichwohl blieb auch diese Verbringungsmethode ein Standardmittel in der Arbeit der HVA.

Augen des BND als sicherheitlich unbedenklich galt. Es stand nichts mehr zu befürchten, wäre dem BND mein Kontakt zu ihm je bekanntgeworden.

Schon bald entwickelte sich eine freundschaftliche Beziehung zwischen uns, ungeachtet unserer unterschiedlichen Herkunft und Lebenswege. Seitdem ich ein Kind angenommen hatte, fühlte sich Leo mehr denn je für mich verantwortlich. Er bot seine Hilfe an, kümmerte sich um meinen Sohn, wenn berufliche oder nachrichtendienstliche Aufgaben mich zeitlich in Bedrängnis brachten, war mit seinem handwerklichen Geschick zur Stelle, wenn das Auto gewartet oder im Haushalt etwas repariert werden mußte. Ohne Wenn und Aber versuchte er mich zu unterstützen und sah darin seinen ganz persönlichen Beitrag zu einer erfolgreichen nachrichtendienstlichen Tätigkeit für die HVA.

Meine Verhaftung wurde auch Leo zum Verhängnis. Jeder Versuch, ihn zu schützen, war zwecklos. Doch diese Erkenntnis konnte den Aufruhr meiner Gefühle nicht dämpfen, sie machte nur noch niedergeschlagener. Welche Verkennung meiner Selbstvorwürfe, die mich hinter der maskenhaften Erstarrung meines Gesichts peinigten, als das Gericht mir später mangelnde Schuldeinsicht vorhielt! Ich fühlte mich zutiefst schuldig gegenüber Leo, weil ich ihn vor der Strafverfolgung nicht schützen konnte, weil ich ihm vor einiger Zeit – wie Fritsch – den Gedanken ausgeredet hatte, die nachrichtendienstliche Zusammenarbeit einzustellen, weil ich es überhaupt zugelassen hatte, daß er in meine Verbindung zur HVA einbezogen worden war. Aber das war nicht jene Art von Schuldgefühlen, die die Richter bei mir sehen wollten, Schuldgefühle, die »gut« und »böse« plakativ scheiden und so selbstberuhigend wirken beim Strafausspruch. Nichts dergleichen wollte deshalb auch mein Anwalt bei mir sehen oder von mir hören. »Es provoziert nur, lassen Sie das!« winkte er kategorisch ab.

Als ein Jahr später, im Frühjahr 1993, bekannt wurde, daß es der CIA kurz nach der Wende gelungen war, personenbezogene Daten der HVA in ihren Besitz zu bringen, war sofort klar, daß es schon seit jenem Zeitpunkt im Grunde keinen Schutz mehr für die Kundschafter der HVA gab. Mit der zunehmenden politischen Konfusion und der Erosion der Staatsmacht in der DDR hatte auch die Kontrolle über das nachrichtendienstliche Material zu bröckeln begonnen. Schwerer wog indes, daß die HVA bereits in den Jahren zuvor ihr Material nicht vollständig unter

Kontrolle hatte und schon deshalb gar nicht in der Lage war, ihre Quellen auch in dem Extremfall radikaler politischer Veränderung vor einer Enttarnung zu schützen. Zu ihrem Entsetzen erfuhr nun die Leitung der Auslandsaufklärung, daß die Sammelwut im MfS auch vor ihren Unterlagen nicht haltgemacht hatte; allen Sicherheitsvorschriften zum Trotz waren sie in der zentralen Registratur des Ministeriums mit Hilfe der elektronischen Datenverarbeitung teilweise dupliziert und partiell sogar außerhalb des Ministeriums gelagert worden. Ebendieses Material befand sich nun im Besitz der CIA.[18] Die Sisyphusarbeit monatelanger Vernichtung der HVA-Akten erwies sich damit als weitgehend vergebens. Mochte auch der Umstand, daß die amerikanischen Geheimdienstler ihren westdeutschen Kollegen zuvorgekommen waren und jetzt selbstherrlich darüber bestimmten, in welche der Unterlagen sie ihnen Einsichtnahme gewährten, ebenso belustigen wie die platte Desinformation des Koordinators für die deutschen Geheimdienste, Kanzleramtsminister Bernd Schmidbauer, die so gewonnenen Erkenntnisse seien das Produkt der neuen deutschen Partnerdienstkooperation mit den russi-

---

[18] Dies betrifft zum einen die sogenannte »Garzau-Liste«, benannt nach ihrem Fundort, dem Führungsbunker in Garzau; sie besteht aus zwei EDV-erfaßten Karteien der HVA:
– einer allgemeinen Personenkartei mit Namen und Adressen aller von der HVA aus den unterschiedlichsten Gründen erfaßten Personen (eine derartige Kartei bzw. Datei existiert auch beim BND bzw. bei den westdeutschen Diensten und dient einer generellen nachrichtendienstlichen Abklärung x-beliebiger Personen im Rahmen von »Personen-Anfragen«) und
– einer Objektkartei, in der die Quellenverbindungen der HVA mit Decknamen und Vorgangsnummer aufgelistet waren.
Durch eine Kombination beider Karteien mittels der jeweiligen Vorgangsnummern gelang es dem Verfassungsschutz, eine Reihe von Quellenverbindungen der HVA zu identifizieren.
Zum anderen gelangte die CIA in den Besitz der »Mob-Liste« der HVA aus dem Jahr 1988 sowie der Jahresberichte 1988 einzelner operativer HVA-Abteilungen. Die »Mob-Liste« umfaßt naturgemäß nicht alle Quellenverbindungen der HVA, sondern nur diejenigen, die im Fall einer militärischen Mobilmachung, d.h. im Spannungsfall, für den DDR-Auslandsnachrichtendienst erreichbar bleiben. Die Frage einer solchen Erreichbarkeit war mit den Kundschaftern abgesprochen, und diesbezüglich waren entsprechende Festlegungen getroffen worden. Ich selbst wurde beispielweise auf einer solchen Liste mit Sicherheit nie geführt, weil ich im Mobilmachungsfall für die HVA nicht mehr erreichbar gewesen wäre. Nach der Mob-Planung des BND, die es selbstverständlich auch beim westdeutschen Geheimdienst gab, wäre ich in irgendeinem Schwarzwald-Tal kaserniert worden. Das wußten meine Partner aus der HVA nur zu gut, weshalb sie die Frage meiner Kontaktmöglichkeiten im Spannungs- und Mobilmachungsfall gar nicht erst mit mir erörtert haben.

schen Nachfolgeorganisationen des KGB[19]: Für die Betroffenen war es alles andere als komisch, daß nun eine zweite Verhaftungswelle über Westdeutschland hinwegrollte und insbesondere Kundschafter aus der zweiten Reihe traf, nachdem die meisten der »hochrahmigen« Agenten schon bald nach dem Zusammenbruch der SED-Herrschaft verraten worden waren.

Das Auftauchen des CIA-Materials gab naturgemäß Anlaß zu Zweifeln an der Professionalität der HVA wie auch zu mancherlei Verdächtigungen. Wie viele andere Kundschafter fragte auch ich mich immer wieder, wie man nur so leichtfertig gewesen sein konnte, sensible nachrichtendienstliche Daten außerhalb des eigenen Hauses zu lagern und welchen Sinn es überhaupt gemacht hatte, sie in politisch normalen Zeiten – und die latente Ost-West-Konfrontation war ja längst in den Zustand politischer Normalität in Europa getreten – in einem Bunker aufzubewahren, der im nicht absehbaren und eher unwahrscheinlichen Spannungsfall der Staatsführung als Operationsbasis dienen sollte. Zudem war der Umstand, daß der Leitung der HVA die Existenz der »Garzau-Listen« nicht bekannt war und als eine Art »Aktion Eichhörnchen« wohl auf die einsame Entscheidung Mielkes zurückgeht, wenig geeignet, die kritischen Fragen der Kundschafter nach dem Umgang von HVA bzw. MfS mit ihren Sicherheitsbelangen verstummen zu lassen. Doch hat sich deren Inhalt in dem Maße verändert, wie die intraministerielle Kommunikation und Kooperation sowie das neurotische Überwachungsbedürfnis des altersstarren Staatssicherheitsministers in den Mittelpunkt der Betrachtung gerückt sind.

Im Gegensatz zu den »Garzau-Listen«, die außer in der HVA auch in der zentralen Registratur des MfS archiviert waren und damit der Ministeriumsleitung jederzeit und ohne Rücksprache mit dem Auslandsnachrichtendienst zur Verfügung standen, wurde die »Mob-Liste« nur bei der HVA aufbewahrt. Gerade dieser Umstand wie der Sachverhalt, daß sie außer in der HVA-internen EDV auch auf Mikrofiches gespeichert war, nährte den Verdacht, sie sei von einem Angehörigen der HVA-Leitung dem amerikanischen Geheimdienst zugespielt worden. Noch immer hält sich das Gerücht, ein ranghoher Mitarbeiter aus dem Leitungsstab habe sie unmittelbar nach der Wende für rund 1,2 Millio-

[19] Vgl. z.B. »Süddeutsche Zeitung«, 3.7.1993.

nen US-Dollar an die CIA verkauft. Indes hat sich trotz aller Bemühungen der ehemaligen hauptamtlichen Mitarbeiter der HVA und insbesondere ihrer Leitung der angebliche Verräter in ihren Reihen bis heute nicht ausfindig machen lassen. Daneben deuten auch die in Spionageprozessen vorgelegten Beweismittel inzwischen darauf hin, daß derartige Gerüchte und Verdächtigungen ebenfalls bloße Desinformation sind, um einen womöglich profanen, nachrichtendienstlich jedoch mißlichen Sachverhalt zu verschleiern. Für die früheren Verantwortlichen der HVA wird es dadurch nicht eben leichter herauszufinden, wie die CIA in den Besitz dieses Materials gelangen konnte. Das gilt auch für jenen Teilbestand der informationsbezogenen Datenbank der HVA-Auswertung, den die Gauck-Behörde gleich einem unverhofften Weihnachtsgeschenk am Tag vor Heiligabend 1998 entschlüsselt haben will[20] – gewiß nicht zufällig just zu dem Zeitpunkt, wo die Diskussion um eine Amnestie für die ehemaligen DDR-Repräsentanten und die westdeutschen Kundschafter wieder aufgelebt ist. Deshalb bleiben alle Versionen notgedrungen spekulativ, warum Teile des HVA-Materials der rigorosen Vernichtungsaktion entgangen sind: ob vielleicht Sicherungskopien übersehen wurden oder ob gar die zentrale EDV-Abteilung des MfS Daten des Auslandsnachrichtendienstes heimlich kopiert und in einem gesonderten Speicherbereich der Großrechenanlage abgelegt hat. Bei der Auflösung des MfS wurde dessen Zentralrechner nicht zerstört, das relevante Material konnte damit der generellen Vernichtungsaktion der HVA entgehen. Diese erstreckte sich seinerzeit nur auf deren eigene Registratur einschließlich der Datenträger von PC-Anlagen und der Speicherbereiche in der Großrechenanlage sowie auf die bekannten Archivalien der HVA in der zentralen Registratur des MfS.

Mag es auch beruhigen, daß die »Mob-Liste« der HVA aller Wahrscheinlichkeit nach nicht durch Verrat aus den eigenen Reihen der CIA in die Hände gefallen ist, so gibt es doch zu denken, daß die modernen Informations- und Datenverarbeitungstechniken einen schwerlich beherrschbaren Risikofaktor ins nachrichtendienstliche Geschäft gebracht haben. Dies gilt keineswegs nur für eine so außerordentliche Situation wie die Auflösung eines Geheimdienstes, noch dazu unter der Rahmenbedingung, daß der nachrichtendienstliche Gegner unmittelbar vor Ort

[20] Vgl. »Der Spiegel«, 1999, H. 3, S. 32 ff.

operiert und mit allen Mitteln und Methoden versucht, der Vernichtung des Materials zuvorzukommen. Schon im geheimdienstlichen Alltagsgeschäft zeitigt die elektronische Datenverarbeitung letztlich unkalkulierbare Risiken. Nicht nur, daß sie eine rasche Vervielfältigung von Daten erlaubt, sei es auch nur zu ihrer Sicherung, und damit – im Gegensatz zu den konventionellen Arbeitsmethoden – eine Ausuferung von Archiven begünstigt. Auch lassen sich, wie man inzwischen aus einem spektakulären Mordprozeß weiß, vermeintlich endgültig gelöschte Daten rekonstruieren. Allen technologischen Weiterentwicklungen zum Trotz ist zudem weder die Gefahr externer noch interner Angriffe auf die Datenbestände gebannt. Im Gegenteil: Die Geheimdienste, allen voran die amerikanischen, haben fremde Computer längst als potentielle Informationsquelle ausgemacht und ihre Anstrengungen darauf gerichtet, über eine Erfassung der elektrischen Geräteabstrahlungen Zugriff auf die Daten zu erlangen. Aus der Sicht von Wirtschaftsunternehmen mögen derartige Schwachstellen im Datenschutz als peinliche Pannen entschuldbar erscheinen. Für einen Nachrichtendienst, der seine Daten nicht schützen kann, steht hingegen mehr auf dem Spiel: Er stellt sich selbst in Frage, wenn seine Konspiration nicht verläßlich und damit die Sicherheit seiner Quellen nicht gewährleistet ist.

Vielleicht war es naiv zu glauben, die HVA könnte in vergleichsweise kurzer Zeit und in der angespannten politischen Situation alle Spuren einer fast 40jährigen Aufklärungstätigkeit tilgen.[21] Naiv auch zu glauben, dank des pausenlosen Einsatzes von Büroshreddern und der Zerstörung von Datenträgern sei die Sicherheit der Kundschafter unbeeinträchtigt. Vielleicht wäre es ratsamer gewesen, den gesamten Gebäudekomplex des MfS mit allen Unterlagen und technischem Gerät in Schutt und Asche zu legen. Freilich tut man sich mit solch radikalen Gedanken im nachhinein leichter als in der aktuellen Situation, in der es zu entscheiden gilt. Die Entscheidung fiel zugunsten einer akribischen Ver-

[21] Schon kurz nach der Wende und damit rund drei Monate vor dem Beschluß der »Arbeitsgruppe Sicherheit des Zentralen Runden Tisches« vom 23.2.1990, die HVA aufzulösen, hatte der Auslandsnachrichtendienst der DDR mit der gezielten Vernichtung seines Materials begonnen, ungeachtet zwischenzeitlich ausgesprochener Verbote. Nach dem Auflösungsbeschluß konnte die bereits personell verkleinerte HVA in dem Objekt Roedernstraße bis zur Jahresmitte 1990 die Vernichtungsaktion eigenverantwortlich zum vollständigen Abschluß bringen.

nichtung allen sensitiven Materials, über das die HVA verfügte. Dadurch wurde zweifellos viel zum Schutz der Kundschafter getan. Sicher waren sie gleichwohl nicht mehr.

So infam auch der Quellenverrat durch einige Mitarbeiter der HVA war und so verheerend die Folgen doppelter Archivierung von HVA-Material im MfS, kann dennoch nicht übersehen werden, daß die überwältigende Mehrheit der HVA-Angehörigen ihrer Verantwortung gegenüber den Kundschaftern gerecht geworden ist. Obwohl von den westdeutschen Behörden in der Regel unter massiven Druck gesetzt oder mit beträchtlichen Geldsummen geködert, weigerten sie sich standhaft, ihre westdeutschen Partner preiszugeben. Sie mögen das als eine selbstverständliche Pflicht erachtet und deshalb kein Aufhebens darum gemacht haben. Doch angesichts meiner gegenteiligen Erfahrung, die mich ins Gefängnis gebracht hatte, erschien mir dies plötzlich nicht mehr so selbstverständlich. Um so mehr empfand ich ein tiefes Gefühl der Verbundenheit und der Dankbarkeit, als ich in meiner Zelle beim Studium der Ermittlungsakten feststellte, daß sich HVA-Mitarbeiter, die ich persönlich nicht kannte und die mir gleichwohl beträchtlich hätten schaden können, sich schützend vor mich gestellt hatten. Man werde, hieß es in den polizeilichen Vernehmungsprotokollen lapidar, keine Angaben zur Sache machen und eventuelle Konsequenzen als Folge dieser Haltung tragen.

Das war jener Geist, den ich in meinen Kontakten zur HVA kennengelernt und der mir stets Respekt abgenötigt hatte. In den Jahren meiner Zugehörigkeit zum BND hatte ich es mir nicht verkneifen können, meine Pullacher Kollegen insgeheim mit meinen HVA-Partnern zu vergleichen. Dabei waren letztere in der Regel erheblich besser weggekommen, weil sie weniger Ich-bezogen und viel stärker auf die gemeinsamen Werte, Aufgabenstellungen und Ziele orientiert waren.[22] Seitdem die Euphorie der deutschen Vereinigung verflogen ist, sind diese soziokulturell

[22] In einem vielbeachteten Interview bescheinigte der frühere BND-Präsident Hansjörg Geiger den ehemaligen HVA-Mitarbeitern, »vielfach hochmotiviert«, »sehr engagiert« und »kreativ« gearbeitet zu haben, und rügte zugleich einen Mangel an Phantasie und »zuviel Beamtenmentalität« bei den Hauptamtlichen in Pullach; vgl. »Der Spiegel«, 1996, H. 34, S. 25 ff. Geigers Feststellungen übten einen unwiderstehlichen Reiz auf mich aus, mich bei ihm um Wiedereinstellung zu bewerben. Der BND schien damit allerdings überfordert gewesen zu sein. Er reagierte sprachlos.

unterschiedlichen Prägungen von »Ossis« und »Wessis« auch einer breiteren Öffentlichkeit bewußt geworden. Gleichwohl finden die Sehnsucht vieler Ostdeutscher nach sozialer Nestwärme und ihre Abneigung gegen die westliche Ellbogen-Mentalität bei ihren westdeutschen Landsleuten immer noch wenig Verständnis.

Während meiner Haftzeit habe ich mich oft gefragt, wie sich meine Pullacher Kollegen in einer Situation verhalten hätten, wie sie um die Jahreswende 1989/90 über die Mitarbeiter der HVA hereingebrochen ist. Es gab für mich keinen Zweifel, daß eine erheblich größere Anzahl von ihnen, als es bei der HVA der Fall war, die Seite gewechselt und unter Preisgabe ihres Wissens und ihrer Quellen sich den neuen Herren angedient hätte, um das eigene Fell zu retten und das persönliche Wohlergehen sicherzustellen. Dazu bedurfte es nicht einmal des Vorbildes ihres ersten Präsidenten Gehlen.

9 Annahme eines Kindes

Kaum daß mit der Einführung von Leo als neuem Kurier meine Verbindung zur HVA strukturell wieder ins Gleichmaß gekommen war, zeichnete sich in meinem persönlichen Umfeld ein radikaler Wechsel ab, der meine Zusammenarbeit mit dem DDR-Geheimdienst grundsätzlich in Frage stellte. Anfang 1980 hatten die besorgten Anrufe meiner Mutter keinen Zweifel mehr daran gelassen, daß meine Schwester mit dem jüngsten Familienmitglied, einem in Pflege genommenen behinderten Kind, nicht zurechtkam und es ins Heim zurückgeben wollte. Dieser Gedanke ließ meiner Mutter keine Ruhe. Sie fühlte sich verpflichtet, etwas für den Jungen zu tun, da er nun einmal zur Familie gehörte. Doch ihr Alter und ihre angegriffene Gesundheit ließen nicht zu, selbst für ihn zu sorgen. Auch mein Bruder sah keine Möglichkeit, das Kind zu sich zu nehmen.

Ob ich etwas tun könnte? Immer und immer wieder ging mir diese Frage durch den Kopf. Nein, ich konnte nicht, gab mir die Vernunft zur Antwort. Wie sollte ich auch als berufstätige und alleinstehende Frau. Selbst bei bestem Willen hätte ich gar nicht die Zeit, eine solche Aufgabe zu bewältigen. Aber man muß es! mahnte mein Gefühl. Man kann den kleinen Kerl doch nicht einfach seinem Schicksal überlassen. Schicksal? Wie kannst du es denn wagen, den Jungen zu dir zu nehmen, wo du mit einem Bein im Gefängnis stehst! Du mußt die Zusammenarbeit mit der HVA beenden. Sonst bringst du das Kind in Gefahr!

Aufhören? Jetzt, wo die NATO mit ihrem Nachrüstungsbeschluß eine neue Runde im Rüstungswettlauf eingeläutet hat? Wo sie entschlossen ist, mit der »Cruise Missile«, einem tieffliegenden und jede Radarvorwarnung unterlaufenden Waffensystem, ein neues Bedrohungspotential gegen die sozialistischen Staaten in Stellung zu bringen? Wie sehr hatte es mich empört, daß die Bundesregierung die Bevölkerung glauben zu machen versuchte, dieses Rüstungsprogramm diene lediglich dem Ziel, die neuen sowjetischen Mittelstreckenraketen SS-20 zu kompensieren, wo es doch ausschließlich darum ging, die USA zu einer nuklearen Verteidigung Europas zu verpflichten, indem man sie im Ernstfall in einen dortigen Atomkrieg verwickelte. Nicht vor vermeintlichen Eroberungsgelüsten Moskaus sollten die neuen Waffensysteme schützen, sondern vor einer halbherzigen, nur auf die Sicherheit des eigenen Landes bedachten Bündnistreue der Amerikaner.

Im Ernstfall würden die Deutschen, hüben wie drüben, das »Teufelszeug« auf den Kopf bekommen, denn Deutschland war als Schauplatz ihres Einsatzes ausersehen, und dann würde es keinen Unterschied mehr machen, ob sie im Strahlenschirm einer sowjetischen oder einer amerikanischen Bombe krepierten. Sie könnten ohnehin nur einmal sterben, und niemand würde eine solche Apokalypse überleben. Honecker hatte recht: Das »Teufelszeug« mußte weg, dafür mußte man kämpfen. Die nukleare Erstschlagsdoktrin der USA mußte ebenfalls weg, sie gefährdete zuvörderst die Deutschen, nicht die Amerikaner. Auch dafür mußte man kämpfen.

Ich hatte, als die NATO-Strategen ihre nuklearen Nachrüstungspläne entwarfen, endgültig Position auf der anderen Seite der Barrikade bezogen. »Ich möchte der SED beitreten«, hatte ich damals zu Karl-Heinz gesagt, und es hatte ihn tief berührt, in mir die künftige Genossin zu sehen. Fritsch hatte alsbald den Aufnahmeantrag für mich gestellt und Markus Wolf zugeleitet. Dort lag er, noch immer unentschieden. »Der Minister hat einige Schwierigkeiten damit«, hatte Fritsch mich einmal als Zwischenbescheid wissen lassen. »Sicherheitsgründe. Er muß einen Weg finden, wie du in die Partei aufgenommen werden kannst, ohne daß deine Personalien bekannt werden. Wir dürfen die Verbindung zu dir nicht gefährden.«

Doch nun befand ich mich unversehens in einer Situation, wo die Sicherheit, das Wohlergehen eines Kindes, um das ich mich sorgte, es gebot, mich aus dem gerade erst begonnenen Kampf gegen die westlichen Raketenpläne zurückzuziehen. Das konnte ich genausowenig verantworten wie eine potentielle Gefährdung jenes Jungen, für den es ein Zuhause zu sichern galt. Du mußt aufhören, mahnte mich die Vernunft. Du darfst jetzt nicht aufhören, appellierte mein Gefühl. Jeder wird jetzt auf seinem Posten gebraucht. Auch du!

Niemand ahnte etwas von den tiefen inneren Konflikten, die ich in diesen Wochen mit mir austrug, weder meine Familie noch meine Kollegen, obwohl ich mit ihnen über das Problem sprach. »Was dein Zeitproblem betrifft«, meinte Gutmann, mein späterer Chef, »so läßt es sich organisatorisch lösen. Wenn du auf Dienstreise bist, kann der Junge solange bei uns bleiben. Auch in den ersten Monaten kann meine Frau ihn tagsüber mitbetreuen. Dann fällt ihm die Eingewöhnung hier leichter, als wenn du ihn gleich im Kindergarten unterbringst.« Auch mein Kamerad aus dem gemeinsamen Russischkurs bot seine Hilfe und die seiner Frau an. Mein Zeitproblem verlor an Bedeutung.

Doch würde ich es schaffen, mein Leben so radikal umzustellen, wie es die Sorge um ein Kind, obendrein ein körperbehindertes und aufgrund häufiger Wechselbetreuung psychisch geschädigtes Kind, erforderte? Ich kannte den Buben nicht persönlich, nur aus den Berichten meiner Mutter. »Der Junge ist ganz lieb«, hatte sie erzählt, »und die Behinderung ist nicht so schlimm. Er stolpert nur etwas über seine Füße. Man muß ihn eben immer an die Hand nehmen.« Ich beschloß, meine Schwester zu besuchen, um den Jungen kennenzulernen. Ich mußte ihn sehen und erleben, um mir klarzuwerden, ob ich ihn wie ein eigenes Kind liebhaben und seine Behinderung akzeptieren könnte.

Nie werde ich den Moment unserer ersten Begegnung vergessen, den Blondschopf, der am oberen Treppenabsatz auftauchte, und die Geschicklichkeit, mit der der Kleine auf seinem Hosenboden Stufe für Stufe herunterrutschte, damit er nicht über seine Füße strauchelte und in die Tiefe stürzte. Dann stand er vor mir und strahlte mich an. »Hallo, ich bin Gaby«, sagte ich zu ihm und kniete vor ihm nieder. »Ich bin Harry«, krähte er fröhlich zurück. »Ich bin schon fünf Jahre alt. Wie alt bist du?« Doch Harry hatte keine Zeit, meine Antwort abzuwarten. Er griff meine Hand und zog mich zur Treppe. »Ich habe ganz viele Spielsachen. Die will ich dir zeigen.« Diesmal stieg er die Treppe hoch, wobei er das Geländer fest umklammerte.

Den ganzen Nachmittag spielte ich mit Harry. Ich hatte mühelos Kontakt zu ihm gefunden. Aber das hieß nicht viel, Harry zeigte die typische Distanzlosigkeit eines Kindes, das viel herumgestoßen worden war und bereit, sich überall einen Platz einzurichten. Das würde einen Wechsel nach München zwar erleichtern. Doch um so schwerer wäre es, sein Vertrauen zu gewinnen und eine verläßliche Bindung aufzubauen. Seine Behinderung war in der Tat nicht so schwer, als daß ich hätte befürchten müssen, mit seiner notwendigen medizinischen Betreuung überfordert zu sein. Natürlich müßte ich Rücksicht auf die Schwierigkeiten nehmen, die das Schicksal ihm in die Wiege gelegt hatte. Aber damit würde ich zurechtkommen.

Was blieb, war die Entscheidung, meinem Leben mit einem Kind, mit diesem Kind, einen neuen Schwerpunkt, einen neuen Inhalt und Sinn zu geben. Seit einigen Jahren schon, mit zunehmender beruflicher Routine, war ich mir des hohen Preises bewußt geworden, den ich mit meinem Verzicht auf eine eigene Familie für mein berufliches Engagement erbrachte. Wie Hohn klangen mir inzwischen die programmatischen Aussagen der CDU in den Ohren, es sei ein großartiger gesellschaftlicher Fortschritt, daß Frauen nun zwischen Beruf und Familie wählen könnten. Längst hatte ich begriffen, daß es eine Wahl war zwischen Skylla und Charybdis und daß das eine nebst dem anderen dem Leben Sinn und Erfüllung gab.

Was ich lange von mir gewiesen hatte, weil ich es als eine zu große Belastung empfand, wollte ich jetzt: Sorge für ein Kind tragen. Freilich hätte ich angesichts meines Single-Daseins und meiner beruflichen Pflichten nie den Mut gehabt, selbst ein Kind in die Welt zu setzen oder gar eine Adoption anzustreben. Es wäre mir als egoistisch erschienen. Doch hier war ein Kind, das im Grunde niemand wollte und wo nicht Egoismus, sondern persönliche Zurücknahme mich sagen ließ: Ich will dich!

Einige Wochen später traf ich Karl-Heinz in Innsbruck. Er spürte sofort, daß irgend etwas los war, daß Sorgen mich bedrückten. »Ich muß mit dir sprechen«, sagte ich. »Irgendwo, wo es ruhig ist und niemand uns stört.« Wir fuhren zur Hungerburg, jenem malerisch gelegenen Ortsteil an den Ausläufern der Nordkette oberhalb Innsbrucks, von wo sich eine grandiose Aussicht über die Dächer der Stadt weit ins Inn- und Wipptal und auf den gegenüberliegenden Patscherkofel erschließt. Doch für die Schönheit der Umgebung hatte ich an jenem Nachmittag keinen Blick.

»Ich habe mich entschlossen, ein Kind anzunehmen«, kam ich ohne Umschweife zur Sache. Karl-Heinz verschlug es die Sprache. Er hatte wohl mit allen möglichen Problemen gerechnet, ja sogar mit der Erklärung: Ich werde demnächst heiraten. Doch die schlichte Mitteilung, daß ich beabsichtige, ein Kind anzunehmen, lag jenseits seines Vorstellungsvermögens. »Hast du dir das genau überlegt?« fragte er nach einer Weile. »Ja, das habe ich. Lange und gründlich.«

Ich berichtete ihm, wie es zu meinem Entschluß gekommen war. Er blieb skeptisch. »Hast du bedacht, was es für deine Sicherheit bedeutet, wenn du ein Kind annimmst? Das mag zwar eine Weile gutgehen. Doch der Junge bleibt nicht ewig klein. Irgendwann bekommt er etwas von deinen Aktivitäten für uns mit und fängt an, darüber zu plappern. Er denkt sich ja nichts Böses dabei. Aber dich kann es in Teufels Küche bringen. Nein, das geht nicht gut. Das bringt uns alle nur in fürchterliche Schwierigkeiten. Ich bin sicher, Hans wird das genauso sehen. Er wird nicht begeistert sein, wenn ich ihm davon berichte.«

»Wenn euch nichts einfällt, wie ihr meine Sicherheit gewährleisten könnt, dann werden wir die Zusammenarbeit einstellen müssen. Das wäre zwar in der jetzigen politischen Situation sehr mißlich. Aber ein Risiko kann ich nicht eingehen. Ich meine allerdings, daß ich es, soweit es an mir liegt, beherrschen kann. Ich muß meine Berichte eben am späten Abend, wenn der Junge schläft, schreiben und fotografieren. So habe ich es ohnehin schon gehalten, um nicht von einem Besucher überrascht zu werden. Da braucht sich also vorläufig nicht viel zu ändern. Allerdings weiß ich nicht, wie wir uns künftig noch treffen können. Das müßt ihr euch überlegen.«

Karl-Heinz zweifelte nach wie vor, daß sich eine Lösung des Problems finden lasse. Doch er gab seine anfänglichen Versuche auf, mir meine Entscheidung auszureden. Er hatte begriffen, daß daran nicht mehr zu rütteln war. Ein wenig begann er es auch zu verstehen. »Eigentlich ist dein Vorhaben großartig, und ich wünsche dir von ganzem Herzen Erfolg. Du beschämst mich damit. Ich muß dir sagen, daß ich einen Sohn habe. Dreizehn müßte er jetzt sein. Er stammt aus der Beziehung, die ich vor unserem Kennenlernen hatte. Aber ich habe mich nie um ihn gekümmert. Das werde ich ändern. Ich werde jetzt Kontakt zu ihm aufnehmen.«

Ich war schockiert. Nicht über die Mitteilung, daß mir Karl-Heinz einen unehelichen Sohn bislang verschwiegen hatte. Der Gedanke entsetzte mich, daß er sich einfach seiner Verantwortung entzogen, seine damalige Freundin sitzengelassen und sich nie um das Kind gekümmert hatte. Das war schäbig, feige, charakterlos. Tief im Innern beschlich mich der Verdacht, daß er auch mich in einer Situation, wo es darauf ankäme, fallenlassen könnte. Er scheut die Verantwortung, durchzuckte es mich. Er denkt nur an sich und an sein persönliches Wohlergehen. Deshalb ist er damals einer Eheschließung ausgewichen. Auf ihn ist letztlich kein Verlaß.

Vielleicht war es ein Fehler, seiner Frage, ob er mich wiedersehen würde, zu bejahen und damit meine Bereitschaft zu signalisieren, zu meiner politischen Entscheidung gleichermaßen zu stehen wie zu meiner nunmehrigen persönlichen. Sicher war es ein Fehler, damit auch die Verbindung zu ihm aufrechtzuerhalten. Denn sie erwies sich im entscheidenden Moment, als ich der Solidarität und Hilfe meines Freundes und Genossen bedurfte, als brüchig, weil der Genosse und Freund zuallererst sich selbst und seine eigenen Interessen sah und blind war für die Möglichkeiten, sie zum beiderseitigen Nutzen zu koordinieren. Falsch war es indes nicht, ihn an meinem Sohn wiedergutmachen zu lassen, was er seinem eigenen Sohn schuldig geblieben war: ein wenig Sorge zu tragen für ein Kind, Pflichten zu übernehmen und, wenigstens für Stunden, verantwortlich zu sein für jemand anderen.

Fritsch war, wie Karl-Heinz vorhergesagt hatte, ebenfalls nicht erbaut über meine Entscheidung. Doch es gab kein Zurück. Er mußte sich wohl oder übel mit der neuen Situation abfinden. Für ihn kam ohnehin nicht in Betracht, mich mit allen Mitteln zu überreden oder gar Druck auf mich auszuüben. Das war weder sein persönlicher Stil noch der der HVA. Auch wurde ich weder damals noch in den folgenden Jahren von ihm oder von Karl-Heinz oder von irgend jemand anderem bedrängt, die nachrichtendienstliche Zusammenarbeit mit der HVA fortzusetzen. Meine entsprechende Aussage vor den Strafverfolgungsbehörden entspringt der Erfindung meines Verteidigers und ist schlichtweg falsch. Bertram hoffte, damit womöglich eine Teilverjährung und folglich eine mildere Strafe für mich erwirken zu können. Andererseits befürchtete er, es könnte mir vor Gericht zum Nachteil gereichen, daß ich bei der Annahme des Kindes nicht das Nächstliegende getan hatte: meine geheimdienstliche Tätigkeit für die DDR einzustellen. Daß dies angesichts des neuerlichen Wettrüstens des Westens eben nicht das Nächstliegende war, sollte ich schon gar nicht erklären; es hätte seine grundsätzliche Verteidigungslinie, die auf einer unendlichen Love-Story zwischen Karl-Heinz und mir fußte, wie eine Seifenblase zerplatzen lassen. »Kein politisches Wort!« Und daran hielt ich mich geradezu sklavisch, auch wenn es mir widerstrebte und ich mitunter in einen Erklärungsnotstand geriet. Aber ich wollte nicht Gefahr laufen, daß mein Anwalt mir bei einem ungünstigen Urteil später vorwerfen würde, ich hätte meinen Part vor Gericht schlecht gespielt und damit seine Strategie zunichte gemacht.

Im Frühjahr 1980 holte ich Harry zu mir nach München. Von einer Stunde zur anderen war ich Mutter geworden, alleinerziehende Mutter eines Kindes, das mit seinen fünf Jahren bereits über einen ausgeprägten Charakter und vor allem über eine beträchtliche Willenskraft verfügte. Ich mußte mir alle Mühe geben, es möglichst schnell kennenzulernen, sein Wesen, seine Eigenheiten und Verhaltensweisen. Außerdem brauchte es eine gute medizinische und psychotherapeutische Betreuung. Wie ich aus verschiedenen ärztlichen Gutachten ersehen hatte, machte die spastische Lähmung, an der er aufgrund eines postnatalen Atemstillstands litt, eine kontinuierliche Krankengymnastik erforderlich. Der Junge hatte, wie ich schon bei unserer ersten Begegnung feststellte, eine Spitzfußstellung; jede Unebenheit des Bodens ließ ihn deshalb stolpern und hinfallen. In Verbindung mit einer ständigen Knie- und Hüftbeugung und einem extremen Hohlkreuz befand sich der ganze Körper in einer Art Zick-Zack-Stellung, die ihm kaum Halt gab und beim Gehen hin und her pendeln ließ. Zu allem Überfluß schielte Harry; auch mit seinen Augen mußte dringend etwas geschehen.

Mehr als ich es mir je hätte vorstellen können, drehte sich mein Leben, mein Alltag nun um das Kind. Ich hatte alle Hände voll zu tun, sowohl meine beruflichen Pflichten als auch die mir neu zugewachsenen Aufgaben zu bewältigen. Die notwendigen Arztbesuche hatten mich schon bald mit Harrys Krankheitsbild vertraut gemacht. Von der Krankengymnastin und der Arbeitstherapeutin lernte ich die verschiedenen Übungen, um selbst mit ihm regelmäßig die Grob- und Feinmotorik trainieren zu können. Als ein Glücksfall erwies sich Gutmanns Angebot, Harry tagsüber in die Obhut seiner Frau zu geben. Nicht nur, daß er dadurch ein Großmaß an persönlicher Zuwendung erfuhr. Auch ich konnte mich erheblich beruhigter auf meine Arbeit in Pullach konzentrieren.

An den Wochenenden gehörte Harry meine ungeteilte Zeit und Aufmerksamkeit. Wir spielten miteinander oder tollten draußen zusammen herum. Ich hatte ihm ein kleines Fahrrad mit Stützrädern geschenkt – Fahrradfahren tut ihm gut, hatte mir der Arzt geantwortet, es stärkt seine Muskulatur und fördert den Gleichgewichtssinn –, und gemeinsam unternahmen wir immer ausgedehntere Ausflüge in den nahegelegenen Forst. »Ich kann Fahrrad fahren«, krähte Harry fröhlich, während ich die Luft anhielt, weil er wieder einmal gefährlich auf seinem Vehikel hin und her schwankte.

Abends, wenn Harry nach einer langen Gute-Nacht-Geschichte eingeschlafen war, kam der Zeitpunkt, wo ich an die HVA und an meine dortigen Freunde denken konnte. Über Funk hatte Fritsch mich gebeten, ihm über meinen neuen Lebensalltag zu berichten, wie ich mit meiner Arbeit und vor allem mit dem Kind zurechtkomme. Es gab viel zu erzählen, nicht weil ich es für operativ notwendig hielt, sondern weil ich das Bedürfnis hatte, mich meinen Freunden mitzuteilen, sie um Rat zu fragen, wo ich Probleme sah. Es gab zunächst einige wenige, doch dann immer mehr. Je länger Harry bei mir war, um so mehr wuchsen sie an. »Er will testen, ob Sie ihn auch liebhaben, wenn er böse ist«, hatte die Psychologin zu mir gesagt. Doch das erklärte die Probleme nur, es löste sie nicht.

Wie schon zuvor fotografierte ich meine Berichte und die vereinzelten Informationen aus meinem Arbeitsbereich, die ich angesichts der Knappheit meiner Zeit noch aufbereiten konnte, und übergab das Filmmaterial Leo bei meinen monatlichen Treffen im Schwimmbad von Tölz. Harry liebte diese Ausflüge nach Bad Tölz; er war eine Wasserratte und konnte vor allem vom Wellenbad nicht genug bekommen, obwohl seine schwachen Beine der »Brandung« kaum standhielten. Daß ich zwischendurch mit einem Badegast einen Schrankschlüssel tauschte, blieb ihm verborgen.

Im Herbst fragte Fritsch per Funk an, ob es mir möglich sei, Karl-Heinz zu treffen. Einige Wochen später kamen wir in Bischofshofen zusammen. Karl-Heinz übermittelte mir Fritschs Vorstellungen, wie unsere Zusammenarbeit und vor allem die Treffs künftig gestaltet werden könnten. Er hatte sich inzwischen darauf eingestellt, daß ich nun einen Sohn hatte und daß man sich nur noch im Rahmen meiner Urlaubsreisen sehen könnte. »Wenn du einverstanden bist, werden Hans, Stefan und ich oder auch nur ich dazustoßen. Wo du mit Harry Urlaub machen willst, ist ganz allein deine Entscheidung. Wir richten uns nach dir. Wie wir uns dann sehen können, ist ausschließlich unser Problem.«

Ich war einverstanden. Künftig könnte ich nach eigenem Gutdünken, das heißt nach den Belangen meines Kindes meinen Urlaub planen. Es wäre die Sache meiner Freunde, sich danach zu richten. Das war eine akzeptable Grundlage für meine weitere Zusammenarbeit mit der HVA.

»Hast du irgend etwas in nächster Zeit geplant, wo wir uns sehen könnten?« fragte Karl-Heinz. »Hans möchte dich gern sprechen.« »Ich werde im Januar mit Harry zwei Wochen nach Badgastein fahren. Ich möchte, daß er Skilaufen lernt. Der Arzt meinte, ich könnte es einmal versuchen, es sei nur von Vorteil für ihn. Zu Weihnachten werde ich ihm seine ersten Rutscher schenken. Ich bin wahnsinnig gespannt, wie er damit klarkommt. Gleich neben unserer Wohnung haben wir einen Rodelberg, da können wir üben, wenn das Wetter mitspielt. Ja, und das Felsenbad in Gastein wird Harry schon gar nicht verachten. Wenn er draußen im Thermalbecken mit Schneebällen spielen kann, flippt er aus.« »Bist du einverstanden, wenn wir ebenfalls nach Gastein kommen?« »Ja. Aber stört mir nicht mein Urlaubsprogramm. Harry geht vor!« »Nein, nein, da kannst du unbesorgt sein. Wir werden uns ganz nach deinen zeitlichen Möglichkeiten richten.«

Karl-Heinz hatte mir auch einen neuen Container mitgebracht, eine Aktentasche, die wie meine Handtasche eine Überschlaglasche hatte, und eine Mikratkamera, die in einen Kugelschreiber eingebaut war. »Es kostet dich zuviel Zeit, wenn du deine Informationen in Berichten aufbereiten mußt. Hans schlägt vor, daß du die betreffenden Dokumente aus dem BND mit nach Hause nimmst und dort fotografierst oder aber mit der Mikratkamera im Büro fotografierst, wenn das gefahrlos möglich ist. Du sollst das aber genau prüfen. Mache nur ja nichts, was dich in Gefahr bringen könnte. Das sind die Informationen nicht wert.«

»Die Kamera kannst du gleich wieder mitnehmen. Im Dienst zu fotografieren ist völlig unmöglich. Ich muß jederzeit damit rechnen, daß jemand in mein Zimmer kommt. Ich kann doch nicht einfach abschließen und so tun, als sei ich nicht da.«

»Das haben wir uns schon gedacht. Aber Hans wollte dir zumindest diese Möglichkeit anbieten. Er wird übrigens alles andere als böse sein, wenn du die Mikratkamera nicht willst. Auch er ist kein Freund davon. Die Aufnahmen lassen sehr zu wünschen übrig. Trotzdem sollst du die Kamera erst einmal behalten und ausprobieren. Kannst du ja zu Hause machen. Schick uns gelegentlich einen Probefilm.«

»Was wir dann noch klären müssen«, fuhr Karl-Heinz fort: »Kannst du die Berichte aus dem BND problemlos mitnehmen? Nach unserer Kenntnis werden die Torkontrollen sehr lasch gehandhabt. Siehst du das auch so?« In dieser Frage konnte ich Karl-Heinz völlig beruhigen. Wie später auch das Gericht feststellte, führte der BND Kontrollen an der Toreinfahrt nur selten durch, und wenn er sie einmal vornahm, waren sie in der Regel von weitem bemerkbar, so daß man unter einem Vorwand das Betreten oder Verlassen des Camps abbrechen konnte. Innerhalb von zehn Jahren, zwischen 1980 und 1990, bin ich nur viermal bei der Ausfahrt und einmal bei der Einfahrt kontrolliert worden. Bei einer dieser Kontrollen hatte ich die Aktentasche mit dem Geheimfach bei mir. Doch wurde nur meine Handtasche überprüft.[1]

Karl-Heinz war sichtlich froh. »Also gut, dann ersparst du dir ab sofort die Schreibarbeit und fotografierst die Berichte. Unsere Auswertung wird hocherfreut sein, wenn sie künftig Dokumente bekommt. Die wollen immer möglichst das Originalpapier.« »Ich kenne das. Aber leider hat es Seltenheitswert, von unserer Beschaffung mal ein Dokument geliefert zu bekommen.«

*

Es war Weihnachten geworden, mein erstes Weihnachten mit Harry. In der Wohnung duftete es nach Mandelplätzchen und Kokosmakronen, und in vielen nächtlichen Arbeitsstunden war ein großes Knusperhaus entstanden, von dem ich in meiner Kindheit stets geträumt hatte, das mir meine Eltern aber nie schenken konnten, weil es in der Nachkriegszeit nichts gab, woraus man ein Lebkuchenhaus mit Schindeln aus Marzipan, Nougat und Schokoladenplätzchen hätte backen können. Ich konnte es kaum erwarten, Harrys staunenden Blick zu sehen.

Schon die Adventszeit hatte mich hoffnungsfroh gestimmt, daß die größten Schwierigkeiten, mit denen ich bis dahin zu kämpfen hatte, endlich ausgestanden warien. Es war am Nikolaustag gewesen, als Harry nach einem fröhlichen Rodelnachmittag auf unserem »Bergerl« Zeichenstifte und Papier gegriffen und ein großes Haus gemalt hatte – unser Haus und unsere Wohnung. Da wohnen wir, hatte er gesagt und auf die Fensterreihe im 1. Stock gezeigt. Es war das erste Mal, daß er ein gegenständliches Bild gemalt hatte. Bis dahin war er immer nur plan- und ziellos mit den Zeichenstiften über das Papier gefahren.

Nun also war Heiligabend. Harry stand mit großen Augen vor dem Knusperhaus. Er wagte nicht, die Hand nach dem Marzipan auszustrecken, das ihn so sehr reizte. Du darfst, es ist deines, nickte ich ihm

---

[1] Eine gezielte Untersuchung der Tasche auf einen geheimen Container ist nie erfolgt.

aufmunternd zu. Dann entdeckte er die Skier. Er mußte sie sofort ausprobieren. Eingepackt in Pudelmütze und Fäustlinge, die Hände durch die Schlaufen der Stöcke geschoben, stand er auf den kleinen Brettern und versuchte, über einen imaginären Schnee zu gleiten. Der Versuch mißlang kläglich. Harry kippte zur Seite und saß auf seinem Hosenboden. »Morgen werden wir es am ›Bergerl‹ ausprobieren«, tröstete ich ihn. »Auf Schnee geht es besser als auf dem Teppich.« »Versprochen?« »Versprochen!«

Die ersten Übungen am »Bergerl« hatten sich nicht schlecht angelassen. Es schien nicht aussichtslos, Harry das Skilaufen zu lehren. Aber es würde viel Zeit brauchen und noch mehr Geduld. »Wir fahren bald in Skiurlaub«, hatte ich ihn getröstet, als einige Tage später ein warmer Regen den Schnee fortschwemmte. »Dann kannst du einen Kurs machen und jeden Tag üben.«

Inzwischen waren wir schon fast eine Woche in Badgastein, als Karl-Heinz in unserem Hotel auftauchte. »Alles in Ordnung?« »Bestens!« »Wie geht es Harry?« »Super. Am liebsten würde er seine Skier mit ins Bett nehmen.« »Wann kann ich ihn endlich kennenlernen?« »Morgen. Komm zur Talstation der Stubnerkogelbahn. Dort ist Skikindergarten.«

Harry und Karl-Heinz begrüßten sich fast wie alte Bekannte, als sie sich am nächsten Tag zum ersten Mal begegneten. Als ob er intuitiv gespürt hätte, daß allein er es war, der hier den Ton angab, machte Harry dem überraschenden Besucher klar, was ihm wichtig war und was er partout nicht wollte. Karl-Heinz verfiel unversehens in eine Art Vaterrolle, versuchte, einen Mittelweg zwischen erzieherischer Autorität und nachsichtiger Geduld zu finden. Die beiden mochten sich auf Anhieb. Das war gut. Es schuf eine Basis für künftige Treffen.

Fritsch und Stefan kamen zwei Tage später. Sie hatten ein Quartier in Bischofshofen bezogen, und Karl-Heinz hatte sie dort aufgesucht, um ihnen seine ersten Eindrücke zu schildern. Es war Nachmittag, und nun standen wir alle zusammen am Skikindergarten, um Harry abzuholen. »Was hältst du davon, wenn wir jetzt schwimmen gehen?« fragte ihn Karl-Heinz, »du und ich und der Stefan hier.« »Au fein! Kommst du auch mit, Mami?« »Nein, Harry, heute nicht. Ich möchte lieber mit Hans einen Kaffee trinken. Aber du kannst mir ja später erzählen, wie es war.«

Während Karl-Heinz und Stefan mit Harry ins Schwimmbad entschwanden, konnte Fritsch sich ungestört mit mir besprechen. Er hatte die neuen Gegebenheiten voll akzeptiert, ja er bestärkte mich nun darin, alles mir Mögliche für Harry zu tun, und er versprach, seinerseits mit den Fachärzten des renommierten Berliner Krankenhauses Charité zu reden, um herauszufinden, ob es nicht irgendwelche medizinische Hilfe für den Jungen gäbe. Besonders wichtig war es ihm, mir zu versichern, daß er alles, aber auch alles tun würde, um für meine Sicherheit zu sorgen. Das sei er mir und meinem Kind schuldig. Auch Markus Wolf lasse mir das ausrichten.

Dann wollte Fritsch wissen, ob es mir möglich wäre, für zwei oder drei Tage zu einem Treffen mit Wolf in die DDR zu kommen. Seit der Stiller-Geschichte sei das sicherer als ein Treffen im Ausland. Wolf könne mir eine schnelle und gefahrlose Reiseroute anbieten. Ein Pilotprojekt; wenn es sich als tauglich erweise, könne man öfter und auch bei anderen Verbindungen davon Gebrauch machen. »Du triffst dich mit Karl-Heinz in Wien, und unsere Leute aus der dortigen Botschaft bringen euch mit unserem Diplomatenpaß nach Bratislava. Dort wird Stefan euch in einem Flugzeug der Regierungsstaffel erwarten und nach Dresden bringen. Alles in allem braucht es gerade mal drei Stunden von Wien bis zu unserem Gästehaus.« »Das wird nur gehen, wenn Harry für einige Tage bei meiner Mutter bleiben kann. Aber das müßte sich arrangieren lassen. Ich muß ihn ohnehin von Zeit zu Zeit bei ihr unterbringen. Er besucht jetzt einen Kindergarten, und der hat längere Ferienzeiten, als ich überhaupt an Jahresurlaub erhalte. In Ordnung, ihr könnt das Treffen so planen. Ich werde meinerseits alles Erforderliche organisieren.«

Kurz darauf kehrten Karl-Heinz, Stefan und Harry mit großem Hallo aus dem Schwimmbad zurück. »Der hat uns doch glatt auflaufen lassen an der Kasse«, prustete Stefan. »Als uns die Kassiererin fragte, wie alt der Junge ist, haben wir natürlich ›fünf‹ gesagt, weil dann der Eintritt für ihn frei gewesen wäre. Aber du magst es nicht glauben: Baut sich Harry doch vor der Kassiererin auf und schreit aus Leibeskräften ›Ich bin aber schon sechs!‹ Peinlich, peinlich, die Situation.« »Das kommt davon, wenn man das Umfeld nicht gründlich genug aufklärt oder es an Regimekenntnissen mangelt«, amüsierte ich mich.

*

Wie mit Fritsch besprochen, traf ich im Mai 1981 Karl-Heinz in Wien. In einem Parkhaus in der Mariahilfer Straße wurden wir von einem Diplomatenwagen der DDR-Botschaft aufgenommen. Fahrer und Beifahrerin, Residenten der HVA, strahlten Ruhe und Gelassenheit aus. »Bis Bratislava ist es nicht weit. Wir haben genug Zeit, um vorher noch eine Brotzeit zu machen. Aber erst einmal müßt ihr eure Pässe unterschreiben. Es sähe sonst doch etwas komisch aus beim Grenzübertritt.« Der Fahrer reichte uns zwei in leuchtend rotes Kunstleder gebundene Personaldokumente, auf deren Frontseite das Emblem der DDR, Ährenkranz mit Hammer und Zirkel, golden eingeprägt war. Diplomatenpässe der DDR – »rote Fleppen«, wie Karl-Heinz sie stets bezeichnete. Ich schlug den Paß auf, um zu sehen, wer und was ich nun war. Angelika Weise, stand dort, Erster Botschaftssekretär im Ministerium für Auswärtige Angelegenheiten der Deutschen Demokratischen Republik, unterwegs nach Wien in einer Sondermission des Ministeriums. »Vielen Dank für die Beförderung«, sagte ich. »Wenn das doch auch in Pullach so schnell ginge. Aber dort bleibt einem in aller Regel die Ochsentour nicht erspart.« Der Fahrer reichte mir einen Stift. »Dort müssen Sie unterschreiben«, deutete er auf eine Stelle im Paß. »Hm«, sagte ich, »Angelika Weise ist ja kein übler Name, aber eigentlich paßt er nicht zu mir. Aber was soll's, Namen sind für uns sowieso Schall und Rauch.« Ich nahm den Stift und unterschrieb den Paß.

Routiniert lenkte der Fahrer den Wagen durch den dichten Verkehr ostwärts nach Schwechat und durch die Donauauen nach Hainburg. Unmittelbar vor Bratislava befand sich der Grenzübergang zur Tschechoslowakei. Wie schon bei meinen ersten Grenzpassagen mit einem gefälschten Personaldokument wurde ich von einer inneren Unruhe erfaßt, als der Wagen beim österreichischen Grenzposten hielt. Ich wußte, daß meine Furcht töricht war; hier in diesem Diplomatenfahrzeug und mit den in Wien akkreditierten HVA-Residenten als Geleitschutz konnte mir nicht mehr passieren, als daß man mich als eine »persona non grata«, eine unerwünschte Person, betrachten und schleunigst die Grenze ins Nachbarland passieren lassen würde. Doch plötzlich war wieder dieses beunruhigende Gefühl da, man müßte mir an der Nasenspitze ansehen können, daß ich alles mögliche, nur eben keine Diplomatin der DDR war.

Der österreichische Grenzbeamte hatte nur einen kurzen Blick auf die

Pässe geworfen, salutierte und gab die Spur zum tschechoslowakischen Grenzübergang frei. Der Fahrer steuerte dort den Wagen auf eine Abfertigungsspur, die ausschließlich Diplomaten vorbehalten war, und reichte dem tschechischen Grenzbeamten, der bei unserer Ankunft sofort aus seinem Wachhäuschen herausgeeilt war, die vier Pässe. Der blätterte kurz in den Dokumenten, machte irgendeine freundliche Bemerkung zum Fahrer, verfiel dann in eine noch strammere Haltung und öffnete den Schlagbaum, der die Straße nach Bratislava versperrte. »Seht ihr, so einfach und problemlos geht das«, meinte der Fahrer zu uns gewandt. »Ich kann nicht verstehen, daß wir diesen Weg nicht öfter benutzen.«

Wir überquerten die Donau über eine mächtige, einpylonige Hängebrücke, die einen eindrucksvollen Blick auf das Stadtzentrum mit seinem alten Dom bot. Durch die Außenbezirke der Stadt steuerte der Fahrer den Flughafen an. In der Abflughalle wartete bereits Stefan mit einem tschechischen Offizier. Er dürfte vom Geheimdienst sein, dem tschechischen Partnerdienst der HVA, vermutete ich. Auch BND-Mitarbeiter wurden stets von Angehörigen der Partnerdienste betreut, wenn sie mit dem Dienstflugzeug im Ausland unterwegs waren. Der tschechische Offizier führte uns zu einem Fahrzeug. Das brachte uns an unsere Maschine, die abseits auf dem Flugfeld stand. Es war eine Tupolew 134, ein zweistrahliges Mittelstreckenflugzeug, das im Normalfall um die 120 Passagiere befördern konnte. Doch dieses Flugzeug war dazu bestimmt, nur uns drei, Stefan, Karl-Heinz und mich, nach Dresden zu fliegen. Mir erschien es als eine gigantische Verschwendung, mit einem so großen Flugzeug durch die Gegend zu jetten.

Flugkapitän und Chefsteward kamen aus der Maschine, um ihre Passagiere zu begrüßen. »Wir können sofort losfliegen«, sagte der Kapitän, »wir haben schon die Startfreigabe.« Meine Begleiter und ich nahmen in den breiten, bequemen Sesseln der Lounge Platz, zu der der vordere Teil des Flugzeugs ausgebaut war. Kaum daß die Maschine von der Startbahn abgehoben hatte, brachte der Chefsteward frisches Obst und Gebäck. »Was darf ich Ihnen zu trinken servieren?« »Was haben Sie denn Gutes anzubieten?« »So ziemlich alles. Wein, Krimsekt, Bier, bestes Radeberger und Pilsner Urquell, Wodka, Whisky, Gin, Cognac, natürlich auch Wasser und Säfte.« »Haben Sie auch Tonic-Wasser?« »Selbstverständlich!« »Dann nehmen wir einen Gin Tonic«, entschied Karl-Heinz in der Gewißheit, daß Stefan und ich uns seiner Wahl unseres seit vielen Jahren bevorzugten Long Drinks anschließen würden.

Nach knapp einstündigem Flug landete die Maschine in Dresden. Der Flughafen war wie ausgestorben und erschien dadurch mit seinen veralteten Gebäuden und den holprigen Beton-Runways noch trister. An der Parkposition an einem Seitenausgang des Flugfeldes wartete bereits ein Wagen. Er brachte uns zu einer alten, herrschaftlichen Villa fast auf der Anhöhe des »Weißen Hirschs«.

Nach herzlicher Begrüßung von Wolf und Fritsch und den üblichen allgemeinen Berichten, wie es in der Zwischenzeit ergangen war, wandten sie sich den Fragen zu, die es vordringlich zu besprechen galt: die politische Lage, meine Informationszugänge im BND und die Aufbereitung der Informationen in der HVA, die Veränderung meiner Lebenssituation und deren Auswirkung auf unsere Zusammenarbeit, die unerquickliche Stiller-Affäre.

Wolf zeigte großes Verständnis für meine Entscheidung, mich Harrys anzunehmen. Er war mittlerweile auch noch einmal Vater geworden, seine zweite Frau und seinen jüngsten Sohn, einen niedlichen Knirps von gerade drei Jahren, hatte er zum Treff mitgebracht; sie wohnten im oberen Stockwerk des Gästehauses. Zwar hielten sie sich von den Besuchern fern, aber keineswegs verborgen. Man begegnete sich im Flur, an der Eingangstür, auf dem Vorplatz des Hauses. Wie selbstverständlich herrschte eine familiäre Atmosphäre.

Es war allerdings alles andere als selbstverständlich, daß der HVA-Chef – wie ich später erfuhr – seiner jungen Frau ausgiebig über dienstliche Interna erzählte und damit eine eherne Regel des nachrichtendienstlichen Geschäfts durchbrach. So dürfte es wohl auch für mich ein Glück gewesen sein, daß Christel bei ihrem Bulgarien-Urlaub 1986 den Verführungskünsten eines Inoffiziellen Mitarbeiters des BND widerstand und dessen Versuche, sie nach Pullach zu lotsen, zurückwies.

»Meinem Kind darf nie etwas passieren«, sprach ich jenes Problem an, das mir seit der Annahme Harrys am meisten auf den Nägeln brannte. »Meine und damit seine Sicherheit muß perfekt sein.« »Wir tun alles, damit keine Luft an unsere Verbindung kommt«, sicherte Wolf mir zu. »Nur ganz wenige Mitarbeiter wissen von dir. Absolut zuverlässige Leute. Deine Informationen gelangen von Hans direkt zu mir. Außerdem werden sie bei Hans zusätzlich neutralisiert, damit nicht der geringste Rückschluß auf dich möglich ist. Du kannst dich darauf verlassen, wir halten den Deckel drauf.«

Wie zur Bestätigung seiner Worte, daß ich den Sicherheitsvorkehrungen der HVA blind vertrauen könne, schob er mir einen Stapel Papiere zu. »Das sind Berichte unserer Auswertung. Schau dir an, wie wir die Informationen aufbereiten. Schau sie dir genau an. Mich interessiert nämlich auch deine Meinung als Auswerterin über die Qualität unserer Auswertung.« Das war ein demonstrativer Vertrauensbeweis. Im nachrichtendienstlichen Geschäft war es absolut unüblich, einer Quelle das Ausgangsprodukt ihrer Information zu zeigen, geschweige denn die Berichterstattung über anderweitige Quelleninformationen. Die Berichte, die Wolf mir gegeben hatte, erweckten auch nicht im mindesten den Anschein, Spielmaterial zu sein, eigens für den Zweck gefertigt, von mir eingesehen zu werden. Es war Originalmaterial, Berichte der Auswertung der HVA, die der Unterrichtung der DDR-Führung dienten.

Nach meiner Verhaftung ging ein Foto durch die Presse, das Wolf und mich bei der Sichtung dieser HVA-Berichte zeigt. Fritsch hatte zum ersten Mal einen Fotoapparat zum Treff mitgebracht und fand die Szene wert, im Bild festgehalten zu werden. »Wenn jemals einer im Westen dieses Foto sehen sollte, wird er nicht im Traum auf die Idee kommen, daß wir uns hier mit euren Berichten befassen und nicht mit denen des BND. Alle werden behaupten, das seien BND-Informationen, die ich mitgebracht hätte«, lachte ich, amüsiert über diese naheliegende Fehlinterpretation. Ich ahnte nicht, wie recht ich mit meiner spontanen Einschätzung hatte. »Vergnügt liest Wolf Akten des BND, die sie mitgebracht hat«, lautete denn auch der reißerische Begleittext, als das Foto zehn Jahre später zum erstenmal veröffentlicht wurde.[2]

Die Berichte der HVA, die ich an jenem Nachmittag in Dresden aufmerksam studierte, waren von hoher Qualität. Abgesehen von einigen Floskeln, die dem politisch-ideologischen Vokabular der SED entstammten, unterschieden sie sich kaum von der Berichterstattung des BND oder seiner westlichen Partnerdienste. Es handelte sich um kenntnisreiche und sorgfältig recherchierte Analysen der politischen Lage in der Bundesrepublik, des KSZE-Prozesses und der Situation im Nordatlantischen Bündnis, in denen die bestimmenden Entwicklungsdaten und

---

[2] Vgl. »Stern«, 1991, H. 31, S. 53.

Einflußfaktoren eingehend betrachtet sowie Handlungsziele und -optionen dargelegt waren. »Sehr ordentlich«, faßte ich meinen Eindruck zusammen. »Bei uns ist zwar das politische Vokabular ein wenig anders. Aber im Prinzip arbeiten wir nach der gleichen Methode streng sachlicher Analyse des politischen Geschehens und daraus resultierender Entwicklungsmöglichkeiten. Alles andere wäre auch unzulässige Meinungsäußerung. Das ist Sache der Regierung und der Parteien, aber nicht unsere Aufgabe als Nachrichtendienst.«

»Ist dir in letzter Zeit irgend etwas Ungewöhnliches aufgefallen im BND?« wechselte Wolf das Thema. »Irgendwelche Aufgeregtheiten und Aktivitäten, besondere Informationen und Verhaltenshinweise an die Mitarbeiter?« »Nein«, erwiderte ich, »jedenfalls nicht in meinem Bereich. Möglicherweise sieht es in der Sicherheitsabteilung anders aus. Aber bislang hat sich nichts herumgesprochen.« »Du mußt nämlich wissen, daß wir eine Aktion gestartet haben, mit der sich die Sicherheit des BND befassen müßte. Es ist gut, sie mit allerlei Scheinaktivitäten zu beschäftigen. Dann bleibt ihr nicht soviel Zeit, sich auf unsere tatsächlichen Operationen zu konzentrieren. Sollte dir in dieser Hinsicht irgend etwas auffallen oder bekannt werden, so teile uns das bitte mit. Es ist wichtig für uns zu wissen, ob der BND auf unsere Maßnahmen anbeißt.«

Wie ich später erfuhr, hatte Wolf unter seiner direkten Aufsicht eine neue Abteilung in der HVA eingerichtet, die sich mit der Erstellung und gezielten Lancierung von Desinformationen vornehmlich über westdeutsche Politiker bzw. politische Aktivitäten befaßte. Damit sollte der ideologische Gegner diskreditiert oder zumindest verunsichert werden. Es war klar, daß sie auch den BND beschäftigen und dessen Kapazität binden würden, da er sie zur Nachprüfung und Verifizierung erhielt. Die Streuung von Desinformationen ist ein beliebtes nachrichtendienstliches Spiel; besonders die östlichen Geheimdienste haben es mitunter virtuos betrieben, doch auch die westlichen Dienste mochten hierauf nicht verzichten. Im Grunde ist es die nachrichtendienstliche Variante des politischen Dementi, der Verbreitung von Fehlinformationen, um den wahren – und in aller Regel kritikwürdigen – Sachverhalt zu verschleiern.

Auch bei meinen späteren Treffen mit dem HVA-Chef interessierte er sich angelegentlich dafür, ob ich irgendwelche außergewöhnlichen Aktivitäten der BND-Sicherheitler festgestellt hätte. Oder er bat mich, in nächster Zeit besonders aufmerksam darauf zu achten, ob sich irgend etwas Ungewöhnliches im BND tue, und meine Beobachtungen umgehend mitzuteilen. Manchmal erhielt ich solche Hinweise und Informationswünsche auch per Funk, was darauf schließen ließ, daß die Desinformationsabteilung der HVA recht aktiv war.

Für den Abend hatte Wolf ein festliches Beisammensein vorgesehen. »Hans hat gesagt, wir sollen uns in Schale werfen«, bedeutete mir Karl Heinz. Man traf sich in der Bar, die im Souterrain des Hauses lag. Wie fast alle Gästehäuser der HVA, die ich kennenlernte, mit einer Sauna ausgestattet waren, verfügten sie auch über eine Bar. »Wer arbeitet, soll auch feiern«, lautete die Devise.

»Ich möchte dich noch mal willkommen heißen hier bei uns in der DDR, in Dresden und in diesem Haus«, begann Wolf, an mich gewandt, seine Ansprache. »Vor allem aber möchte ich, auch im Namen unseres Ministers, möchten wir alle dir für deinen großen Einsatz für unsere gemeinsame Sache danken. Wie du selbst am besten weißt, hat der Kampf der kapitalistischen Staaten gegen die sozialistische Gemeinschaft mit der Unterzeichnung der KSZE-Akte keineswegs nachgelassen. Im Gegenteil: Er hat sich auf andere Gebiete verlagert und wird dort um so heftiger ausgetragen. Die größten Sorgen bereitet uns jetzt das neuerliche Wettrüsten, das von US-Präsident Reagan angeheizt worden ist. Um so mehr wissen wir den Beitrag zu schätzen, den du mit deinen Informationen über die Absichten und Ziele des Gegners leistest. Wir wissen, unter welch schwierigen Umständen du arbeitest und daß es nicht selbstverständlich ist, daß du dich weiterhin für unsere gemeinsame Sache einsetzt. In Anerkennung deiner großen Verdienste um unser Ministerium, um die DDR und um die sozialistische Gemeinschaft insgesamt hat dir der Minister den Vaterländischen Verdienstorden in Gold verliehen.«

Wolf griff aus einer Schatulle einen Orden und heftete ihn mir ans Kleid. Dann gratulierte er mir und überreichte mir einen Strauß roter Nelken, die Blumen der Arbeiterbewegung. Fritsch, Stefan und Karl-Heinz schlossen sich der Gratulation an.

Ich verspürte Rührung und Unbehagen zugleich. Es war erkennbar, daß der Dank meiner Partner für meine Informationsbeschaffung einem tiefen, aufrichtigen Empfinden entsprang und dem Wunsch, ihre Anerkennung nicht nur mit Worten, sondern auch durch ein Zeichen zu dokumentieren. Sicher hofften sie ebenso, daß die Ordensverleihung ein Gefühl der Verpflichtung aufkommen lassen und noch stärker an die HVA binden würde. Doch das mußte eine vage Hoffnung bleiben, denn die Ordensverleihung verpflichtete den Ausgezeichneten zu nichts. Sie war auch kein Vorschuß auf die Zukunft, denn der Ordensträger konnte mit seiner Auszeichnung letztlich herzlich wenig anfangen: Weder konnte er sie sich stolzgeschwellt an die Brust heften und seiner Umwelt präsentieren, noch konnte er im Westen überhaupt davon reden. Es war eine konspirative Ehrung, dem kurzen Augenblick eines Treffens in der DDR vorbehalten. Orden und Ehrenzeichen verblieben dort, sie verschwanden nach dem Treff und der Ehrung auf Nimmerwiedersehen in den Tiefen der Panzerschränke der HVA.

Stärker noch als meine momentane Rührung war indes mein Unbehagen, als Wolf mir so unvermittelt den Orden überreichte. Orden waren eine männliche Erfindung und zuvörderst dazu bestimmt, die vermeintlichen Tugenden von Männern wie Mut, Kraft und Stärke zu würdigen. Orden haftete deshalb nicht zufällig etwas Militaristisches und Etatistisches an. Und etwas Prätentiöses: Sie befriedigten männliche Eitelkeiten. Selbst die Requisiten der Narrenzunft, Karnevalsorden und -mützen, Pfauen- und Fasanenfedern, einstmals als Karikatur der Insignien staatlicher Macht hervorgebracht, werden von ihren Trägern schon längst mit einer Miene persönlicher Bedeutsamkeit getragen.

Solches Renommiergehabe lag mir fern. Wenn ich etwas tat, tat ich es um der Sache willen und erwartete dafür keine Auszeichnung. Ein Wort der Anerkennung freute natürlich. Aber mehr bedurfte es nicht. Schon gar nicht bedurfte es jener Ordensflut, mit der die DDR zu allen möglichen politischen Festtagen ihre Bürger überschüttete.

Man stieß auf meine Auszeichnung an. »Wie wäre es mit einem Ehrenständchen?« fragte Karl-Heinz Fritsch und deutete auf das Klavier, das gegenüber der Bartheke stand. »Komm, spiel uns etwas auf. Etwas Erzgebirgisches, Vogtländisches.« Fritsch setzte sich ans Klavier und begann zu spielen. Ein Potpourri vogtländischer Weisen, die er zunächst leise, dann immer lauter mitsang: »Plauen bleibt Plauen, das gottverdammte Vogelnest.« Ich kam aus dem Staunen nicht mehr heraus. So hatte ich Fritsch noch nie erlebt. Er, der stets äußersten Wert auf ein distinguiertes Auftreten legte, den man sich eher in London als in Karl-Marx-Stadt vorstellen konnte, entpuppte sich auf einmal als eine musikalische Stimmungskanone, der es diebischen Spaß machte, seine Zuhörer mitzureißen. »Du müßtest ihn erst einmal erleben, wenn er auf dem Schifferklavier spielt«, flüsterte Karl-Heinz mir zu, »dann gibt es kein Halten mehr.«

Ich blieb drei Tage in Dresden. Die Zeit war ausgefüllt mit Unterredungen, Spaziergängen und geselligem Beisammensein. Bevor ich auf dem gleichen Weg, wie ich gekommen war, nach Wien zurückreiste, fuhr ich mit Fritsch und Karl-Heinz nach Karl-Marx-Stadt, um Schiefer zu treffen. Wegen seiner schlechten gesundheitlichen Verfassung hatte er inzwischen den Dienst quittieren müssen, Stefan war vorübergehend auf seine Stelle als stellvertretender Aufklärungsleiter der MfS-Bezirksverwaltung nachgerückt. Mittlerweile ging es Schiefer so schlecht, daß man ihm nicht einmal die Fahrt nach Dresden zumuten konnte. Ich war entsetzt, als ich den Freund wiedersah. Er war von seiner Krankheit schwer gezeichnet. Eine zutiefst deprimierende Hoffnungslosigkeit umgab ihn. Trotzdem versuchte er, Zuversicht auszustrahlen. Es mißlang kläglich. Nach einer Stunde waren seine geringen Kraftreserven völlig erschöpft. Wir mußten uns verabschieden. Wir wußten, daß es ein Abschied für immer war.

Zum allgemeinen Bedauern der BND-Mitarbeiter wechselte Kinkel Anfang 1983 als Staatssekretär ins Bundesministerium der Justiz. Bei seinem Abschied von Pullach versprach er, sich auch in seinem neuen Amt für den Dienst zu verwenden. »Laßt euch mal blicken, wenn ihr in Bonn seid«, ermunterte er jovial seine bisherigen Untergebenen. In der Tat zeigte er später keine Berührungsängste, wenn er in der Bundeshauptstadt irgendeinem ihm bekannten BND-Mitarbeiter begegnete, erkundigte sich vielmehr angelegentlich, wie die Dinge in Pullach stünden, trug Grüße an die Kollegen auf und wünschte ein erfolgreiches Arbeiten.

Mit der Ablösung Kinkels war endlich die Stunde des altgedienten, noch zur Garde der Gehlen-Mannschaft gehörenden Geheimdienstlers Eberhard Blum gekommen. Schon bei der Pensionierung Wessels hatte er sich beste Chancen ausgerechnet, auf den Chefsessel berufen zu werden, und sich grollend auf seinen Posten als BND-Resident in Washington zurückgezogen, als Bonn dem nachrichtendienstlichen »Newcomer« Kinkel den Vorzug gab. »Wie läuft das denn in Pullach unter Kinkel«, hatte er in der Folgezeit jeden Mitarbeiter, der zu Besprechungen mit der CIA nach Washington kam, gefragt und keinen Hehl aus seiner Enttäuschung gemacht, wenn er zu hören bekam, daß es mit dem neuen Mann im Präsidentenhaus besser lief als gedacht.

Unter Blum geriet die Auswertung bald wieder in das alte Fahrwasser betont ruhiger, gemächlicher Arbeitsweise. Der hektischen Betriebsamkeit Kinkels abhold, zog er es vor, sich auf die Routine der Auswerter zu verlassen, die meldewürdigen Informationen aus der Fülle des täglichen Materials herauszuziehen und unaufgefordert für den Bedarfsträger in Bonn aufzubereiten. Zudem tat er sich mit komplizierten politischen Sachverhalten und verschlungenen ideologischen Argumentationen schwer; als früherem Rittmeister lagen ihm militärische Fragen näher, so daß seine Vorträge in der Kanzlerlage zu monothematischen Referaten zusammenschmolzen.

Auch der neue Abteilungsleiter Elsässer, der seinem Außenamts-Kollegen Schauer als Chef der Auswertung nachfolgte, war an der »Friedhofsruhe« nicht unschuldig, die sich allmählich über die Abteilung senkte. Unsicher in deren Führung wie im Umgang mit der vielfältigen Sachkompetenz in seinem Zuständigkeitsbereich, schaffte er schon bald die wöchentliche »Große Lagebesprechung« ab und zog sich auf seinen kleinen Arbeitsstab in den beiden »Gesamtlage«-Referaten zurück. Dort wurden mit der sogenannten »Tagesunterrichtung«, einer täglichen Kurzinformation über die nachrichtendienstlichen »Highlights«, sowie mit den »BND-Informationen« und der »Kanzlerlage« die Sonderberichte für die Leitung der Bonner Ressorts erstellt.

Schon kurz nach Blums Amtsantritt wurde mir angeboten, in eines dieser Gesamtlage-Referate zu wechseln. Es war sowohl konzeptionell wie personell im Aufbau begriffen, verfügte aber – als größter Vorzug – bereits über einige höher dotierte Planstellen, was der Referatsleiter geschickt einzusetzen wußte, um mich vom Sowjetunion-Referat abzuwerben.

»Wir wollen hier eine neue Form der Spitzenberichterstattung erstellen, die sogenannten ›BND-Informationen‹. Dabei ist in erster Linie an Gesamtlageberichte gedacht, also an die Darstellung der aktuellen politischen, wirtschaftlichen, militärischen und wissenschaftlich-technischen Lage eines Landes. Zum Beispiel als Vorlage für Kanzler- und Minister-Besuche im Ausland oder für Staatsbesuche in Bonn. Grundlage werden die Berichte der Fachreferate sein, die Sie dann nach Maßgabe der außenpolitischen Interessen unserer Regierung aufbereiten müssen. Wie das im einzelnen zu geschehen hat, müssen Sie im Rahmen der Bearbeitung selbst herausfinden. Ich weiß, daß es für einen Analytiker kein toller Job ist, lediglich nachzubereiten, was andere erarbeitet haben. Dafür kann ich Ihnen aber eine Direktoren-Stelle anbieten. In Ihrem Referat haben Sie auf absehbare Zeit keine Chance, befördert zu werden, und in den anderen Ost-Referaten der Politischen Auswertung sieht es auch nicht gut aus für Sie.«

Das traf zweifellos zu. Nur zu genau wußte ich, daß meine berufliche Karriere im Sowjetunion-Referat durch Gutmann unfreiwillig blockiert wurde. Er war ein Jahr vor mir in den BND und ins Referat gekommen, war ein Jahr vor mir verbeamtet worden und zum Oberregierungsrat aufgestiegen. Abgesehen von seiner großen Fachkompetenz hatte er mit diesem Ancienitätsanrecht einen nicht einholbaren Karrierevorsprung. Es war absehbar, daß er eines Tages die Referatsleitung übernehmen würde. Ich mußte mich nach anderen Stellen umschauen. Das DDR-Referat könnte für mich eines Tages in Betracht kommen, aber vielleicht müßte ich mich doch noch auf Lateinamerika einlassen oder womöglich auf Afrika. Es würde auf jeden Fall nicht schaden, in meine berufliche Zukunft im BND mehr einbringen zu können als mein Expertentum in Sachen Sowjetunion. Das Angebot, im Gesamtlagebereich zu arbeiten, bot, abgesehen von der damit verbundenen Beförderungsmöglichkeit zur Regierungsdirektorin, die Chance, mich mit dem späteren Fortkommen leichter zu tun. Ohne mich lange zu besinnen, nahm ich das Angebot an.

Die Vorstellungen von Abteilungs- und Referatsleiter über Form und Inhalt der neuen Spitzenberichte blieben auch in der Folgezeit vage. Das erschwerte zwar meinen Start. Andererseits eröffnete es mir die Möglichkeit, eigene Vorstellungen und Ideen zu entwickeln und damit mehr Freiraum für meine Tätigkeit zu gewinnen.

Aus den täglichen Ausgangsberichten der Auswertung wählte ich jene Aufzeichnungen und Meldungen aus, die angesichts der grundsätzlichen oder aktuellen politischen Interessen Bonns es thematisch und inhaltlich rechtfertigten, der politischen Spitzenebene vorgelegt zu werden. Das entsprach im Prinzip der Tätigkeit, die ich einige Jahre zuvor im Bundeskanzleramt verrichtet hatte. Jetzt galt es allerdings, die Aufzeichnungen gegebenenfalls auch redaktionell zu überarbeiten, um es dem Leser zu erleichtern, die wichtigsten Informationen rasch zu erfassen. Manche Aufzeichnungen bedurften nur geringer Veränderungen, andere wiederum mußten völlig umgeschrieben werden, weil sich die zentralen Feststellungen in einer Fülle von Details verloren. Wieder andere bedurften zur Abrundung des Lagebildes einer Ergänzung von seiten weiterer Fachbereiche der Auswertung.

Schon bald stand ich in engem Kontakt mit allen Fachreferaten der Auswertung. In der Regel erforderte die Textbearbeitung eine Rücksprache mit den zuständigen Kollegen, um sicherzugehen, daß sich nicht durch Mißverständnisse irgendwelche Fehler in die Berichte einschlichen. Erst recht bedurften inhaltliche Ergänzungen einer Zuarbeit durch die jeweiligen Fachleute. Für die Erteilung von Arbeitsaufträgen und damit verbundene Terminabsprachen waren hingegen die Unterabteilungs- und Referatsleiter meine Ansprechpartner; sie hätten es sich verbeten, wenn ich eigenmächtig in ihren Zuständigkeitsbereich hineinregiert hätte.

Bereits nach kurzer Zeit waren die »BND-Informationen« als neues

Produkt der Berichterstattung des Dienstes etabliert. Trotz ihrer Deklaration als »Spitzenberichterstattung« und ihrer Verteilung an einen ausgewählten Personenkreis waren sie inhaltlich weit davon entfernt, ein exklusives nachrichtendienstliches Informationsmittel zu sein. Eine Selektion der Informationen nach Maßgabe des Rangs der Bedarfsträger war in der Auswertung nicht üblich. Wissen und Erkenntnisse flossen vielmehr in jede Form der Berichterstattung ein. Nicht ein einziges Mal habe ich bei der Bearbeitung der Spitzenberichterstattung auf irgendwelche, nur dieser Berichtsform vorbehaltene Sonderinformationen zurückgegriffen.

*

Befremden und Unmut machten sich im BND breit, als der Verfassungsschutz-Präsident Heribert Hellenbroich im Sommer 1985 zum Nachfolger von Eberhard Blum ernannt wurde. Ohnehin wurde eine Fremdbesetzung des Chefsessels mit dem Angehörigen einer anderen Behörde nicht gern gesehen, rückte es doch den BND in das zweifelhafte Licht, selber nicht über kompetente Leute zu verfügen, denen man die Leitung des Dienstes anvertrauen konnte. Mit dem Diplomaten Kinkel hatte man sich noch abfinden können; immerhin schien das Auswärtige Amt eine Art Prärogative für die Besetzung von Leitungsfunktionen im BND zu besitzen. Aber ein Verfassungsschutz-Präsident im »Haus 37«?[1] Das erschien doch sehr unter der Würde des Auslandsnachrichtendienstes. In Pullach galt das BfV als der »kleine Bruder«, dem es mit seinem verengten Blick auf rechts- und linksextreme Splittergruppen an Weitsicht für das große Weltgeschehen mangelte. Ab und zu hatte auch ich Fachgespräche mit Kollegen des Kölner Bundesamtes geführt, als der Eurokommunismus Mitte der 70er Jahre nicht nur die sozialistischen Staaten, sondern auch die politisch Verantwortlichen in Westeuropa beschäftigte. Aber das hatte nur die frustrierende Erkenntnis gezeitigt, daß der or-

[1] Seit der Präsidentschaft Kinkels wurde die Bezeichnung »Doktorhaus« für den Sitz des Präsidenten, die auf Gehlens Neigung zurückging, seinen Decknamen »Schneider« mit einem akademischen Titel aufzupolieren, immer seltener verwendet. Nun wurde es üblich, die Gebäude entsprechend ihrer internen Numerierung zu benennen. In Haus 37 residierte der Präsident, die Auswertung befand sich in Haus 103, die Sicherheitsabteilung in Haus 109.

thodoxe westdeutsche Kommunismus für den Verfassungsschutz der Nabel der Welt zu sein schien. Nun also sollte womöglich dessen Blickwinkel zum neuen Maßstab der Tätigkeit des BND werden?! Diese Vorstellung erschien schlimmer noch als die Betulichkeit, mit der Blum das Präsidentenamt wahrgenommen hatte.

Doch kaum war Hellenbroich in sein neues Amt eingeführt und die »Ahnengalerie« im Foyer des Präsidentenhauses um sein Foto erweitert, löste sich das vermeintliche Problem, es nun mit einem auslandsnachrichtendienstlich wie außenpolitisch unerfahrenen Präsidenten zu tun zu haben, gleichsam im Selbstlauf. Während man im BND noch voller Unverständnis über die Leichtfertigkeit des BfV und dessen vorherigen Amtschefs die Tiedge-Affäre debattierte, wurde aus Bonn bekannt, daß Hellenbroich in den Ruhestand versetzt worden war.[2] Kaum jemand in Pullach bedauerte diese Entscheidung, gleichgültig ob man dem neuen Präsidenten damit nun Unrecht tat oder nicht. Man war froh, ihn schneller als gedacht los zu sein. Im übrigen erschien es wichtiger, nicht in den Sog der Affären des BfV zu geraten. Man hatte schon zur Genüge damit zu tun, selbst aus den Schlagzeilen zu kommen.

Ganz losgeworden ist der BND seinen kurzzeitigen Präsidenten nie. Denn Hellenbroich dachte nicht daran, sich ins Private zurückzuziehen oder zumindest seine kaum vier Wochen dauernde Amtszeit in Pullach diskret zu verschweigen. Wie um den BND zu ärgern, suchte er die Öffentlichkeit und trat dabei vorzugsweise als ehemaliger Chef des Auslands- und nicht des Inlandsnachrichtendienstes auf, wann immer es um Fragen geheimdienstlicher Tätigkeit ging.[3] In der Tat ärgerte es viele Mitarbeiter, daß sich ausgerechnet der Präsident mit der denkbar kürzesten Amtszeit, noch dazu der »kleine Bruder«, als intimer Kenner des

---

[2] Hansjoachim Tiedge, im BfV als Gruppenleiter für die Abwehr nachrichtendienstlicher Operationen der DDR gegen die Bundesrepublik zuständig, war im August 1985 überraschend nach Ost-Berlin übergelaufen. Hellenbroich, der vor seinem Wechsel an die Spitze des BND das Kölner Bundesamt geleitet hatte, wurde in diesem Zusammenhang mangelnde Dienstaufsicht vorgeworfen, weil er den unmäßigen Lebenswandel Tiedges, vor allem dessen Neigung zum Alkohol und gravierende Verschuldung, toleriert hatte.

[3] In zahlreichen Talkshows und Podiumsdiskussionen, bei denen Hellenbroich nach der Wende mit seinem früheren Gegenspieler Markus Wolf zusammentraf, hatte es oftmals den Anschein, als verbinde die beiden Geheimdienstchefs ein besonderes gegenseitiges Verständnis.

Dienstes ausgab. Einige hingegen nahmen es eher von der humoristischen Seite.

Eine Woche nach der Amtsenthebung Hellenbroichs hatte der BND mit dem Diplomaten Hans Georg Wieck einen neuen Präsidenten. Dessen berufliche Biographie, die Verwendungen in den deutschen Botschaften in Teheran und Moskau sowie bei der NATO in Brüssel, ließen ein besonderes Interesse an der Tätigkeit der Auswertung erwarten, die deshalb die Personalentscheidung ziemlich einhellig begrüßte. Wie extensiv dieses Interesse Wiecks sein würde, konnte niemand so recht einschätzen. Doch sollte darüber nicht lange Unklarheit herrschen.

Schon nach wenigen Wochen hatte der neue Präsident dem Dienst seinen eigenen, unverwechselbaren Stempel aufgedrückt. Mit ungläubigem Staunen beobachtete man, wie rund um das Präsidentenhaus Bauarbeiten in Gang kamen. Die »Gefängnismauer«, ein Relikt aus der nationalsozialistischen Entstehungszeit des Camps und insoweit fast ein schützenswertes Denkmal, fiel der Spitzhacke zum Opfer. Die schmale Zufahrt zum Präsidentenhaus wurde verlegt und verbreitert, der Parkplatz vor dem Haus aufgehoben; neben einer Verbesserung der Verkehrssicherheit trug das vor allem zu einer größeren Repräsentativität des Areals bei. Im Foyer des Gebäudes und in den gediegenen, holzgetäfelten Besprechungsräumen wurde die bundesdeutsche Fahne und – bei hohem ausländischen Besuch – die Flagge der Gäste aufgestellt. Blumenarrangements schmückten den Raum, und das Besuchsprogramm, nun auf schwerem Bütten gedruckt, mit eingeprägtem Bundesadler und von einer Kordel in den Nationalfarben zusammengehalten, lag dekorativ auf dem großen ovalen Besprechungstisch aus. Niemanden hätte es gewundert, wenn der Präsident seinen gepanzerten Dienstwagen mit der Standarte des BND, dem Drachentöter St. Georg, versehen hätte. Denn die Wandlung des Camps zu einer Super-Residenz war unübersehbar.

Auch die Diensträume des Präsidenten im Bonner Verbindungsbüro des BND wurden einer umfangreichen Renovierung unterzogen. Geld schien dabei keine Rolle zu spielen, das kostbarste Mobiliar gerade gut genug zu sein, um ein präsidiales Ambiente herzustellen. Die Mitarbeiter sahen es mit einigem Mißvergnügen, wurde doch bei der Anschaffung von Arbeitsmitteln kräftig gespart. Als Wieck dann auch noch eine zweite gepanzerte Limousine für seine Fahrten in Bonn beanspruchte, meinten nicht wenige, jetzt habe er endgültig vom Boden abgehoben.

Mit einer geradezu erschreckenden Besessenheit stürzte Wieck sich selbst und den Dienst in die Arbeit. Kein politisches Ereignis, zu dem er nicht eine Meinung und Dutzende von Fragen an die Mitarbeiter der Auswertung und der Beschaffung hatte. Es hagelte Arbeitsaufträge, auf deren Erledigung er zumeist ungeduldig wartete. Die Lageentwicklung in der Sowjetunion hatte es ihm besonders angetan. Das überraschte niemanden, erachtete er sich doch als einen intimen Kenner der sowjetischen Politik und war diese seit der Ernennung Gorbatschows zum neuen Kreml-Chef im März 1985 zunehmend in Bewegung geraten. Die Aufmerksamkeit, die Wieck dem Sowjetunion-Referat widmete, weckte allerdings zwiespältige Gefühle: Einerseits wurde das brennende Interesse des neuen Präsidenten am Aufgabenbereich des Referats und an dessen Arbeitsergebnissen sowie die enge Kommunikation mit ihm begrüßt. Andererseits war man mit seiner ärgerlichen Vorliebe konfrontiert, in Lagebesprechungen die Berichterstattung an sich zu ziehen und die zum Vortrag zitierten Fachreferenten in die Rolle von Statisten zu drängen. Das nagte mitunter kräftig am Selbstwertgefühl. Nicht selten zwang es auch zu einer Gratwanderung zwischen persönlicher Loyalität und fachlicher Objektivität. Denn Wieck neigte in seinen Lagebetrachtungen zu globalstrategischen Visionen und liebte es, seine manchmal allzu gewagten Entwicklungsprognosen durch ein zustimmendes Kopfnicken des Fachreferenten bestätigen zu lassen. Das war freilich angesichts anderer Beurteilung unmöglich. Doch vor Gästen konnte man dem Präsidenten auch nicht widersprechen. Da blieb nur die Zuflucht zu gewundenen Erklärungen, um dessen Aussagen wenigstens halbwegs zurechtzurücken.

Mit Wieck wurde der BND zu einem »Haus der offenen Tür«. Zwar waren in Pullach stets zahlreiche Besucher empfangen und in Lagevorträgen »gebrieft« worden. Doch war dieser Personenkreis immer eng begrenzt geblieben: auf Diplomaten und Militärattachés, die vor ihrem Einsatz im Ausland über die dortige Lage unterrichtet wurden oder die bei Zwischenaufenthalten in der Heimat den Gedankenaustausch mit dem BND suchten, der dann auch für die Auswerter aufgrund der Vor-Ort-Kenntnisse ihrer Gesprächspartner zumeist sehr nützlich und interessant war; und auf die Vertreter von Partnerdiensten, die zum regelmäßigen Informationsaustausch nach Pullach kamen. Wieck ging einen beträchtlichen Schritt weiter, indem er nun auch Parlamentarier, Wirtschaftsvertreter und vor allem Journalisten zum »Briefing« einlud. Das war zweifellos sinnvoll, eröffnete es doch einem größeren Personenkreis die Möglichkeit, Arbeitsweise und Leistungsfähigkeit des BND kennenzulernen und ein wenig den Schleier zu lüften, der immer noch über dieser geheimnisvollen und mitunter unheimlichen Organisation lag, die sich nicht einmal mit einem Türschild als der bundesdeutsche Auslandsnachrichtendienst zu erkennen gab. Andererseits war es nicht unproblematisch, vor Außenstehenden und nicht Geheimverpflichteten die Lageerkenntnisse vorzutragen. Selbst wenn die Auswerter die sensibelsten Informationen zurückhielten, um mit den Geheimschutzbestimmungen nicht in Konflikt zu geraten, war es schlechterdings unmöglich, alle nachrichtendienstlichen Erkenntnisse aus dem Lagebild zu eliminieren; zu innig waren in diesem offene und geheimdienstliche Erkenntnisse verwoben.

Daß der BND trotz dieser Neuerungen nicht aus den Schlagzeilen geriet und letztlich auch kein besseres Ansehen bei den Medien erlangen konnte, ist Wieck am allerwenigsten anzulasten. Mit seiner Politik einer partiellen Öffnung gegenüber den Medien tat er einen respektablen Schritt nach vorne und gab mehr denn je den Einblick in die Arbeitsweise, Leistung und das personelle Potential des Dienstes frei, mitunter bis an die Grenze des sicherheitlich überhaupt noch Vertretbaren. Niemand und schon gar nicht Journalisten, die um die Bedeutung des Redaktionsgeheimnisses wissen, konnte und kann erwarten, daß der BND darüber hinaus Einblick in seine operativen Vorgänge gewährt, selbst wenn sie naturgemäß jeden Außenstehenden am meisten interessieren. Deshalb sollte man meinen, daß sich das unsinnige Klischee von den »Schlapphüten«, das dem Dienst seit vielen Jahren anhaftet, hätte ausmerzen lassen. Doch weit gefehlt. Selbst seriöse Presseorgane halten mit einer geradezu innigen Vorliebe daran fest, obwohl es einesteils sachlich fehl geht und anderenteils schlichtweg falsch ist.

Wie überall, wo Menschen am Werk sind, unterlaufen Fehler. Im BND ist das nicht anders als in Zeitungsredaktionen, wo der Druckfehlerteufel noch das geringste aller Übel darstellt und wo unglückliche Formulierungen, mangelnde Recherche oder gar das Nichterkennen von Desinformationen schon manchen handfesten Skandal gezeitigt haben. Doch käme deshalb niemand auf die Idee, bei jeder sich bietenden Gelegenheit eine ganze Zunft als »Märchenerzähler« oder »Lügenbarone« zu titulieren. Auch im nachrichtendienstlichen Metier, das sich aus Gründen der Konspiration und allen rechtlichen Vorkehrungen zum Trotz nun einmal in Grauzonen bewegt, führen Übereifer wie menschliche Unzulänglichkeiten immer wieder zu zweifelhaften Operationen und Pannen. Sie gehören fraglos aufgedeckt. Gleichwohl geht der Begriff »Schlapphut«, mit dem in solchen Fällen die Geheimdienstler gerne bloßgestellt werden, in aller Regel am Sachverhalt eklatant vorbei, geißelt er doch nicht die rechtliche Bedenklichkeit bestimmter Aktionen, sondern deren miserable Ausführung, so als bedürfe nachrichtendienstliches Agieren der rabiaten Methoden eines James Bond, um erfolgreich wie akzeptabel zu sein.

Auch ich wurde von Wiecks Arbeitseifer überrollt, kaum daß er die Leitung des Dienstes übernommen hatte. Mit sicherem Gespür hatte er erkannt, daß ihm die »BND-Informationen« eine hervorragende Plattform boten, um auf der obersten politischen Ebene in Bonn ständig präsent zu sein. Nahezu jeden Beitrag zur »Kanzlerlage« und jede halbwegs interessante Aufzeichnung ließ er nun zur Spitzenberichterstattung aufbereiten und mit einem eigenhändig unterzeichneten Begleitschreiben an die Ressortchefs bzw. an deren Staatssekretäre versenden. Anfangs bestand er darauf, die Informationen auf den präsidialen Briefbogen zu drucken und zudem unterschiedlich zu formulieren, damit die Empfänger den Eindruck einer exklusiven Unterrichtung hätten – als würden sie die jeweiligen Schreiben vergleichen. Doch bei allem Einfallsreichtum, den ich auf diese Aufgabe verwandte, war es schier unmöglich, ein und dieselbe Information in zehn oder zwölf verschiedenen Versionen abzufassen. Ich wurde auch mit der Arbeit nicht mehr fertig, obwohl ich bis in den späten Abend hinein am Schreibtisch saß.

Mühsamer noch als die redaktionelle Überarbeitung der Fachberichte gestalteten sich die begleitenden formalen Arbeiten. Da Wieck weder einen Schreibfehler noch eine nachträgliche Korrektur in »seinen« Anschreiben duldete, mußte wieder und wieder Korrektur gelesen werden. Unmengen an Briefpapier wanderten in den Reißwolf, weil ich trotz aller Aufmerksamkeit doch einen Fehler übersehen oder sich bei der Arbeit am Schreibautomat der Druckfehlerteufel eingeschlichen hatte. »Das Anschreiben muß noch einmal ausgedruckt werden«, teilte mir dann ein Kollege aus dem Mitarbeiterstab Wiecks mit, der meine Vorlagen noch einmal akribisch unter die Lupe genommen hatte. »Das können wir dem Präsidenten nicht vorlegen.«

Auf diese Weise vergingen in der Regel mehrere Tage, bis die »Exklusivinformationen« des Präsidenten endlich in die Kurierpost gegeben werden konnten. Sie waren zwar durch die aufwendige Bearbeitung nicht gerade wertlos geworden, aber mit einer schnellen, aktualitätsbezogenen Unterrichtung der politischen Führung hatte das Ganze nichts mehr zu tun. Eigentlich ging es nur darum, daß man in den Führungsetagen Bonns von Wieck in seiner Eigenschaft als »Der Präsident des Bundesnachrichtendienstes« Notiz nahm.

Den Respekt seiner Mitarbeiter erwarb sich Wieck allerdings mit seinem erfolgreichen Bemühen, die Lageerkenntnisse des BND auch unmittelbar dem Bundeskanzler vorzutragen. Seit Gehlens Zeiten war das keinem Präsidenten mehr gelungen. Selbst der rührige Kinkel hatte es nicht geschafft, einen direkten Zugang zu Bundeskanzler Schmidt zu erhalten. So schlug es fast wie eine Bombe im BND ein, als Wieck eines Tages ein kleines Expertenteam zusammenstellte, das mit ihm bei Bundeskanzler Kohl die herausragenden außenpolitischen, militärstrategischen und wirtschaftlichen Fragen vortragen sollte.

Auch ich nahm einmal an einer solchen Lagebesprechung beim Kanzler teil. Schäuble, damals noch Kanzleramtsminister, assistierte Kohl. Es herrschte eine konzentrierte, gleichwohl freundliche Atmosphäre. Trotzdem erschien Wieck zu meiner Verwunderung ungemein angespannt und unsicher. Mit der Rabta-Affäre, durch die er sich einige Zeit zuvor den Unmut des Regierungschefs zugezogen hatte, ließ sich seine Nervosität nicht erklären. Wieck wirkte devot, als stünde er einem allmächtigen Herrscher gegenüber und nicht einem durch Volksentscheid auf bestimmte Zeit in ein Amt berufenen Politiker. Nichts, aber auch gar nichts mehr war von dem grenzenlosen Selbstbewußtsein zu spüren, mit dem er den BND führte und sich auch in der Rabta-Affäre seiner Haut gewehrt hatte. Wie von Geisterhand mutierte »Der Präsident des Bundesnachrichtendienstes« zu einem Spitzenbeamten, dessen Wohl und Wehe von den Launen der Politik abhing.

Auch Kohl überraschte mich. Er war über die behandelten Fragestellungen detaillierter informiert, als ich es erwartet hatte. Sachkundig sprach er jene Aspekte an, die für die politische Entscheidungsfindung von Belang waren, fragte nach Zusatzinformationen und wichtigen

Randproblemen. Regelmäßig hatte ich die vertraulichen Berichte des Auswärtigen Amts über NATO-Ratstagungen, die Weltwirtschaftsgipfel und wichtige bilaterale Treffen gelesen, und angesichts dieser Lektüre war mir der politische Meinungsaustausch auf dieser hohen internationalen Ebene oft als erschreckend dürftig erschienen. Mit der gegenseitigen Bestätigung, daß nur die eigenen politischen Auffassungen und Ziele, nicht jedoch die der östlichen Gegenseite richtig seien und daß man konsequent daran festhalten werde, erinnerte er eher an das Gebaren politischer Stammtische. Doch von solch plakativer Verkürzung der Probleme war diese Lageerörterung mit dem Bundeskanzler weit entfernt.

Zweifellos den nachhaltigsten Respekt der Mitarbeiter trug Wieck freilich seine Handhabung der Rabta-Affäre ein. Die Kompromißlosigkeit, mit der er die unbegründeten Anwürfe aus Bonn zurückwies, der BND hätte wieder einmal eine brisante Lageentwicklung verschlafen und die Politik zu spät informiert, fand ungeteilte Zustimmung. Insbesondere zollte man seiner Zivilcourage Respekt, den Bundeskanzler öffentlich zu desavouieren, indem er sich der erprobten Taktik verweigerte, Pullach zum alleinigen Sündenbock zu stempeln. Zu oft schon hatte man für die Fehler der politisch Verantwortlichen Schelte einstecken müssen, zu oft schon hatte die Leitung zu ungerechtfertigter Kritik devot geschwiegen. Nun endlich hatte ein Präsident den Mut, der vorgesetzten Behörde, noch dazu der höchsten Regierungsinstitution, zu widersprechen und deren eigenes Versagen namhaft zu machen. Selbst wenn Wieck es zuvörderst aus dem persönlichen Interesse tat, seinen Ruf als fach- und führungskompetenter Behördenchef zu wahren: Seine Richtigstellung kam auch dem BND zugute. In dieser Affäre saßen die Mitarbeiter mit ihrem Präsidenten in einem Boot. Hatten sie doch die frühzeitigen Informationen der CIA über die Verstrickung deutscher Unternehmen in die chemische Aufrüstung Libyens umgehend aufbereitet und Wieck zum Vortrag in der »Kanzlerlage« vorgelegt. Nicht sie waren die »Schlapphüte« und Dilettanten. Diese saßen vielmehr anderenorts. Die Mitarbeiter waren sich aber auch bewußt, daß die Tage Wiecks in Pullach nun gezählt waren. Die Herausforderung des Kanzlers würde Folgen haben. Früher oder später müßte man sich auf einen neuen Präsidenten einstellen.

*

Bis zum nächsten Wiedersehen mit Wolf waren drei Jahre vergangen. Sicher lag das zum einen an meinen mangelnden Möglichkeiten, mich alleine, ohne Harry, mit dem HVA-Chef zu treffen. Bis zur Umschulung des Jungen 1983 in eine Internatsschule, die wegen plötzlicher, psychisch bedingter massiver Lernschwierigkeiten erforderlich wurde, waren meinerseits Treffs nur im Rahmen meiner Urlaube mit dem Kind im westlichen Ausland möglich, das Wolf seit der Stiller-Affäre jedoch mied. Andererseits hatten der Tod von Wolfs Bruder Konrad und die krisenhafte Entwicklung seiner zweiten Ehe auch sein Leben gravierenden Veränderungen unterworfen, hinter denen die Frage eines weiteren Treffens zurücktrat.

Um so mehr übernahm nun Fritsch die Führung der Verbindung, in die er zugleich Stefan und Karl-Heinz immer stärker einbezog. Das hatte auch interne, für mich allerdings erst nach meiner Verhaftung erkennbare Gründe: Sein Stellvertreter Stefan war inzwischen in die Zentrale nach Berlin gewechselt und hatte dort als Leiter des Referats »Aufklärung BND« eine Art Weichenstellung zu Wolf eingenommen. Karl-Heinz wiederum war als Mitarbeiter einer konspirativen Außenstelle der MfS-Bezirksverwaltung erheblich weniger als seine in den zentralen Dienststellen tätigen Kollegen dem Risiko ausgesetzt, durch eine gegnerische Observation als HVA-Angehöriger erkannt zu werden.[4] Er konnte deshalb ziemlich gefahrlos mit seinem auf den Namen »Wolter« ausgestellten gefälschten Berliner Personalausweis zu Treffs ins westliche Ausland reisen und so die Verbindung zu mir aufrechterhalten.

Allerdings mißfiel der HVA-Zentrale in Berlin Fritschs dominierende Rolle in der Verbindungsführung: Seitdem Wolf dort eine ihm direkt unterstellte Abteilung zur Aufklärung der gegnerischen Nachrichtendienste unter Leitung von Generalmajor Harry Schütt gebildet hatte, war deren Interesse rapide gewachsen, meine Führung zu übernehmen. Solche Begehrlichkeiten waren auch dem BND nicht fremd: Auch die »Gruppe Stammberger«, mit der Kinkel Anfang der 80er Jahre seine präsidiale Stabsabteilung um eine operative Komponente zur Anbahnung und

---

[4] Die HVA ging davon aus, daß ihre Dienststellen von den westlichen Geheimdiensten in gleicher Weise observiert wurden, wie sie die Einrichtungen des BND beobachtete und deren Besucher fotografierte, um BND-Mitarbeiter zu enttarnen.

Führung von Spitzenquellen in Osteuropa erweitert hatte[5], wurde von der Beschaffungsabteilung als mißliebige elitäre Konkurrenz erachtet, die nur darauf aus sei, sich die Rosinen aus dem Spektrum der nachrichtendienstlichen Kleinarbeit herauszupicken. Da Schütt um die enge Zusammenarbeit zwischen Karl-Heinz und mir wußte, war er auf die Idee verfallen, meinen Partner nach Berlin zu versetzen, um auf diese Weise den »Vorgang Gisela« in seine Zuständigkeit zu ziehen.

Verärgert und mißmutig hatte Karl-Heinz mir von Schütts Plan erzählt. »Du mußt mir helfen«, brachte er sein Problem zur Sprache. »Die Großkopfeten in Berlin wollen uns in die Suppe spucken. Ich soll in die Zentrale versetzt werden. Aber ich denke gar nicht daran, aus Plauen wegzugehen und ins lausige Berlin zu ziehen. Kannst du dir mich dort vorstellen? Nein, ich auch nicht. Also, du mußt unbedingt an Hans schreiben, daß du mit uns nur unter der Bedingung weiterhin zusammenarbeitest, wenn ich in die Verbindung eingeschaltet bleibe. Ich habe denen in Berlin nämlich gesagt, daß sie mich aus unserer Verbindung herauslösen sollen, weil ich in Plauen bleiben will.«

Ich verfuhr, wie von Karl-Heinz erbeten. Meiner nächsten Informationssendung fügte ich einen Brief an Fritsch bei, in dem ich kategorisch auf einer Fortsetzung der Zusammenarbeit mit meinem langjährigen Partner bestand. Anderenfalls würde ich die Kooperation einstellen. Beim nächsten Treff berichtete Karl-Heinz mir freudestrahlend, welch durchschlagenden Erfolg mein Schreiben in Berlin erzielt hatte. »Die Versetzungspläne sind vom Tisch!«

Daß er später einmal, in der Gerichtsverhandlung, dieser Episode eine völlig andere Wendung geben würde, hätte ich mir damals nicht träumen lassen. Um seiner Aussage, er habe in der Verbindung zu mir eine völlig untergeordnete Rolle gespielt und lediglich organisatorische Aufgaben erfüllt, Glaubwürdigkeit zu verleihen, behauptete er, er habe sich Anfang der 80er Jahre ganz daraus zurückziehen wollen, aber seine Vorgesetzten hätten seine Bitte abgelehnt. Das war ein starkes Stück. Doch es war müßig, darauf zu erwidern. Zu vieles hätte ich zurechtrücken müssen.

Bis zu meiner nächsten Begegnung mit Wolf Ende 1984 traf ich mich regelmäßig alle zwei bis drei Monate mit Karl-Heinz und ein- bis zwei-

---

[5] Vgl. Schmidt-Eenboom, »Der Schattenkrieger«, S. 149 f.

mal jährlich mit Fritsch und Stefan. Da Harry trotz – oder zutreffender wegen – seiner Behinderung meine sportlichen Interessen teilte und wir deshalb häufig zu Kurzurlauben ins benachbarte Österreich oder nach Südtirol fuhren, gab es zahlreiche Möglichkeiten, uns zu sehen. Allerdings gestalteten sich diese Treffs nun völlig anders als in früheren Jahren: Wie auch bei ganz normalen Familien üblich, richtete sich der Tagesablauf nach Harrys Bedürfnissen und Wünschen. Sie bildeten die Rahmenbedingungen für die nachrichtendienstliche Zusammenarbeit, und selbst die Belange der Konspiration hatten sich ihnen unterzuordnen. Wer mich mit Harry und meinen HVA-Partnern beobachtete – und das waren nicht wenige, da wir in Badgastein und im Burgenland, in Bozen und Meran mittlerweile Stammgäste geworden waren –, hätte wohl im Traum nicht daran gedacht, in uns etwas anderes zu sehen als erholungsuchende Familienangehörige. Auch Fritsch gefiel sich rasch in der Rolle eines großväterlichen Freundes von Harry, und er schüttete sich geradezu aus vor Lachen, als sein Deckname »Hans« Harry spontan zu dem Kinderspiel anregte: »Hänschen, piep einmal!« Den Jungen auf seinem Schoß und unermüdlich piepend, lag auch für den Aufklärungschef von Karl-Marx-Stadt der Gedanke an das nachrichtendienstliche Geschäft meilenweit entfernt. Dafür blieb an den Abenden, wenn Harry in tiefen Schlaf gesunken war, genügend Zeit.

Angesichts der Selbstverständlichkeit, mit der sich nun meine Freunde von der HVA den neuen Treffgegebenheiten anpaßten, ärgerte es mich, daß ich mich so lange in ein Korsett sicherheitlicher Bedenken hatte einschnüren lassen. Waren doch diese Vorsichtsmaßnahmen immer auf Kosten meiner Freizeitinteressen gegangen, hatten meinen Urlaub oft beträchtlich gestört und die Realisierung manchen Reisewunsches zunichte gemacht. Ganz schön dumm war ich gewesen, mich immerzu den Sicherheitsbedenken meiner Partner zu beugen, weil diese, wie ich überzeugt war, die Sicherheitslage besser beurteilen konnten als ich.

Mit meiner Versetzung in das Gesamtlagereferat der Auswertung trat in meine berufliche Laufbahn eine entscheidende Wende, die auch meine Zusammenarbeit mit der HVA berührte. Schon zwei Jahre zuvor hatte es mit meinem Wechsel in das Sachgebiet »Sowjetische Drittweltpolitik« eine inhaltliche Veränderung in meiner Tätigkeit gegeben. Aber sie war der HVA sehr gelegen gekommen, da die zunehmenden Aktivitäten der DDR in Nahmittelost und Afrika deren Interesse an Informationen über diese Regionen beträchtlich gesteigert hatte. Gleichzeitig waren mir die Erkenntnisse in den anderen Sachgebieten des Sowjetunion-Referats, also auch in dem zuvor von mir bearbeiteten Bereich Westeuropa, zugänglich geblieben. Doch nun sollte ich aus der analytischen Arbeit mit nachrichtendienstlichem Rohmaterial in eine redaktionelle, auf bloße stilistische Überarbeitung der BND-Analysen gerichtete Tätigkeit wechseln.

Fritsch war von diesem Gedanken nicht erbaut; er fürchtete, meine Informationszugänge würden beträchtlich schrumpfen, zumal ich ihm anfangs nur vage sagen konnte, mit welchem Material ich künftig umgehen würde. Nach dem Motto »Wir wissen, was wir haben, aber wir wissen nicht, was wir bekommen«, mochte er sich auf kein Risiko einlassen, sich womöglich einen guten Informationszugang zu verschütten. In dieser Hinsicht war die HVA, wie ich schon bei meiner Abordnung ins Bundeskanzleramt feststellen konnte, überraschend konservativ und jeglichen Experimenten abhold.

Doch für mich verbot sich jede Diskussion mit Fritsch. Es handelte sich schließlich um eine Direktorenstelle, und niemand im Dienst hätte es verstanden, wenn ich die Beförderung ausgeschlagen hätte. Ein Beamter tut so etwas nicht! Im Gegenteil, er wacht mit Argusaugen darüber, welcher Kollege seines Dienstranges zur Beförderung auf einen höher dotierten Posten ansteht und wann er endlich an die Reihe kommt bzw. wann welche Förderstelle frei wird, für die er sich mit einiger Aussicht auf Erfolg bewerben kann. Es war ein vertracktes Spiel und im BND zusätzlich mißlich, weil die Vermehrung seiner Haushaltsstellen mit der rapiden Vergrößerung seiner Planstellen bei den organisatorischen Erweiterungen nicht Schritt gehalten hatte. Es dauerte deshalb inzwischen vier bis fünf Jahre von der Einweisung in eine höher dotierte Planstelle bis zur entsprechenden Beförderung und Besoldung. Doch ohne Einweisung in einen höheren Posten war an eine Beförderung schon gar nicht zu denken.

Aufgrund der veränderten Situation hielt Fritsch besonders engen Kontakt zu mir. Doch bald schon wichen seine Bedenken der Überzeugung, daß meine Versetzung in den Gesamtlagebereich der BND-Auswertung ein Glücksfall für die HVA war: Meine neue Tätigkeit entpuppte sich als eine Fundgrube an Informationen. Schon nach kurzer Zeit liefen alle Rohmeldungen der beschaffenden Abteilungen sowie alle Ausgangsberichte der Auswertung über meinen Schreibtisch, einschließlich der Sonderberichte, die für die wöchentliche »Kanzlerlage« und für Ministerreisen gefertigt wurden, außerdem die Berichte der deutschen Botschaften, soweit sie dem BND zur Kenntnis gegeben wurden. Es war eine solche Fülle an Material, daß ich gut und gerne den ganzen Tag mit Lesen hätte verbringen können. Doch dazu hatte ich kaum Zeit, seitdem Wieck BND-Präsident geworden war.

Für meine Informationsweitergabe an die HVA erwies es sich nun als ein Segen, daß Fritsch das Verbot, irgendwelche Dokumente aus dem BND mit heimzunehmen, aufgehoben hatte und ich mit der präparierten Aktentasche dazu auch gefahrlos in der Lage war. Natürlich hätte ich das von mir bearbeitete Material, auch ohne irgendwelche Notizen zur Gedächtnisstütze, zu Hause rekapitulieren können. Doch die vielen anderen Informationen, die täglich bei mir durchliefen, konnte ich nur noch flüchtig zur Kenntnis nehmen, um wenigstens einen groben Überblick über das weltweite Geschehen zu bekommen. An Notizen war schon gar nicht mehr zu denken, das ließ mein tägliches Arbeitspensum nicht zu. Alle meine Arbeitsaufträge waren Terminsachen und Wieck zudem kein Mann von großer Geduld.

Keine Mühe bereitete es mir hingegen, aus der Informationsflut jene Berichte auszuwählen, die es wert waren, der HVA zur Kenntnis zu gelangen. In dieser Hinsicht hatte sich für mich nichts geändert, das thematische Spektrum war nur erheblich breiter geworden. Daß so auch die Quantität des Materials anwuchs, das ich, fototechnisch aufbereitet, nach Karl-Marx-Stadt und Ost-Berlin weitergab, versteht sich von selbst; ich wäre eine schlechte Kundschafterin gewesen, hätte ich interessante Informationen ignoriert. Jetzt, wo ein Urteil gesprochen und vollstreckt ist, kann ich es unumwunden zugeben. Damals hingegen, im Strafverfahren, blieb mir im Interesse meiner Verteidigung gar nichts anderes übrig, als sowohl die Anzahl wie die inhaltliche Qualität des sogenannten »Verratsmaterials« herunterzuspielen. Deshalb kam es mir auch nicht ungelegen, daß der BND selbst wenig Interesse zeigte, genaue Angaben über das mir zugängliche Material zu machen oder es gar dem Gericht vorzulegen. Auf den Strafausspruch hat das freilich keinen Einfluß gehabt, da ließen sich die Richter nicht beeindrucken. In ihren Augen – und nach den Strafrechtsbestimmungen der Bundesrepublik –

war eben schon ein einziger an die HVA weitergegebener BND-Bericht einer zuviel.

Oft bin ich gefragt geworden, welches denn nun die interessanteste Information gewesen sei, die ich an die HVA weitergegeben habe. Meistens dachte der Fragesteller dabei an die Berichte zur »Kanzlerlage«, die ich bearbeitet habe. Geheimdienstliche Informationen für den Bundeskanzler – das klingt geheimnisvoll, aufregend, wichtig, besonders in den Darstellungen der Medien über meine Geschichte. Doch weit gefehlt! In Wirklichkeit waren diese Berichte zwar gute und informative Lagedarstellungen und Analysen. Aber nachrichtendienstliche Spitzenmeldungen enthielten sie nur selten.

Die aus meiner Sicht wichtigste Information, die mir während meiner Tätigkeit im BND zugänglich wurde, ist überhaupt nicht im Bereich der Berichterstattung angesiedelt, mit der ich tagtäglich zu tun hatte. Vielleicht ist auch das ein Grund, warum mir viele der weitergegebenen Berichte in Vergessenheit geraten sind, nur diese eine Information nicht, die mir über die Maßen wichtig erschien, daß es mich elektrisierte. Ich hatte von einer Abwehroperation des BND erfahren, die sich gegen eine Kollegin und deren »Freund«, einen KGB-Offizier namens »Hans Peschke« richtete. Die Kollegin konnte ich nicht schützen, es hätte mich selbst um Kopf und Kragen gebracht. Aber es bestand eine winzige Chance, den KGB-Offizier vor der drohenden Verhaftung zu retten. Eiligst schrieb ich einen geheimen Brief nach Ost-Berlin – ein schnellerer Verbindungsweg stand mir nicht zur Verfügung. Der Brief erreichte sein Ziel im letzten Augenblick: »Peschke« konnte noch aus dem startbereiten Flugzeug, das ihn in den Westen und geradewegs in die Fänge der westdeutschen Abwehr bringen sollte, herausgeholt werden.

Ich staunte nicht schlecht, als ich später in einer Darstellung dieses Falles las, »Peschke« habe sich beim Zugriff der Abwehrorgane »in der Wohnung« meiner Kollegin befunden, »entkam aber, weil die rückwärtige Front des Münchner Hauses unbewacht blieb«.[6] Das ist ebenso phantasievoll wie falsch und wohl auch deshalb nicht durch einen Quellenhinweis belegt. Nicht der Phantasie entsprungen, sondern nachrichtendienstliche Wirklichkeit ist hingegen der rührende Dank, den die KGB-Repräsentanz in Ost-Berlin mir später abstattete, weil ich einen ih-

[6] Vgl. Schmidt-Eenboom, »Schnüffler ohne Nase«, S. 377.

rer Leute vor dem Schlimmsten bewahrt hatte, was einem Agenten passieren kann: enttarnt und verhaftet zu werden. Seitdem ich selbst der Haft unterworfen war, weiß ich sehr genau zu beurteilen, was diese eine, zufällig gewonnene Information wert war. Und ich weiß, wie schlecht mir der spätere sowjetische Staats- und Parteichef Gorbatschow meinen Einsatz für seinen Landsmann gedankt hat, als er die DDR Bonn überließ, ohne schützende Vorsorge für jene zu treffen, die sich mit ihrer geheimen und riskanten Tätigkeit auch für das Wohl der Sowjetunion und deren Bürger verwendet haben. Trotzdem bereue ich nichts.

*

»Wolf möchte gerne, daß wir alle zusammen meinen 50. Geburtstag feiern. Er bittet dich, es möglich zu machen, dann zu uns in die DDR zu kommen.« Es war eine fast förmliche Einladung, mit der Karl-Heinz mich im Spätsommer 1984 überraschte. »Das Treffen soll in Oberwiesenthal stattfinden. Es ist gedacht, daß wir zusammen mit Stefan von Wien aus mit dem Botschaftswagen dorthin fahren und für die Grenzpassagen wieder die Diplomatenpässe benutzen. Du solltest auf jeden Fall vier bis fünf Tage Zeit haben. Ist das möglich?« »Das läßt sich vielleicht einrichten. Ich werde es prüfen und euch dann Bescheid geben. Aber mir erscheint der Zeitpunkt ziemlich unglücklich. Ende November! Wie will ich denn einen Urlaubsantrag zu diesem Termin begründen? Kein Mensch fährt da in Urlaub. Ich kann auch nicht sagen, daß ich zu Hause herumwerkeln möchte. Ein Anruf aus dem BND, und schon ist die Legende geplatzt!« »Nein, das geht natürlich nicht. Wir haben uns vorgestellt, daß du für ein paar Tage ins Burgenland fährst und wir uns dann in Wien treffen. Du hast doch jetzt schon des öfteren dort Urlaub gemacht. Da ist es keineswegs abwegig, auch mal außerhalb der Saison hinzufahren. Du hast doch gehört, was die Chefin vom Reitstall gesagt hat: Daß es erst Anfang November bei ihnen ruhig wird und sie froh ist, wenn dann jemand kommt und die Pferde bewegt. Wenn das kein triftiger Grund ist für einen Späturlaub!« »Ja, schon, aber Ende November ist verdammt spät. Da gehen ja schon bald die Weihnachtsvorbereitungen los. Andererseits: Fünfzig wirst du nur einmal, und es wäre wirklich schön, diesen Tag gemeinsam zu feiern. Also gut, ich werde die Sache so vorbereiten und euch dann benachrichtigen.«

Wie besprochen, fuhr ich im November für eine Woche in den burgenländischen Seewinkel. Zu meiner Erleichterung erwiesen sich meine Vorbehalte als unbegründet. Es wurde ein großartiger Reiturlaub. Schon am frühen Morgen stand ich im Stall, um die Pferde zu putzen. Dann wählte ich das beste Pferd aus, um in die Hutweide und zu den Lacken auszureiten. Fast menschenleer lag das weite, ebene Land vor mir. Nur ab und zu begegnete ich in den Weingärten einem Bauern, der, verwundert über den späten Urlaubsgast, freundlich grüßte. Am Nachmittag durchstreifte ich mit einem anderen, frischen Pferd erneut die Gegend. In jede Himmelsrichtung konnte ich reiten und zu jedem beliebigen Nachbarort, um dem Tier und mir selbst eine Verschnaufpause zu gönnen. Abends saß ich mit den Einheimischen im Gasthof und fachsimpelte mit ihnen über Wein, Wetter und über die Politik – die Politik der österreichischen Regierung selbstredend.

Nach einer Woche fuhr ich nach Wien, stellte meinen Wagen in einem Parkhaus ab und traf Karl-Heinz und Stefan. Gemeinsam fuhren wir über Bratislava, Brünn, Prag und Karlsbad nach Oberwiesenthal. Das Gästehaus lag am nordwestlichen Ortsrand in einem Hang weit über dem Talgrund. Es war ein großes, nobles Anwesen in ländlich-rustikalem Stil und mit heimischem Schiefer und Holz ausgestattet. Schon der erste Eindruck ließ erkennen, daß an diesem Bau Kosten und Mühen nicht gespart worden waren. »Das ist das Gästehaus des Ministers«, flüsterte Fritsch mir zu, und das Porträt in der Eingangshalle ließ keinen Zweifel, wen er damit gemeint hatte: den Minister für Staatssicherheit, Mielke, und nicht dessen Stellvertreter, den HVA-Chef Wolf.

Das Innere des Hauses war im Stil eines Appartement-Hotels gestaltet: Großzügige und mit allem Komfort ausgestattete Suiten im Wohntrakt erlaubten den Gästen eine individuelle Gestaltung des Aufenthalts. Gleichzeitig standen im Kernbereich des Hauses mit einem aufwendigen Wohnzimmer und einem eleganten Speisezimmer Gemeinschaftsräume zur Verfügung. Im Dachgeschoß befand sich die Attraktion des Hauses: ein Kaminzimmer, das ganz in der traditionellen erzgebirgischen Holz- und Drechslerkunst ausgebaut war. Wolf hatte sich vorbehalten, es mir selbst zu zeigen. »Du hättest sehen sollen, wie sie hier gearbeitet haben. Keine Mühe war ihnen zu groß, nichts gut genug. Als sei es darum gegangen, die Weltmeisterschaft zu erringen.« »Das haben die Handwerker in der Tat«, pflichtete ich ihm bei, »ich habe noch nie ein derartiges Zimmer gesehen. Es ist einfach großartig.«

Für die Feier von Karl-Heinz' 50. Geburtstag hatte der HVA-Chef das Kaminzimmer ausersehen. Er hätte auch keinen passenderen Ort auswählen können. Wie schon drei Jahre zuvor in Dresden begann der Abend mit einer feierlichen Ordensverleihung; doch diesmal war Karl-Heinz der Geehrte. Wolf sprach wieder von Einsatz und Leistung und von Verdiensten, für deren Würdigung der Orden gedacht sei, und daß einen am 50. Geburtstag solche Ehren fast unvermeidlich einholten. Daß es noch einen Monat hin war bis zu Karl-Heinz' 50. Geburtstag, sagte er allerdings nicht. Auch vermied er es, über dessen Verdienste bei meiner Anwerbung zu sprechen. Aber das lag nun schon lange zurück und war vielleicht bereits mit einer anderen Auszeichnung gewürdigt worden.

Am nächsten Tag lud Wolf zu Kutschfahrt und Picknick ein. Ungeachtet des kühlen, nebelverhangenen Tages hatte der HVA-Chef die nur selten zu sehenden »dienstbaren Geister« des Hauses angewiesen, den Holzkohlengrill an einen kleinen Waldsee zu bringen und alle Vorbereitungen zu treffen, um für das leibliche Wohl seiner Gäste zu sorgen. Am späten Vormittag war ein Kutscher mit seinem Gespann vorgefahren, um uns über die nächste Anhöhe und durch dichten, dunklen Wald zu dem kleinen, verwunschenen See zu bringen. Eingehüllt in warme Decken, Mützen tief ins Gesicht gezogen, um sich gegen die Nässe der dichten Nebelschwaden zu schützen, ließ sich eine wunderliche Fracht durch den trüben Novembertag kutschieren. »Ein Glück, daß keine Urlauber mehr hier sind und uns sehen können«, meinte ich, »sie würden sich gewiß halb totlachen bei dem komischen Bild, das wir abgeben.« Fritsch lächelte etwas gequält.

Der See lag in einer kleinen Senke. Schon von weitem war der große, leuchtend helle Sonnenschirm zu erkennen, unter dem Rauchschwaden aus dem offenen Feuer hervorzogen. Vor dem Grill stand ein junger Mann und wendete das Gut. Er war in eine Livree gekleidet und trug weiße Handschuhe. Ich mußte einfach loslachen. »Johann, servieren Sie bitte das Würstchen.« Nach und nach stimmten auch die anderen ein. Wir lachten über die verrückte Idee, an einem neblig-kühlen Tag und tief im Wald des Erzgebirges eine Grillparty im Stile eines königlichen Gartenfestes zu veranstalten. Es wurde eine lustige, eine gelungene Party.

Traurig war hingegen die Fahrt, die ich zwei Tage später mit Fritsch und Karl-Heinz unternahm. Schiefer war im späten Frühjahr verstorben, und ich hatte gebeten, das Grab des Freundes besuchen zu können, mit dem mich immer ein besonders tiefes Verständnis verbunden hatte. Fritsch hatte keinen Augenblick gezögert, auch wenn es ein Moment der Dekonspiration war, denn auf dem schlichten Grabstein stand, nebst Geburts- und Todesjahr, der tatsächliche Name Gotthards. »Ihr könnt unbesorgt sein, ich will eure Namen nicht wissen«, sagte ich zu Karl-Heinz und Fritsch, als ich mich nach Minuten des Gedenkens zum Gehen wandte.

Hingegen hätte es mich interessiert zu erfahren, daß Wolf sich zu jenem Zeitpunkt längst mit Rücktrittsgedanken trug und bereits vor Monaten die Leitungsaufgaben an seinen Stellvertreter Werner Großmann übergeben und sich auf die bloße Repräsentation der HVA und des Ministeriums zurückgezogen hatte. Von all dem war während unseres Zusammenseins nicht das geringste zu spüren. Wolf hatte wohl die Richtlinie ausgegeben, die Veränderungen im Hintergrund mir gegenüber nicht erkennbar werden zu lassen, und Fritsch hielt sich loyal zurück. Wie immer führte Wolf die Gespräche, gab Anweisungen, traf Entscheidungen.

Nicht zu übersehen war allerdings ein erheblicher Erschöpfungszustand Wolfs. Er wirkte abgespannt, ausgepumpt, müde, zog sich regelmäßig in seine Suite zurück. Ich suchte die Ursache in einer großen dienstlichen Belastung des HVA-Chefs. Wie hätte ich auch auf die Idee kommen sollen, daß diese längst auf ein Minimum reduziert war und daß ihn sein Privatleben, die Entfremdung von seiner zweiten Frau und eine neue Beziehung, voll und ganz ausfüllten.

*

Eineinhalb Jahre später, Ende Mai 1986, traf ich ein letztes Mal mit dem HVA-Chef zusammen. Es sollte unsere letzte Begegnung sowohl im Rahmen seiner Funktion als Leiter des Auslandsnachrichtendienstes der DDR als auch des Bestehens des zweiten deutschen Staates sein. Nicht in unseren kühnsten Träumen hätten wir uns vorstellen können, daß wir uns sieben Jahre später unter gänzlich anderen politischen und persönlichen Verhältnissen wiedersehen würden: vor einem westdeutschen Obergericht – Wolf in der Rolle des Angeklagten und ich als unfreiwillige Zeugin.

Daß unsere letzte Zusammenkunft nur wenige Tage vor seinem Rücktritt vom Amt stattfand, ist sicher nicht der Planung des HVA-Chefs entsprungen, sondern ein bezeichnender Zufall. Wie üblich seit längerem vereinbart und vorbereitet, wurde das Treffen dadurch unversehens zum Abschied von der Kundschafterin, die er über viele Jahre als Innenquelle im BND persönlich geführt hatte. Denn inzwischen hatte ihn eine Entwicklung überrollt, die nicht mehr seinen Vorstellungen und Wünschen entsprach, sondern der Entscheidung Mielkes.

Es waren die dramatischen Entwicklungen im Privatleben Wolfs, die einen raschen Führungswechsel in der HVA erzwungen hatten. Mit dem Austragen seiner Eheprobleme in aller Öffentlichkeit, was ihn nicht nur in die Optik des BND gebracht hatte, sondern diesem auch eine klassische Anbahnungsmöglichkeit eröffnete, war der HVA-Chef schlagartig zu einem Sicherheitsrisiko geworden. Deshalb hatte Mielke es plötzlich furchtbar eilig, dem Wunsch Wolfs nach Pensionierung nachzukommen. Bis dahin hatte er sich diesem Wunsch hartnäckig verschlossen, jedoch nicht, weil er – wie Wolf behauptet – seine eigene Amtsentlassung und die seiner Politbüro-Kollegen befürchtete, wenn der erheblich Jüngere vor dem Älteren in den Ruhestand träte, sondern weil er sich die HVA ohne deren langjährigen Chef nicht vorstellen konnte. Unabhängig davon, wie Mielke persönlich zu Wolf stand: Er empfand Hochachtung vor dessen Leistung und wollte ihn nicht verlieren, schon gar nicht in einer Zeit zunehmender innen- und außenpolitischer Schwierigkeiten, die den Bedarf der DDR-Führung an zuverlässigen Informationen rapide steigerten.

Ich fand einen zutiefst deprimierten Wolf vor, als ich wieder von Wien über die Tschechoslowakei kommend in Oberwiesenthal eintraf. »Ich habe mich entschlossen, von meinem Amt zurückzutreten«, erklärte er mir. »Schon seit Jahren ist das mein Wunsch. Nun ist es endlich soweit. Ich möchte endlich Zeit haben, ein Buch zu schreiben. Ich habe es meinem Bruder auf dem Sterbebett versprochen. Das Projekt ist seine Idee, er konnte es nicht mehr vollenden.«

Ich verstand, wie wichtig es Wolf war, sich der Aufgabe zu stellen, die sein Bruder ihm hinterlassen hatte. Von meinen früheren Begegnungen mit dem HVA-Chef wußte ich nur zu gut, wie stark er auf Konrad fixiert war, wie sehr er dessen künstlerisches Talent bewunderte und wie ihn die politische Botschaft seiner Werke beschäftigte. Was ich nicht verstand, war seine melancholische Stimmung. Sie konnte unmöglich der Trauer um den Bruder entspringen. Konrad war inzwischen vier Jahre tot. Selbst bei unserem letzten Treffen war der HVA-Chef nicht so bedrückt gewesen wie jetzt.

Hätte ich schon damals gewußt, daß er eines Abschieds vom Amt nicht bedurfte, um das unvollendete Projekt seines Bruders zu bearbeiten, ich hätte seine Stimmungslage zu deuten vermocht: daß es ein Aufruhr der Gefühle war gegen eine schmähliche Entlassung aus dem Amt, ein Aufruhr auch gegen den Verlust einer Stellung, die seinen persönlichen Ambitionen inzwischen optimal entsprach. Denn längst hatte Mielke dem Wunsch Wolfs, sich dem Nachlaß seines Bruders widmen zu können, stattgegeben, hatte ihn von den Leitungsaufgaben freigestellt und ihm ein beträchtliches Maß an Freizeit eingeräumt. Der Rücktrittswunsch des HVA-Chefs war damit gegenstandslos geworden. Nun hatte er hinreichend Zeit für sein persönliches Anliegen und ohne dafür die Privilegien seiner hohen Stellung als stellvertretender Minister opfern zu müssen. Während Werner Großmann Aufgaben und Pflichten des HVA-Chefs wahrnahm, repräsentierte Markus Wolf die Aufklärung und das Ministerium. So lange, bis seine private Situation in derart heftige Turbulenzen geriet, daß er für den Auslandsnachrichtendienst der DDR und für das Staatssicherheitsministerium untragbar wurde.

Von all dem findet sich in seiner Autobiographie nichts. Das nimmt auch nicht wunder, würde es doch die Legende nachhaltig beschädigen, die sich in vielen Jahren um seine Person rankte: der »Mann ohne Gesicht«, der »beste deutsche Geheimdienstchef dieses Jahrhunderts.«[7] Man stelle sich vor: Dieser »beste deutsche Geheimdienstchef« wurde im Alter und auf Freiersfüßen wandelnd für eben jenen Dienst, den er in vielen, arbeitsreichen Jahren aufgebaut und zu großen Erfolgen geführt hat, zu einem Sicherheitsrisiko! Für einen Geheimdienst bedeutet das schlicht eine Katastrophe. Doch es scheint dem Metier weniger fremd zu sein, als es zunächst den Anschein hat: Auch die westdeutschen Dienste hatten mit dem Übertritt des ersten Verfassungsschutzpräsidenten Otto John in die DDR und mit der nachrichtendienstlichen Tätigkeit des stell-

[7] So der frühere Wiener Oberbürgermeister Helmut Zilk in einem Fernsehinterview mit Markus Wolf im ORF2 am 18.10.1996.

vertretenden MAD-Chefs Joachim Krase für die HVA schon lange vor der Affäre Wolf ihre handfesten Pleiten.

Wolf wartete noch mit einer zweiten Überraschung auf: In einer kurzen, feierlichen Ansprache hieß er mich in den Reihen der politischen Avantgarde der Arbeiterklasse willkommen und überreichte mir, nebst einem Strauß roter Nelken, das Parteibuch der SED. Ich war sprachlos. Schon längst hatte ich meine Bitte um Aufnahme in die Staatspartei der DDR als erledigt betrachtet, zu lange hatte sich das Procedere hingezogen, zu ausweichend waren die Antworten auf meine Fragen gewesen, was denn nun mit meinem Antrag sei. Man scheint mich nicht in der Partei haben zu wollen, hatte ich schließlich angenommen. Bin ja auch kein Arbeiterkind und lebe inmitten des Klassenfeindes. Auch jetzt, als der HVA-Chef mir das Parteibuch aushändigte, druckste er nur entschuldigend herum, daß Komplikationen die Sache leider sehr verzögert hätten. Welche Gründe es tatsächlich waren, sagte er nicht. Ich kenne sie bis heute nicht, da Wolf inzwischen meint, sich nicht mehr daran erinnern zu können. Das ist mehr als ärgerlich. Denn wie ich mittlerweile weiß, wurden andere Kundschafter nicht so lange hingehalten und der beantragte Parteibeitritt binnen weniger Monate vollzogen.

Auch aus einem weiteren Grund war ich über meine so plötzliche Aufnahme in die SED überrascht und befremdet zugleich: Die politischen »Vorkämpfer«, bei denen Wolf mich willkommen hieß, waren seit geraumer Zeit keine Avantgarde mehr, sondern eine Partei der Gestrigen. Seitdem Gorbatschow in der Sowjetunion den längst überfälligen Kurs einer politischen Erneuerung eingeschlagen hatte und die DDR-Führung offen dagegen opponierte, sich verbissen an alte ideologische Dogmen und ihre Portefeuilles klammerte, war mir ein Beitritt zur SED nicht mehr erstrebenswert erschienen. Und ausgerechnet jetzt, in einer Zeit, wo sich die Dinge endlich in die von mir erhoffte Richtung entwickelten, konnte, ja sollte ich Mitglied dieser Partei werden.

Mißmutig blätterte ich in dem roten Dokument. Plötzlich blieb mein Blick an einem Wort hängen. Ich erstarrte. Wieder und wieder las ich, was mir wie ein Fausthieb brutal ins Gesicht schlug: KANDIDAT. Ich war noch nicht Mitglied der SED geworden, sondern zunächst deren Probandin. Ich mußte mich erst noch ein Jahr lang politisch bewähren, ehe ich die höheren Weihen der Mitgliedschaft erhalten konnte. Ich bebte vor Zorn. Damals, vor über sieben Jahren, als ich den Wunsch geäußert hatte, der Partei beizutreten, hatte ich unverblümt gesagt, man möge nicht auf die Idee kommen, mich erst einmal als Kandidatin aufzunehmen. Ich hätte lange genug den Kopf hingehalten für die DDR und die SED und dabei mehr als nur meine politische Reife bewiesen. Ich dächte nicht daran, mich von »Etappenhasen«, die von dem Kampf an der »unsichtbaren Front« nichts wüßten, gerade mal einer Probezeit wert befinden zu lassen. Inzwischen hatte ich weitere sieben Jahre als Kundschafterin gearbeitet, persönliche Risiken und Gefahren auf mich genommen und mußte mir jetzt bedeuten lassen, daß ich mich nunmehr auch politisch bewähren dürfe. Ich fühlte mich tief in meiner Seele beleidigt.

Was Wolf an diesem Tag so feierlich begonnen hatte, endete in einem wahren Fiasko. »Was glaubt ihr denn, wer ihr seid?« brach es aus mir heraus. »Sieben Jahre laßt ihr mich auf die Parteiaufnahme warten. Siebenmal schon hättet ihr die Kandidatenzeit aussitzen können, wenn denn eure Formalisten meinen, sie sei unverzichtbar. Was ihr hier mit mir macht, ist eine Unverschämtheit.« Ich warf das Parteidokument auf den Tisch. »Steckt es weg! Sofort! Ich will es nie wieder sehen!«

Längst hatte ich diesen beschämenden Vorfall verdrängt und vergessen, als Äußerungen Wolfs mich daran erinnerten, wie sehr ich mich damals politisch beleidigt und hintergangen gefühlt hatte. Von der SED und von ihm persönlich. Mit großem Erstaunen las ich nun, er sei bereits Ende der siebziger/Anfang der achtziger Jahre in eine ideologische Opposition zur DDR-Führung gegangen. Markus Wolf ein politischer Oppositioneller!? Ein Kritiker, ein Gegner zumindest der späteren Politik der SED und ihres Vorsitzenden Honeckers? Das zu behaupten, war kühn, so sehr ich auch das Interesse des früheren HVA-Chefs verstehen konnte, in seiner neuen Befindlichkeit als Bundesbürger seine politische Biographie zu schönen. Gewiß, er war nie ideologisch verbohrt gewesen, hatte keine dogmatischen Scheuklappen getragen. Vielmehr neigte er stets zu einer differenzierenden, mitunter nonkonformen Sichtweise. Aber als Querdenker, als mutiger Kritiker hatte er sich nicht hervorgetan, jedenfalls nicht mir und anderen Kundschaftern gegenüber und auch nicht gegenüber seinen Mitarbeitern. Kein Wort des Zweifels am Kurs der SED war ihm über die Lippen gekommen, als er mir noch wenige Tage vor seiner Amtsniederlegung stolz und bewegt zugleich deren Parteibuch übergeben hatte, obwohl man zu diesem Zeitpunkt massive

Zweifel an der Politik der DDR haben mußte und ich damit nicht hinter dem Berg gehalten hatte. Statt dessen hatte er von den großen Traditionen dieser Partei gesprochen und daß sie nun auch mir zur politischen Heimat würde. Das sollte nun, da sich die politische Landschaft so radikal verändert hatte, nichts als leeres Geschwätz gewesen sein? Ich empfand Unmut. Doch mehr als alles andere berührte es mich peinlich, auf welche Weise jener Mann, der fast sein ganzes Leben und mit großem Erfolg für die Sicherheit der DDR gekämpft hatte, im politischen System des langjährigen Gegners angekommen war.

11 Rückkehr ins Sowjetunion-Referat

Anfang November 1987 kehrte ich ins Sowjetunion-Referat zurück, um die Bearbeitung der sowjetischen Blockpolitik zu übernehmen. Hatte ich geglaubt, nun wieder in einigermaßen normale Arbeitsverhältnisse zu kommen, so hatte ich mich gründlich geirrt. Mit dem neuen politischen Kurs Gorbatschows war in Mittelosteuropa die Politik in Bewegung geraten und hatte eine Dynamik entwickelt, deren Tempo und Richtung eigenen Gesetzen folgte. Nun reichte es bei weitem nicht mehr aus, neben der sowjetischen Blockpolitik die Entwicklung in den sozialistischen »Bruderstaaten« nur kursorisch zu verfolgen. Vielmehr mußte ich mich mit den dortigen inneren Vorgängen ebenso detailliert befassen wie mit jenen in Moskau, um die Politik des Kreml zutreffend interpretieren zu können. Denn je schneller sich das reformpolitische Karussell in Osteuropa drehte, um so mehr verlor Moskau die Initiative und gerieten seine Aktionen zu einem bloßen Reflex auf die Ereignisse in den osteuropäischen Staaten, namentlich in Polen und Ungarn. Es brachte auch keine Arbeitsentlastung, daß die Partei- und Staatsführungen von DDR, Tschechoslowakei und Rumänien hartnäckig an den überkommenen Doktrinen festhielten und Bulgariens Präsident Schiwkow sich mit einer reformpolitischen Mogelpackung durchzulavieren versuchte. Je mehr Gorbatschow angesichts des politischen Widerstreits in der Sozialistischen Gemeinschaft zwischen alle Stühle geriet, um so stärker mußte er durch Einwirkung auf die orthodoxen »Bruderstaaten« deren Blockade zu durchbrechen versuchen.

Da zu meinem Sachgebiet die Aufgabe gehörte, die Grundlagen der sowjetischen Innenpolitik übergreifend zu bearbeiten, mußte ich mich auch mit den wesentlichsten innersowjetischen Vorgängen beschäftigen. Zu den Zeiten Breschnews und Tschernenkos war dies problemlos gewesen; die sowjetische Innenpolitik folgte ihren weitgehend unveräußerlichen Gesetzen, und die gelegentlichen Richtungskorrekturen waren ohne großen Zeitaufwand zu fassen. Doch inzwischen befand sich die Innenpolitik in einem immer schnelleren Fluß, und in seinem zunehmend verzweifelten Bemühen, dessen Verlauf zu kanalisieren, hielt Gorbatschow zahllose Reden, die gelesen und verarbeitet werden mußten.

Obwohl ich mich nun Abend für Abend daheim jenen Zeitungen und

Zeitschriften widmete, für deren Lektüre tagsüber die Zeit fehlte, war das Pensum einfach nicht zu schaffen. Vor allem in den ersten Wochen an meinem neuen Arbeitsplatz schien der Berg an unverzichtbaren Informationen unüberwindbar hoch. Zwar hatte ich durch meine Tätigkeit im Gesamtlagereferat stets einen generellen Überblick über das weltpolitische Geschehen gewinnen können. Aber mir fehlten die spezifischen Detailkenntnisse, die für eine gute analytische Arbeit unverzichtbar sind. Ich mußte sie mir wieder wie damals, als ich im BND angefangen hatte, Schritt für Schritt aneignen.

Es gab Ärger mit Gutmann, der nun mein Chef war. Er hatte sich von meiner Rückkehr ins Referat eine rasche Arbeitsentlastung erhofft und drängte nun ungeduldig auf die Erstellung dieses oder jenes Langberichts. Das war zwar verständlich, befand sich doch das Referat schon seit längerem unter einem immensen Arbeitsdruck, und seine personelle Kapazität reichte schlicht nicht mehr aus. Gleichwohl war ich frustriert. Gutmann schien nicht zu sehen, daß ich nicht aus dem Stand heraus die zuvor von ihm selbst wahrgenommene Arbeit erledigen konnte, sondern daß ich einige Zeit brauchte, um mir das fehlende Wissen anzueignen. Er selbst hatte seit seiner Einstellung im BND ununterbrochen im Sowjetunion-Referat gearbeitet und konnte sich offenbar nicht vorstellen, wie sehr eine anderweitige Tätigkeit entfernte.

Zu allem Überfluß war ich kurz vor Antritt meines neuen Dienstpostens umgezogen. Der Arbeitsstau im Sowjetunion-Referat hatte es allerdings nicht zugelassen, einige Tage Urlaub zu nehmen. Es dauerte Wochen, bis in nächtlicher Aktion der letzte meiner Umzugskartons ausgepackt war.

Unter der Last meiner Aufgaben begann ich mit meiner Zeit zu geizen. Ich zog mich von internen Veranstaltungen zurück und blieb lieber an meinem Schreibtisch, um den einen oder anderen Artikel zu lesen oder mir wichtig erscheinende Vorgänge und Entwicklungen genauer zu recherchieren. Nur gelegentlich noch nahm ich an der mittäglichen Kaffeerunde der Referenten in Gutmanns Zimmer teil, obschon diese vor vielen Jahren entstanden war und sich alsbald zu einer festen Einrichtung im Referat entwickelt hatte. Wieder handelte ich mir Ärger ein. Mein soziales Verhalten lasse zu wünschen übrig, weil ich mich von den Kollegen isoliere, warf Gutmann mir vor. Die Kaffeerunde sei eine dienstliche Veranstaltung, weil sie Gelegenheit biete, über Anliegendes zu informieren und die neuesten Lageerkenntnisse auszutauschen. Ich bat ihn, die dienstlichen Angelegenheiten in wöchentlichen Referatsbesprechungen zu erörtern, weil es weniger zeitaufwendig sei als die tägliche Kaffeerunde, in der man sich größtenteils über private Dinge unterhalte. Doch vergebens. Um einem Streit aus dem Weg zu gehen, fand ich mich wohl oder übel nach dem Mittagessen bei Gutmann zum Kaffee ein, wartete ungeduldig, bis er sein Pausenbrot gegessen hatte, die Unterhaltung beendet war und endlich das Zeichen zum allgemeinen Aufbruch gegeben wurde.

Es schmerzte mich, wie sehr die mißlichen Umstände im Sowjetunion-Referat meine Beziehung zu Gutmann belasteten. Viele Jahre war ich mit ihm befreundet gewesen, ich hatte ihm und seiner Frau mit ihrer tatkräftigen Hilfe für meinen Sohn unendlich viel zu verdanken. Doch sein kompromißloser Führungsstil machte es schier unmöglich, einen für beide Seiten erträglichen Modus vivendi zu finden. Ich hatte geahnt, daß es nicht leicht würde, in das unter seiner Leitung stehende Referat zurückzukehren. Als neuer Chef würde er sich verpflichtet fühlen zu beweisen, daß er ein ebenso guter Leiter der gesamten Dienststelle wie zuvor seines Sachgebiets war. Er würde unter einem selbstgesetzten Druck stehen, und das würde Reibereien oder gar Konflikte provozieren.

Nicht wenige Male bereute ich in diesen ersten Wochen und Monaten meinen Entschluß, ins Sowjetunion-Referat zurückzukehren. Doch dann trug das intensive Materialstudium seine Früchte; allmählich bekam ich wieder fachlich Boden unter die Füße, während Gutmann den engen Bezug zu seinem früheren Sachgebiet verlor. Mein Arbeitsbereich begann spannend zu werden, entwickelte sich mit jedem reformpolitischen Fortschritt in Ungarn und Polen, mit jedem hartnäckigen Bremsversuch der DDR, Tschechoslowakei und Rumäniens, mit jedem gescheiterten Reformansatz Gorbatschows immer mehr in historische Dimensionen. Ich wurde mir bewußt, daß ich an einmaligen Entwickungsprozessen arbeitete und daß mein Gebiet aus dem Blickwinkel der Lageanalyse einen Glücksfall darstellte.

In meinen Informationen an die Bundesregierung berichtete ich nun minutiös über den unaufhaltsamen Erosionsprozeß im sowjetischen Bündnisbereich, über den Niedergang der Sozialistischen Gemeinschaft und den Zerfall des sowjetischen Bündnissystems. Meine Analysen bildeten das blockpolitische Spiegelbild der Berichte meines Kollegen über den fortschreitenden Niedergang der marxistisch-leninistischen Ideologie, den innersowjetischen Machtverfall Gorbatschows und der KPdSU, die Erosion des Imperiums. Obschon aus Sicht der Analyse kein Zweifel bestand, daß Gorbatschow die Zügel zunehmend aus der Hand glitten, daß er nicht mehr agierte, sondern nur mehr reagierte, und daß er mit dem Sozialismus respektive dessen Erneuerung immer weniger im Sinn hatte, je mehr er mit seinem politischen Kurs das Land und sich selbst in eine Sackgasse manövrierte, erschien es dennoch unvorstellbar, daß das sowjetische Imperium zusammenbrechen würde, schnell und weitgehend geräuschlos. Für das Auswärtige Amt, das Verteidigungsministerium, für die gesamte Bonner Politik und für das westliche Bündnis war das ebensowenig vorstellbar wie für den BND.

Trotz aller Indikatoren, die auf diese Lageentwicklung hindeuteten, wäre eine entsprechende Prognose sehr kühn gewesen. Gewiß, die »Breschnew-Doktrin« von der begrenzten Souveränität der sozialistischen »Bruderstaaten«, mit der der Kreml sein militärisches Vorgehen gegen den tschechoslowakischen Reformkommunismus 1968 gerechtfertigt hatte, war inzwischen obsolet geworden; ich selbst hatte im Frühjahr 1989 eine größere Abhandlung dazu geschrieben. Doch damit war die Frage nicht entschieden, wie sich die nationalen Sicherheitsorgane in den mittelosteuropäischen Staaten im Fall einer fundamentalen innenpolitischen Krise und womöglicher Konflikte verhalten würden. Sie blieben die große Unbekannte im weiteren Geschehen.

Ich hielt mich gerade zu Lagebesprechungen mit dem englischen Partnerdienst in London auf, als am 9. November 1989 die Berliner Mauer geöffnet wurde. Größer noch als die Freude meiner Kollegen und der englischen Gastgeber über dieses menschlich so bewegende Ereignis war das allgemeine Erstaunen. Damit hatte niemand gerechnet; trotz der ersten politischen Veränderungen in der DDR und der anhaltenden Unruhen schien es nicht auf der Tagesordnung der Geschichte zu stehen. Auch mochte niemand an den baldigen Zerfall des Warschauer Pakts und der Sowjetunion glauben. Allerdings erschien es mir merkwürdig, daß sich die Kollegen von der CIA immer noch sträubten, in Gorbatschows Kurs des »neuen politischen Denkens« eine Reformpolitik zu sehen; sie waren der Meinung, daß von Reformen in der Sowjetunion erst dann die Rede sein könne, wenn die sowjetische Wirtschaft vor dem Zusammenbruch stehe.

Die Öffnung der Berliner Mauer zeitigte für den BND weitreichende Folgen. Von einer Minute zur anderen lag das Territorium des nachrichtendienstlichen Hauptgegners offen. Pullach ließ sich nicht lange bitten. Schon längst hatte es die Gunst der Stunde genutzt und seine Mitarbeiter auf die andere Seite des »Eisernen Vorhangs« entsandt. Vor allem in Ungarn, von Wien aus leicht zu erreichen, wie ich aus eigener Erfahrung wußte, hatten sich bislang ungekannte hochwertige Quellenzugänge eröffnet; ich schöpfte hieraus die wichtigsten Informationen über die blockinterne Lageentwicklung. Seit der demonstrativen Überwindung des österreichisch-ungarischen Grenzzauns durch eine größere Gruppe von DDR-Bürgern im Sommer 1989, die sich so augenfällig vor westlichen Kameras abspielte, daß man mit Recht von diskreter, wiewohl tatkräftiger geheimdienstlicher Mithilfe ausgehen kann, hatte der »Eiserne Vorhang« unübersehbare Löcher bekommen.

Aber auch Pullach wurde jetzt eine gefragte Adresse. Wer eben noch in hohen Stellungen der Nachrichtendienste der DDR tätig gewesen war, suchte nun sein künftiges Heil beim ehemaligen Gegner. Je eher er kam, um so sicherer konnte er sein, mit offenen Armen und einem respektablen Salär empfangen zu werden. Der BND platzte geradezu vor Stolz, endlich an das Insider-Wissen zu gelangen, um das er sich in all den Jahren mit mäßigem Erfolg bemüht hatte. Hatte er Alexander Schalck-Golodkowski, den Chef des Firmen-Imperiums »Kommerzielle Koordinierung«, mit dem die DDR erfindungsreich die westlichen Embargo-Bestimmungen unterlief, bis zu dessen Absetzen nach Pullach im Dezember 1989 noch als einen nachrichtendienstlichen Oberschurken erachtet, so galt dieser mit seinem Seitenwechsel als hochrahmiger Gewährsmann und zuverlässige Quelle. Da die Quelle sprudelte, wurde Bonn nun mit immer neuen Berichten über die früheren Aktivitäten der »KoKo« beliefert. Die Mitteilungen Schalcks erschienen so bedeutsam, daß Präsident Wieck sie persönlich in allen möglichen politischen Zirkeln in Bonn vortrug. Allerdings mochte es ihm schwerlich gelingen, mit diesen späten und ohne eigenes Zutun gewonnenen Erkenntnissen das Renommee des Dienstes aufzubessern. Ich konnte mir ein insgeheimes Lächeln nicht verkneifen, als nach ausführlichem Vortrag Wiecks und des zuständigen Sachbearbeiters vor der FDP-Bundestagsfraktion Hildegard Hamm-Brücher die beeindruckend scheinende Erkenntnislage des BND mit einem einzigen Satz entwertete: »Und Sie meinen, Herr Präsident, jetzt, wo Herr Schalck in der Bundesrepublik ist, sei er ein vertrauenswürdiger Gesprächspartner und Informant?«

Der BND hatte freilich nicht nur alle Hände voll zu tun, die zahlreichen Informationen, die ihm nun frei Haus geliefert wurden, zu analysieren und aufzubereiten. Einige der Überläufer aus dem MfS wollten sich darüber hinaus für den Dienst nützlich machen. In meinem Referat gebe es doch soviel zu tun, rief mich ein Kollege aus der Beschaffungsabteilung im Frühjahr 1990 an. Man habe einen hochrangigen HVA-Offizier zu betreuen, der würde gern der Auswertung zuarbeiten. Da er Russisch könne, dächte man an eine Auswertung von sowjetischen Zeitungen und Zeitschriften. Ob mein Referat nicht entsprechendes Material zusammenstellen und mit Hinweisen für dessen Auswertung der Beschaffung geben könne?

Inzwischen hatte es sich herumgesprochen, daß die ehemaligen stellvertretenden Abteilungsleiter der HVA, Dr. Heinz Busch (Abt. VII: Information/Auswertung) und Werner Roitzsch (VI: Übersiedlungen), zum BND bzw. BfV übergewechselt waren. Es erschien mir wie eine Ironie des Schicksals, daß mein Kollege ausgerechnet mich damit beauftragt hatte, Arbeitsmaterial für den Überläufer Busch zusammenzustellen. Seine Genugtuung und sein fürsorgliches Bemühen konnte ich nicht im mindesten teilen. Für mich war jeder Mitarbeiter der HVA, der sich in diesen Tagen des Zerfalls der DDR-Nachrichtendienste dem BND, BfV oder den Strafverfolgungsbehörden der Bundesrepublik anbot, ein Verräter übelster Sorte, ein Judas, der andere Menschen der Haft und dem existentiellen Ruin auslieferte, um selbst materiell gut gebettet zu bleiben. Hätten sie vor der Wende die Front gewechselt, hätte man es als ein schicksalhaftes Ereignis hinnehmen müssen. Doch nach der Wende gab es kein Überlaufen mehr, sondern nur noch den schnöden Handel mit jenen Menschen, aufgrund deren Kooperationsbereitschaft sie zuvor eine nicht unbeträchtliche Karriere in ihrem Staat gemacht hatten. Daß Fettaugen auf jeder Suppe oben schwimmen, hatte sich schon nach der braunen Vergangenheit Deutschlands erwiesen. Der Zerfall der Staatsmacht der DDR war nicht dazu angetan, die Relevanz solcher physikalischen Gesetze für den politischen Bereich zu widerlegen.

Als ich nach meiner Verhaftung eine Liste der wichtigsten Überläufer der HVA las, bemerkte ich, daß es sich bei ihnen durchweg um stellvertretende Abteilungsleiter handelte.[1] Das schien kein Zufall zu sein, sondern symptomatisch. Ich sprach mit Werner Großmann und Markus Wolf darüber, doch beiden fiel das verbindende Merkmal der Verräter nicht auf. Es war deshalb müßig, sie um eine Erklärung zu ersuchen. Zweifellos hat das Phänomen mit organisationspolitisch-psychologischen Faktoren zu tun, nämlich mit der Zwitterstellung, in der sich ein Stellvertreter befindet, vor allem an der Nahtstelle zwischen mittlerer und oberer Führungsebene. Im Gefühl, zu Höherem berufen und befähigt zu sein, bleibt er doch letztlich nur der Vertreter, der mittleren Ebene verhaftet und in der oberen gerade mal geduldet. Ein weiterer Aufstieg auf der Karriereleiter ist nicht gewiß, die Führungsfunktionen sind rar, und die Konkurrenz ist groß; Stellvertreter gibt es viele. Das nagt am Selbstwertgefühl. Was liegt da näher, als in schicksalhaften Zeiten das Schicksal in die eigene Hand zu nehmen und das eigene Fortkommen zu sichern?

Trotz aller Sentiments wäre es freilich töricht, dem BND vorzuwerfen, sich nach der Wende mit Zuträgern eingelassen zu haben, die auf charakterlich unterster Stufe stehen. Kein Nachrichtendienst hätte sich die Gelegenheit entgehen lassen, in die Reihen seines – wenngleich bereits morbiden – Gegners vorzustoßen. Eine nachrichtendienstliche Glanzleistung ist das allerdings nicht. Vielmehr ein Akt der Korrumpierung und Selbstkorrumpierung.

Wie viele Insider-Informationen auch immer nach der Öffnung der DDR in den BND geflossen sein mögen: Für die Lagebearbeitung kamen sie zu spät. Inzwischen hatte die Politik Kurs auf die Vereinigung der beiden deutschen Staaten genommen, quasi über Nacht wandelte sich das Hauptaufklärungsgebiet des BND zum Inland. Mit dem Wahlsieg der CDU in Ost-Berlin erging der Erlaß des Präsidenten, daß die Aufklärung der DDR zum 31. März 1990 eingestellt werde. Ratlosigkeit machte sich breit. Scharen von Mitarbeitern, deren Tätigkeit eben noch höchste Priorität genoß, wurden von jetzt auf gleich arbeitslos. Wo soll-

[1] Neben den bereits erwähnten HVA-Offizieren Busch und Roitzsch sind dies Karl-Christoph Großmann (Abt. IX: Gegenspionage HVA), der mich verraten hat, Ingolf Freyer (Abt. II: Parteien und Massenorganisationen der BRD) und Oberst Lehmann, nominal stellvertretender Leiter der Hauptabteilung II (Spionageabwehr); zitiert nach Schmidt-Eenboom, »Schnüffler ohne Nase«, S. 113 f.

ten sie nun eingesetzt werden, mit welchen Aufgaben beschäftigt? Sie in andere Referate umsetzen, ging nicht so einfach. Die meisten Sachgebiete erforderten spezielle Fremdsprachkenntnisse; da genügte es nicht, gerade mal des Sächsischen kundig zu sein. Gleichwohl wurde zunächst geschoben und umgesetzt, um der präsidialen Weisung Genüge zu tun; das verschaffte Zeit, um über neue Gegner und folglich neue nachrichtendienstliche Aufgaben nachzudenken.

Die Auflösung der Horchstationen des BND an der innerdeutschen Grenze, die unter anderem die sowjetischen militärischen Aktivitäten in der DDR bzw. in Mitteleuropa aufgeklärt hatten, brachte dem Sowjetunion-Referat den lange erhofften personellen Zuwachs. Eine Reihe ihrer Mitarbeiter verfügte über eine russische Sprachausbildung und konnte deshalb mit einschlägigen Auswertungsaufgaben betraut werden. Die prekäre Arbeitslage begann sich ein wenig zu entspannen. Die zunehmende Selbstbeschäftigung Gorbatschows mit dem Erhalt seiner Machtposition tat ein übriges. Außenpolitisch war er längst handlungsunfähig; die Verhandlungen mit Kohl über die Herstellung der deutschen Einheit gerieten, ebenso wie jene mit Ungarn und Polen über den Abzug der sowjetischen Truppen, zu einer Strategie des möglichst gesichtswahrenden und kostenneutralen Rückzugs. Doch darüber war Bonn weit besser informiert, als es dem BND selbst bei Einsatz aller Mittel möglich gewesen wäre. Was letztlich noch interessierte, war die Frage, ob auch der Zerfallsprozeß des sowjetischen Imperiums in so geordneten Bahnen verlaufen würde wie der des vorgelagerten Blockbereichs.

Mit der politischen Inbesitznahme der DDR durch die CDU im März 1990 fiel auch das Reisetabu für die Mitarbeiter der Auswertung. Obwohl ihre Kollegen aus den operativen Bereichen des BND schon seit Monaten in der DDR und vor allem in den osteuropäischen Staaten höchste Aktivität entfaltet hatten, galt für die Auswerter immer noch das Verbot, Reisen in den »kommunistischen Machtbereich« zu unternehmen. Nun verfügte ihr Abteilungsleiter, daß einzelne Mitarbeiter aus den Ostreferaten die Länder ihrer Beobachtung endlich durch Studienreisen kennenlernen sollten. Auch ich gehörte zu den Glücklichen, denen eine Reise bewilligt wurde. Da jedoch die Sowjetunion immer noch als feindliches Land betrachtet wurde, kam nur eine Reise in eines der mittlerweile abtrünnigen »Bruderländer« in Betracht. Man entschied sich für Ungarn. Ungarn war inzwischen auf direktem Weg vom Reformkommunismus zu einer pluralistischen Demokratie und spätestens seit dem vorherigen Sommer, als es im Alleingang seine West-Grenzen für Tausende von ausreisewilligen DDR-Urlaubern geöffnet hatte, Bonn enger verbunden als Moskau.

Die Sicherheitsabteilung mußte das Reisevorhaben absegnen. Nur widerwillig erteilte sie ihre Zustimmung. Wäre es nach ihr gegangen, wären mein Kollege von der Militärischen Auswertung, mit dem zusammen ich das Unternehmen durchführen sollte, und ich im sicheren Hort des Camps geblieben.

In den zurückliegenden Jahren hatte ich immer wieder Bekanntschaft gemacht mit der inflexiblen, ja sturen Haltung der Sicherheit und mit einer nachgerade dümmlichen Argumentation. Am ärgsten, als mein Mantel aus der Garderobe gestohlen und ich von den Sicherheitlern angewiesen worden war, bei meiner Anzeige auf dem benachbarten Polizeirevier, dessen Beamte tagtäglich Kontrollfahrten durch das Camp machten und dort auch ihre Dienstfahrzeuge betankten, nur ja nicht zu sagen, daß das der Bundesnachrichtendienst sei; das wüßten die nämlich nicht! Im übrigen könnte mein Mantel gar nicht abhanden kommen, weil er sich in einem Sicherheitsbereich befunden habe, zu dem nur 1.200 registrierte Mitarbeiter Zutritt hätten. Leider sei es zwar schon der sechste Diebstahl dieser Art, aber ich möge doch kein Aufheben darum machen. Den Dienstherrn treffe ohnehin kein Verschulden, die Bereitstellung von Garderobenräumen sei schließlich nur ein Angebot. »Und was wäre, wenn in meiner Manteltasche dienstliche Unterlagen gesteckt hätten?« hatte ich provokativ gefragt. »Das wäre natürlich ein eklatanter Sicherheitsverstoß, den wir verfolgen müßten!«

»Was, im BND wird gestohlen?« hatte sich wenig später der Polizeibeamte gewundert, als er meine Anzeige aufnahm. »Nun ja«, hatte ich erwidert, »so etwas soll ja auch bei der Polizei vorkommen. Es wäre allerdings gut, wenn der BND den Vorfall ernster nehmen und nicht unter den Teppich kehren würde. Ist nämlich nicht der erste Diebstahl, wie man mir sagte. Aber bisher hat niemand Anzeige erstattet. Man ist eben ein Geheimdienst.«

Nun war die halbe Welt im Umbruch begriffen, doch für die Sicherheit schien sich noch immer nichts geändert zu haben. Endlich hatte ein Abteilungsleiter den Mut gefunden, den »Eisernen Vorhang« für seine Untergebenen zu öffnen. Da konnte es unmöglich angehen, daß ein subalterner Sicherheitler ihn mit seiner Bedenkenkrämerei wieder versperrte.

»Sollte uns in Ungarn wirklich etwas passieren«, erwiderte ich ungehalten, »nur weil wir BND-Angehörige sind, dann wird die Welt auch nicht untergehen. Schließlich verfügt Herr Genscher über so exzellente Beziehungen zu Herrn Horn, daß es unseren Abteilungsleiter nur einen Anruf im Auswärtigen Amt kostet, um uns aus einem ungarischen Gefängnis freizubekommen. Oder meinen Sie etwa, Herr Horn würde sich wegen uns zwei Hanseln die materielle Unterstützung Bonns verscherzen?«

Der Sicherheitler begriff, daß jeglicher Widerstand gegen das geplante Reiseunternehmen zwecklos war, und zog sich auf die Erteilung von Auflagen zurück. Wir müßten mit einem Fremdfahrzeug fahren, einem Mietwagen, und natürlich Falschausweise benutzen, damit kein Rückschluß auf unsere Person möglich sei. Außerdem seien die Hotelübernachtungen über ein Münchner Reiseunternehmen zu buchen. Das sei unauffälliger. Diese Auflagen waren, wie ich aufgrund meiner heimlichen Ungarnreisen längst wußte, maßlos überzogen. Sie verursachten Kosten, waren aber sicherheitlich unnötig. Die »graue Theorie« von »Oberbedenkenträgern«, wie Karl-Heinz gesagt hätte.

Ich hätte mir nicht träumen lassen, durch eine Studienreise des BND an jene Orte zurückzukehren, wo ich vor nicht allzu langer Zeit mit meinen Partnern von der HVA zusammengetroffen war. Natürlich ließ ich mir meinem Kollegen gegenüber nichts anmerken, als wir nach Budapest, Eger, Szilvásvárad und Hortobagy kamen und zahlreiche Erinnerungen mich bewegten. Fritsch war nun bald ein Jahr tot, Karl-Heinz aus der HVA entlassen und ohne Aussicht auf eine neue berufliche Perspektive, Stefan stand dieser Absturz ins Nichts bald bevor. Die Welt war im wahrsten Wortsinn verrückt, und es fiel schwer, all das zu begreifen, was sich in so kurzer Zeit ereignet hatte.

*

Die HVA schien mir zunächst ohne Markus Wolf unvorstellbar: Der nachrichtendienstliche Alltag ging aber auch ohne ihn weiter. Wolf hatte mich beim Abschied gebeten, mit seinem Amtsnachfolger, seinem langjährigen Stellvertreter Werner Großmann, sowie im bewährten Zusammenwirken mit Fritsch, Stefan und Karl-Heinz die Zusammenarbeit fortzusetzen. Das erschien mir angesichts der ermutigenden politischen Entwicklungen, die sich seit der Machtübernahme Gorbatschows in Osteuropa abzuzeichnen begannen, selbstverständlich. Zwar mißfiel mir die zunehmende Verhärtung des innen- und außenpolitischen Kurses der DDR. Doch ich erachtete es nur als eine Frage der Zeit, bis sich auch in der Ost-Berliner Führung der überfällige Generationenwechsel vollziehen würde und damit der Weg frei wäre für dringend notwendige Reformen. Seit dem wirtschaftlichen Aufschwung der DDR nach dem Mauerbau war in dem »Arbeiter- und Bauernstaat« eine bürgerliche Gesellschaft mit zwar bescheidenem, aber nicht zu übersehendem Wohlstand entstanden, die zu ihrer Weiterentwicklung einer mutigen Politik der Modernisierung und Liberalisierung bedurfte und nicht ideologischer Engstirnigkeit und kleinkarierter Pression.

Schon kurze Zeit nach Wolfs Abschied vom Amt und einige Monate bevor der BND aufgrund der Berichterstattung im »Neuen Deutschland« des Wechsels an der Spitze der HVA gewahr wurde, ließ Werner Großmann mir seine Bitte übermitteln, die Kooperation wie bisher weiterzuführen. Damit war klargestellt, daß der neue HVA-Chef nicht daran dachte, in die bewährte Verbindungsführung einzugreifen, sondern daß sie bei Fritsch verbleiben sollte. Zwischen ihm und mir war längst eine vertrauensvolle, freundschaftliche Beziehung entstanden, und jede Veränderung hätte sich nur störend auswirken können. Selbst ein persönliches Treffen Großmanns mit mir, um das er gleichzeitig gebeten hatte. Mir schien, daß kein Platz mehr sei für neue Mitstreiter, nachdem ich in den vielen Jahren der Zusammenarbeit mit meinen Partnern zu einer fast verschworenen Gemeinschaft verwachsen war. Vielleicht war es auch einfach nur eine Reaktion auf die diversen Präsidenten- und Abteilungsleiterwechsel im BND, die ich mittlerweile erlebt hatte und die dazu zwangen, sich immer wieder auf neue Ansichten und Marotten einzustellen. Dazu hatte ich keine Lust mehr. Wie sehr ich Großmann mit solchen Vorbehalten Unrecht tat, wurde mir erst Jahre später, während meiner Haft und bei unserem persönlichen Kennenlernen nach meiner Haftentlassung, bewußt.

Zweimal noch traf ich mit Fritsch zusammen, fernab vom Komfort internationaler Hotels und der Gästehäuser der HVA. Doch der einfache, ländliche Rahmen, den ich mir für diese Treffen gewünscht hatte, gefiel auch Fritsch, ließ endlich alle Förmlichkeit von ihm abfallen. Es wurden unsere herzlichsten, menschlich besonders bewegenden Begegnungen.

Durch meine Reiturlaube im Burgenland neugierig geworden auf die echte Puszta, hatte ich Fritsch gebeten, uns in Ungarn zu treffen. Er zögerte keinen Moment. Mit Hilfe des ungarischen Dienstes organisierte er 1987 ein Treffen im Pusztagebiet Hortobágy, nahe Debrecen, wo die robusten Nona-Pferde im freien Weideland gezogen werden, und im Jahr darauf ein Treffen in Szilvásvárad, nahe Eger, der Heimat der ungarischen Lipizzaner-Zucht. Auch die Einreise nach Ungarn erfolgte von Wien aus und mit meinem Diplomatenpaß der DDR, der immer noch auf Angelika Weise, Erster Botschaftssekretär, lautete, inzwischen aber um eine Reihe von Stempeln ergänzt war, denen zufolge ich zwischenzeitlich in diesem oder jenem Land im ministeriellen Auftrag unterwegs gewesen sei. Wieder traf ich in Wien Karl-Heinz, der nunmehr persönlich für die Grenzpassage verantwortlich zeichnete und den Wagen der Wiener DDR-Botschaft nach Budapest fuhr, wo Fritsch zu uns stieß.

Mehr als für die nachrichtendienstlich-operativen Fragen interessierten wir uns für die verwegenen Reitvorführungen der Magyaren, für Kutschfahrten durch die Puszta, Zigeunermusik und Tokajer. Außer meiner sich abzeichnenden Rückkehr ins Sowjetunion-Referat gab es ohnehin nicht viel zu besprechen, da längst Routine unsere Zusammenarbeit bestimmte.

So wenig Fritsch einige Jahre zuvor über meinen Wechsel ins Gesamtlage-Referat erbaut war, so wenig mochte er sich nun mit meiner Rückkehr ins Sowjetunion-Referat anfreunden. »Besser als jetzt kannst du gar nicht plaziert sein«, gab er mir zu bedenken. »Warum also ohne Not diese Zugangsmöglichkeiten aufgeben?« Wieder einmal mußte ich auf laufbahnrechtliche Aspekte hinweisen, um seine Bedenken zu entkräften. »Im SU-Referat kann ich jetzt stellvertretende Referatsleiterin werden. Das ist das Sprungbrett zur nächsten Stufe, der Ernennung zur Referatsleiterin. Dieses Ziel möchte ich auf jeden Fall erreichen. Es wird endlich Zeit, daß auch Frauen auf dieser Ebene vertreten sind. Mit Ach und Krach haben es gerade mal zwei geschafft, in die männliche Domäne einzubrechen. Als ob die Wahrnehmung von Führungsaufgaben ein Talent erfordere, das nur Männer besäßen! Unter den Referatsleitern im

BND gibt es so viele Nieten, daß man schier verzweifeln kann. Würde sich unsereins das leisten, hieße es sofort: typisch Frau! Von uns wird immer das Doppelte an Fähigkeit und Leistung verlangt, ehe man einmal für mehr als nur für zusätzliche Arbeiten in Betracht kommt. Im übrigen habe ich mich jetzt lange genug abgerackert mit der Spitzenberichterstattung. Das ständige Nachkauen fremder Analysen ödet mich an. Ich mag nicht mehr. Ich brauche wieder eine kreative Tätigkeit, möchte wieder selber recherchieren und analysieren.«

Fritsch begriff, daß jeder Widerstand gegen meine Entscheidung zwecklos war. Sicher erleichterte ihm auch die Aussicht, daß ich mit der sowjetischen Blockpolitik künftig ein Themengebiet bearbeiten würde, das die HVA besonders interessierte, mir nachzugeben.

Lediglich in einer Frage blieb er zugeknöpft, und ich konnte lange Zeit seine schroffe Ablehnung nicht verstehen. »Ich würde Wolf gerne einmal wiedersehen«, hatte ich gesagt. »Es ist so unproblematisch, uns hier in Ungarn zu treffen, da müßte sich doch auch ein Treffen mit ihm arrangieren lassen. Mich interessiert, was aus seinem Buchprojekt geworden ist.« »Nein, das geht nicht«, wies Fritsch mein Ansinnen in einem Ton zurück, der keinen Widerspruch duldete. »Wolf ist raus aus der Sache. Er hat damit nichts mehr zu tun.«

Erst nach meiner Haftentlassung erfuhr ich, in welch peinliche Verlegenheit ich ihn mit meiner Bitte gebracht hatte. Die Umstände, unter denen Wolfs Rücktritt zustande gekommen war, hatten auch seine langjährige Freundschaft mit dem altgedienten Aufklärungschef von Karl-Marx-Stadt in Mitleidenschaft gezogen.

Als ich im Sommer 1989 wieder einmal mit Karl-Heinz zusammentraf, spürte ich instinktiv, daß er schlechte Nachricht mitbrachte. »Hans ist tot«, sagte er bedrückt. Es traf mich wie ein Keulenschlag. Wie ein Film im Zeitraffer flimmerten zahllose Bilder vor meinen Augen. Fritsch im Gästehaus von Linda, als er nach jenem fatalen Verkehrsunfall seinen verletzten Stellvertreter Schiefer brachte und sich besorgt nach meinem Befinden erkundigte; Fritsch in den Schneemassen von Kranska Gora, als ich ihn tolpatschig aus dem Skilift gedrängt hatte; Fritsch mit Harry auf dem Schoß »Hänschen piep mal« spielend; mich herzlich in Budapest begrüßend und voller Wehmut Abschied nehmend. »Es wird leer um uns«, sagte ich leise. »Leo hat wohl nicht so unrecht, ans Aufhören zu denken.«

Als sei Fritschs Tod ein böses Omen gewesen, nahte auch das Ende für meine Zusammenarbeit mit der HVA; es kam überraschend schnell und in einer Weise, wie ich es mir nie hätte vorstellen können. Mit allem Pomp feierte die DDR den 40. Jahrestag ihrer Gründung. Doch es war eine gespenstische Veranstaltung. Wie nach einem schwülen Sommertag hing ein schweres Gewitter in der Luft, aber die überalterte Honecker-Führung schien von alledem nichts zu bemerken. Sie zelebrierte ihren Staatsfeiertag nach den überkommenen Ritualen, mit Fackelzug der Jugend und Tanz der Veteranen, und trotzte dem drängenden Mahnen Gorbatschows nach politischer Erneuerung wie dem Aufbegehren der Bevölkerung gegen das sture Festhalten am alten Kurs. In geradezu phänomenaler Ignoranz verschloß der greise, kranke SED-Chef und mit ihm die gesamte politische Führung die Augen vor der Brüchigkeit ihres Regimes.

Wenige Tage nach dem 40. Jahrestag der DDR wurde Honecker als Staats- und Parteichef abgesetzt. Sein Nachfolger, der langjährige »Kronprinz« Egon Krenz, konnte sich angesichts des wachsenden Drucks der Bevölkerung, endlich die überfälligen Reformen in Gang zu setzen, nur einige Wochen im Amt halten. Dann übernahm der Dresdner SED-Chef und politische »Hoffnungsträger«, Hans Modrow, die Regierungsgeschäfte. Als eine seiner ersten Amtshandlungen ordnete er eine Reorganisation des Ministeriums für Staatssicherheit unter dem Namen »Amt für Nationale Sicherheit (AfNS)« unter dem bisherigen Stellvertreter Mielkes, Generalleutnant Wolfgang Schwanitz, an.

Kurz darauf, im November 1989, traf ich mit Karl-Heinz zusammen. Er stand ganz unter dem Eindruck der spektakulären Veränderungen in der DDR. Doch trotz aller Verunsicherung, wie sich die Dinge weiterentwickeln würden, war er überzeugt, daß die Arbeit der Aufklärung weitgehend unverändert fortgesetzt werde. »Jeder Staat betreibt nachrichtendienstliche Aufklärung, unabhängig davon, welche politischen Kräfte die Regierung bilden«, gab er die im AfNS vorherrschende Meinung wieder. »Gerade in einer Zeit wie jetzt, wo soviel in Bewegung ist, braucht man Informationen über die Absichten der Gegenseite. Die Leitung und Werner Großmann persönlich bitten dich deshalb, weiterhin mit uns zusammenzuarbeiten.«

Schon wenige Wochen später wurde klar, daß diese Auffassung einer völligen Fehleinschätzung der Lage entsprang. Nach den ersten Besetzungen der MfS-Bezirksverwaltungen in Erfurt und Leipzig durch aufgebrachte Bürger forderte der »Zentrale runde Tisch« in seiner konstituierenden Sitzung am 7. Dezember in Ost-Berlin die Auflösung des gerade erst im Aufbau befindlichen Amtes für Nationale Sicherheit. Die Regierung Modrow versuchte noch, durch Anlehnung an die nachrichtendienstlichen Strukturen in Westdeutschland die HVA in ihrem Kern zu erhalten, indem sie den getrennten Aufbau zweier neuer Dienste – eines Auslandsnachrichtendienstes und eines Verfassungsschutzes – verfügte. Doch dann geriet die HVA zunehmend in den Geruch, der gigantischen Überwachungsmaschinerie Mielkes zugearbeitet zu haben. Angesichts der aufkochenden Wut der Bevölkerung über die innere Repression, die sich am 15. Januar 1990 im Sturm auf das Hauptgebäude des ehemaligen Staatssicherheitsministeriums in der Berliner Normannenstraße Luft machte, rückte die Arbeitsgruppe Sicherheit des »Zentralen runden Tischs« von ihren Überlegungen ab, die HVA als Auslandsnachrichtendienst beizubehalten. Am 23. Februar 1990 beschloß sie deren Auflösung bis zur Jahresmitte.

Ende Januar 1990 traf ich mich erneut mit Karl-Heinz. Sein berufliches Schicksal war inzwischen besiegelt, seine Entlassung aus dem Dienst für Ende März verfügt. Die Frage, wie er sich eine neue Existenz aufbauen, womit er künftig Geld verdienen könne, beherrschte ihn ganz. Er hatte die vage Idee, sich im Handel zu versuchen. Doch seine Zweifel, hier eine realistische Einnahmequelle zu finden, übertrafen bei weitem den Mut, das Experiment zu wagen. Mir schien auch, daß er lediglich die Ideen seiner HVA-Kollegen reflektierte, die wie er nun zu einem Neubeginn in einem anderen Metier gezwungen waren.

Unser nachrichtendienstlicher Gesprächsstoff erschöpfte sich dagegen in zwei lapidaren Sätzen: »Die Arbeit ist ab sofort eingestellt. Du sollst alle nachrichtendienstlichen Hilfsmittel Leo zur Vernichtung geben.« Damit endete nach 21 Jahren eine geheimdienstliche Zusammenarbeit, die uns persönlich zwar durch Höhen und Tiefen geführt hatte, operativ hingegen stets erfolgreich verlaufen war – bis auf das politische Desaster, in dem unsere Verbindung endete. Doch das hatten wir nicht zu verantworten.

Knapp zwei Monate später, im März 1990, trafen wir uns ein weiteres Mal. Zu meiner Überraschung war Stefan mitgekommen. Er stand noch im Dienst des AfNS, war mit Aufgaben im Rahmen der Auflösung des

Amtes bzw. der HVA beauftragt. Noch einmal und diesmal in offiziellem Auftrag erklärte er die nachrichtendienstliche Zusammenarbeit für beendet. Eine förmliche Entpflichtung erfolgte hingegen nicht. Dafür gab es auch keinen Anlaß. Ich hatte nie eine Verpflichtungserklärung der HVA unterschrieben und hätte es auch nie getan, weil es mir als eine Nötigung erschienen wäre. Meine anfängliche Beziehung zu Karl-Heinz, meine Freundschaft zu Schiefer und später zu Fritsch und Wolf, vor allem aber meine Überzeugung, daß – im Gegensatz zur Bundesrepublik – die DDR bei allen Mängeln im politischen und sozioökonomischen System den Weg zu einer sozial gerechteren Gesellschaft eingeschlagen hatte, waren mir Grund genug, mit der HVA zusammenzuarbeiten und dadurch die DDR mit den mir zur Verfügung stehenden Möglichkeiten zu unterstützen. Das bedurfte keiner förmlichen Besiegelung im Stil geheimer Männerbünde.

Stefan versicherte mir zugleich, daß auch nach Auflösung der HVA bzw. des AfNS meine Sicherheit gewährleistet sei. Er habe in tage- und nächtelanger Arbeit das gesamte Aktenmaterial über unsere Zusammenarbeit vernichtet. »Der Motor des Reißwolfs ist schier heißgelaufen«, schilderte er seine Bemühungen um Wahrung meiner Konspiraton. »Es ist alles weg. Du kannst völlig unbesorgt sein. Dir kann nichts passieren.«

Rückblickend erscheint es merkwürdig, daß ich trotz aller Besorgnis über die dramatische politische Entwicklung in der DDR keinen Augenblick um meine Sicherheit gebangt habe. Ich wußte, daß nur wenige HVA-Mitarbeiter mich persönlich kannten, und ich hatte nicht den geringsten Zweifel, daß dieses persönliche Kennen, vor allem das Wissen um meinen hilfebedürftigen Sohn, mich vor Verrat schützen würde. Deshalb richtete sich mein ganzes Bangen, mit dem ich die Nachrichten und Bilder von den Leipziger Montags-Demonstrationen, von der Öffnung der Berliner Mauer und dem Sturm auf die MfS-Zentrale in der Berliner Normannenstraße verfolgte, allein auf die Hoffnung, Bevölkerung und Regierung der DDR möchten die Chance des reinigenden Gewitters begreifen und sich im Willen zu radikalem Neubeginn des eigenen politischen Weges treffen. Doch dann überfuhr der wahlkampferprobte Bonner Regierungschef wie eine Dampfwalze das Nachbarland, das immer noch ein souveräner, völkerrechtlich anerkannter Staat war, lockte mit der Macht des Kapitals und machte an rasch »blühende Landschaften« statt an rapiden sozialen Niedergang glauben. Die Weichen bewegten sich in Richtung eines Anschlusses der DDR an die Bundesrepublik. Trotzdem sah ich keinen Grund, mich um meine eigene Sicherheit zu sorgen. Meine Sorge galt allein der Zukunft jenes Staates, der im Begriff war, sich weicher Bananen und harter D-Mark wegen aufzugeben.

Hätte ich gewußt, daß es allen Versicherungen Wolfs zum Trotz mit Karl-Christoph Großmann an zentraler Stelle der HVA einen Mann gab, der nicht nur über meine Kooperation mit dem Auslandsnachrichtendienst der DDR informiert war, sondern auch – bis auf meinen Namen – meine ganze Biographie kannte, der zwar ein erfolgreicher Geheimdienstler, aber zugleich von höchst zweifelhaftem Charakter war, mehr auf seinen eigenen Vorteil bedacht als auf die ihm übertragene Verantwortung, ich hätte mir mehr Gedanken um meine Sicherheit und um das Wohlergehen meines Jungen gemacht. Und hätte ich gewußt, daß Karl Großmanns langjähriger Vorgesetzter und Gönner, der Leiter der Spionageabwehr der HVA, Harry Schütt, permanent die Sicherheitsvorkehrungen Wolfs unterlaufen und seinen dubiosen Vertrauten mit allen Detailinformationen über mich bedient hatte, ich hätte mich nicht auf Stefans Versicherung verlassen, daß mir nichts passieren könne.

Noch einmal, Anfang Mai 1990, traf ich Karl-Heinz, ehe ich Ende September auf der Fahrt zu einem weiteren Treffen mit ihm festgenommen wurde. Er hatte mich bei unserer letzten offiziellen Begegnung im März gebeten, miteinander in Kontakt zu bleiben. Das war zwar von der HVA bzw. dem AfNS strikt untersagt worden. Doch mich kümmerte dieses Verbot herzlich wenig. Karl-Heinz brauchte jetzt Hilfe; er steckte nach seiner Entlassung aus der HVA in einer existentiellen Krise. Mir hingegen ging es materiell gut. Ich konnte ihm finanziell unter die Arme greifen. Nach den vielen Jahren des Zusammenwirkens empfand ich es als selbstverständlich, ihm in der Stunde der Not beizustehen. Wir hatten so vieles, Gutes wie Unerfreuliches, gemeinsam durchgestanden. Wir würden auch diese Situation bewältigen. Wir waren Freunde, Kameraden geworden – und Genossen. Freunde und Genossen läßt man nicht im Stich.

Karl-Heinz hatte darauf bestanden, daß wir uns weiterhin nur jenseits der bundesdeutschen Grenzen treffen. Alles andere sei zu gefährlich, BND und Verfassungsschutz hätten sich mittlerweile in der DDR breitgemacht. Ich konnte ihm nicht widersprechen; nur zu gut wußte ich von meinen Pullacher Kollegen, daß seit der Öffnung der Mauer die westdeutschen Dienste förmlich über die DDR hergefallen waren, um sensibles Material der ostdeutschen Nachrichtendienste in ihren Besitz zu bringen und insbesondere deren Mitarbeiter zum Verrat ihrer Quellen anzustiften.

Dieses letzte Treffen mit Karl-Heinz in Innsbruck verlief in einer Weise, als sei zwischenzeitlich nichts geschehen und als führe noch immer die HVA im Hintergrund Regie. Wie stets waren wir in intensive Gespräche vertieft. »Das KGB ist an einer Zusammenarbeit mit dir interessiert«, sagte Karl-Heinz unvermittelt. »Es bietet dir einen monatlichen Betrag von 1.500 DM an.« Ich blickte ihn konsterniert an. »Und was ist mit dir? Würdest du in der Verbindung bleiben, hättest du damit wieder einen Job?« »Nein, mich betrifft das nicht. Ich bin auf jeden Fall draußen.« »Hm. Das gefällt mir nicht. Was hältst du von dem Angebot? Und ist auf die sowjetischen Genossen überhaupt noch Verlaß?« »Ich weiß nicht. Es erscheint zweifelhaft.« »Das meine ich auch! Sie glauben wohl, sie könnten mit ihrem Geld das Risiko vergessen machen. So, wie die Dinge sich entwickeln, ist auf Moskau kein Verlaß mehr. Am allerwenigsten auf Gorbatschow. Ich habe nicht die Absicht, meinen Hals zu riskieren. Schon gar nicht für Moskau. Nein, kommt nicht in Frage. Sage das den sowjetischen Genossen.«

Was Karl-Heinz freilich nicht sagte, war, daß sein Angebot nicht im Auftrag des KGB erfolgte. Erst sieben Jahre später gab Harry Schütt im Gespräch mit mir zu, daß Karl-Heinz in seinem persönlichen Auftrag gehandelt hatte und er damit, allen gegenteiligen Erklärungen zum Trotz, ein infames, eigennütziges Ziel verfolgte.[2]

Ich hatte Schütt aufgesucht, um ihn wegen seiner unverantwortlichen, alle Sicherheitsvorkehrungen unterlaufenden Dekonspiration gegenüber

---

[2] Im Bemühen um Selbstschutz behauptete Schütt im Juli 1991 gegenüber dem BND, er habe »persönlich Wert (darauf) gelegt« und seinen zuständigen Stellvertreter »entsprechend angewiesen«, daß »keine BND-Quellen an das KGB oder andere Dienste übergeben« wurden.
Freilich ist Schütt nicht der einzige, der in der Frage einer womöglichen Übergabe von westdeutschen DDR-Kundschaftern an das KGB seine »eigene Suppe gekocht« hat. Im Bestreben, das behauptete Gefahrenszenario einer angeblichen Übernahme der DDR-Kundschafter durch das KGB nachzuweisen, haben auch die westdeutschen Dienste kräftig mitgemischt. So organisierte das BfV die Übergabe des langjährigen inoffiziellen Mitarbeiters der HVA, Dieter Feuerstein, durch seinen längst zum Kölner Bundesamt übergelaufenen Führungsoffizier, Frank Weigelt, an das KGB.

seinem Stellvertreter Karl Christoph Großmann, der mich an den BND verraten hatte, zur Rede zu stellen. Natürlich stritt er jegliche Verantwortung ab und gab seinen Untergebenen die Schuld, so wie zuvor schon sein Vertrauter Großmann sich in die Lüge zu flüchten versucht hatte, jeder andere Mitarbeiter der HVA, nur beileibe nicht er, habe mich der Strafverfolgung preisgegeben.

Angesprochen auf seine Aussagen vor der Bundesanwaltschaft und gegenüber dem BND während seines Strafverfahrens, mit denen er mir beträchtlich geschadet hatte[3], ließ sich freilich schon kein Dritter mehr finden, auf den Schütt die Schuld hätte abwälzen können. Trotzdem mochte er eine eigene Schuld nicht ausmachen. Nichts, rein gar nichts wollte er zunächst über mich ausgesagt haben, dann lediglich »ohnehin Bekanntes«, auf jeden Fall aber nichts, was mir hätte schaden können. »Und woher wußten Sie, was mir schaden bzw. nicht schaden konnte?« »Das war doch alles bekannt!«

Schließlich verlangte ich von ihm eine Erklärung des mittlerweile in Erfahrung gebrachten, düpierenden Sachverhalts, daß er gegen das vom AfNS verfügte Kontaktverbot Karl-Heinz angewiesen hatte, die Verbindung zu mir fortzusetzen. Schütt reagierte sichtlich nervös. Wie schon sein Alter ego Karl Christoph Großmann versuchte er, meinen bohrenden Fragen und Vorhalten mit einem Wortschwall zu entkommen. Er bemerkte nicht, wie er dabei seine damalige Kalkulation enthüllte, mich gegebenenfalls als eine Art Rückversicherungspolice gegenüber dem KGB zu benutzen, als ein »Gastgeschenk« für die sowjetischen »Freunde«. Nach Moskau hätte er gehen können, erzählte er geflissentlich, als die DDR Kurs auf die Vereinigung nahm. Seine Kontaktleute von der Verbindungsstelle des KGB hätten ihm dort ein gutes Auskommen und eine schöne Datscha in Aussicht gestellt. Einen Mann mit seinen Verbindungen habe Moskau eben nicht im Stich gelassen. Ja, ja, mit Karl-Heinz hätte er sich damals getroffen. Ein langes Gespräch hätten sie geführt auf ihrem Spaziergang rund um den Faulen-See. Er hätte ihn angewiesen, die Verbindung zu mir fortzuführen, auch nach der offiziellen Einstellung der nachrichtendienstlichen Tätigkeit. Man habe ja nicht ge-

[3] Schütt hatte im Juli 1991, vier Monate vor meinem Prozeß, gegenüber dem BND höchst sensible und den Strafverfolgungsbehörden bis dahin nicht bekannte Informationen über mich preisgegeben.

wußt, wie es weitergehe und ob man mich noch brauchen würde. Spesengelder hätte er Karl-Heinz für die Treffs auch noch zahlen können, zwar nicht mehr so reichlich, wie das früher der Fall war. Aber bei der Auflösung des AfNS hätte er die verfügbaren finanziellen Mittel an sich genommen, um diverse Aktivitäten finanzieren zu können.

»Dann war ich wohl das Polster, auf das Sie sich beim KGB betten wollten«, sagte ich sarkastisch, und trotz sommerlicher Hitze lief mir ein kalter Schauer über den Rücken.

12 Epilog

Knapp zwei Wochen nach meiner Verhaftung besuchten mich meine Angehörigen in der Vollzugsanstalt München. Sie wurden von einem Beamten des Bayerischen Landeskriminalamtes begleitet, der meine Besuche zu überwachen hatte. Bei unserem letzten Zusammensein hätten wir uns nicht vorstellen können, uns in einem kargen Gefängnisraum wiederzusehen. Meine Verhaftung hatte sie wie ein Keulenschlag getroffen; wie auch meine Freunde ahnten sie nichts von meiner heimlichen Verbindung zur HVA. Trotzdem waren sie erstaunlich gefaßt und ganz von der Aufgabe beherrscht, mir bei der Bewältigung der immensen Probleme beizustehen, die meine Verhaftung zur Folge hatte. Ich selbst konnte sie nicht einmal ansatzweise lösen; als Gefangene war ich meiner Handlungs- und Entscheidungsfreiheit beraubt und der Allmacht eines fremden Willens unterworfen. Da ich als alleinerziehende Mutter lebte, ging es um nicht weniger als um die geordnete Auflösung meiner in vielen Berufsjahren aufgebauten bürgerlichen Existenz.[1] All das, was ein geregeltes Leben ausmacht, ihm eine gewisse Sicherheit und Verläßlichkeit gibt, erwies sich nun als ein Klotz am Bein. Was sollte mit meiner so plötzlich verwaisten Wohnung geschehen und was mit Harry? Das Auto, diverse Versicherungen, Mitgliedschaften, ja selbst die Fernsehgebühren waren mit einemmal höchst überflüssige finanzielle Belastungen. Das müssen wir abmelden, kündigen, verkaufen, sagte mein Bruder, und trotz aller Einsicht, daß dies das vernünftigste sei, schnitten mir seine Worte tief in die Seele. Denn stärker, als es das ständige Eingesperrtsein in der kleinen Zelle vermochte, fühlte ich mich dadurch lebendig begraben. Es waren die Lebensadern, die mir durchtrennt wurden, und ich hatte nicht die geringste Hoffnung, sie je wieder zusammenfügen zu können.

Mehr noch sorgte sich meine Mutter, ob ich dem Druck des Ermitt-

[1] Insoweit erscheint es wie blanker Hohn, daß der Gesetzgeber dem Vollzug das Ziel der »Resozialisierung« auferlegt hat, ist es doch eben die Justiz, die im Rahmen von Strafverfahren rücksichtslos bürgerliche Existenzen vernichtet und die Delinquenten desozialisiert. Der Gesetzgeber wäre zweifellos gut beraten, sich zuvörderst der Frage anzunehmen, wie die haftbedingte soziale Entwurzelung von Gefangenen vermieden oder zumindest abgemildert werden kann.

lungsverfahrens und der Isolationshaft standhalten würde. Sie bekniete mich, den Mut nicht zu verlieren, weit nach vorn zu blicken und fest daran zu glauben, daß jeder noch so lange Tunnel ein Ende hat, an dem das Licht wieder scheint. Mit dem Versprechen, mir jeden Tag zu schreiben, nahm sie mich in eine unausgesprochene Pflicht, ihr auch jeden Tag zu antworten. Und sie versprach, mich regelmäßig zu besuchen. Zwei Jahre lang, bis ich in den offenen Vollzug verlegt wurde und in München einer Bildungsmaßnahme nachgehen konnte, legte sie mit meinem Bruder 14tägig, manchmal auch jede Woche gut 1.200 km zurück, um mich für eine Stunde, mitunter auch nur für eine halbe sehen zu können. Mehr ließen die strenge Besuchsordnung in den Vollzugsanstalten München und Aichach und die gelegentlichen Restriktionen des Gerichts nicht zu.

Mein Sohn hatte vom Gericht jedoch eine überraschend großzügig bemessene Besuchserlaubnis erhalten. Die Sozialpädagogin, Frau Petri, hatte mich auf die Möglichkeit hingewiesen, für ihn Sonderbesuche zu beantragen. Dem Antrag war umgehend entsprochen worden. Auch konnte ich kurz nach der Urteilsverkündung, obwohl ich mich wegen der eingelegten Revision immer noch in Untersuchungshaft befand, im Rahmen einer Ausführung die Schule und Lehrwerkstätte von Harry besuchen. Die Bereitschaft der Richter, die Pflege der Mutter-Kind-Beziehung zu unterstützen, war eine der wenigen positiven Erfahrungen, die ich im jahrelangen Umgang mit der Strafjustiz gewonnen habe.

Im ersten Jahr meiner Haft, bis zum Prozeßbeginn, besuchte Harry mich regelmäßig im Gefängnis. Die Begleitumstände seiner ersten Besuche, die ebenfalls in strikter Trennung von den Mitgefangenen und deren Besuchern stattfanden, empfand ich als Tortur. Das LKA hatte es schon bald abgelehnt, auch unser Zusammensein zu überwachen; das möge bitte die Anstalt übernehmen. So saß nun immer eine Beamtin mit am Tisch, horchte angespannt auf jedes Wort und mischte sich mitunter in unsere Gespräche ein. Zudem wirkte das karge Sprechzimmer abstoßend. Es war kein Raum, den man einigermaßen guten Gewissens Kindern und Jugendlichen zumuten konnte. Obgleich München-Neudeck ein Frauengefängnis war, in dem eben nicht nur Frauen, sondern zuvörderst Mütter inhaftiert waren, gab es keinen halbwegs kinderfreundlichen Raum. Schließlich sorgte Frau Petri für Abhilfe, indem sie Harrys Besuche in ihrem Dienstzimmer durchführte. Das strahlte, trotz der auch dort vergitterten Fenster, mehr Behaglichkeit aus; rundum an den Wänden standen Bücherregale und auf den Fensterbänken Blumen.

Die Gegenwart von Frau Petri erwies sich auch menschlich als große Hilfe. Harry wußte zwar, daß er mit mir über das anhängige Strafverfahren nicht sprechen durfte, doch es gab immer wieder Augenblicke, wo die Frage des »Warum« stillschweigend im Raum stand und er Erklärungen brauchte, um Vertrauen und Bindung nicht zu verlieren, und wo Frau Petri als neutrale Instanz ihm mit weitaus größerer Autorität antworten konnte, als es meine desolate Verfassung zuließ. Psychologisch gefährlicher war Harrys Frage, wie lange meine abnorme Situation andauern würde. Denn vor ihrem Hintergrund bahnte sich ein Ablösungsprozeß an, den ich trotz aller verzweifelter Anstrengungen nicht aufhalten konnte. Einerseits von seiner Umwelt des Schicksals wegen, das ihm so übel mitgespielt hatte, bemitleidet und andererseits entschlossen, sein Leben nunmehr eigenverantwortlich zu meistern, bekam Harrys Selbstbewußtsein einen kräftigen Schub. Ungeachtet seines pubertären Alters von 15 Jahren fühlte er sich schlagartig erwachsen und war anderen Sichtweisen als seinen eigenen kaum noch zugänglich. Zwangsläufig geriet er in Konflikt mit seiner Umwelt, zunächst mit Gutmann, bei dem er nach meiner Verhaftung untergekommen war, und nach seiner Übersiedlung ins Lehrlingswohnheim des Münchner Spastiker-Zentrums auch mit seinen dortigen Betreuern und Kameraden. Zu allem Überfluß hatte er mittlerweile seine erste Freundin gefunden und sich ganz auf sie fixiert. Als sich mein Prozeß näherte, begann er plötzlich von notwendigen Umbauten in unserem Haus für seine an den Rollstuhl gefesselte Freundin zu sprechen. Aus Randbemerkungen war herauszuhören, daß sich deren Mutter inzwischen damit beschäftigte, wie sie mitsamt dem jungen Paar meine immer noch leerstehende Wohnung nutzen könnte. Gemeinsam mit Frau Petri versuchte ich das alarmierende Geschehen zu klären. Doch Harry blieb verschlossen. Danach besuchte er mich nicht mehr im Gefängnis und stellte auch den schriftlichen Kontakt zu mir ein.

Noch unheilvoller wirkte sich indes der Einfluß der Psychologin des Spastiker-Zentrums aus, die sich Harrys angenommen hatte. In ihren Augen war ich eine pflichtvergessene Rabenmutter, die das Recht an ihrem Kind verwirkt habe. Ich solle Harry in Ruhe lassen, beschied sie mich, als ich sie verzweifelt um ein Treffen bat, um die Probleme zu besprechen und Lösungsmöglichkeiten zu suchen. Nur mit äußerster Anstrengung gelang es später Frau Petri, die Psychologin zu einem Gespräch in die Vollzugsanstalt zu bitten; hartnäckig hatte sie sich gegen eine Zusammenkunft an solch »unzumutbar garstigem« Ort gesträubt. So mußte auch die Unterredung ohne den geringsten Erfolg bleiben. In einem letzten Versuch, der unheilvollen Entwicklung gegenzusteuern, schrieb ich schließlich an den Leiter des Spastiker-Zentrums. Aber auch das war vergebens. Ich habe nie eine Antwort erhalten.

Nach dem Abschluß seiner Lehre als Nachrichtengerätemechaniker mußte Harry das Lehrlingswohnheim des Spastiker-Zentrums verlassen. Da er in keine Arbeitsstelle vermittelt werden konnte, brachte ihn das Münchner Jugendamt bis zu seiner Volljährigkeit in einem Jugendwohnheim unter. Inzwischen lebt er, immer noch arbeitslos, in einer kleinen Sozialwohnung. Einmal hat ihm das Arbeitsamt eine Berufsbildungsmaßnahme bewilligt, damit die erworbenen Fachkenntnisse nicht gänzlich verlorengehen. Doch die Wurzel des Übels, seine Unvermittelbarkeit auf einem enger gewordenen und verstärkt gewinnorientierten Arbeitsmarkt, ließ sich damit nicht kurieren.

Mitte 1993, etwa anderthalb Jahre nach unserem letzten Kontakt, sah ich Harry während eines Hafturlaubs zum erstenmal wieder. Wir waren uns fremd geworden, und ich spürte, daß es keine Basis für einen Neuanfang gab. Harry ging längst seiner eigenen Wege, und in seiner Lebensplanung gab es offenkundig keinen Platz für mich. Gleichwohl rebellierte alles in mir gegen ein solch desaströses Ende von zehn ungemein schweren und doch unendlich beglückenden gemeinsamen Jahren. Ich schlug ihm vor, uns über alles auszusprechen. Er willigte ein. Doch er kam nicht zu dem vereinbarten Treffen.

Weitere zwei Jahre vergingen, bis ich von ihm hörte, und er meldete sich auch nur, weil er behördliche Schwierigkeiten hatte. Angesichts der bedenklichen Entwicklung der Staatsfinanzen hatte sich das Versorgungsamt als eine neue Einsparmöglichkeit einfallen lassen, Behinderte gesundzureden. Auch Harry war davon betroffen. Ich hatte ihn 1990, drei Monate vor meiner Verhaftung, von Heidelberger Spezialisten operieren lassen, um der wachstumsbedingt immer bedrohlicheren Verkrümmung seiner Wirbelsäule gegenzuwirken. Nun hatte sich das Versorgungsamt auf die Meinung versteift, damit sei auch seine spastisch bedingte Gehbehinderung so gut wie behoben, und hatte kurzerhand den Grad seiner Behinderung herabgestuft. Harry hatte sich tapfer dagegen zur Wehr gesetzt. Doch sein Widerspruch war in der üblichen bürokratischen Manier verworfen und er auf den Klageweg verwiesen worden. Gewiß, das war völlig Rechtens. Doch für einen jungen, alleinstehenden und von der Sozialhilfe lebenden Mann waren damit die Möglichkeiten, gegen behördliche Fehlentscheidungen anzukämpfen, schlicht erschöpft. Harry wußte nicht mehr weiter und rief mich an.

Mit der Klage gegen das Versorgungsamt bestand zwischen Harry und mir erstmals wieder ein verbindendes Interesse. Damit war zwar unsere Beziehung noch keineswegs ins Lot gerückt. Aber immerhin hatte der Rechtsstreit zur Folge, daß wir uns während der zwei Jahre, die er dauerte, gelegentlich sahen und dank der zu besprechenden Fragen lernten, wieder einigermaßen vernünftig miteinander umzugehen. Das mag angesichts der gegenseitig zugefügten Verletzungen viel sein. Gemessen an den Hoffnungen, mit denen ich mich vor fast zwei Jahrzehnten der Aufgabe stellte, mich Harrys anzunehmen, ist es jedoch wenig.

Lange habe ich mir den Kopf zermartert, warum es mir nicht gelingen wollte, meine Beziehung zu ihm über die schwierige Zeit meiner Inhaftierung zu bewahren, und warum sie um so problematischer wurde, je eher mir die Haftumstände eine Pflege unseres Kontaktes erlaubten. Bis ich schließlich begriff, daß die Geschehnisse eine völlig konträre und zerstörerische Einstellung gefördert hatten, die mit meiner auch nicht ansatzweise in Einklang zu bringen war. Harry war mir gegenüber in eine fatale Opferrolle geschlüpft, in die ihn seine Umwelt, vor allem aber jene unsägliche Psychologin des Spastiker-Zentrums bugsiert hatte, und begriff nicht im mindesten, daß er dadurch nun auch noch zum Opfer einer selbstgerechten bürgerlichen Wohlanständigkeit wurde, so wie er zuvor schon zum Opfer eines opportunistischen Verräters geworden war. Um so mehr mußte es ihn freilich irritieren, daß ich seine überhöhte Selbstsicht nicht in Form eines Schuldgefühls reflektierte. Natürlich hatten mir die Richter ein solches Schuldgefühl einzureden versucht. Aber das gehörte zu ihrem Geschäft. Ich wußte besser als sie, daß ich mir Harry gegenüber nichts vorzuwerfen hatte und daß alle Selbstvorwürfe allein aus der schockierenden Erfahrung resultierten, von meinen Partnern in der HVA in der Stunde der Not allein gelassen worden zu sein.

Schon kurz nach meiner Verhaftung hatte ich versucht, zu den Freunden und Genossen in der ehemaligen DDR in Kontakt zu kommen, um sie um Hilfe für Harry und mich zu bitten. Es war ein verzweifeltes Unterfangen, gab es doch kaum jemand, den ich ansprechen konnte. Markus Wolf war unerreichbar fern, er hatte wenige Tage vor der Vereinigung Deutschland verlassen; meine langjährigen Führungsleute Fritsch und Schiefer – verstorben; Karl-Heinz und Stefan – als Mitbeschuldigte strafrechtlich verfolgt wie ich. Immerhin war Karl-Heinz auf freiem Fuß geblieben und damit in einer weit besseren Lage. Doch vergebens hoffte ich auf eine Nachricht von ihm oder irgendein Zeichen. Schließlich schrieb ich ihm, bat ihn dringend, sich Harrys anzunehmen. Aber er antwortete nicht. Nach meiner Haftentlassung zur Rede gestellt, sagte er, er hätte damals die Absicht gehabt zu schreiben, es aber wegen der zu seinen Lasten gehenden Verteidigungsstrategie Bertrams unterlassen. Das mochte stimmen, konnte aber sein feiges Abtauchen nicht entschuldigen. Daß er es gleichwohl wagte, mich nach der Urteilsverkündung nach Harrys Befinden zu fragen, erschien mir als Gipfel der Heuchelei. Ich ließ ihn stehen.

Während meiner ganzen Haftzeit, weder vor noch nach dem Prozeß, habe ich je ein Zeichen des Mitgefühls und der Solidarität von Karl-Heinz erhalten, keinen Brief, keine Ansichtskarte, nicht einmal zu Weihnachten oder zu meinem Geburtstag einen Gruß. Das war bitter, gab es mir doch das Gefühl, nach den vielen Jahren kameradschaftlicher Verbundenheit eine mit meiner Enttarnung und Verhaftung höchst unangenehme Sache geworden zu sein, mit der man besser nichts zu tun hatte. Karl-Heinz' Verhalten war um so charakterloser, als ich ihn in den Monaten des Niedergangs der DDR finanziell unterstützt und er nicht gezögert hatte, meine Hilfe anzunehmen. Gewiß, Bertram hatte ihm übel mitgespielt. Aber er schien sich in seiner Opferrolle zu gefallen, damit konnte er sein schäbiges Verhalten vor sich selbst und gegenüber Dritten rechtfertigen.

Da von Karl-Heinz nicht die geringste Hilfe zu erwarten war, wandte ich mich an Werner Großmann. Seine Möglichkeiten waren denkbar gering. Doch das Wenige bot er ohne Zögern an. Angesichts seiner eigenen Schwierigkeiten hatte ich kein Recht, es anzunehmen. Aber das Zeichen, das er mit seiner Haltung setzte, tat gut. Verletzend hingegen die Reaktion von Hans Modrow, den ich aufgrund seiner Verantwortung als früherer Ministerpräsident der DDR ansprach. Zunächst antwortete auch er nicht. Dann ließ er mir mitteilen, ich möge mich doch um Hilfe und Unterstützung an die Kirche als karitative Organisation wenden.[2]

Neun Monate nach meiner Verhaftung gelang es mir endlich, eine Verbindung zu Markus Wolf herzustellen.[3] Er antwortete umgehend, schien ergriffen von meinem Geschick und versprach, sich für mich und alle anderen inhaftierten Kundschafter zu verwenden. Mir fiel eine zentnerschwere Last von der Seele, als ich seinen Brief in Händen hielt. Endlich war die Verlassenheit durchbrochen, endlich hatte ich Kontakt zu einem Mitstreiter früherer Tage. Ich bat Wolf, die Verbindung aufrechtzuerhalten. Doch seine Antwort, knapp und hastig geschrieben, machte die Hoffnung auf eine kontinuierliche Verständigung zunichte. Im Unterschied zu mir fehle ihm die Zeit zum Nachdenken und Schreiben. Ich werde das sicher verstehen und möge seine Zeilen als ein Zeichen werten, daß sie nicht der letzte Gruß seien. Makabrer hätte Wolf nicht formulieren können. Dieser »letzte Gruß« war vernichtender noch, als keine Antwort zu erhalten. Ich fühlte mich wie auf einer Guillotine, deren Fallbeil soeben in Gang gesetzt worden war.

Nahezu zwei Jahre vergingen, in denen der frühere HVA-Chef unter großer Anteilnahme der Medien nach Deutschland zurückkehrte, in diversen Prozessen auftrat und als Schriftsteller reüssierte, bis ich ihm in seinem Prozeß wiederbegegnete. Für die Enttäuschung, die Bitterkeit, die mich ihm gegenüber erfüllten, war er blind. Sicher ließ ihm die Belastung seines Prozesses wenig Raum für Sensibilität. Aber es war auch erkennbar, daß er nur noch mit sich selbst beschäftigt war. Ein weiteres halbes Jahr später, nach dem Ende seines ersten Prozesses, erwiderte er endlich meine Bitte um einen Gesprächskontakt: Das richterliche Kontaktverbot sei nun aufgehoben, ich könne, falls ich Zeit und den Wunsch dazu habe, mit ihm korrespondieren. Sein Brief schloß mit einem Zitat

---

[2] Ebenso ernüchternd war die Antwort Gregor Gysis, den ich nach meiner Haftentlassung aufsuchte: Was ich denn eigentlich wolle, schließlich hätte ich gegen die Strafrechtsbestimmungen meines Staates verstoßen!

[3] Mein späterer, in der Presse aufgetauchter und zum Gegenstand meines Prozesses gemachter Brief an Markus Wolf war manipuliert; vgl. »Stern«, Nr. 49/1991. Wolf hatte deshalb keinen Grund, ihn zu beantworten. Diesbezügliche Vorwürfe gegen den früheren HVA-Chef, die infolge meiner Zeugeneinvernahme in seinem ersten Prozeß erhoben wurden, entbehren jeglicher Grundlage.

aus seinem Schlußwort im Düsseldorfer Prozeß: »Die Solidarität lassen wir uns nicht nehmen!«

Ich war außer mir vor Empörung. Wo, bitte schön, war die Solidarität der Mitstreiter in der HVA, der Genossen, geblieben, als ich zwischen die Mühlsteine der Justiz geraten war? Man hatte geschwiegen, ängstlich, betreten, eisig, hatte mich gar an die Barmherzigkeit der Kirche verwiesen. Zweieinhalb lange Haftjahre hatte Wolf mir das Gespräch verweigert. Und nun predigte er mir den Glauben an eine sozialistische Tugend, die sich als Einbahnstraße herausgestellt hatte. Ich könne mit solchen Parolen nicht mehr umgehen, erwiderte ich ihm. Sie hätten sich als leichtes Gepäck erwiesen, das der Selbsterhaltungstrieb in der Stunde der Not rasch über Bord warf. Natürlich mochte Wolf meine Meinung nicht teilen und schilderte ausführlich die Zeichen von Solidarität, die er angesichts seiner Strafverfolgung von vielen Seiten erfahren hatte. Aber solche Argumentation ärgerte nur zusätzlich, weil sie am Kern des Problems, seinem eigenen Verhalten, vorbeiging. Indes war es müßig, mit ihm hierüber zu diskutieren; es konnte doch nichts mehr ändern.

*

Die Tage im Gefängnis kamen und gingen, und ein jeder trug unmerklich dazu bei, meine Lebensweise, ja mich selbst zu verändern. Wie lange war es her, daß ich gesagt hatte: »Es macht mir nichts aus, alleine zu sein; ich bin froh, wenn man mich in Ruhe läßt!« Vier Wochen? Sechs Wochen? Viel länger nicht. In der ersten Zeit hatte es mir tatsächlich nichts ausgemacht. Weder das Alleinsein noch die kärgliche Behausung von nicht einmal 8 qm, in der ich Tag und Nacht zubrachte. Die wenigen Worte, die ich mit den Beamtinnen wechseln konnte, genügten mir, um mich in irgendeiner Weise menschlich noch angebunden zu fühlen. Ich war viel zu sehr mit meinen Problemen beschäftigt, als daß ich der Gesellschaft anderer Menschen bedurft hätte, und die polizeilichen Vernehmungen hatten mein Mitteilungsbedürfnis ohnehin über die Maßen strapaziert.

Doch dann trat die Stille in mein Dasein, kehrte das Alleinsein in Einsamkeit, und es fing an, mir etwas auszumachen, Stunde um Stunde in den gleichen engen Mauern eingesperrt zu sein, Tag für Tag mir selbst überlassen, die Nähe von Menschen entbehren zu müssen, eine freundliche Geste, ein verständnisvolles Wort. Es machte mir um so mehr aus, je stärker ich mir bewußt wurde, wie irrwitzig nahe andere Menschen mir waren und doch gänzlich unerreichbar. Regelmäßig konnte ich meine Mitgefangenen beim Hofgang sehen oder wenn irgendeine an den Zellenfenstern im Längstrakt auftauchte, um mit einer Schicksalsgefährtin zu reden. Doch viel öfter hörte ich sie, mal leiser, mal lauter, mal von fern und mal ganz nah. Je länger mein Alleinsein dauerte, um so mehr begann ich mit meinen Ohren zu sehen, zu denken und zu fühlen und Brücken zu schlagen zu den Menschen jenseits meiner Tür. Zu sehen gab es ohnehin nur Widerwärtiges – Mauern, Gitter, einen engen, kargen Raum, auf dessen kahle Wände der nächtliche Schein der Außenleuchten gespenstische Schatten warf.

Die schier endlose Zeit eines Tages und einer Woche, die meine Mitgefangenen als Stunden des Eingesperrtseins und des Nicht-Eingesperrtseins, des Alleinseins und des Zusammenseins, der Selbstbeschäftigung und der gemeinsamen Unternehmungen durchlebten, teilte sich für mich in eine Zeit der Stille und eine der Nicht-Stille, in eine Zeit der Verlassenheit und eine der imaginären mitmenschlichen Einbindung, wenn eine Woge lärmender Betriebsamkeit mich meiner Grabesruhe entriß. Hinter der ständig verschlossenen Tür meiner Zelle sehnte ich mich nach jenen Augenblicken, in denen der Gang vor meiner Tür von den Schritten und Stimmen und der Geschäftigkeit meiner Mitgefangenen widerhallte, und fürchtete die langen Abende, wenn dickes Mauerwerk die Stimmen erstickte. Ich haßte die Wochenenden, wenn die Frauen den fernab gelegenen Gruppenraum zum Fernsehen und die »Kirche« zum Gottesdienst aufsuchten, weil dann das Treiben auf dem Flur rasch abebbte und in neuerlicher Stille erstarb. Und ich wartete ungeduldig auf den Wochenanfang, wenn der Flur jenseits meiner Tür wieder zu neuem Leben erwachte.

Nach etwa einem halben Jahr kehrte die Gewöhnung an die Einsamkeit den zwanghaften Drang nach menschlicher Nähe in eine Flucht vor allem Menschlichen um. Nun brauchte ich die Stille und das Alleinsein, genügte mir das Zwiegespräch mit meinen Gedanken, und was immer in diese Stille eindrang und sie störte, bedrängte die Geborgenheit meiner Zelle. Ich wurde wortkarg, gab den Bediensteten kaum noch Antwort. Ihre Anwesenheit bei meinem einsamen Hofgang begann zu stören. Jedes Aufschließen der Zellentür erschien wie ein Einbruch in meine geschlossene Welt. Das Radio, das mir zuvor eine schmale

Brücke zur Außenwelt geschlagen hatte, blieb immer häufiger stumm, die Ohren wehrten sich gegen jedes noch so leise Geräusch. Um so quälender empfand ich nun die Gegenwart meiner Mitgefangenen, ihre Schritte auf dem Flur, ihr Reden und Lachen. Schon gar nicht ertrug ich es, wenn nach dem Einschluß einige Frauen ihre Gespräche an den Zellenfenstern lauthals fortsetzten, wenn Rufe und Pfiffe den Innenhof durchgellten. Ich drückte den Notruf, bat die Beamtin inständig, für Ruhe zu sorgen.

In diesem Zustand der Selbstisolation verbrachte ich ein weiteres halbes Jahr. Manchmal bekundete die eine oder andere Bedienstete ihr Unverständnis, daß meine Einzelhaft noch immer andauerte; so etwas hätten sie hier noch nie erlebt. Als wollten sie irgend etwas wiedergutmachen, ließen sie mir mitunter eine Besonderheit zukommen, von der man in Neudeck nur träumen konnte, eine Tasse Bohnenkaffee zum Beispiel oder ein Stück Pizza. Sie mußten es heimlich tun, da ihnen dienstlich nicht erlaubt war, allzu viel Mitmenschlichkeit zu zeigen.

Mittlerweile war ich auch auf meine kleine Zelle so sehr fixiert, daß ich es kaum noch ertrug, mich in anderen Räumen und schon gar nicht in größeren aufzuhalten. Wie eine Katastrophe empfand ich deshalb die Anordnung der Anstaltsleitung, mich für ein paar Tage umzuquartieren, damit mein Haftraum geweißelt werden konnte. Man brachte mich zunächst im Krankenrevier unter; da hätte ich ein großes Fenster und könne das benachbarte Landratsamt sehen, wie man mir zum Trost sagte. Aber das Fenster war unerträglich groß und das Nachbargebäude furchterregend nah und die Einrichtung völlig anders als in »meiner« Zelle. Nach zwei Tagen hielt ich es darin nicht mehr aus. Ich wurde wieder auf den dritten Stock verlegt, in einen abseits gelegenen Raum. Der glich zwar meinem früheren Quartier, aber er war etwas größer, vielleicht 2 qm. Ich kam mit dem zusätzlichen Platz nicht zurecht, fühlte mich verloren in dem vermeintlich endlosen Raum. Ich klopfte und bat die Bedienstete inbrünstig, mich wieder in meine alte Zelle umziehen zu lassen. Das ginge nicht, gab sie zu Antwort. Der Maler sei noch nicht fertig, und es sei auch überhaupt nicht abzusehen, wann er wiederkäme. Als Hausarbeiter von Stadelheim käme er nach Neudeck nur, wenn es in der Zentrale für ihn nichts zu tun gäbe. »Nun gut«, entfuhr es mir in verzweifelter Auflehnung, »ich werde erst wieder etwas essen, wenn ich in meiner alten Zelle bin!«

Ich ahnte nicht, welchen Aufruhr meine spontane Ankündigung eines Hungerstreiks auslösen sollte. Schon wenige Minuten später stand die Dienstleiterin im Türrahmen und mühte sich, mich umzustimmen. Ich würde mir mit einer Verweigerung der Nahrungsaufnahme nur selbst schaden, meinte sie. Der Aufenthalt in jeder anderen Zelle als in »meiner« sei schlimmer als Hungern, gab ich ihr zurück. Eine Stunde später war der stellvertretende Ableitungsleiter von Stadelheim zur Stelle. Auch er mußte unverrichteter Dinge wieder abziehen. Nach weiteren zwei Stunden teilte mir die Dienstleiterin mit, daß der Maler am nächsten Tag käme und ich abends wieder in meine alte Behausung einziehen könnte. Und nun möge ich doch bitte etwas essen. »Erst, wenn ich wieder in meiner Zelle bin!« Ich traute dem plötzlichen Frieden nicht, und da ich ohnehin unter Appetitlosigkeit litt – schon die mit Essensbergen vollgepackten Teller riefen in mir stets Widerwillen hervor –, fiel mir das Hungern nicht schwer.

Nach etwa einem Jahr der Isolation setzte eine innere Erstarrung ein, die mir das Wichtigste nahm, um das Alleinsein und überhaupt die Haft zu überstehen: die Fähigkeit zur Selbstbeschäftigung, zur Arbeit. Bis dahin hatte ich jeden Tag, ob Werktag oder Feiertag, in einem strengen Arbeitsrhythmus verbracht. Ich war stets beschäftigt, stellte mir, sofern die Vollzugsanstalt mir nicht die erforderlichen Arbeitsmittel verweigerte[4], immer neue Aufgaben und Ziele, um in dem Übermaß an Zeit nicht in lähmende Langeweile zu verfallen und an Konzentration einzubüßen. Doch nach einem Jahr ununterbrochener einsamer Betätigung war ich wie ausgebrannt. Von einem Tag zum anderen ging nichts mehr: Kein

---

[4] So ist es z.B. in bayerischen Vollzugsanstalten – im Gegensatz zu anderen Bundesländern – bis heute nicht möglich, einen PC bzw. Laptop in der Zelle zu benutzen. Die Argumentation, mit der mir die JVA München seinerzeit diese Genehmigung versagte, ist teilweise so erschreckend falsch, daß sie die fehlende Sachkenntnis der Anstalt als ein wesentliches Motiv der Ablehnung verdeutlicht. Ungeachtet dessen wurde mein Gesuch, wie dies generell üblich ist, mit dem Argument, dadurch werde die Ordnung und Sicherheit der Anstalt gefährdet bzw. es verstoße gegen den Gleichbehandlungsgrundsatz, verworfen. Nach meiner Erfahrung machen die Vollzugsanstalten von dieser Argumentation selbst dann Gebrauch, wenn sie völlig widersinnig ist. In der rücksichtslosen Anwendung ihrer Macht über Gefangene liegt aus meiner Sicht indes ein gefährlicher Nährboden für die Erzeugung von Haß auf den gesamten Justizapparat und im weiteren Sinn auf die Gesellschaft, die dieses duldet. Dem partiellen Strafzweck einer »Einsicht und Besserung« ist dies jedenfalls alles andere als förderlich.

Buch konnte mich fesseln, keine Ausarbeitung, kein Lernprogramm, keine Handarbeit, und – was das schlimmste war – ich konnte mich auch meiner Familie, mit der mich ein intensiver Briefwechsel verband, nicht mehr mitteilen. Der innere Panzer, der mir in all den Monaten der Isolation gewachsen war und mich wie ein schützendes Schneckenhaus umgab, hatte sich geschlossen. Es begann eine Zeit, wo ich zu ersticken meinte und mich lebendig begraben fühlte. Allein das Bewußtsein, daß die Justiz Unrecht tat, das dem mir vorgeworfenen Unrecht in nichts nachstand, gab mir die Kraft durchzuhalten.

In dieser psychischen Verfassung mußte ich mich der Gerichtsverhandlung stellen. Von einem Moment zum anderen riß mich der Prozeß aus der Abgeschiedenheit meiner Zelle, warf mich in das Leben außerhalb der Gefängnismauern, in das Verkehrsgewühl, die Gegenwart von Menschen – und ins Blitzlicht der Öffentlichkeit. Bertram hatte mir gesagt, daß ich auf dem Flur vor dem Gerichtssaal eine Reihe von Pressefotografen passieren müßte, und so hatte ich mir auf meinen einsamen Hofgängen ein imaginäres Spalier von Fotografen vorzustellen und zu üben versucht, daran unbeirrt vorbeizugehen. Nach 14 Monaten ständigen Alleinseins war das nicht einfach gewesen. Der Gedanke, plötzlich von so vielen Menschen umringt zu sein, hatte etwas Erschreckendes. Doch es sollte weit schlimmer kommen, als ich es mir je hätte vorstellen können.

Schon vor der Vollzugsanstalt waren an jenem Morgen Fernsehübertragungswagen in Stellung gegangen, um meine Abfahrt zum Gericht zu filmen. Zum Glück hatte der diensthabende Beamte an der Pforte die ungebetenen Besucher rechtzeitig entdeckt und für eine Möglichkeit gesorgt, das Areal durch einen Hinterausgang zu verlassen. Am Gericht angekommen, gab es freilich kein Entrinnen mehr. Gleich am Eingang stürzte sich eine Horde von Kameraleuten und Fotografen auf mich, blendete mich mit ihren Scheinwerfern und Blitzlichtern, fuchtelte mit ihren Objektiven vor meinem Gesicht herum, als gälte es, die noch so verborgenste Zuckung abzubilden. Später, im Sitzungssaal, sollte sich das makabre Spiel wiederholen. Das war alles ganz rechtsstaatlich, die Fotografen hatten eine richterliche Drehgenehmigung. Was galt schon das Recht des Angeklagten auf psychisch unbeeinträchtigte Verteidigung gegen das »Informationsbedürfnis«, die Sensationsgier der Öffentlichkeit? Während die Kameras heißliefen, erstarrte ich. Erst abends, in die Einsamkeit meiner Zelle zurückgekehrt, taute ich aus dieser Erstarrung auf: mit einem psychischen Zusammenbruch und der flehentlichen Bitte an die hilflosen Beamtinnen, meine Zellentür bis zum Ende der Haftzeit, wann auch immer das wäre, verschlossen zu halten, weil das leichter zu ertragen sei als der brutale Presseüberfall im Gericht.

Natürlich wurde meiner Bitte nicht entsprochen, und auch das Pressespektakel fand mit der Prozeßeröffnung keineswegs ein Ende. Als sei es nur ein Vorspiel gewesen und die Richter blind für meine isolationsbedingten Probleme, war der Gerichtssaal zur Urteilsverkündung in ein Fernsehstudio verwandelt worden. Im gleißenden Licht der Scheinwerfer surrten Dutzende von Kameras, während ich mich abmühte, die mir zugedachte Hauptrolle ausdruckslos zu absolvieren. Erst später, beim ersten Prozeß gegen Markus Wolf, begriff ich, daß sich kein Angeklagter eine derart inhumane Behandlung gefallen lassen muß und ein Verteidiger solch extensiven Medienrummel, besonders im Sitzungssaal, sehr wohl unterbinden kann. Freilich: Welcher Anwalt mag schon auf die Werbung verzichten, die die Medienpäsenz für ihn bedeutet? Gewitzt durch meine üblen Erfahrungen, wußte ich mich im Wolf-Prozeß jedenfalls weit besser gegen die Zudringlichkeiten der Presse zu wehren. Ich weigerte mich schlicht, den Sitzungssaal zu betreten, solange dort Fotografen auf der Lauer lagen. Das zeigte Wirkung.

Mit meinem Prozeß näherte sich meine nunmehr schon 15 Monate währende Isolationshaft ihrem Ende: Nach meiner Einvernahme erklärte mir der Bundesanwalt, daß er nun mit der Aufhebung meiner Einzelhaft einverstanden sei. Sollte er geglaubt haben, mir damit eine gute Nachricht mitzuteilen, so hätte er sich gründlich getäuscht. Ich war entsetzt, spürte instinktiv, nun den gleichen Weg durch die Hölle, den ich auf meinem Gang in die Selbstisolation durchschritten hatte, zurückgehen zu müssen. Doch Weihnachten stand unmittelbar bevor, mein zweites Weihnachten im Knast, und die Gefängnisleitung wollte mich nicht ein weiteres Mal allein in meiner Zelle wissen. Auch ich wollte das nicht; Weihnachten in einer Gefängniszelle ist zutiefst deprimierend. Schon wenige Tage zuvor, nach der Verkündung des Urteils, mit dem eine Haftstrafe von sechs Jahren neun Monaten ausgesprochen worden war, hatte die Anstaltsleitung sich zum erstenmal um mein Wohlergehen besorgt gezeigt und eine nächtliche Überwachung angeordnet. Hierbei wird stündlich oder halbstündlich die Zellenbeleuchtung eingeschaltet und der Insasse aufgefordert, ein Lebenszeichen von sich zu geben. Doch empört hatte ich mich gegen die Scheinheiligkeit verwahrt, eine Maßnahme, die lediglich der eigenen Rückversicherung für den Fall diente, daß ich mir im Schock über den harten Urteilsspruch etwas antäte, als eine Sorge um meine Person auszugeben.[5] 15 Monate lang hatte mein Befinden die Anstalt nicht im mindesten interessiert, weder die Psychologin noch die Ärztin hatten sich je bei mir blicken lassen. Weiß vor Zorn drohte ich deshalb, die Zelle kurz und klein zu schlagen, sollte die Anstaltsleitung es nun wagen, nächtens zu kontrollieren, ob ich noch unter den Lebenden weilte. Es blieb das einzige Mal in meiner ganzen Haftzeit, daß ich aggressiv geworden bin. Stets hatte ich mich bemüht, aufkommenden Ärger und Frust sofort herunterzuschlucken. Viel zu groß war meine Furcht, angesichts der kleinkarierten Vollzugsordnung und der oft unerträglichen Bevormundung die Selbstbeherrschung zu verlieren, in eine psychische Situation zu geraten, in der mein eigenes Ich Schaden nehmen könnte. Unter keinen Umständen wollte ich mich an den Rand der Selbstentäußerung bringen lassen. Diesen Triumph sollte die Justiz nicht haben.

Der Weg zurück aus der Selbstisolation war nicht minder schmerzhaft als der in die Einsamkeit, doch er dauerte bei weitem länger. Selbst heute habe ich noch nicht alle Folgen überwunden. Lärm bereitet mir innere Pein, und Pfeifen ist mir so unerträglich, daß ich mir die Ohren zuhalten oder davonlaufen möchte. Zumindest kann ich heute davonlaufen. Auch fällt es mir immer noch schwer, mich in großen Menschenansammlungen zu bewegen. Das Alleinsein, die Stille sind mir Freunde geworden.

Nach Aufhebung der Einzelhaft blieb ich drei Monate ununterbrochen in meiner Zelle – freiwillig. Wann immer die Tür aufgesperrt und einen Spalt breit geöffnet wurde, stürzte ich hin, um sie zu schließen. Sie offen zu sehen und dahinter Menschen wahrzunehmen, hielt ich nicht aus. Ich ging auch nicht mehr in den Hof. 15 lange Monate hatte ich ihn

[5] Zweifellos wurde dieses Rückversicherungsinteresse der Anstaltsleitung noch dadurch verstärkt, daß in Neudeck drei Tage zuvor eine Gefangene unter fragwürdigen Umständen zu Tode gekommen war. Der Vorfall gelangte nie in die Presse, obschon sich ausgerechnet an jenem Tag Reporter einer Münchner Tageszeitung im Haus befanden, um für einen der üblichen Berichte über »Weihnachten im Gefängnis« zu recherchieren.

nur als ein menschenleeres, eingemauertes Karree erlebt. Doch nun, beim allgemeinen »Aufenthalt im Freien« war er angefüllt mit dem Stimmengewirr der Mitgefangenen. Ich fühlte mich bedrängt, obschon niemand mir zu nahe kam. Als letzte, wenn die hektische Unruhe auf dem Flur verstummt war, holte ich mein Essen, und als erste sprang ich morgens aus dem Bett, um eiligst zu duschen, ehe die anderen Frauen kamen.

Im April 1992 wurde ich in die JVA Aichach, dem einzigen bayerischen Gefängnis für weibliche Strafgefangene, verlegt. Zu diesem Zeitpunkt befand ich mich noch immer in Untersuchungshaft, weil ich mich dem völlig unverständlichen Ansinnen Bertrams verschlossen hatte, die Revision zugunsten einer Halbstrafen-Zusage im Urteil zurückzuziehen. 15 Monate lang hatte er behauptet, daß wir vor dem Tatgericht einen schweren Stand hätten und alles auf eine Revision und Neuverhandlung setzen müßten. Doch kaum aus dem Weihnachtsurlaub zurückgekehrt, wollte er davon nichts mehr wissen und malte mir in leuchtenden Farben aus, um wieviel besser es mir in der Strafhaft statt in Untersuchungshaft gehen würde. Unter solchen Umständen verbot sich jede weitere Zusammenarbeit mit ihm. »Ich werde das Urteil nicht annehmen«, sagte ich kurz, »ich werde es niemals annehmen. Ich werde so lange dagegen ankämpfen, wie es irgendeinen Weg gibt. Auch wenn es völlig aussichtslos ist.«

Aichach war ein typischer Gefängnisbau mit vier kreuzförmig angeordneten Trakten und der Überwachungszentrale in der Vierung. Die dreigeschossigen Trakte glichen riesigen Hallen, die bis zum verglasten Dach reichten und an deren Wänden die Gänge zu den Zellen verliefen. In den Aufschlußzeiten erfüllte ein unbeschreiblicher Lärm die Halle, stieg vom Erdgeschoß hoch bis unter das Dach und wurde von dort zurückgeworfen. Auch um den Trakt herum war es kaum ruhiger; laute Unterhaltungen an diversen Zellenfenstern, über mehrere Zellen und Stockwerke hinweg, sowie dröhnende Musik sorgten für einen ständigen Geräuschpegel. Es war eine unbeschreibliche Tortur, nach der langen Einsamkeit der ständigen Beschallung ausgesetzt zu sein.

Wenigstens war die Zelle ansprechend ausgestattet. Das erleichterte es, mich in dem ungewohnten Raum zurechtzufinden. Am dankbarsten war ich für den Lichtschalter und die Steckdose, die sich innerhalb der Zelle und damit in Reichweite befanden. Das machte endlich unabhängig von den minutiösen Tag- und Nachtzeiten, die in Neudeck herrschten. Dort waren die Lichtschalter außerhalb der Zelle angebracht, und gleich einem Mädchenpensionat wurde die Beleuchtung Schlag 22.00 Uhr abgedreht. Es hatte mehrerer Anträge an den Ermittlungsrichter und unzähliger Begründungen bedurft, um gegen das Veto der Anstalt zumindest eine einstündige Verlängerung der Zellenbeleuchtung zu erreichen, weil ich mich dem zwangsverordneten Bio-Rhythmus einfach nicht anpassen konnte.

Das Anstaltsreglement in Aichach war allerdings restriktiver als das in Neudeck. Es bestand aus mündlichen Ge- und Verboten. Eine schriftliche Hausordnung wie in Neudeck gab es nicht. Sie werde gerade überarbeitet, erklärten die Beamtinnen, doch das sagten sie, wie ich von Mitgefangenen hörte, schon seit langem. Das eröffnete den Bediensteten einen erheblichen Handlungsspielraum und machte es schwer, sich beim Anstaltsbeirat über schikanöse Anordnungen zu beschweren.

Als Untersuchungsgefangene verbrachte ich die ersten Monate in Aichach ebenfalls fast nur in der Zelle. Lediglich in den frühen Abendstunden, wenn die Mitgefangenen von der Arbeit zurückgekehrt waren, wurde die Tür aufgesperrt. Dann saß ich immer öfter mit meinen Nachbarinnen zusammen. Besonders Frauen, die mich von Neudeck her schon kannten, hatten sich bemüht, mich aus meinem Gehäuse herauszuholen und in eine lose Gemeinschaft einzubinden.

Mit der lapidaren, in der Strafprozeßordnung vorgegebenen Formulierung, daß mein Revisionsantrag unbegründet sei, begann im Juli 1992 die Strafhaft. Von einer Stunde zur anderen war nicht mehr das Gericht, sondern die Anstalt für die Kontrolle meiner Post zuständig, und ich konnte mich des Eindrucks nicht erwehren, daß sie bereits ungeduldig auf diesen Moment gewartet hatte. Außerdem unterlag ich nun auch der Arbeitspflicht, nachdem mir fast zwei Jahre jegliche Arbeit untersagt worden war. Ich bat um eine Beschäftigung im Garten; der lange Aufenthalt in der Zelle hatte mir physisch schwer zugesetzt, die Muskeln waren verkümmert, und ich litt unter ständigen Rückenschmerzen. Doch die Anstaltsleitung wähnte Fluchtgefahr; der Garten lag außerhalb der Gefängnismauern, und die Arbeit dort galt deshalb als Vergünstigung. Daß ich nur drei Monate später als Freigängerin die Anstalt tagtäglich für 14 Stunden verlassen konnte, ohne daß irgend jemand noch von

Fluchtgefahr redete, gehört zu den Unergründlichkeiten vollzuglicher Entscheidungen.

Der Anstaltsleiter bot mir eine Arbeit in der Bibliothek an. Nachdem ich allerdings das abenteuerlich bibliographierte Bücherverzeichnis mit seinen unzähligen Herz-Schmerz- und Kriminalromanen gesichtet hatte, konnte ich mich für diese Tätigkeit nicht erwärmen. Blieben somit nur Tätigkeiten im Haus: Küche, Wäscherei, Nähstube und die Fertigung von Kleiderbügeln bzw. von Elektronikteilen; alles typische Frauenarbeiten. Ich entschied mich fürs Nähen.

Die Arbeitsbeamtinnen begegneten mir mit großem Verständnis. Sie wiesen mir eine Maschine ganz am Ende des großen Nähsaals zu. Trotzdem gab es Momente, in denen mich die Gegenwart anderer Menschen fast erschlug und ich meinte, mich irgendwo verkriechen zu müssen. Ich konnte mich gegen diese inneren Verkrampfungen überhaupt nicht wehren, sie waren ganz plötzlich da und schnürten mir die Luft zum Atmen ab. Sie überkamen mich auch keineswegs nur im geschlossenen Raum; selbst beim Hofgang und der Gymnastik in den Außenanlagen, an der ich nun endlich teilnehmen konnte, erfaßte mich dieses quälende Gefühl des Bedrängtseins.

Mit Beginn der Strafhaft hatte ich alle Anstrengungen darauf gerichtet, nach Frankfurt verlegt zu werden, weil ich im rigiden bayerischen Vollzug keine Chancen sah, auf einen beruflichen Neuanfang hinzuwirken. Ich wußte, daß ich auf Biegen und Brechen einen Arbeitsplatz finden mußte, wollte ich nach der Haft wieder ein einigermaßen geordnetes Leben führen. Angesichts meines fortgeschrittenen Alters und überdies stigmatisiert als Strafgefangene, wäre dies ein fast aussichtsloses Unterfangen, zumal sich die ersten Anzeichen einer schweren wirtschaftlichen Rezession andeuteten. Ich mußte deshalb so schnell wie möglich der Arbeitssuche nachgehen oder mich zumindest für eine Tätigkeit in der freien Wirtschaft weiterqualifizieren können, da der Öffentliche Dienst mir nunmehr versperrt war.

Doch der Anstaltsleiter dachte nicht daran, mich aus der Zuständigkeit der bayerischen Justiz freizugeben. Das geschah aber keineswegs aus Bosheit. Ihm ging der Ruf nach, sich für die Belange der Resozialisierung einzusetzen, und diesem Ruf wurde er mir gegenüber uneingeschränkt gerecht. Binnen drei Monaten bewerkstelligte er meine Verlegung in den Freigang, damit ich in München einer Vollzeit-Ausbildung in EDV nachgehen konnte. Dazu hatte es der Zustimmung des Tatgerichts und der Bundesanwaltschaft sowie der Kostenzusage durch das Arbeitsamt bedurft.

Gut zwei Jahre nach meiner Inhaftierung, von der ich die meiste Zeit in strenger Einzelhaft verbracht hatte, stand ich an einem späten Oktobertag frühmorgens um 6 Uhr und ausgestattet mit etwas Geld vor dem Gefängnistor, um mit dem Zug nach München zu fahren und dort in einer Ausbildungsstätte einmal mehr die Schulbank zu drücken. Doch das war kein erhebender, sondern ein beängstigender Moment. Die lange Isolation, die ständige Bevormundung und Reglementierung hatten mich unsicher werden lassen. München erschien mir fremd, das geschäftige Treiben, der Verkehr wirkten bedrohlich. Ich konnte Entfernungen, Geschwindigkeiten nicht mehr abschätzen, wagte mich nicht, die Straße zu überqueren.

Gegenüber meinen Mitschülern, selbst jenen, mit denen mich allmählich ein gutes Arbeitsverhältnis verband, blieb ich auf Distanz. Mir war, als stünde die Gefängnismauer unsichtbar und unüberwindlich zwischen uns. Sie wußten nicht, woher ich kam und wohin ich ging; ich glaube jedenfalls, daß es niemand bemerkt hat, und wenn es denn jemand gewahr geworden ist, so hat er es mich nicht spüren lassen. Das erleichterte es mir, mich in die Klasse einzufügen. Gleichwohl wurde ich das Gefühl, Außenseiter zu sein, nie los.

Mit Beginn der EDV-Ausbildung war ich vom Zellentrakt des geschlossenen Vollzugs in die Freigängerabteilung verlegt worden. In Aichach befand sie sich damals freilich nicht, wie das bei Vollzugsanstalten üblich ist, außerhalb des Gefängnisses in einem offen zugänglichen Haus, sondern in einem Seitenflügel der Anstalt. 10 Türen mußten aufgeschlossen und wieder versperrt werden, wollte man das Haus verlassen oder kehrte man in die Anstalt zurück. Aber das war noch das geringste. Schlimmer war, daß die Freigängerabteilung lediglich aus drei großen Räumen, einer kleinen Küche, einem noch kleineren Bad und einem langen Flur bestand. Die beiden Schlafräume waren mit Vorhängen in neun enge, stickige Kojen unterteilt, an den beiden Waschbecken und vor der im Bad integrierten Toilette drängten sich frühmorgens neun Frauen, da sie zumeist zur gleichen Zeit aufbrechen mußten. Im Aufenthaltsraum lief unentwegt der Fernseher, und er war somit zum Lesen und Lernen nicht zu nutzen. Die Freigängerabteilung war ein Alptraum, und es nahm nicht wunder, daß sich das Interesse der Frauen, dorthin verlegt zu werden, trotz der begleitenden Vergünstigungen in engen Grenzen hielt. Im Grunde war es ein Skandal, daß es im größten Bundesland und dem einzigen dortigen Frauengefängnis noch bis in jüngster Zeit nicht eine halbwegs vernünftige Bleibe für Freigängerinnen gab. Aber das schien nicht zufällig, verträgt sich doch das konservative Frauenbild nicht mit der Tatsache weiblicher Straffälligkeit.

Nach der langen Einzelhaft war die plötzliche Unterbringung in dem Gemeinschaftsquartier eine schwere psychische Belastung für mich. Außer dem Flur gab es keinen Raum, in den ich mich hätte zurückziehen, der Gegenwart meiner Mitgefangenen entfliehen können. Es gab auch keinen ruhigen Fleck zum Lernen; nicht einmal die zugige Ecke an der Etagentür, wo ich mir einen Arbeitsplatz eingerichtet hatte, blieb frei von Störungen. Zwangsläufig mußte es zu Konflikten mit meinen Mitgefangenen kommen, da die jeweiligen Bedürfnisse viel zu konträr waren, um auf dem engen Raum in Einklang gebracht werden zu können. Einige Bedienstete schienen die Reibereien mit einem heimlichen Vergnügen zu beobachten, erhöhte doch jeder Fall einer Rückverlegung in den geschlossenen Vollzug die Hürde der Bedenken, die sich vor jeder Vollzugslockerung auftürmen.

Angesichts dieser Verhältnisse wartete ich mit zunehmender Ungeduld auf meine Rückverlegung nach Neudeck. Der Anstaltsleiter von Aichach hatte sie mit Beginn meines Freigangs ebenfalls in die Wege geleitet, da er meine lange tägliche Fahrt nach München auf Dauer für unzumutbar hielt. Doch Neudeck sperrte sich. Man sei nicht eingerichtet für die erforderliche getrennte Unterbringung einer Freigängerin, es brächte nur Unruhe ins Haus, störe die Ordnung und so weiter. Von dem Präzedenzfall, den es bereits gegeben hatte, wollte man plötzlich nichts mehr wissen. Aber Aichach setzte sich schließlich durch, und Anfang März 1993 packte ich ein weiteres Mal Kisten und Schachteln, um erneut Quartier in Neudeck zu beziehen.

Es wurde eine Rückkehr in die Isolation. Das wußte ich, und ich hatte es akzeptiert, weil es erträglicher war als die Gemeinschaftsetage in Aichach. Man brachte mich in der sogenannten Durchgangsstation unter, deren Zellen nur sporadisch belegt sind, wenn Frauen auf dem Schub zu anderen Vollzugsanstalten für die Nacht einquartiert werden müssen. Oft war ich allein im Trakt, dann ließen auch die Bediensteten meine Zellentür eine Weile geöffnet, wenn ich von meinem Kurs zurückkehrte. Aber in der Regel war meine Tür versperrt, wenn ich im Haus war. Die Vorschriften verlangten meine strikte Trennung von den Gefangenen im geschlossenen Vollzug. Waren deren Türen geöffnet, so mußte meine eben geschlossen bleiben, mochte ich auch zehnmal Freigängerin sein.

Sosehr der Anstaltsleiter von Aichach meine Bemühungen um eine berufliche Wiedereingliederung unterstützt hatte, so restriktiv stand Neudeck meinen Anstrengungen gegenüber. Zwar gestattete man mir, im Unternehmen eines Freundes stundenweise EDV-gestützte Arbeiten durchzuführen. Aber wann immer ich es zur Sprache brachte, ob ich womöglich ein freies Beschäftigungsverhältnis aufnehmen könnte, wenn es mir gelänge, eine Arbeitsstelle zu finden, stieß ich auf eisige Ablehnung. Auch die gleichlaufenden Bemühungen seitens des Münchner Arbeitsamtes fruchteten nichts. Das »Nein« der Münchner Vollzugsanstalt stand ebenso unüberwindlich wie die Mauern um Stadelheim.

Nach Abschluß meiner EDV-Ausbildung Ende Oktober 1993 kam es zum absehbaren Eklat. Der mit mir befreundete Unternehmer, ein sozial engagierter Mann, hatte mir eine Anstellung in seinem Betrieb angeboten, um mir die Chance zu geben, ins berufliche und damit ins bürgerliche Leben zurückzufinden. Doch Neudeck lehnte das beantragte freie Beschäftigungsverhältnis ab und verfügte rechtswidrig eine Außenbeschäftigung.[6] Die psychische Wirkung dieser Entscheidung war verheerend. Jahrelang, eigentlich seit meiner Verhaftung, hatte sich mein ganzes Denken auf die Frage konzentriert, wie ich es schaffen könnte, beruflich und damit existentiell wieder Fuß zu fassen. Aber nun, an der Schwelle dieses Neubeginns, machte mir die Justiz mit aller ihr gegebe-

[6] § 39 Abs. 1 StVollzG verpflichtet die Vollzugsanstalten, Gefangenen die Aufnahme eines freien Beschäftigungsverhältnisses zu gestatten, wenn dies der Erhaltung oder Förderung ihrer Erwerbsfähigkeit dient und nicht überwiegende Gründe des Vollzugs entgegenstehen. Letzteren Vorbehalt nutzt die bayerische Justiz zur grundsätzlichen Versagung von freien Beschäftigungsverhältnissen. Ihr widerstrebt es, daß in deren Rahmen ein Gefangener selbst einen Arbeitsvertrag mit einem Arbeitgeber abschließen und einen normalen Lohn einschließlich Sozialversicherungsleistungen erzielen kann. Statt dessen werden sogenannte Außenbeschäftigungen verfügt, bei denen der Gefangene von der Anstalt an einen Unternehmer verdingt wird; diese handelt dabei das Entgelt aus und behält es auch, bis auf den monatlich etwa 200,- DM betragenden Gefangenenlohn, ein. In seiner lange überfälligen Entscheidung vom 1.7.1998 hat das Bundesverfassungsgericht diese bayerische Vollzugspraxis ausdrücklich als grundrechtswidrig verworfen; vgl. 2 BvR 441/90 u.a.

nen Macht klar, daß die existentielle Vernichtung ein unveräußerliches Mittel ihres Strafinstrumentariums war. Meiner Hoffnungen beraubt und zutiefst entmutigt, verfiel ich in eine tiefe Depression.

Es sollte noch schlimmer kommen. Mit der Genehmigung meines Freigangs hatte das Gericht signalisiert, daß es auch in meinem Fall von der gesetzlichen Möglichkeit einer Halbstrafenregelung Gebrauch zu machen gedächte[7], so wie es Bertram mir bei einem Verzicht auf die Revision in Aussicht gestellt hatte. Unmittelbar nach der Ablehnung meines Revisionsantrags hatte ich das Gericht um eine solche Aussage gebeten, und es hatte mir die gleiche Formulierung geschickt, wie sie in die gegen Alfred Spuhler und Dieter Feuerstein ergangenen Urteile aufgenommen worden war. Diese Formulierung bot zwar keine Gewähr für eine tatsächliche Haftentlassung nach Verbüßung der Hälfte der Strafe; angesichts der Verfahrensregeln konnte das Gericht eine bindende Zusage gar nicht machen, wie Bertram behauptet hatte. Die Anstalt war damit zumindest auf eine kürzere Strafvollstreckungszeit und ferner auf eine frühzeitige Gewährung von Vollzugslockerungen orientiert.

Neudeck war deshalb, wie zuvor schon Aichach, davon ausgegangen, daß ich zur Halbstrafe aus der Haft entlassen und es dann endlich den unliebsamen Gast los würde. Darum schien es um so unbegreiflicher, daß zum gegebenen Zeitpunkt die Anstalt als einzige Verfahrensbeteiligte meinen Halbstrafenantrag ablehnte. Nicht, daß der Anstaltsleiter mir Unbotmäßigkeit im Vollzug oder einen Mißbrauch der Vollzugslockerungen vorwerfen konnte, obschon er pikiert mein »gelegentlich forderndes Auftreten« vermerkte, hatte ich es doch immer wieder

[7] Nach § 57 Abs. 2 Nr. 2 StGB kann eine zeitige Freiheitsstrafe schon nach Verbüßung der Hälfte zur Bewährung ausgesetzt werden, wenn die Gesamtwürdigung von Tat, Persönlichkeit des Verurteilten und seiner Entwicklung während des Strafvollzugs ergibt, daß besondere Umstände vorliegen. Diese Vorschrift findet, wie beispielsweise der Fall der wegen terroristischer Aktivitäten verurteilten Hamadi-Brüder zeigte, besonders häufig Anwendung, um straffällige Ausländer nach Verbüßung der Hälfte der Strafe abzuschieben. Der Dritte Strafsenat des Bayerischen Obersten Landesgerichts hat als einziges deutsches Tatgericht in den gegen DDR-Kundschafter geführten Spionageprozessen nach der Wende konsequent von der Möglichkeit der Halbstrafenregelung Gebrauch gemacht. Dabei sah es vor allem in der deutschen Einheit den »besonderen Umstand«, der die Anwendung dieser Regelung rechtfertigt. Das hielt ihn freilich nicht von teilweise drakonischen Strafaussprüchen ab, auch unter Anwendung von Straferschwerungsgründen wie den der Generalprävention, die in späteren Gerichtsverfahren verworfen wurden.

gewagt, zweifelhafte Entscheidungen zu hinterfragen. Vielmehr beanstandete er, daß mich die Strafe wegen der gewährten Vollzugslockerungen nicht beeindruckt habe und sie deshalb fortdauern müsse. Für einen Widerruf der Vollzugslockerungen hatte er sich freilich nicht ausgesprochen. Es war mit Händen zu greifen, daß die Anstalt Gefallen an einer Situation gefunden hatte, in der sie mit meiner Arbeit Geld verdienen konnte. Gewiß hat sich der Gesetzgeber eine solche Perversion seiner Resozialisierungsmaßnahmen nicht träumen lassen.

Zu meinem Glück hatte sich die Anstaltsleitung auch dazu verstiegen, meine Kundschaftertätigkeit strafrechtlich zu würdigen und insoweit das Tatgericht zu belehren. Soviel hatte ich inzwischen über die Justiz gelernt: Einen Richter belehrt man nicht. Man trägt ihm vor, man beantragt, man bittet ihn. Ich war deshalb zuversichtlich, daß das Gericht dem ablehnenden Votum der Anstalt kein Gehör schenken würde. Gleichwohl bedeutete es einen ungeheuren psychischen Druck. Das jedenfalls hatte Neudeck noch einmal erreicht. Als es mir schließlich den richterlichen Haftentlassungsbeschluß aushändigte, war ich deshalb weit davon entfernt, erfreut und erleichtert zu sein. Zu tiefe Spuren hatte der fast ein Jahr währende Nervenkrieg hinterlassen.

Ich war zwar wieder ein freier Mensch, doch innerlich immer noch unfrei. Aller Blasphemie der Vollzugsanstalt zum Trotz:[8] Die Haft, das ganze System der Pression, Bevormundung und Reglementierung ließen sich nicht von einem Tag auf den anderen abschütteln, als seien sie nur ein böser Traum gewesen. Ich brauchte rund zwei Jahre, um die innere Anspannung und eine reflexhafte Unterwürfigkeit loszuwerden, die Unsicherheit zu überwinden und wieder Selbstvertrauen zu gewinnen. Wie manisch getrieben, stürzte ich mich in die Arbeit; das nahm die Zeit zum Grübeln und gab das Gefühl, gebraucht zu werden. Von einem normalen Leben war das freilich weit entfernt. Zugleich befaßte ich mich zunehmend mit Fragen der Rechtsprechung. Einerseits war das unabdingbar, um mich der weiteren Folgen meiner Verurteilung, die mich schon kurz nach der Haftentlassung eingeholt hatten, besser erwehren zu

[8] Das vom Gefangenen zu unterschreibende Haftentlassungsformular der Vollzugsanstalt enthielt u.a. eine Bestätigung, wonach die Haft keine gesundheitliche Beeinträchtigung oder Schäden verursacht habe! Zweifellos versuchte die Anstalt damit, sich von vornherein gegen jedwede Regreßforderung abzusichern. Allerdings wagte sie es nicht, die Haftentlassung von der Unterzeichnung dieser Passage abhängig zu machen.

können.[9] Andererseits half mir die Auseinandersetzung mit dem Rechtswesen, die belastende Erfahrung der eigenen Ohnmacht allmählich aufzuarbeiten. Nicht, daß ich bei den verschiedenen Rechtsstreitigkeiten, die ich nun entschlossen anging, auch immer recht bekommen hätte. Aber dabei lernte ich die juristische Argumentation besser kennen, ihre mitunter unglaubliche Rabulistik und Haarspalterei, und ich lernte es, mich ebenso leichthändig ihrer gewichtigsten Floskeln zu bedienen. Allmählich verlor ich meinen Respekt vor einer Institution, der ich bislang einen herausragenden Stellenwert im Gefüge eines demokratischen Staates zugeordnet hatte.[10] Nun war ich auch innerlich wieder frei.

Daß es mir, im Unterschied zu den meisten DDR-Kundschaftern, nach der Haftentlassung gelungen ist, in eine gesicherte Existenz zurückzukehren, habe ich nicht der Justiz zu verdanken; eher schon habe ich es ihr zum Trotz geschafft. Ich habe es auch nicht meinen früheren Partnern aus der HVA zu verdanken; angesichts ihrer eigenen Existenzprobleme konnten sie eine solche Hilfe nicht leisten. Zu verdanken habe ich es allein meiner Familie und meinen westdeutschen Freunden. Sie standen mir in der Not bei, hielten mir die Treue und bewahrten mir ihr Vertrauen. Das heißt zwar nicht, daß sie meine Kundschaftertätigkeit

---

[9] Beispielsweise übersandte mir der Bundesgerichtshof wenige Wochen nach meiner Haftentlassung die Prozeßkostenrechnung. Sie umfaßte die Gesamtkosten des Verfahrens, also auch jene Anteile, die meine drei Mitangeklagten zu tragen hatten. Gleichzeitig hatte man mich in eine alleinige gesamtschuldnerische Haftung genommen. Das war schlicht rechtswidrig, es verstieß gegen die Vorschriften des § 466 der Strafprozeßordnung. Aber es war, wie ein Anwalt mir sagte, die gängige Praxis der Strafverfolgungsbehörden.
Nachgerade zu einem Musterbeispiel an juristischen Fehlentscheidungen ist meine Klage gegen die Vollzugsanstalt München geraten, mit der ich seit fast fünf Jahren um die Rückzahlung des mir vorenthaltenen, im Rahmen des Freigangs erzielten Verdienstes kämpfe. Es bedurfte sogar einer – erfolgreich bestrittenen – Verfassungsbeschwerde, um von der zuständigen Strafvollstreckungskammer nicht aus dem Verfahren herauskatapultiert zu werden. Nachdem das Bundesverfassungsgericht in seiner Grundsatzentscheidung zum freien Beschäftigungsverhältnis den Entschädigungsanspruch der Beschwerdeführer zurückgewiesen hat, trotz der als rechtswidrig verworfenen bayerischen Vollzugspraxis, steht fest, daß der mir unrechtmäßig vorenthaltene Arbeitslohn ganz rechtmäßig im Staatssäckel verbleiben wird.

[10] Böse Zungen behaupten, der Begriff Rechtsstaat umschreibe weniger einen Zustand der Rechtssicherheit für den Bürger als vielmehr den Sachverhalt, daß der Staat immer recht habe. Zu solcher Meinung hat zweifellos die Erfahrung beigetragen, daß das Rechtswesen in erster Linie ein rechtsformalistisches Konstrukt ist, in dem das Gerechtigkeitsempfinden oftmals auf der Strecke bleibt.

billigten. Aber sie hießen auch nicht den ungleichen Umgang der Politik mit der deutsch-deutschen Spionage gut.

*

Ein halbes Jahr nach meiner Haftentlassung kam ich erstmals mit einigen Schicksalsgefährten in Kontakt. Auch sie waren nach der Wende aufgrund des Verrats von Überläufern inhaftiert und zu langjährigen Freiheitsstrafen verurteilt worden. Obwohl ich ihre Namen und Biographien nur aus Presseberichten kannte, fühlte ich mich ihnen tief verbunden.

In »normalen« Zeiten hätten die Regeln der Konspiration es nicht zugelassen, daß Kundschafter voneinander wissen oder gar zusammentreffen. Jeder von uns war stets ein Einzelkämpfer gewesen, eingebunden in das Team seiner Führungsleute und strikt abgeschirmt von allen anderen offiziellen und inoffiziellen Mitarbeitern der Nachrichtendienste. Doch mit dem Zusammenbruch der DDR, mit unserer Verhaftung galten die überkommenen Regeln nicht mehr. Nun war es ein persönliches Bedürfnis, die Schicksalsgefährten kennenzulernen, die leidvollen Erfahrungen auszutauschen und insbesondere die Probleme unserer strafrechtlichen Verfolgung zu beraten. Im Frühjahr 1995 trafen einige von uns erstmals zusammen.

Niemand hatte die eklatante Ungleichbehandlung der deutsch-deutschen Spionage nach der Vereinigung von BRD und DDR auch nur im entferntesten akzeptiert, gab es hierfür doch keine rechtliche, sondern nur eine politische Begründung. In strafrechtlicher Hinsicht hatten mittlerweile namhafte Juristen schwerwiegende Bedenken gegen die einseitige Strafverfolgung der DDR-Agenten geäußert. Mit der Vereinigung der beiden deutschen Staaten sei das mittels des Strafrechts geschützte Rechtsgut der äußeren Sicherheit der Alt-Bundesrepublik in bezug auf die DDR weggefallen; die Bestrafung der Kundschafter habe mithin keine Rechtsgrundlage mehr.[11] Aber in der aufgeheizten politischen Stimmung der Nach-Wende-Zeit schien dies unpassend. Denn längst schon mußten ideologische,

---

[11] Vgl. Schünemann, in: Lampe (Hrsg.), »Deutsche Wiedervereinigung«, Band II »Regierungskriminalität«, C. Heymanns Verlag 1992, S. 189. Noch weiter geht Helmut Ridder, der die Vereinigung der beiden deutschen Staaten als eine Staatenfusion sieht; als deren Folge sei mit der DDR auch die alte Bundesrepublik untergegangen und deren strafrechtlicher Rechtsgüterschutz gegen eine Agententätigkeit zugunsten der DDR obsolet geworden; vgl. Ridder, Helmut, »Die deutsch-deutsche Spionage im Okular der westdeutschen Deutschland-Jurisprudenz«, Bonn 1996.

nicht juristische Begründungen, herhalten, die unterschiedliche strafrechtliche Behandlung von westdeutscher und DDR-Spionage zu rechtfertigen. Die DDR-Aufklärung habe »offensive« Ziele verfolgt und nicht lediglich »defensive« wie die BND-Spionage, urteilte der Bundesgerichtshof in den traditionellen Kategorien der Ost-West-Konfrontation[12], als sei Pullach nur eine »Keksfabrik« und kein offensives, dem Kalten Krieg entsprungenes Handlungsinstrumentarium der Bundesregierung.

Es fand sich auch niemand unter uns, der nicht die fortgesetzte Strafverfolgung der DDR-Kundschafter im vereinten Deutschland als bedeutsame Verletzung des Grundrechts auf Gleichheit vor dem Gesetz empfunden hätte. Waren doch mit der deutschen Vereinigung nicht nur die Agenten des BND in der DDR, sondern auch die anderer westlicher Geheimdienste automatisch von jeglicher Strafverfolgung freigestellt worden. Ja, der neue gesamtdeutsche Staat hatte nicht einmal Anstalten gemacht, jene DDR-Bürger, die für den sowjetischen Geheimdienst KGB gearbeitet hatten, zu ermitteln und strafrechtlich zu belangen, obwohl er aus den Unterlagen der Gauck-Behörde von dieser Praxis wußte.[13] Vielmehr schien es, als müsse die strafrechtliche Tabuisierung der früheren DDR-internen Aktivitäten des neuen sowjetisch-russischen Partnerdienstes des BND durch eine um so verbissenere Jagd auf die DDR-Kundschafter kompensiert werden.

Doch damit nicht genug. Wie wir nun erfuhren, hatte eine massivere Ungleichbehandlung von West- und Ost-Agenten längst Gesetzeskraft erlangt. Bereits im Herbst 1992 hatte der Deutsche Bundestag mit dem Ersten SED-Unrechtsbereinigungsgesetz allen westdeutschen und westlichen Agenten, die seit der Kapitulation des Hitler-Reichs 1945 in der Sowjetischen Besatzungszone bzw. in der DDR verurteilt worden waren, die Möglichkeit der Rehabilitierung und Entschädigung eröffnet, weil ihre Verurteilung »politi-

---

[12] Beschluß des Bundesgerichtshofs vom 23.07.1991, Az. 3 StE 4/91 – 3 geh. – 29.05.1991

[13] Vgl. Vereinbarung über die Zusammenarbeit zwischen dem Ministerium für Staatssicherheit der Deutschen Demokratischen Republik und dem Komitee für Staatssicherheit beim Ministerrat der Union der Sozialistischen Sowjetrepubliken vom 6. Dezember 1973, Artikel VII: »Die Vertretung des KfS beim MfS kann im Rahmen der bestehenden Praxis und nach entsprechender Übereinkunft mit der Leitung des MfS der DDR Bürger der DDR in den Fällen zur geheimen Mitarbeit heranziehen, wenn es im Interesse der staatlichen Sicherheit der UdSSR und der DDR zu Aufklärungs- und Abwehrzwecken im Kampf gegen die Geheimdienste des Gegners erforderlich ist.«

scher Verfolgung gedient« habe.[14] Darüber war nichts in der Presse zu lesen, obwohl sie sich vorzugsweise jeden Details annahm, das die »Schlapphüte«, die »Krake Stasi« und den »Unrechtsstaat DDR« betraf. Keinen Aufschrei hatte man von der PDS-Bundestagsgruppe vernommen, daß hier kurzerhand der DDR das Recht eines jeden souveränen Staates abgesprochen worden war, sich mit dem Mittel des Strafrechts gegen feindliche Spionage zu schützen. Keinen Jurist, keinen Historiker hatten die zahlreichen Sachfehler des Gesetzes bedenklich gestimmt, die unumgänglich waren, um auch noch den letzten Agenten der nationalsozialistisch belasteten »Organisation Gehlen« als einen Verteidiger der freiheitlich-demokratischen, rechtsstaatlichen Ordnung rehabilitieren zu können.[15]

---

[14] »(1) Die strafrechtliche Entscheidung eines staatlichen deutschen Gerichts in dem in Artikel 3 des Einigungsvertrages genannten Gebiet (Beitrittsgebiet) aus der Zeit vom 8. Mai 1945 bis zum 2. Oktober 1990 ist auf Antrag für rechtsstaatswidrig zu erklären und aufzuheben (Rehabilitierung), soweit sie mit wesentlichen Grundsätzen einer freiheitlichen rechtsstaatlichen Ordnung unvereinbar ist, insbesondere weil

1. die Entscheidung **politischer Verfolgung** gedient hat; dies gilt **in der Regel** für Verurteilungen nach folgenden Vorschriften:
   a) **Landesverräterische Nachrichtenübermittlung** (§ 99 des Strafgesetzbuches der Deutschen Demokratischen Republik vom 12. Januar 1968 in der Fassung der Bekanntmachung vom 14. Dezember 1988, GBl. 1989 I Nr. 3 S. 33); ...
   i) **Hochverrat, Spionage, Anwerbenlassen zum Zwecke der Spionage, Landesverräterische Agententätigkeit,** Staatsverbrechen, die gegen einen verbündeten Staat gerichtet sind, Unterlassung der Anzeige einer dieser Straftaten, Geheimnisverrat (§§ 96, 97, 98, 100, 108, 225 Abs. 1 Nr. 2 in Verbindung mit diesen Vorschriften, §§ 245 oder 246 des Strafgesetzbuches der Deutschen Demokratischen Republik vom 12. Januar 1968 in der Fassung der Bekanntmachung vom 14. Dezember 1988, GBl. 1989 I Nr. 3 S. 33) oder nach inhaltlich entsprechenden Vorschriften, wenn die Tat für die Bundesrepublik Deutschland, einen mit ihr verbündeten Staat oder für eine Organisation begangen worden sein soll, die den Grundsätzen einer freiheitlichen rechtsstaatlichen Ordnung verpflichtet ist, ...«

Erstes Gesetz zur Bereinigung von SED-Unrecht (Erstes SED-Unrechtsbereinigungsgesetz – 1. SED-UnBerG) vom 29. Oktober 1992, BGBl 1992 I S. 1814 (Hervorhebungen durch die Verfasserin)

[15] Die eklatantesten Sachfehler des Ersten SED-Unrechtsbereinigungsgesetzes sind:
– Es behauptet ein SED-Unrecht schon für einen Zeitraum, wo diese Partei noch gar nicht existierte.
– Es funktioniert die drei westlichen Besatzungsmächte USA, Großbritannien und Frankreich schon vom Tag der deutschen Kapitulation an zu Bündnispartnern Bonns um.
– Es verstößt gegen die eigenen Strafrechtsbestimmungen, indem es die geheimdienstliche Agententätigkeit für diese »verbündeten« Staaten grundsätzlich straffrei stellt.
– Es erklärt die nationalsozialistisch geprägte »Organisation Gehlen« kurzerhand zu einer den Grundsätzen einer freiheitlichen rechtsstaatlichen Ordnung verpflichteten Organisation.

Wenn das die neuen Rechtsnormen im vereinten Deutschland waren, dann hatten wir DDR-Kundschafter allen Grund, unsere Verurteilung als Unrecht zu erachten – als politisch motiviertes Unrecht. Denn der Gesetzgeber hatte die westliche Agententätigkeit gegen die DDR nunmehr als ein Mittel der politischen Auseinandersetzung definiert – was sie in der Ost-West-Konfrontation des Kalten Krieges in der Tat war –, und ihre strafrechtliche Verfolgung als eine politische Verfolgung. Was er für seine eigene Spionagetätigkeit und für seine eigenen Agenten in Anspruch nahm, konnte er schlechterdings dem politischen Gegner nicht in Abrede stellen. Unsere Strafverfolgung war somit kein Akt justitieller Verbrechensbekämpfung, sondern nichts anderes als eine rechtswidrige politische Verfolgung und unsere Kriminalisierung wie die der DDR immanenter Bestandteil dieser politischen Verfolgung.

Wir beschlossen, uns gemeinsam dagegen zur Wehr zu setzen, auf rechtsstaatlicher Ebene und mit den Mitteln ebendieses Rechts, auch wenn es noch so aussichtslos schien. In Anlehnung an die frühere Terminologie der DDR, um uns auch begrifflich gegen die Versuche unserer Kriminalisierung abzugrenzen und weniger im Sinne eines politisch-ideologischen Glaubensbekenntnisses, gaben wir unserer Gruppe den Namen: »Kundschafter des Friedens fordern Recht«. Unsere Ziele lagen auf der Hand:

1. Einstellung der Strafverfolgung der DDR-Spionage,
2. Freilassung aller noch inhaftierten DDR-Kundschafter sowie
3. Rehabilitierung und Entschädigung der Kundschafter, so wie es Bonn für seine eigenen Agenten und die des Westens verfügt hat.

Natürlich waren wir nicht so naiv anzunehmen, unseren Forderungen alsbald Gehör verschaffen zu können. Vielmehr waren wir uns bewußt, auf ziemlich verlorenem Posten zu stehen. Doch das bildete keinen Grund, uns mit dem erlittenen Unrecht abzufinden. Die Politik hatte zwar die Macht besessen, dieses Unrecht zu verfügen. Aber sie konnte uns nicht zwingen, es zu akzeptieren.

Systematisch begannen wir nun Kontakt zu Schicksalsgefährten aufzunehmen, insbesondere zu denjenigen, die sich noch in Haft befanden. Aufgrund unserer eigenen Erfahrungen wußten wir nur zu gut, daß bereits eine persönliche Verbindung und die Möglichkeit zum Gedankenaustausch ihnen beträchtlich helfen konnte; denn nicht wenige von ihnen waren ebenfalls von ihren Führungsleuten allein gelassen oder gar verraten worden. Nun konnten wir erste Zeichen der Solidarität setzen und ein wenig dazu beitragen, menschliche Enttäuschungen zu mildern.

Als nicht minder wichtig und nützlich erwies sich der Informationsaustausch über die jeweiligen Haftbedingungen und die Strafvollstreckungspraxis, konnte er doch unseren Kameraden im Bemühen um Vollzugslockerungen sowie eine vorzeitige Haftentlassung handfeste Argumente liefern. Diese Fragen wurden von den Justizbehörden der Bundesländer und ebenso von der Bundesanwaltschaft in fast schon willkürlich anmutender Weise unterschiedlich gehandhabt. Gewiß, nach den Rechtsvorschriften unterlag die Frage der Strafvollstreckung individueller Entscheidung. Doch hatte die bayerische Justiz, der nicht unbedingt der Ruf besonderer Liberalität nachgeht, mit einer generellen Gewährung der Halbstrafe ein deutliches Zeichen gesetzt. Die Justizbehörden anderer Länder jedoch, vor allem die Nordrhein-Westfalens, zeigten sich unbeeindruckt und überließen eine vorzeitige Haftentlassung gegebenenfalls lieber einem Gnadenerweis des Bundespräsidenten.

Selbstverständlich beschritten wir auch den Weg, den das Gnadenrecht absteckt. Niemand sollte uns vorhalten können, wir hätten nicht alles versucht, die noch inhaftierten Kundschafter freizubekommen. Für mich selbst hätte ich zwar nie um einen Gnadenerweis gebeten; es widerstrebte mir, die dabei unabdingbare Unterwürfigkeit, »Schuldeinsicht« und »Reue« an den Tag zu legen. Doch für einen schwerkranken Kameraden Großmut und Verzeihung zu erbitten war etwas anderes. Zwei Reden des Bundespräsidenten, eine Ansprache zu Weihnachten und eine zur Woche der Brüderlichkeit, boten sich als Anknüpfungspunkt an, hatte Roman Herzog darin doch zu Versöhnung, friedensstiftenden Maßnahmen und zu mehr Menschlichkeit in der Gesellschaft aufgerufen und die Flucht in Feindbilder und Klischees als »dumm und borniert« verworfen. Die Antwort des Bundespräsidialamtes konnte bürokratischer nicht sein. Eine positive Gnadenentscheidung könne »nur dann getroffen werden, wenn sich grundlegende Änderungen gegenüber den bisher vorgetragenen Sachverhalten ergeben haben, die zu einer anderen Bewertung des jeweiligen Einzelfalles führen«.[16]

Nun, auch ohne Gnadenerweise werden die wenigen noch inhaftierten Kundschafter eines nicht mehr fernen Tages wieder frei sein. Es ist,

---

[16] Schreiben des Bundespräsidialamtes vom 15.04.1997, Az. Z 1/ry-320 1-800

wie so vieles im Leben, eine Frage der Zeit. Auch die immer noch andauernde Strafverfolgung erledigt sich zunehmend von selbst, und irgendwann wird der Europäische Gerichtshof für Menschenrechte in unserer Beschwerde entschieden haben und damit auch der internationale Rechtsweg erschöpft sein. Was bleibt, und zwar mit lebenslanger Konsequenz, sind die Folgen der Strafverfolgung: Arbeitslosigkeit, Rentenverluste, Schuldenberge, zerbrochene Ehen und zerstörte Familien. Die Politik mag eine eigene Schuld an diesem menschlichen Desaster weit von sich weisen und sie vielmehr jedem einzelnen Kundschafter überantworten. Doch das kann nicht darüber hinwegtäuschen, daß sie in der Bewältigung der deutsch-deutschen Spionage schmählich versagt und sich opportunistisch hinter der Justiz verschanzt hat.[17]

Was ebenfalls bleibt, ist der Kampf um unsere Rehabilitierung. Er ist unverzichtbar, weil die Rehabilitierung aller in der DDR verurteilten westlichen Agenten eine rechtliche Schieflage geschaffen hat[18], die auch mit einer Amnestie für die DDR-Kundschafter nicht wieder ins Lot zu bringen wäre. Natürlich könnte eine Amnestie auch heute noch in Einzelfällen helfen, die gravierenden materiellen Folgen der Strafverfolgung, wie beispielsweise die ruinöse Anordnung von Verfallsgeldern, zu mildern. Aber in strafrechtlicher Hinsicht ist es für sie zu spät, würde sie doch eine durch Strafverbüßung bereits getilgte Schuld wiederaufleben lassen.[19] Das freilich verbieten die Rechtsstaatsprinzipien. Amnestie ist bekanntlich immer mit einem Anerkenntnis strafbarer Schuld verbunden. Genau dies sah der gescheiterte Gesetzentwurf der Bundesregie-

---

[17] Im Zusammenhang mit dem Beitritt des Saarlandes zur Bundesrepublik 1956 hatte Bonn keine Probleme, eine Amnestie für die gegnerische Agententätigkeit in Kraft zu setzen; vgl. Vertrag zwischen der Bundesrepublik Deutschland und der Französischen Republik zur Regelung der Saarfrage, BGBl. 1956 II, 1589 ff, Gesetz über die Eingliederung des Saarlandes, BGBl. 1956 I, 1011

[18] Diese geht so weit, daß nach einem Urteil des Bundesverwaltungsgerichts vom 19.11.1998 ein wegen Spionage verurteilter DDR-Bürger sogar für seine von den DDR-Behörden konfiszierte Fotoausrüstung entschädigt werden muß; im Rahmen von Spionagestrafverfahren wird sie üblicherweise vom Tatgericht eingezogen; vgl. BVerwG 7 C 40.97

[19] Nach § 46 Abs. 1 StGB ist »die Schuld des Täters ... Grundlage für die Zumessung der Strafe«, mit der Strafverbüßung ist somit die Schuld ausgeglichen. Da nach Art. 103 Abs. 3 GG niemand wegen derselben Tat mehrmals bestraft werden darf, geht eine Amnestie nach erfolgtem Schuldausgleich ins Leere. Die sporadisch auflebende Diskussion dieser Frage erscheint deshalb wie ein Streit »um des Kaisers Bart«.

rung vom September 1990 vor, und wohl die meisten westdeutschen Kundschafter, ich eingeschlossen, wären bereit gewesen, sich auf solcher Grundlage den staatlichen Behörden zu offenbaren. Doch es kam anders: zur Strafverfolgung und Strafverbüßung, zum Ausgleich von Schuld.

Da es keine Schuld mehr gibt, wenn es sie denn, worüber die Rechtsgelehrten streiten mögen, zum Zeitpunkt der deutschen Vereinigung überhaupt noch gegeben hat, gibt es auch nichts scheinbar großmütig zu amnestieren. Soll unsere politische Strafverfolgung wiedergutgemacht werden, so bedarf es auch unserer Rehabilitierung, soweit sich Unrecht, und das gilt auch für rechtsstaatliches Unrecht, überhaupt wiedergutmachen läßt.

Oft bin ich angesichts dieser persönlichen Bilanz meiner Kundschaftertätigkeit gefragt worden, ob sie das alles denn wert gewesen sei, da sie sich ja nicht einmal finanziell gelohnt habe. Doch immer mußte ich mit der Antwort enttäuschen, daß die Frage zwar menschlich verständlich, aber zugleich höchst unpolitisch sei. Gewiß, vordergründig und noch dazu aus der Retrospektive urteilend, haben sie Recht. Aber stets übersehen sie die konkrete zeitgeschichtliche Konstellation zum Zeitpunkt meines Handelns und daß diese nicht deshalb schon an Relevanz verliert, weil sie im Rückblick plötzlich unbedeutend scheint. Sie war vielmehr die Realität, in der sich wesentliche Jahre meines Lebens vollzogen und ich meinen politischen Standort fand. Ob dieser lediglich ein vermeintlich falscher und gar ein unproduktiver gewesen ist, weil die DDR unterging, mag man an Stammtischen diskutieren. Die Geschichte wird es nicht kümmern. Sie verläuft nicht bloß in den Bahnen der Restauration. Sie kennt ebenso die Perioden des Umbruchs und der revolutionären Erneuerung. Nichts bleibt, wie es ist. Dieses eherne Gesetz der Geschichte gilt auch für den neuen gesamtdeutschen Staat.

*

Ein giftiges Kläffen antwortete meinem Klingeln und steigerte meine gespannte Aufmerksamkeit. Ich stand im 12. Stockwerk eines ehemals ansehnlichen, inzwischen aber heruntergekommenen Plattenbaus in Ost-Berlins Frankfurter Allee. Unzählige Male war ich in den schlaflosen Nächten der vergangenen Jahre hier gestanden, geradezu zwanghaft hatte es mich hierhergezogen, um jenes letzte Kapitel meines Lebens, das mich geradewegs ins Gefängnis geführt hatte, innerlich abschließen zu können.

Wochenlang hatte mich damals, nach meiner Verhaftung, der Gedanke betäubt, von einem leitenden Mitarbeiter der HVA um schnöden Geldes willen an den BND verraten worden zu sein. Je mehr ich mit der Zeit über ihn erfahren und je mehr die Isolationshaft und die Perspektivlosigkeit meines Daseins mich niedergedrückt hatten, um so mehr war meine Fassungslosigkeit in Haß auf diesen Menschen umgeschlagen. Wenn, wie es schien, mein Leben gelaufen war, sollte er nicht glauben, sich seines Judaslohns erfreuen zu können. Ich hatte nichts mehr zu verlieren, selbst alle ethischen Werte hatten ihren Sinn eingebüßt. Allein der Gedanke, es dem Verräter eines Tages heimzuzahlen, gab mir Kraft und meiner trostlosen Existenz eine Perspektive.

Inzwischen waren sieben Jahre vergangen und von meiner Wut auf ihn allein Abscheu und Verachtung geblieben. Gewalt war ohnehin nicht meine Sache, und es wäre auch zweifellos fatal gewesen, ihn noch mit dem Glorienschein eines Märtyrers zu umgeben. Ich wollte ihn zur Rechenschaft ziehen, ihn mit den menschlichen Folgen seines Tuns konfrontieren. Sein Verrat, in der Anonymität und unter den finanziellen Lockungen des BND so leicht begangen, sollte ein Gesicht bekommen.

Nun also stand ich vor der Wohnungstür, hinter der mein »Judas« lebte bzw. der »Kardinal«, wie sinnigerweise sein Deckname beim Verfassungsschutz lautete: Karl Christoph Großmann, ehemals Oberst der HVA und stellvertretender Leiter der Abteilung gegnerische Nachrichtendienste. Ich hatte nie etwas mit ihm zu tun gehabt. Sein Bild, jenes runde, selbstzufriedene Gesicht, kannte ich nur aus Presseberichten der Nachwendezeit; die Bundesanwaltschaft ermittle gegen ihn, hatte man dazu geschrieben, weil er angeblich dem Auftrag Mielkes nachgegangen sei, den Überläufer Werner Stiller im Westen ausfindig zu machen und zu liquidieren.[20] Eine üble Figur, hatte ich intuitiv empfunden und mich immer wieder gefragt, warum um Himmels willen Markus Wolf ihn auf einen so sensiblen Posten versetzt hatte.

Großmann hätte mich ebensowenig kennen dürfen, wäre in der Zentrale der HVA alles mit rechten Dingen zugegangen. Wolf hatte Stefan

---

[20] »Der Spiegel«, 1992, H. 40, S. 16.

Anweisung gegeben, alles, was mich betraf, über den Abteilungsleiter Harry Schütt oder aber direkt ihm vorzulegen, und Stefan hatte sich, wie andere Mitarbeiter der HVA mir bestätigten, peinlich genau daran gehalten. Doch Schütt und Karl Christoph Großmann waren über viele Jahre ein enges nachrichtendienstliches Gespann gewesen, und Schütt hatte seinem Adlatus gegenüber geredet, ausführlich und detailliert. Er war, wie ich später selbst erlebte, eine Plaudertasche.

Hinter der Wohnungstür machte sich jemand mit einem Schlüssel zu schaffen, zugleich bemüht, den kläffenden Hund zur Räson zu bringen. Dann öffnete sich die Tür einen Spalt breit, gerade genug, um ein Gesicht freizugeben. Das Gesicht hatte wenig Ähnlichkeit mit jenem Pressefoto. Es war erheblich älter, schmaler und gräulich. Die Züge wirkten allerdings immer noch hart. »Sind Sie Karl Christoph Großmann«, fragte ich, um mich zu vergewissern. Er nickte. »Ich möchte Sie sprechen«, fuhr ich fort, »ich bin Gabriele Gast.«

Ich war darauf gefaßt, daß Großmann mir die Tür vor der Nase zuschlagen würde und daß ich, um dies zu verhindern, rasch den Fuß zwischen die Öffnung stellen müßte. Doch er stand wie erstarrt, wirkte gleichermaßen überrascht wie schockiert. Er hatte mich wohl beim Öffnen der Tür sofort erkannt. Wortlos ließ er mich herein. Der Hund überschlug sich fast. »Er ist Besucher nicht gewöhnt«, sagte Großmann entschuldigend. Während er sich vergeblich mühte, das Tier und zweifellos auch sich selbst zu beruhigen, blieb mir Zeit, mich in der Wohnung umzuschauen. Sie machte einen ärmlichen Eindruck, so wie der Hausherr selbst, dessen abgewetzte Kleidung weder auf die einst gut dotierte Stellung noch auf das vom BND gezahlte Verratsgeld schließen ließ. Es schien ihm nicht gutzugehen, stellte ich mit Genugtuung fest.

Nachdem der Hund an die Leine gelegt war, kehrte endlich Ruhe ein. Großmann bot mir an, Platz zu nehmen. Daß ich immer noch meinen Mantel trug, schien er nicht zu bemerken. »Wie war das damals beim BND«, begann ich das Gespräch, »wie war die Reaktion, als Sie sagten, daß es neben Fred Spuhler noch eine Kundschafterin der HVA in seinen Reihen gebe?«

Wie nicht anders zu erwarten, wehrte Großmann vehement ab. »Das war nicht ich«, erwiderte er in fast herrischem Ton, als sei die Überzeugungskraft seiner Worte nur eine Frage des Nachdrucks und der Lautstärke. »Da sind Sie völlig falsch orientiert. Sie müssen auf der Linie

Potsdam suchen«, womit er auf meinen ersten Kurier anspielte. »Und es ist eine Unverschämtheit von Wolf zu behaupten, ich hätte 100.000 DM vom BND dafür bekommen. Nichts habe ich bekommen, rein gar nichts!«

»Über den Lohn, den man Ihnen gezahlt hat, können wir später noch sprechen«, entgegnete ich kühl. »Wenigstens geben Sie damit schon mal zu, daß Sie mich beim BND verraten haben. Hören Sie also auf, diesen Sachverhalt zu bestreiten. Es ist bloße Zeitverschwendung. Im übrigen waren Sie lange genug im Nachrichtendienst tätig, um zu wissen, daß ein solcher Verrat nicht anonym bleibt. Schon gar nicht, wenn er die Grundlage eines Strafverfahrens bildet. Das geht in die Ermittlungsakten ein, so oder so. Ich darf Ihnen mal Ihre Aussage vorlesen, damit wir zur Sache kommen können.«

Großmann wurde aschfahl, als ich ihn mit seiner Aussage beim BND konfrontierte. Jetzt half kein Leugnen, kein Verdrängen mehr. Jetzt war der Moment der Wahrheit da: daß er von allem Verrat, der der nachrichtendienstlichen Tätigkeit anhaftet, den übelsten begangen hatte. Er sank in sich zusammen.

Nach der Wende habe er unter großem Druck der westdeutschen Behörden gestanden. Die Bundesanwaltschaft hätte zwei Ermittlungsverfahren gegen ihn eingeleitet, weil sie ihn für den Selbstmord von zwei inhaftierten Quellen verantwortlich gemacht habe. »Dann hätte es leicht noch ein drittes Ermittlungsverfahren werden können«, sagte ich eisig. Großmann sah mich entsetzt an, als werde ihm erst jetzt die Tragweite seines Tuns bewußt. »Das habe ich nicht bedacht«, murmelte er.

Von ehemaligen Mitarbeitern der HVA hatte ich längst erfahren, daß Karl Christoph Großmann immer ein Nutznießer des politischen Systems gewesen war, skrupellos, egoistisch, geldgierig. Er hatte stets wie eine Made im Speck gelebt, Privilegien wie das der Jagd genossen. Sein Selbstwertgefühl, seine Selbstsucht und Habgier aber hatte das alles nicht befriedigt. Er galt als ein ausgezeichneter Nachrichtendienstler. Gleichwohl war er nie aus dem Schatten Schütts getreten. Immer war er der zweite Mann geblieben. Er hatte zu trinken begonnen, Spesengelder veruntreut, sich in krumme Geschäfte gestürzt. Wolf hatte merkwürdigerweise gezögert, ihn auf einen anderen Posten zu versetzen. Erst nach seinem Ausscheiden holte sein Nachfolger Werner Großmann das Versäumte nach.

»Als erfahrener Nachrichtendienstler waren Sie sich der Folgen absolut bewußt, die Ihr Verrat für mich und mehr noch für meinen Sohn zeitigen würde«, fuhr ich fort. »Wie billig zu glauben, sich darüber hinwegmogeln zu können, indem Sie meine Entscheidung, ein behindertes Kind anzunehmen, zu einem ›sozialen Tick‹ abstempelten. Dabei wußten Sie genau, daß der Preis, den Sie für Ihre Niedertracht kassierten, vor allem von meinem Sohn zu bezahlen wäre. Sie wußten, daß ich alleinerziehende Mutter war und daß mein Sohn mit meiner Verhaftung sein Zuhause verlieren würde. Das alles wußten Sie, doch es hat Sie von Ihrem Verrat nicht abgehalten. Nun sollen Sie wissen, daß Sie damit das Leben meines Sohnes ruiniert haben. Ich selbst habe mir letztlich zu helfen gewußt. Aber mein Sohn nicht. Er war noch zu jung«

»Aber ich bin doch davon ausgegangen, daß der BND die Sache unter den Teppich kehrt und Ihnen nichts passieren wird«, warf Großmann in einer letzten, verzweifelten Suche nach einer Schutzbehauptung kleinlaut ein. Dem BND sei es doch höchst unangenehm gewesen zu erfahren, daß er eine Kundschafterin der HVA in seinen Reihen hatte. Im übrigen hätten auch andere Mitarbeiter der HVA ihr Wissen verkauft; es habe allgemein eine Stimmung des »Rette sich, wer kann« geherrscht. Schließlich sei es nicht jedem gegeben gewesen, wie Wolf Bücher zu schreiben und damit Geld zu verdienen.

Mit hängendem Kopf saß Großmann vor mir. Ein gebrochener Mann. Zerbrochen auch an der Verachtung und Vereinsamung, die sein feiger Verrat zur Folge hatte. »Ich weiß, daß ich das alles nicht wieder gutmachen kann«, murmelte er mit gesenktem Blick. »Es ist nun einmal passiert, und ich kann es nicht ungeschehen machen.« Ein Anflug von Mitleid durchzuckte mich. Doch er hatte es nicht verdient. Es verschaffte Genugtuung zu sehen, daß er nun sein Leben in diesem Bewußtsein fristete. Es würde hoffentlich länger dauern als meine Haft.

»Wieviel bin ich denn nun dem BND wert gewesen? 60.000 DM, wie die Presse schrieb, oder 100.000 DM, wie Ihre früheren Kollegen sagen? Haben Sie nicht wenigstens mal einen Augenblick darüber nachgedacht, daß Sie mit Ihrem Verrat einen ›Goldesel‹ geschlachtet haben? Von mir hätten Sie doch viel mehr Geld erpressen können! Was, meinen Sie wohl, ist die Freiheit wert?«

Großmann wand sich. Nicht, weil ich ihm unverblümt die Fähigkeit zu schwerster krimineller Handlung unterstellt hatte. Ihm machte allein der Gedanke zu schaffen, daß alle Welt womöglich erführe, für welche Summe er käuflich gewesen war. »Ich kann Ihnen kein Geld geben. Ich habe selber nichts«, wich er aus.

»Glauben Sie etwa, ich würde von Ihrem dreckigen Geld auch nur einen Pfennig annehmen? Werden Sie glücklich damit, wenn Sie es können.«

Freilich hatte ich nicht den Eindruck, daß das Kopfgeld des BND Großmann Glück gebracht hatte. Er schien allein von seiner kärglichen Stasi-Rente zu leben, mit der Bonn die früheren Mitarbeiter der HVA bzw. des MfS abstrafte. Das konnte auch seine Verbitterung erklären. Vor allem aber erhärteten dies Vermutungen, die ich kurz darauf von ehemaligen HVA-Mitarbeitern erfuhr.

Großmann habe wahrscheinlich seinen Judaslohn in eine Nachtbar investiert, die sein Sohn 1991 gekauft und mit beträchtlichem finanziellen Aufwand renoviert habe. Doch gleich einem Akt von himmlischer Gerechtigkeit sei das Lokal kurz vor der Eröffnung abgebrannt. Die Frage, ob dabei Brandstiftung im Spiel gewesen sei, habe nie geklärt werden können. Wie dem auch sei: Es gebe niemanden unter Großmanns früheren Kollegen, der nicht Schadenfreude und Genugtuung empfinde.

Immer noch in meinen Mantel gehüllt, wandte ich mich grußlos zum Gehen. Ich hatte genug gesehen und gehört. Dieser armselige, verbitterte Mann war es nicht wert, daß ich ihm noch länger meine Aufmerksamkeit widmete. Es war mir gleichgültig, wie es ihm ging und wie er mit seinem Verrat lebte. Er war mir gleichgültig. Mochte er sich ruhig in eine Opferrolle flüchten, wenn es ihm half, seinen öden Alltag zu ertragen. Nicht für einen Moment hätte ich mit ihm tauschen mögen. Auch nicht um den Preis meiner Freiheit.